道路运输车辆管理系列丛书

北京中交兴路车联网科技有限公司

车管经理人

图解版工具书

陈俊龙　主编

人民交通出版社股份有限公司
China Communications Press Co.,Ltd.

内 容 提 要

本书是一本帮助物流行业车管经理人顺利开展工作的工具书，内容简洁、全面，图文丰富、新颖，便于物流车管经理人在工作中学习、使用。

本书内容紧密结合工作特性，从实际、实战、实用出发，是由多位知名物流企业实战派车管专家共同参与编写的适合物流行业的车管专业工具书。最大的特点是通过理论、实操、案例、图、表相结合的方式进行表述，系统地介绍了车管工作中基础管理、驾驶员管理、车务管理、机务管理、安全管理、配送与调度管理、专用车管理、信息化管理、综合管理等九大板块的内容。本书可供车管人员随身携带，轻松学习，即看即用，从而达到自我培训和业务提升的作用。

本书适合作为现代物流行业的职业车管经理人的继续教育培训工具，也可供从事现代物流行业与车辆管理相关工作的人员学习参考。

图书在版编目（CIP）数据

车管经理人 / 陈俊龙主编. —北京：人民交通出版社股份有限公司，2014.12

ISBN 978-7-114-11918-7

Ⅰ.①车…　Ⅱ.①陈…　Ⅲ.①汽车管理　Ⅳ.①U492.2

中国版本图书馆CIP数据核字(2014)第291364号

广告许可证号：京朝工商广字第8042号（1-1）

Cheguan Jingliren

书　　名：车管经理人
著 作 者：陈俊龙
责任编辑：孙　玺　黎小东　牛家鸣
出版发行：人民交通出版社股份有限公司
地　　址：(100011) 北京市朝阳区安定门外外馆斜街3号
网　　址：http://www.ccpress.com.cn
销售电话：(010) 59757973
总 经 销：人民交通出版社股份有限公司发行部
经　　销：各地新华书店
印　　刷：北京市密东印刷有限公司
开　　本：880 × 1230　1/16
印　　张：35.5
字　　数：770千
版　　次：2015年1月　第1版
印　　次：2015年1月　第1次印刷
书　　号：ISBN 978-7-114-11918-7
定　　价：118.00元
(有印刷、装订质量问题的图书由本公司负责调换)

道路运输车辆管理系列丛书

车管经理人

图解版工具书

编审委员会

序

由协会编委会及相关专家编写的《车管经理人》图解版工具书，就要同广大读者见面了。在本书完稿之际，有关同志要求我为这部作品的开篇写几句话，以便推广这项劳动成果，产生更好的社会价值，我应允了。

首先，应该肯定协会编委会和相关专家经过一年多的努力，完成了此书的编写，做了一件很有意义的工作。它为协会指导货运车辆管理经理人在车辆管理上更加系统化、理论化，更具实操性等方面提供了有益的帮助，同时也为协会货运车辆运输管理方面填补了理论空白。

其次，我国是一个汽车运输大国，但在汽车运输管理方面存在一些不足。据有关资料显示，我国现有货运车辆 2 000 多万辆，货运驾驶人员 3 000 多万人，物流费用超过 10 万亿元，车辆运输费用在 3 万亿元以上。随着行业的快速发展，车辆管理从业人群日渐庞大，专职和兼职的车辆管理人员近 100 万人。在为行业发展做出贡献的同时，也暴露出不少问题：如物流成本中车辆成本偏高，车辆利用率偏低，交通事故频发等。这些问题的产生，由多方面原因引起，其中与行业的车辆管理人员也有一定关系，由于车辆管理人员普遍是从基层的驾驶员做起，虽然实操工作经验比较丰富，但综合素质和整体的管理能力严重不足，成体系的基础理论知识薄弱，整个行业的管理水平和能力亟须提高。

最后，由于现在交通运输和物流行业车辆管理人员大多数是靠经验传授，缺乏实战型的车辆管理指导教材，没有成体系的资料，缺乏行业人才培养认证的机构和专业教材。鉴于此，由协会编委会及相关专家编写了《车管经理人》图解版工具书，这本书最大的特点是通过理论、实操、案例、图、表相结合的方式，系统地介绍了车辆管理中的九大板块重点内容，专业专注，实战实用，能对行业内车辆管理人员的工作开展起到很好的辅助作用。

我相信，通过本书的出版发行，将提升交通运输和物流行业的车辆管理水平，降低物流运输成本、减少环境污染、提高运输效率、减少交通安全事故，使我国交通运输和物流行业的规范化和现代化管理水平上一个新台阶，该书也将真正成为我国交通运输和物流行业车管经理人的工具书。

钱永昌

2014 年 12 月于北京

序

前　　言

经过大家的努力，《车管经理人》图解版工具书即将面世，在此对本书的编写做简要说明。

一、编写本书的原因

1. 随着物流行业的快速发展，在为国民经济做出贡献的同时，也逐渐暴露出一系列各方面的问题，如在车辆管理方面：新技术、新模式、新装备不断出现而管理人员不能适应，车型老旧、信息化程度差、车型匹配度不高、管理规范的物流公司不多、资源整合度不足、车辆成本高企、车辆利用率偏低、事故频发、环境污染日渐严重等。

2. 物流行业中的车辆管理从业人员方面也存在一些不足，如车辆管理从业人群日渐庞大，能力参差不齐。这个群体的人员普遍是从基层的驾驶员做起，实操工作经验丰富，综合素质和整体的管理能力不足，基础薄弱，亟须提高。

3. 物流行业专业性强，与车辆相关的费用总量大，事故多，要管理好这些工作，对车管经理人各方面的能力和经验要求很高。

4. 近年来，随着国际知名的 FEDEX、UPS、DHL 等物流公司来到中国，带来先进的车辆管理体系，国内也出现了以顺丰速运、德邦物流等为代表的规范的车辆管理企业。但更多的物流公司车辆管理相当薄弱，需要进行整体的提升，这个提升过程任重道远。

5. 现在，物流行业车辆管理人员更多是靠经验传授知识，缺乏实战型的车辆管理指导教材，没有成体系的资料，缺乏行业人才培养认证的机构和专业教材。

鉴于此，我们组织了行业知名的各类型车辆管理专家进行《车管经理人》图解版工具书的编写。

二、本书的内容特点

本书最大的特点是通过理论 + 实操 + 案例 + 图 + 表相结合的方式，系统地介绍了车辆管理中的主要工作项：基础管理、驾驶员管理、车务管理、机务管理、安全管理、配送与调度管理、专用车管理、信息化管理、综合管理九大板块，专业专注，实战实用，车管人员可以随身携带，轻松学习，从而达到自我培训和业务提升的作用。

三、期望达到的效果

通过本书的出版发行，期望广大车辆管理从业人员，能学习和借鉴一些管理知识和经验，同时我们将组织相关的机构对车辆管理从业人员进行专业的培训和认证，共同提升行业的车辆管理水平，从而降低物流运输成本、提高运输效率、减少交通安全事故、减少碳排放、提高我国物流行业的规范化和现代化水平，从而推动物流行业的发展。

四、说明

1. 本书中的“车管”是指广义的车管从业人员，主要范围包括：车务管理、机务管理、安全管理、车辆营运和调度管理、配送管理、外租车管理、驾驶员管理等与车辆综合性管理或专项管理工作相关的人员。

2. 本书中涉及大量的真实案例，以及一些工作中实用的表格，读者可以通过加入我们的微信群（群二维码详见下方）或 QQ 群（群号：255935102），我们将免费发给大家，相信对读者有一定的帮助。

由于编者水平有限，而本书系统全面，信息量极大，专业性极强，加之时间仓促，本书疏漏之处在所难免，希望广大读者朋友不吝赐教，多多批评指正，以期共同进步，共同推动我国的车辆管理工作。

再次感谢大家！

陈俊龙

2014 年 10 月于北京

ACTMS—实战车管体系

基础管理体系

- ▲ 车辆管理概述
- ▲ 车管经理人胜任力模型
- ▲ 车管经理人培训体系概要
- ▲ 机动车基础知识
- ▲ 物流车辆类型知识
- ▲ 车辆保险知识

驾驶员管理体系

- ▲ 胜任力模型简要
- ▲ 资质证照管理
- ▲ 职业道德
- ▲ 职业健康
- ▲ 诚信考核管理办法
- ▲ 运营操作知识
- ▲ 职责、招聘、培训和离职管理
- ▲ 薪酬和福利

车务管理体系

- ▲ 交通法律法规知识
- ▲ 车辆证照管理
- ▲ 驾驶员证照管理
- ▲ 道路运输资质管理
- ▲ 海关监管证照管理

机务管理体系

- ▲ 车辆采购配置管理
- ▲ 车辆使用管理
- ▲ 车辆维护和检测管理
- ▲ 车辆配件供应管理
- ▲ 车辆常见故障识别

综合管理体系

- ▲ 全面绩效管理概要
- ▲ 数据管理概要
- ▲ 档案管理概要
- ▲ 人才管理概要
- ▲ 财务管理概要
- ▲ 制度管理概要

信息化管理体系

- ▲ 常规车辆管理系统
- ▲ GPS/GIS
- ▲ 北斗导航系统
- ▲ 行车记录仪
- ▲ 常用车队管理系统
- ▲ 车联网

专用车管理简要

- ▲ 集装箱运输
- ▲ 冷链物流运输
- ▲ 罐式容器车辆运输
- ▲ 鲜活易腐产品运输
- ▲ 贵重物品运输
- ▲ 限运、禁运和凭证件产品运输
- ▲ 大件物品运输
- ▲ 危险品运输

调度配送管理体系

- ▲ 车辆资源管理
- ▲ 调度作业管理
- ▲ 签收作业管理
- ▲ 收退作业管理
- ▲ 核单作业管理

安全管理体系

- ▲ 安全管理基础
- ▲ 安全风险识别、防范、排查和治理
- ▲ 安全操作技能
- ▲ 安全管理保障系统
- ▲ 安全监督管理体系
- ▲ 安全事故管理
- ▲ 安全管理测评与改善

中国交通运输协会物流企业分会
车辆管理专项服务项目简介

项目	项　目　描　述
综合咨询顾问	企业整体管理现状的调研、解决方案的制订、方案的推进、管理成效考核 涉及综合管理体系的建设、专业人才培养、信息化管理软件的研发和使用等。 组成联合项目小组进行，我方以专业的指导为主，具体工作的实际推进和实际的管理者仍以企业的为主
专项咨询顾问	针对企业亟须解决的安全、成本、信息化等单项或多项管理问题，进行实地地调研后做出相应的管理解决方案，并进行推广应用
常年顾问	由我方专业人员担任企业的顾问，对企业进行相应的调查了解，按约定方式，长期进行管理指导，可以每月约定时间实地进行，可以不定期按专题重点项目进行实地交流，也可以通过电话、邮件、网络交流等，按年付费
车管人才培训	分为综合培训和专题培训，在经过实地调查，准确了解企业的需求后，做出相应的管理解决方案，对企业的相关人员设计一系列的培训课程，并对其实施培训和考核，确保能解决实际问题，并能产生良好效果
车辆管理软件	据企业需求，双方经过了解，可将现有相对标准化的基于 CAN 总线的智能“车辆管理系统”销售给企业，并对相关人员进行专业的培训，确保有效进行使用。 特别说明：各个公司的经营项目和管理模式不同，车辆管理也必然有所不同，软件中有一部分内容需要据实际情况进行修改，我方可按需进行。同时能与企业的相关软件进行对接
托管或管理外包	与企业签约，委派专业人员进驻企业，对企业的车辆管理部门进行专职的管理，达成一定的效果后离开。也可以将企业的车辆管理部或者车队全部外包给我方，我方组织相应的团队进行全面的经营管理，按一定的效益进行分配。 我方管理人员将进行实质性的管理工作，企业可进行按约定方式的监督检查

说明：

双方按具体约定的工作项目、工作目标、工作内容、工作时间、工作周期、项目小组、付费方式、验收方式等进行。

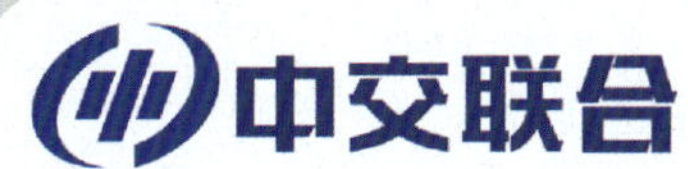

定　位：专业的运力服务供应商！

使　命：为中国物流提供优质的运力服务！

中交联合是一家实力强大，以 好平台、好货源、好结算、好车源、好服务 这五好体系为标准建立，用车联网进行智能管理的大运力公司。

我们致力于对合作的车辆提供稳定的货源和专业管理的服务！

我们致力于为物流行业提供安全、快速、高性价比的运力服务！

联合起来，服务行业，效益共享！

电话：010-89047700

主营业务

车辆租赁　专线运输　车辆托管　临时调车

车辆挂靠　融资租赁　车管服务　车辆联盟

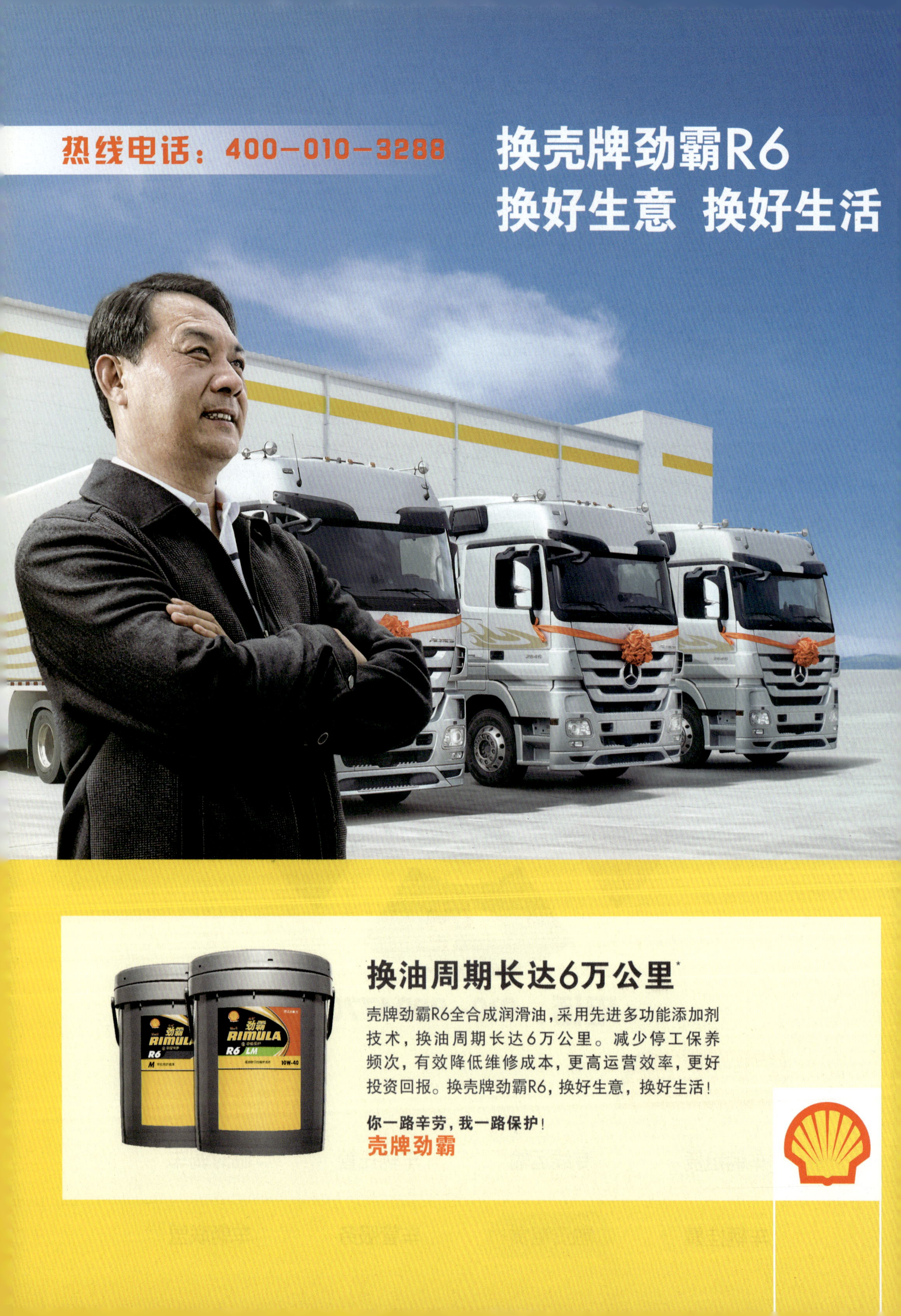
热线电话：400-010-3288
换壳牌劲霸R6
换好生意 换好生活
换油周期长达6万公里*
壳牌劲霸R6全合成润滑油，采用先进多功能添加剂技术，换油周期长达6万公里。减少停工保养频次，有效降低维修成本，更高运营效率，更好投资回报。换壳牌劲霸R6，换好生意，换好生活！
你一路辛劳，我一路保护！
壳牌劲霸
劲霸
RIMULA
R6
LM
10W-40

目 录

STREAMLINE
SCANIA
G 450
RSS 442

第一部分　基础篇

第一单元　基础管理体系

教学目标

通过对本单元的学习，使车管人员对基础管理体系的要求有一个初步的认识和了解，对比其中的各项要求，分析自身的优点和不足并予以完善，从而提高自身的车辆管理工作技能，提升在物流行业的职业竞争力。

教学内容

本单元主要内容：车辆管理概述；车管经理人胜任力模型；车管经理人培训体系概要；机动车基础知识；物流车辆类型知识；车辆保险知识。

第一章　车辆管理概述

重点内容

本章重点内容：基本概念；战略性车辆管理整体架构；车辆管理模式；车辆组织管理等。

第一节　基本概念

项　目	说　明
车辆管理概念	◆ 我们对物流企业中与车辆相关的人员、车辆、货物等的一系列工作进行规范化的管理过程简称为车辆管理
车辆管理范围	◆ 车务管理、机务管理、安全管理、车辆调度管理、配送管理、外租车管理、驾驶员管理等与车辆相关的综合性管理或专项管理工作
“车辆”概念	◆ 本书中的“车管”是指广义的车辆管理从业人员，主要包括：车务管理、机务管理、安全管理、车辆调度管理、配送管理、外租车管理、驾驶员管理等与车辆相关的综合性管理或专项管理工作的一线人员和管理人员
职业车管经理人	◆ 我们对经过一系列专业的培训，具有一定的实践工作经验，同时又在公司任经理层及以上的车管人员统称为职业车管经理人。 ◆ 本书中最后附录中也建立了关于“车管师”的标准，同时也在向国家有关部门申请国家标准，在国家标准批准审批后，经过培训认证的职业车管经理人简称会更换成相应级别的“车管师”
车辆管理的目的和意义	◆ 提升企业的车辆管理水平，降低物流运输成本和碳排放、提高运输效率、减少道路交通安全事故，提高我国物流行业的规范化和现代化水平，进而推进物流行业的发展

第二节 战略性车辆管理整体架构

项　目	说　明
战略性车辆管理整体架构	首先，要明确企业的战略管理方向，物流企业在明确了企业层面的愿景与使命、企业核心价值观和企业的战略后，要据此制定出明确的车辆管理战略，按企业的不同业务类型、不同发展阶段、不同的实力状况等实际需要，可以分阶段的选择成本、生产效率、安全管理或者是混合型的车辆管理战略 其次，当明确车辆管理战略后，要制定出适合企业需求的车辆管理经营策略，要有明确的车辆管理目标，选择合适的车辆管理模式，确定车辆管理部门的组织管理 第三，当经营管理层的方向确定后，则需要进行具体的实际操作管理，包括驾驶员管理、车务管理、机务管理、调度配送管理、安全管理、专用车管理等工作的具体管理 最后，要有效地做好上述管理工作，还需要一个全面的支持管理工具和体系，包括信息化管理和综合管理 本书的整体内容将省略战略管理方面，重点为经营管理层、操作管理层和综合管理层这三个方面。本部分内容架构见下页图

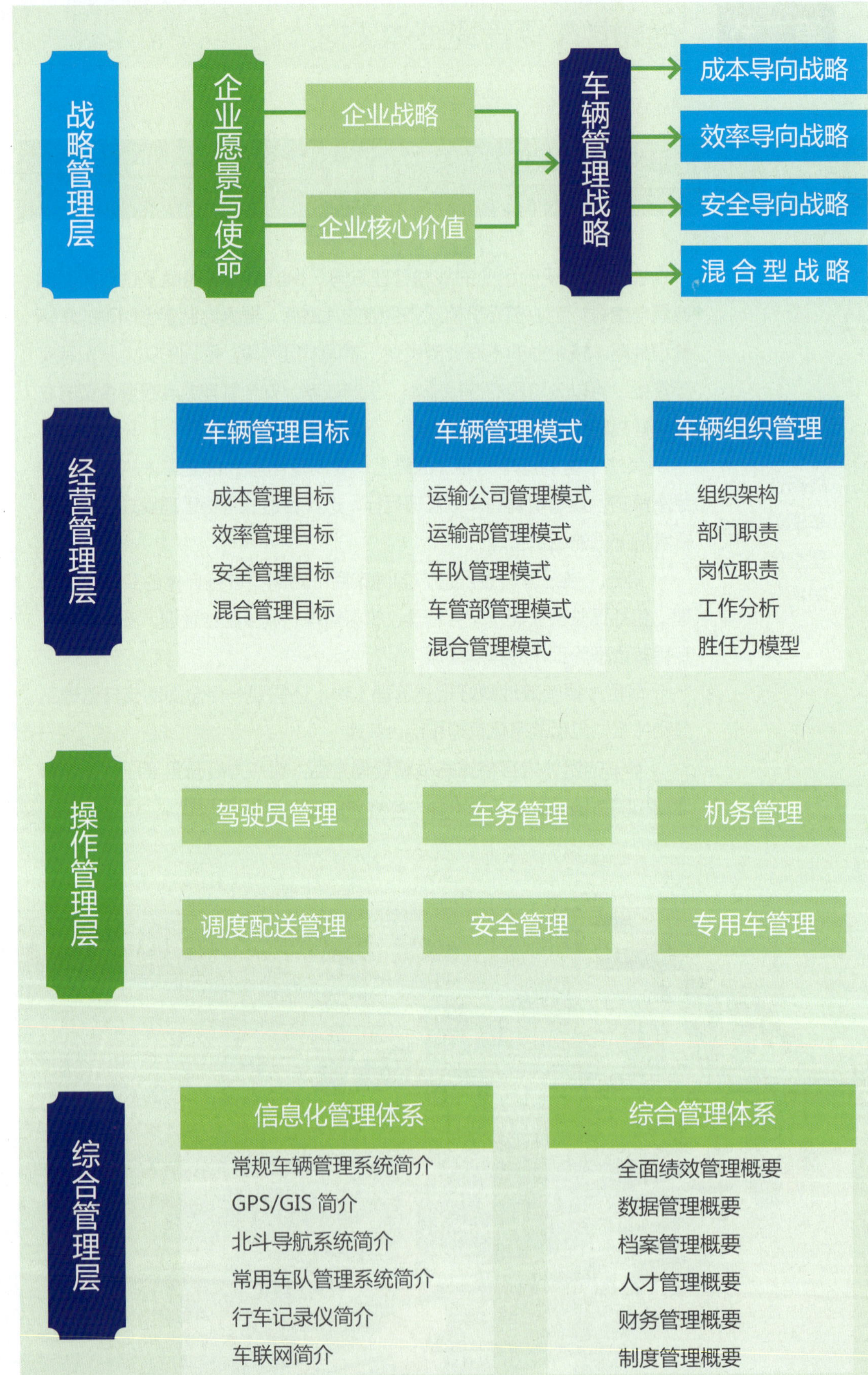
战略管理层
企业愿景与使命
企业战略
企业核心价值
车辆管理战略
成本导向战略
效率导向战略
安全导向战略
混合型战略
经营管理层
车辆管理目标
成本管理目标
效率管理目标
安全管理目标
混合管理目标
车辆管理模式
运输公司管理模式
运输部管理模式
车队管理模式
车管部管理模式
混合管理模式
车辆组织管理
组织架构
部门职责
岗位职责
工作分析
胜任力模型
操作管理层
驾驶员管理
车务管理
机务管理
调度配送管理
安全管理
专用车管理
综合管理层
信息化管理体系
常规车辆管理系统简介
GPS/GIS 简介
北斗导航系统简介
常用车队管理系统简介
行车记录仪简介
车联网简介
综合管理体系
全面绩效管理概要
数据管理概要
档案管理概要
人才管理概要
财务管理概要
制度管理概要

第三节 车辆管理模式简介

项　目	说　明
运输公司管理模式	独立注册的法人机构，有实质的收入，以盈利为目的，对外的经营比重大于内部的管理。 组织架构全面，包括人事部、行政部、财务部、市场部、客服部和专业的车辆安全管理、调度管理、维修保养管理、驾驶员管理等。 整体类似于物流公司一样，只不过主要是做运输业务
运输部管理模式	公司的一个部门，无实质的收入，主要目的是承担公司的货物运输任务，重点在于内部的管理。 侧重于货物，有的也有自有车队，有的是外包。 组织架构重点在于专业的货物配送、车辆安全管理、调度管理、维修保养管理、驾驶员管理等
车队管理模式	公司的一个部门，无实质的收入，但是有虚拟的收入，主要目的是承担公司的货物运输任务，重点在于内部的管理。 以自有车队为主，部分业务是外包。 组织架构中不包括人事部、行政部、市场部、客服部等；重点在于专业的配送管理、车辆安全管理、调度管理、维修保养管理、驾驶员管理等；对于数据统计特别重视，同时也有相应的财务部门进行统计结算
车管部门管理模式	公司的一个部门，主要目的是承担公司的货物运输任务，重点在于内部的管理。 侧重于专业管车和驾驶员，较少涉及货物的配送管理，而是有运营部门管理。 以自有车队为主，部分业务是外包。 组织架构中重点在于专业的车辆安全管理、调度管理、维修保养管理、驾驶员管理等，对于数据统计特别重视
混合管理模式	视公司的状况不同，可以综合上述各个管理模式的特点进行。 部分小型公司是由行政部、操作部或者是仓库直接管理

第四节 车辆组织管理

项 目	说 明
组织架构	确定公司的管理模式后，再据需要设计是否要人事部、行政部、财务部、市场部、客服部和专业的车辆安全管理、调度管理、维修保养管理、驾驶员管理等部门。 据公司规模的大小，设计集团、大区、分公司（或站点）的组织管理架构。 详细内容参见下页“某集团车管部组织架构”
部门职责	在组织架构确定后，进行部门职责的设计。 主要内容是部门基本信息、部门定位、部门主要职责。也可以列出部门的主要制度。 详细内容参见“某集团车管部部门职责”，可加 QQ 群索取
岗位职责	据部门的职责对相关的车辆管理岗位进行职责分解。 据工作分析做出的说明书明确各个岗位的职责。 详细内容参见“某集团车管部岗位职责”，可加 QQ 群索取
工作分析	用观察分析法、主管人员分析法、访谈分析法、问卷调查法、关键事情法等方法对各项工作进行分析，关键是对岗位职责、资格条件、工作环境等项目进行分析，然后列出工作说明书
胜任力模型	全面内容详见第二章

某集团车管部组织架构

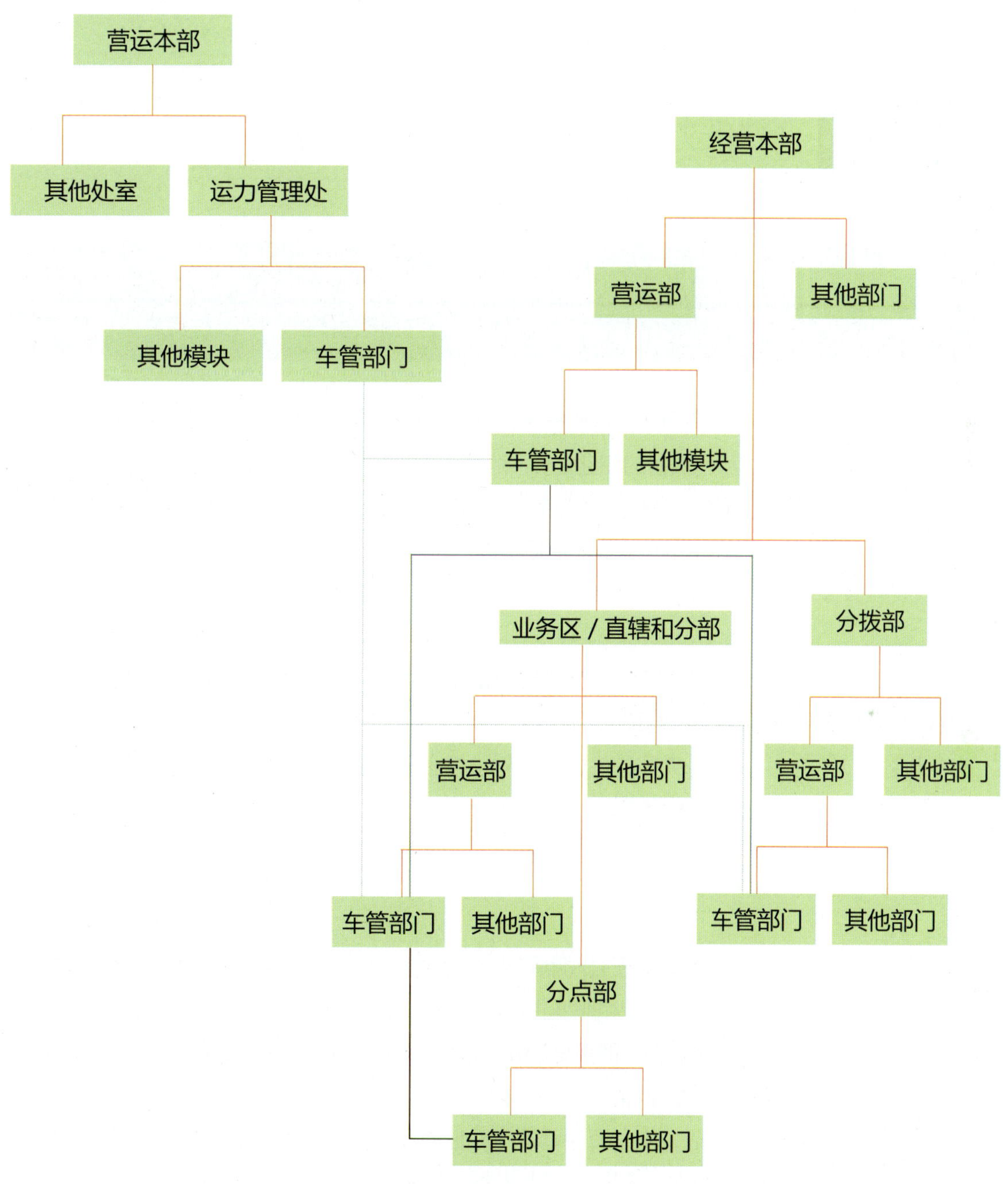

说明：

由于各公司情况不一样，该集团的车管部组织架构仅供参考，各公司按适合自身的管理情况制定组织架构。

第二章 车管经理人胜任力模型

重点内容

本章重点内容：胜任力模型基本概念；车管经理人胜任力模型等。

第一节 胜任力模型基本概念

类 别	说 明
胜任力概述	胜任力（又称胜任素质）是一个组织为了实现其战略目标，组织内个体所需具备的职业素养、能力和知识的综合要求。它可以是动机、特质、自我形象、态度或价值观，也可以是某领域知识、认知或行为技能等，是能显著区分优秀与一般绩效的个体特征
胜任力模型概述	胜任力模型（又称胜任素质模型）是担任某一个特定的任务角色所必须具备的胜任力的总和。 一个完整的胜任力模型由核心能力素质、通用能力素质和专业能力素质三部分组成
胜任力模型的应用	主要应用于公司制订人才发展规划、人才招聘、培训与开发、绩效评估、薪酬设计和职业生涯规划等。它能够具体指明从事本职位的人需要具备什么能力才能良好的完成该职位职责的需要，也是人们自我能力开发和学习的指示器。 同时，人力资源管理"胜任力模型"工作者或职位的直线经理可依据该模型对员工进行有针对性的在职辅导，以使员工或从事该职位的人员具备所需要的能力。 该模型还可以作为人力资源管理工作者对员工及从事该职位的人进行职业生涯规划的基础，也可以作为制订培训规划的依据和信息源

第二节 车管经理人胜任力模型

类　别	说　明
车管经理人胜任力模型	车管经理人胜任力模型共包括三部分：核心能力素质（职业素养）、通用能力素质（专业知识）和专业能力素质（专业技能）。 其中，核心能力素质是基于公司核心价值观、企业文化与战略愿景，要求全体员工都应具备的能力素质；通用能力素质是车管经理人岗位所要求的常规能力素质；专业能力素质是车管经理人工作所需要的特殊的能力素质，是车管经理人为履行其工作岗位和角色所必须具备的知识和技能。 由于各个公司的核心价值观不同，企业文化与战略愿景不同，要求全体员工所应具备的核心能力素质各不相同，故本书内容总体列出三种能力的框架结构，但重点是通用能力素质和专业能力素质这两个模块

公司制度　物流基础
职业道德　管理学
车辆驾驶　服务礼仪
车辆保险　机动车基础
物流用车类型
交通法律法规
安全行车文明驾驶
电脑及信息化

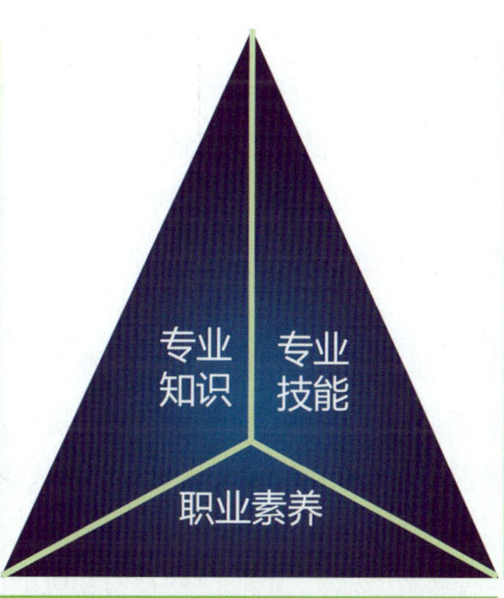

组织管理能力
车务管理技能
机务管理技能
驾驶员管理技能
安全管理技能
调度配送管理技能
信息化管理技能
综合管理技能

职业道德　防风险意识
成就导向　全局观
责任心　纪律性
成本意识　敬业精神
主动性　客户意识

1. 职业素养

车管经理人职业素养的指标项目及行为标准如下表。

类别	说明
职业道德	遵章守法 认真学习国家的有关法规和政策，熟知相关规章制度、各项交通法规和安全操作规程，真正做到学法、知法、守法、用法。 严格按照相关法律、法规、条例的要求合法经营，同时要能够运用法律知识来保障自身的合法权益，解决纠纷。 爱岗敬业 热爱物流车辆管理的工作，养成“干一行、爱一行、专一行”的职业精神，以恭敬严肃的态度对待自己的职业，对本职工作要专心、认真、负责任，一丝不苟、专心致志搞好车管工作，并在平凡的岗位上创造出奇迹，为实现职业上的奋斗目标而努力。 诚实守信 在物流车管行业的工作中要做到实事求是地待人做事，不弄虚作假，讲信誉，重信誉，信守诺言。 对工作精益求精，注重质量，并同弄虚作假、坑害国家和企业利益的行为坚决斗争。 办事公道 物流车管行业的从业人员在办事情处理问题时，要站在公正的立场上，具备按照同一标准和同一原则办事的职业道德规范。即处理各种职业事务要公道正派、不偏不倚、客观公正、公平公开；对不同的对象一视同仁、秉公办事，不因职位高低、贫富亲疏的差别而区别对待。 优质服务 优质服务是指依照车管工作准则，树立信誉第一、质量至上的思想，并努力提高专业技术和服务质量，根据工作的实际需求提供规范、安全、优质、及时的车辆运输服务，满足日益增长的、不断变化的服务需求
防风险意识	对人、车辆、道路、环境、驾驶过程及货物可能存在的风险和隐患等具有非常高的敏感性； 对于安全问题考虑得非常仔细和严谨，能关注日常安全工作细节问题，并能预见各类安全事故的风险和后果； 能提出有效预防风险的措施和方案等建议，能有效地规避各类安全风险，并且能和同事进行安全经验分享

续上表

类　别	说　明
成就导向	设定具有挑战性的目标，并通过不断的学习或请教同事高标准地完成工作任务； 采取充分的行动，在完成工作或工作过程中不断地总结和创新，并应用于以后的工作中； 不满足于平均成绩，追求卓越
全局观	不计较个人得失，服从指挥，彻底执行命令； 能与其他各部门或人员求同存异，积极开展工作； 清楚企业各部门或人员的关联性及其他部门职责； 能从全局出发，积极协助其他部门或人员完成工作； 树立集体观，服从大局，为团队贡献
责任心	对自己、客户、家庭、公司、社会承担责任； 对工作尽职尽责，注重效率，一次做对，不拖拉工作； 注重细小环节，做好细小的事； 善于发现问题，积极动脑，做问题的解决者； 勇于承担错误，不推卸责任
纪律性	能自觉遵守企业的各项管理制度，无违纪行为； 能积极监督或引导同事遵守各项管理制度，且效果明显
成本意识	能在工作中将油料、维修、路桥、外部运力及人力资源等成本控制在预算范围内，积极寻找降低成本的方法； 能对油料、维修、路桥、外部运力及人力资源等的成本控制及方式方法提出有效的建议，且有明显效果； 制止周围浪费及违规现象，与同事一起分享节约成本的方法，并进行推广
敬业精神	注意自己的言行，注重个人修养； 遇到困难、挫折，不退缩，不轻言放弃，有坚持到底的精神； 以工作为己任，实现自我价值
主动性	追求个人进步，主动挑战高目标，并努力实现； 不断提升工作技能，自我完善工作所需的知识体系； 积极配合相关工作，高效率低成本的完成任务

续上表

类别	说明
主动性	热爱、尊重客户，怀抱感恩之心； 主动服务，永远为客户着想； 客户第一，以客户满意为标准，完善自我； 相互服务，积极主动，全力以赴

2. 专业知识

车管经理人知识水平的指标项目及行为标准如下表。

类别	说明
知识类型	知识点和要求
公司知识	了解员工手册与职位的相关内容，了解企业和企业发展简史，熟悉与本岗位有关的制度
物流基础知识	熟悉物流基本活动（运输/仓储配送/装卸搬运/流通加工/包装/物流信息）概念； 熟悉运输基础知识（五种基本运输方式/专业运输模式）； 熟悉物流成本管理及控制基础知识； 熟悉物流信息系统基础知识； 熟悉第三方物流基础知识； 熟悉所服务的客户相关收发货、QC等工作人员的基本情况及性格偏好、质量偏好； 能够对客户检查工作进行简要且合格的应对处理； 质量管理基础理论知识和异常情况预防及控制； 熟悉本岗位和相关工作岗位的操作知识和流程标准； 熟悉本岗位和相关工作岗位的操作流程
职业道德知识	深刻理解物流行业车管从业人员的职业特点； 深刻理解物流行业车管从业人员应履行的社会责任； 深刻理解物流行业车管从业人员职业道德包含的主要内容

续上表

类 别	说 明
运输服务礼仪知识	了解日常工作形象规范； 熟练运用工作用语规范； 熟悉行为规范
管理学识	熟悉管理学的计划、组织、领导、控制等综合的管理知识； 熟悉人力资源管理的工作分析，人员的招聘、培训、选拔、绩效评估、薪酬福利知识； 了解财务管理方面的各种账务报销和办理知识； 据不同的公司类型，需了解代收货款及相关知识
物流用车类型知识	深刻理解各种物流用车类型的特点
机动车基础知识	了解汽车机械原理和构造
车辆保险知识	熟悉汽车保险各险种知识
车辆驾驶知识	熟悉驾驶证和机动车管理知识； 熟悉交通信号知识； 熟悉道路通行知识； 熟悉交通事故处理知识
公共法律知识	了解《中华人民共和国公司法》； 了解《中华人民共和国劳动法》； 了解《中华人民共和国合同法》
交通法律法规知识	深刻理解《中华人民共和国道路交通安全法》、《道路运输从业人员管理规定》、《公路安全保护条例》、《道路货物运输及场站管理规定》、《道路运输驾驶员继续教育办法》、《道路运输驾驶员诚信考核办法》等法规对道路货物运输驾驶员的要求，及对违法行为的处罚、责任、权利、义务等的规定； 深刻理解本省人民政府、交通运输主管部门和道路运输管理机构关于辖区内道路货物运输的相关法规规章和要求

续上表

类别	说明
安全行车文明驾驶知识	深刻理解预见性驾驶的通用规则； 熟练运用预见性驾驶方法： ◇ 起步、直线行驶、跟车、超车、停车、倒车、掉头时的预见性驾驶方法； ◇ 货运场站内及进出货运场站的预见性驾驶方法； ◇ 高速公路、山区道路等不同道路的预见性驾驶方法； ◇ 桥梁、隧道、交叉路口、城乡接合部等特殊路段的预见性驾驶方法； ◇ 冰雪路面、积水路面、砂石路面、沉降路面和易遭遇泥石流路面等的预见性驾驶方法； ◇ 夜间行车预见性驾驶方法； ◇ 雨天、雪天、雾天、雷电、大风沙尘及高温等气象条件的预见性驾驶方法； ◇ 超速、疲劳驾驶、注意力分散等不安全驾驶行为原因分析及其习惯纠正
电脑及信息化知识	熟悉日常办公电脑使用知识

3. 专业技能

车管经理人专业技能的指标项目及行为标准如下表。

类别	说明
团队领导和建设能力	能够对团队成员有充分的认识，并给予适当的反馈； 能够通过对团队成员工作的观察与分析，找出团队合作的不足，并采取相应的提升措施； 能够根据团队成员的特点，制定相应的绩效激励机制，保障团队绩效的持续达成； 具有个人魅力或领导气质，能够指出组织或团队成员的发展方向与目标； 有意识地创建团队合作精神，在团队间合理有效地协调和调配资源，加强不同目标和背景的团队间的合作； 制定团队激励机制并贯彻实施，能通过激励机制的建立使团队成员保持高昂的工作热情

续上表

类别	说明	
车务管理技能	交通法律法规知识 驾驶员证照 海关监管证照	车辆证照 道路运输资质
机务管理技能	车辆采购配置管理 车辆维护和检测管理 车辆常见故障识别	车辆使用管理 物资配件供应管理
驾驶员管理技能	驾驶员胜任力模型简要 职业道德 诚信考核管理办法 职责、招聘、培训和离职管理	货运驾驶员资质证照管理 职业健康 运营操作知识 薪酬和福利
安全管理技能	安全管理基础 安全操作技能 安全监督管理体系 安全管理测评与改善	安全风险识别、防范与治理 安全管理保障系统 安全事故管理
调度管理技能	车辆资源管理 签收作业管理 核单作业管理	调度作业管理 收退作业管理
信息化管理技能	常规车辆管理系统简介 北斗导航系统简介 行车记录仪简介	GPS/GIS 简介 常用车队管理系统简介 车联网简介
专业物流车辆管理技能	集装箱运输 罐式容器运输 贵重物品运输 大件物品运输	冷藏保鲜运输 鲜活易腐产品运输 限运禁运产品运输 危险品运输
综合管理技能	全面绩效管理概要 档案管理概要 财务管理概要	数据管理概要 人才管理概要 制度管理概要

对于知识和技能的掌握程度，用下表中的动词加以区分。

类别		说明
专业知识	了解	对知识能够说出、背诵、辨认、列举、复述等
	理解	比“了解”进一步，能够在了解的基础上对知识解释、说明、归纳
	熟悉	比“理解”进一步，对知识学习得很熟练或了解得很深刻，并能够运用其分析、解决问题
	深刻理解	比“熟悉”进一步，对知识理解得非常深入，可运用该知识创造性地解决较有难度的问题。深入系统地掌握该专业的理论知识和方法，并拥有丰富的实际操作经验，能够带领团队、指导和支持他人运用这些知识和方法解决重大（困难）的业务问题
	精通	认识的最高层次，透彻理解并能熟练掌握，可运用知识做出较准确的理性判断和逻辑推断
专业技能	基本掌握	能够使用或运用某项工具、方法或手段，能够解决一些简单的、程序性的问题
	掌握	能够熟练地运用某项技能和技术，并能解决和分析专业问题
	熟练掌握	通过反复练习而形成的、能够迅速而精确地运用某项技能的能力，并能运用它分析和解决较困难的问题
	精通	对专业技能有深入、透彻的理解，能全面、熟练地运用该项技能和技术，同时能够指导和辅助他人从事此方面工作

第三章 车管经理人培训体系概要

重点内容

本章重点内容：车管经理人培训体系基本概述；整体培训课程内容规划简介；培训考核和应用等。

第一节 车管经理人培训体系基本概述

类 别	说 明
定义	车管经理人培训体系主要指对在职的职业车管人员培养事项的规定和指引，内容涉及培养目标、培养内容、培养方式、考核要求、考核应用等
培养目标	为指导、规范和固化车管经理人的人才培养工作，提升车管经理人的培养质量，推动车管经理人整体素质的提升，从而达成降低物流运输成本、减少碳排放、提高运输效率、减少交通安全事故、提高我国物流行业的规范化和现代化水平的长远战略目标
适用对象	全物流行业的车辆管理人员； 有意向从事此项工作的人员

第二节 整体培训课程内容规划简介

车管经理人培训体系规划

分类	课程清单	学分	课时	考核	备注
职业素养类	公司企业文化	2	1	知识测试	由所在单位负责内容提供和培训考核
	公司人事行政规章制度	2	2	知识测试	
	所在部门的规章制度	4	2	知识测试	
知识水平类	公司知识	2	1	知识测试	参见物流师职业资格认证培训要求
	物流基础知识	7	6	知识测试	其中对于“管理学知识”、“物流基础知识”，本书不列出相应内容，请参考相应的书。本书的内容重点是专业和技能方面的知识
	职业道德知识	2	1	知识测试	
	运输服务礼仪知识	3	6	知识测试	
	管理学知识	5	6	知识测试	
	物流用车类型知识	1	1	知识测试	
	机动车基础知识	3	2	知识测试	
	车辆各险种知识	2	3	知识测试	
	车辆驾驶知识	5	6	知识测试	
	公共法律法规知识	2	3	知识测试	
	交通法律法规知识	3	6	知识测试	
	安全行车文明驾驶知识	5	3	知识测试	
	电脑及信息化知识	2	1	知识测试	
专业技能技巧类	团队领导和建设能力	5	6	知识测试+实操考核	
	车务管理技能	5	3		
	机务管理技能	5	3		
	驾驶员管理技能	5	3		
	安全管理技能	5	3		
	调度管理技能	5	3		
	信息化管理技能	5	3		
	专业车辆管理技能	5	3		
	综合管理技能	10	3		
合计		100	80		

第三节 培训考核和应用

类 别	说 明
考核说明	车管经理人考核采取学分和认证双重方式进行，总学分为 100 分，共 80 个学时，80 个学分以上为合格，车管经理人学完对应课程且考核合格者，获得相应课程的学分。 原则上每三年计算为一个考评周期，学员可以在三年内进行学习并参加考核。 对于“职业素养类”和“公司知识”由所在公司进行考述。 对于“物流基础知识”课程，参考学习中华人民共和国人力资源和社会保障部的物流师培训课程
考核应用	车管经理人的认证方式是理论加实践；车管经理人考核结果，企业内部可以进行评优，或者是参与人才储备，或者作为晋级的参考标准； 主要目的是借此标准化的培训体系进行培训，提升职业物流车管经理人队伍的整体素质，从而达到降低物流运输成本、提高运输效率、减少交通事故、提高我国物流行业的规范化和现代化水平的长远战略目标。 同时本书中最后附录中也建立了关于“车管师”的标准，现已向国家有关部门申报国家标准，在国家标准批准审批后，我们对经过培训认证的职业“车管经理人”的简称会更换成相应级别的“车管师”

第四章　机动车基础知识

重点内容

本章重点内容：车辆总体构造；车辆主要安全装置的作用；车辆性能；车辆运行材料的选择与使用；轮胎的使用常识；节约燃料的基本知识；环保知识；车辆备品、工具和消防器材的原理、配置及使用方法。

第一节　车辆总体结构

1. 车辆的基本构成

车辆主要由发动机、底盘、电气设备和车身、车架四部分组成。

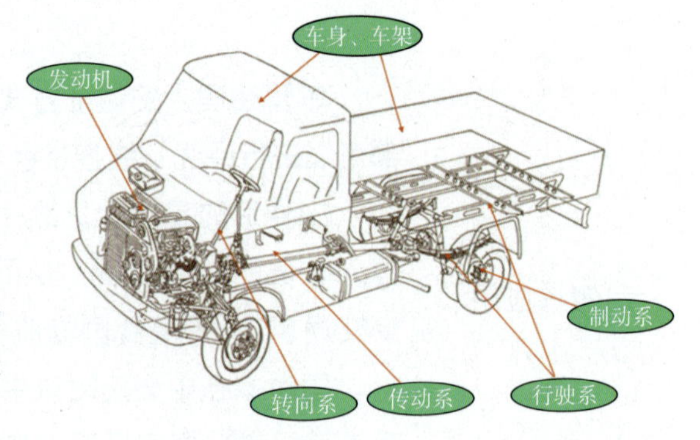

发动机由冷却系、润滑系、燃料系和点火系组成。

底盘由传动系、行驶系、转向系、制动系等组成。

电气设备由蓄电池、发电机、起动机、点火系、仪表、照明装置等组成。

车身和车架是车辆的基本骨架。

名　称	功　用
发动机	将燃料产生的热能转变为机械能，为车辆行驶提供动力
底　盘	接受发动机传递出的动力，使车辆正常行驶、转向和制动
电气设备	以电力为能源，通过一系列设备支持车辆正常行驶
车身、车架	车辆设备的载体；提供乘客生存空间和安全保障；缓解颠簸和振动

2. 汽车车身

汽车车身用以承载驾驶人员、旅客或货物。

货车的车身包括驾驶室和货厢两个部分，客车和轿车的车身一般采用整体车身。

3. 发动机

发动机是汽车的动力装置，它的作用是将燃料燃烧后产生的热能转变为机械能，通过底盘的传动系统驱动汽车行驶。

3.1 发动机的组成

发动机是由“两机构、五系统”组成的。

两机构：曲柄连杆机构、配气机构。

五系统（亦可简称“系”）：润滑系、冷却系、燃料供给系、点火系（柴油机没有）、起动系。

3.2 发动机工作原理

发动机工作时，点火系统（汽油机）点燃发动机汽缸内的压缩可燃混合气，混合气爆燃后产生的压力，推动活塞。

四冲程柴油机和四冲程汽油机一样由活塞往复四个行程完成一个工作循环，包括进气、压缩、做功、排气四个过程。

但两者的不同之处在于，汽油机是点燃燃烧，柴油机是压燃燃烧。

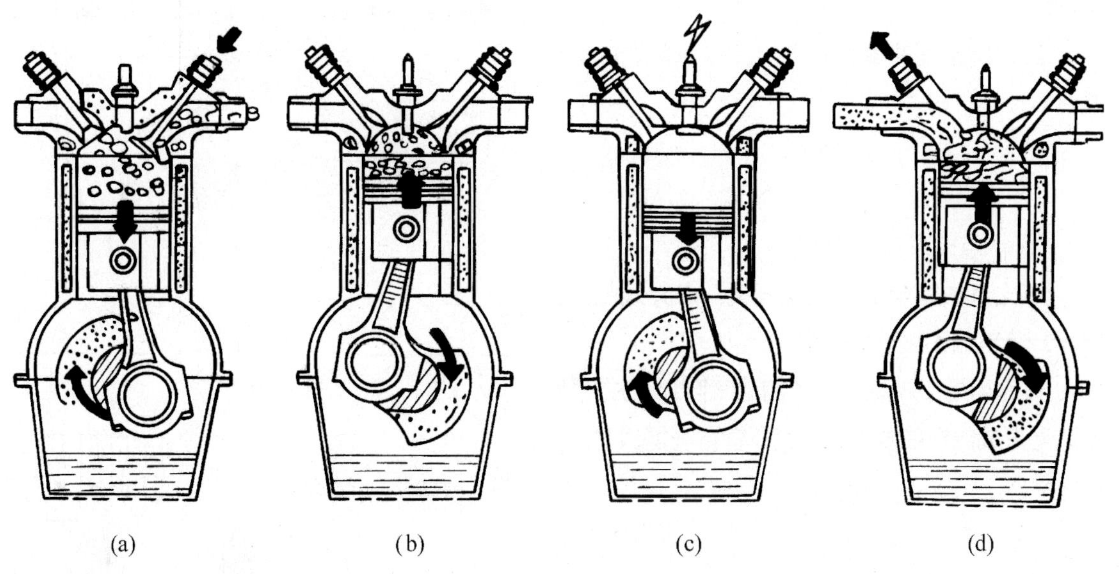

(a) (b) (c) (d)

3.3 冷却系

发动机工作时，汽缸内气体的燃烧温度大约在 980 ~ 2 000℃，发动机内部各机件强烈受热，因此发动机必须有冷却系统，把高温机件的热量带走，使发动机正常的工作温度保持在 85 ~ 95℃。

冷却系由水箱、水泵、散热器、风扇、节温器、冷却液温度表和放水开关组成。

大多数发动机采用水冷却方式。发动机冷却液不能正常循环时，发动机温度将会升高，损坏发动机，甚至造成火灾事故。

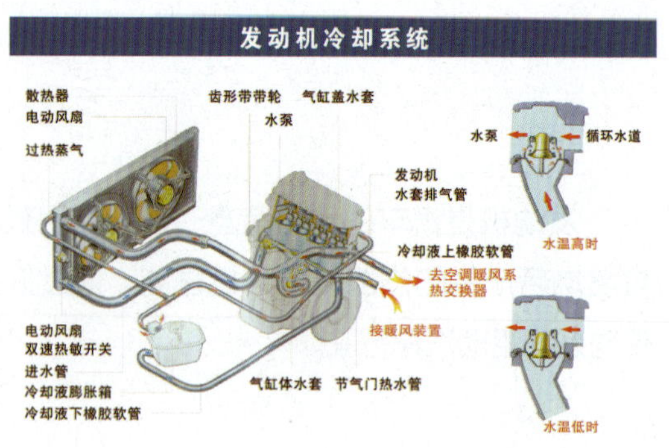

3.4 润滑系

发动机润滑系的主要作用是在发动机工作、各零件运转时，润滑各摩擦表面，减少阻力。

它由机油泵、集滤器、机油滤清器、油道、限压阀、机油表、感压塞及油尺等组成。

机油压力表是用来指示发动机运转时润滑系主油道的润滑油压力。

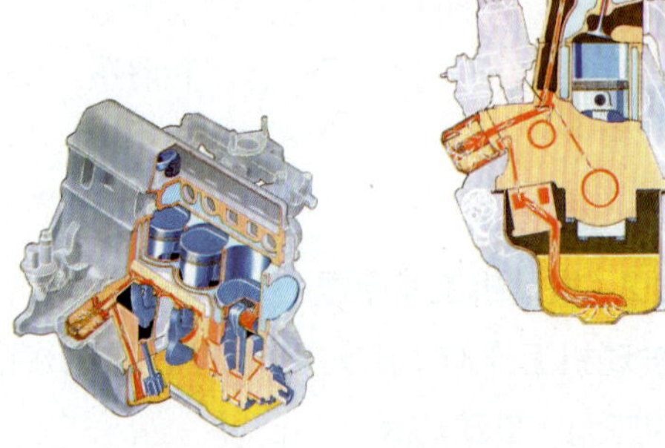

3.5 燃料供给系

汽油机燃料系由汽油箱、汽油表、汽油管、汽油滤清器、汽油泵、空气滤清器、进排气管等组成。

其作用是适时供给发动机工作所需要的可燃混合气。

Mono型SPI单点电控燃油喷射系统

3.6 点火系

点火系由蓄电池、点火开关、点火线圈、容电器、分电器和火花塞等组成。

其作用是点燃燃烧室内的油气混合气并燃烧，使活塞形成循环往复运动，为车辆行驶提供动力。

点火系统
IGNITION SYSTEM

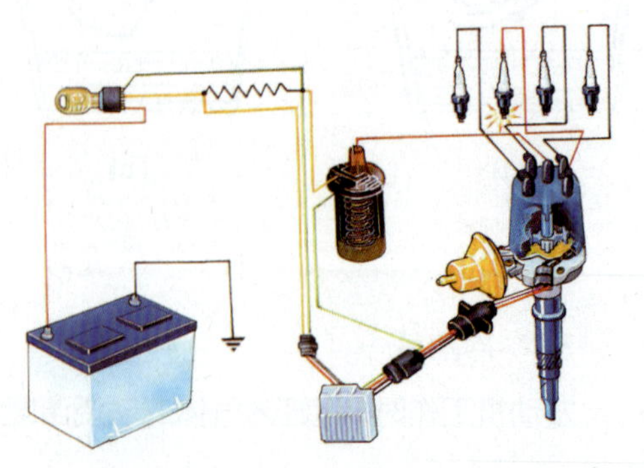

4. 汽车底盘

汽车底盘一般包括传动系、转向系、制动系和行驶系（此项功能另列在操作系统项）。

4.1 传动系

传动系主要由离合器、变速器、传动轴、万向节、减速器、差速器等部件组成。它的作用是将发动机输出的动力传给驱动车轮。

离合器的作用是通过操纵离合器踏板，使发动机的动力与传动装置平稳地接合或分离，以便于驾驶人操纵车辆的起步、停车和换挡。

变速器的作用是通过操纵杆操纵、变换不同的挡位，改变驱动轮的扭矩和转速，达到高速或低速、前进或倒退及空挡切断动力的目的。

4.2 转向系

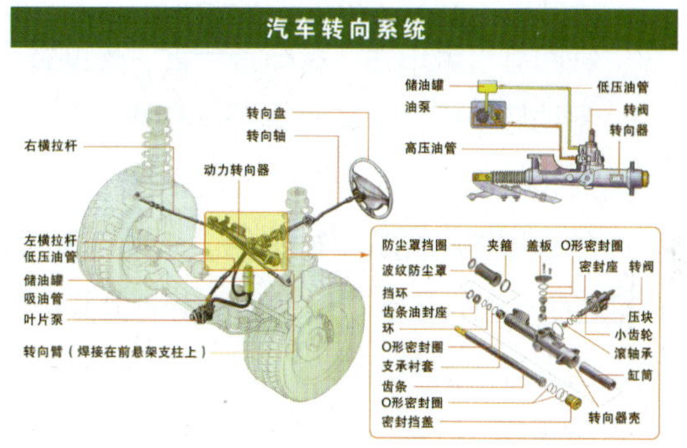

转向系一般由转向盘、转向器、转向传动机构组成。

转向系的作用是驾驶员通过转动转向盘，控制转向车轮的偏转，从而实现转向和控制方向的目的。

4.3 制动系

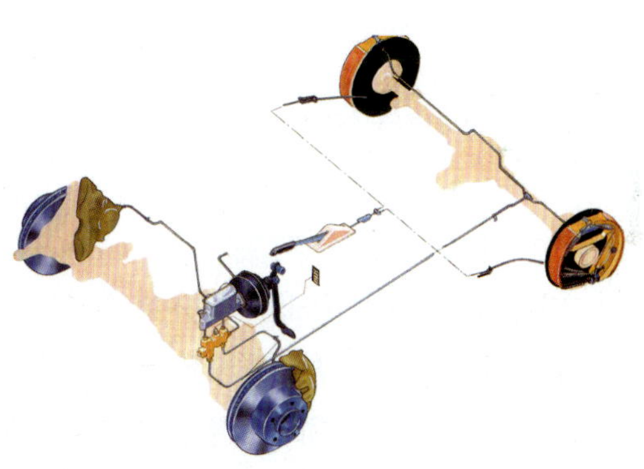

制动系用于车辆的减速、制动、驻停，驾驶员通过操纵制动踏板，将产生的制动作用经制动主缸、制动管路传递给车轮制动器。

5. 汽车的电气设备

5.1 整体电气设备

汽车的电气设备主要是由蓄电池、发动机、照明与信号装置、仪表装置、刮水与洗涤器、起动系及点火系等组成。

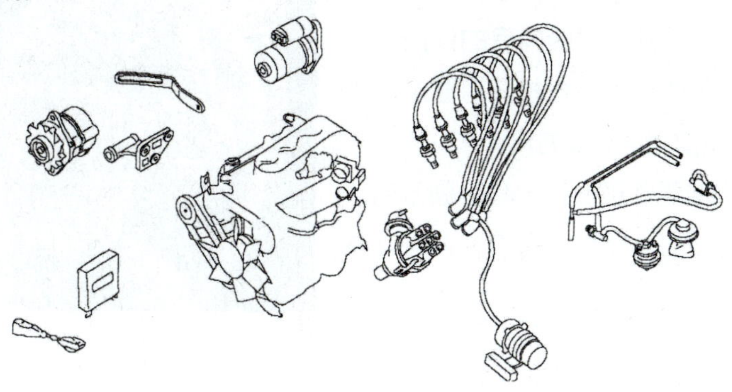

5.2　照明与信号装置

为了保障行驶安全，世界各国对汽车灯光，在数量、安装位置、颜色、发光强度、照射及可见角度等，都有严格的法规要求。

主要包括前照灯、雾灯、转向信号灯、制动灯、倒车灯及喇叭等，这些灯光、信号装置对车辆行驶安全起着重要的作用。

前照灯：俗称大灯，白色或黄色，包括远光灯及近光灯（远近变换俗称变光），近光灯要安装适当、不炫目，在会车时使用。

前位灯：俗称小灯，白色，左右各一个。

后位灯：红色，左右各一个。

牌照灯：白色，能照清后车牌。

仪表灯：白色，能照清仪表。

转向灯：琥珀色，左右各一套，亮度强于前后位灯，供转向时使用。

制动灯：红色，车身尾部左右各一个，亮度强于转向灯，汽车制动时自动开启，以提醒后方车辆及时减速。

危险报警闪光灯：琥珀色，一般与转向灯共用灯泡，开关上有红色的标记，开启时左右灯光一起闪动，引人注目，供车辆在街道上非正常停车时使用。

前雾灯：黄色或白色，左右各一个，供雾天使用。

后雾灯：红色，供雾天使用。

6. 汽车操纵机构

6.1　起动（点火）开关

现代汽车一般将起动点火开关设计在一起，转动车钥匙，接通起动机电源和点火开关，起动机带动发动机转动，同时接通点火系统，点燃发动机内的可燃气体，起动发动机工作。

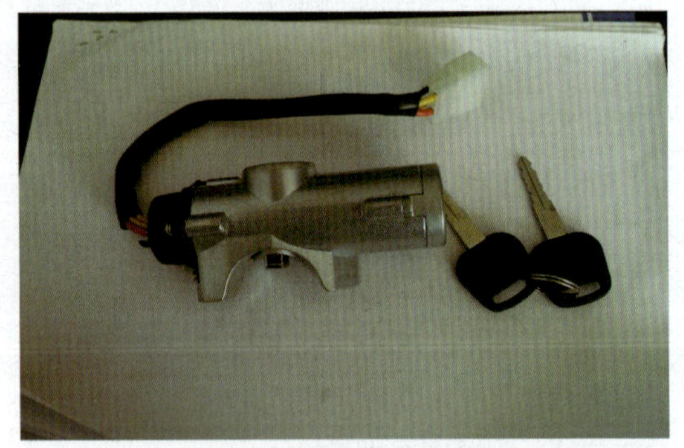

6.2　转向盘

转向盘是操纵汽车行驶方向的装置，用于控制车辆的行驶方向。驾驶员对转向盘的作用力通过转向柱、转向器传递给横、直拉杆，最终作用于转向轮，进而改变车辆的行驶方向。

转向助力是协助驾驶员操控汽车行驶方向，帮助驾驶员实施转向的一个专门系统，它可以减轻驾驶员的劳动强度。

发动机熄火时，转向助力会消失，转向变得沉重。

6.3 变速器

变速器是能固定或分挡改变输出轴和输入轴传动比的齿轮传动装置，又称变速箱，用于改变发动机传递出的转矩、转速或动力方向。

手动变速器设有多个等级不同的前进挡和一个倒退挡。

自动变速器设有倒车挡（R）、空挡（N）、正常行驶挡（D）、低速挡（2.L）。

驾驶员可通过变速器操纵杆分离或啮合变速器内相应的各挡齿轮，实现挡位的变换，进而改变车辆的行驶速度或方向。挡位与速度的关系如下表所示。

挡　位	速　度（km/h）
1挡	起步
2挡	10 ~ 20
3挡	20 ~ 45
4挡	40 ~ 60
5挡	50 以上

6.4 离合器踏板

离合器踏板在驾驶室底部最左侧，是离合器的操纵装置，用于控制发动机与传动系动力的接合与分离。

驾驶员踩下离合器踏板时，离合器片与发动机输出动力分离，中断能量的传输；抬起离合器踏板时，离合器片与发动机输出动力接合，保持能量的传输。

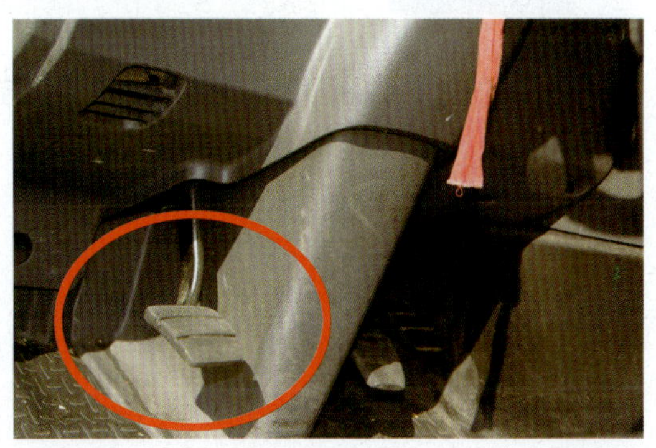

6.5 加速踏板

加速踏板在驾驶室底部最右侧，是控制发动机节气门开度或喷油量大小的装置，用以控制发动机的转速和输出功率。

驾驶员踩下加速踏板，发动机转速升高；松抬加速踏板，发动机转速降低。

6.6　制动踏板

制动踏板是行车制动器的操纵装置，用于车辆减速或停车。

车辆制动系统主要包括行车制动器和驻车制动器两种，俗称为“脚刹”和“手刹”。

行车制动器可分为液压和气压两种类型。

驾驶员踩下制动踏板，制动作用产生；抬起制动踏板，制动作用解除。

6.7　驻车制动器操纵装置

驻车制动器操纵杆是驻车制动器的操纵装置，该制动装置用于避免车辆停止时的溜车现象。

驻车制动器操纵杆通常安装在驾驶座的右侧位置。

驾驶员拉紧驻车制动器操纵杆时，制动作用产生；按下驻车制动器的锁止按钮，并放下操纵杆时，制动作用解除。

第二节　车辆主要安全装置的作用

汽车的安全装置主要有安全头枕、安全带、安全气囊、防抱死制动系统、照明与信号装置等。

1. 安全头枕

座椅安全头枕的作用是保护颈椎。车辆发生追尾事故时，碰撞所产生的巨大冲击力会使人的头部突然后仰，从而使驾驶员的颈椎受到较为严重的、甚至是致命的伤害。

驾驶员调整座椅时，应使背部尽可能直立紧贴座椅，脚部能将离合器踏板和制动踏板轻松踩到底，颈部与身体间角度趋于平缓。头枕的高度也要合适，使头枕中心与脑后部在同一水平位置，以降低追撞时对驾驶员颈椎的伤害程度。

2. 安全带

2.1 安全带的作用

汽车安全带的作用就是在车辆发生碰撞或紧急制动时，预紧装置收束并瞬间绷紧，将乘车人员牢牢地“捆”在座椅上，防止发生二次碰撞，有效保护身体。起动发动机后，如果驾驶员没有系好安全带，仪表盘的安全带报警灯会保持常亮。

2.2 不系安全带的风险

未系好安全带是指驾驶员在驾驶车辆时，有意不使用或未能有效使用安全带的行为。不系安全带隐藏着巨大的事故风险。

2.2.1 伤亡率升高，如果没有安全带的保护，车辆在碰撞或紧急制动的瞬间，巨大的惯性会使驾驶员与转向盘、风窗玻璃等发生碰撞，严重时会将驾驶员抛离座位甚至抛出车外，伤亡率大大升高。

2.2.2 易发生二次碰撞，汽车发生碰撞事故后，驾驶员、乘车人员的身体还会继续向前运动，与车厢内部结构、人员发生第二次碰撞，这种伤害有时甚至是致命的。

2.2.3 易受到安全气囊的伤害，对于具有安全气囊装置的车来说，不系安全带更加危险，因为安全气囊的瞬间爆发力很强，如果没有安全带的保护，会对人体造成严重的伤害。

2.3 安全带使用注意事项

正确使用安全带，能够降低突发事件对人员造成伤害的概率和程度。

2.3.1 经常检查安全带的技术状态，如发现损坏应及时更换。

2.3.2 严禁双人共用；避免安全带卷曲；避免与锋利物体（如刀刃、玻璃碴等）接触。

2.3.3 不能让安全带压在坚硬或易碎的物体上，如衣服里的眼镜、钢笔和钥匙等。

2.3.4 座椅上无人时，要将安全带送回卷收器中，将扣舌置于收藏位置，以免在紧急制动时扣舌撞击到其他物体上。

3. 安全气囊

3.1 安全气囊的作用

工况类型	碰撞后 100ms 时刻假人姿态	工况类型	碰撞后 100ms 时刻假人姿态
无安全带 无气囊工况	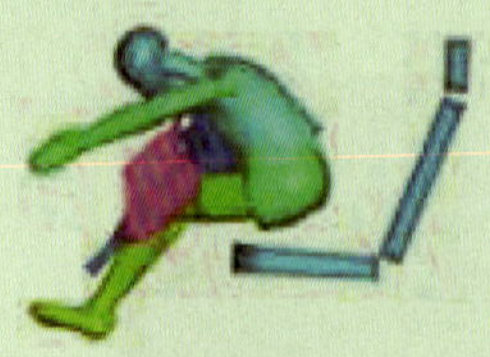	无安全带 有气囊工况	
有安全带 无气囊工况		有安全带 有气囊工况	

车辆发生强烈碰撞时，安全气囊会在瞬间充气、膨出，防止驾驶员的头部和胸部与转向盘、仪表板，甚至前风窗玻璃发生碰撞，从而避免、减轻人员的伤亡。安全气囊与安全带互相配合，对驾驶员和乘车人具有更好的保护作用。

值得说明的是，并非所有的碰撞事故都会触发安全气囊，这取决于车辆碰撞的剧烈程度以及碰撞的角度。一般来说，车辆在 20km/h 以下的速度正面撞击物体或者在车辆前方左右两侧 30°以外的方向受到撞击时，可能不会触发安全气囊。

3.2 使用注意事项

（1）配合安全带使用。装有安全气囊的车辆在行驶中，乘员应当系好安全带。系好安全带是安全气囊发挥保护作用的一个重要条件，否则，安全气囊展开时强大的瞬间撞击力，会对人的头部和颈部等较为脆弱的部位造成严重的伤害，尤其对于儿童，这种伤害可能是致命的。

（2）禁止在安全气囊附近放置物件。安全气囊触发的瞬间会弹起放置在其上面的物件，从而给乘车人员造成伤害。因此，驾驶员应及时清除安全气囊附近的物件，包括打火机、香水等。

4. 防抱死制动系统

4.1 防抱死制动系统的功用

防抱死制动系统（Anti-Lock Braking System，以下简称 ABS）的功能是，保证车辆在任何路面上进行紧急制动时，能自动控制和调节制动力，使每个车轮产生尽可能大的制动力，防止车轮抱死，消除制动过程中的跑偏、甩尾现象，以获得良好的制动性和操纵稳定性。

没有装备防抱死制动系统的车辆在紧急制动时，车轮不能转动，与路面间的侧向附着力完全消失。如果是前轮抱死而后轮还在滚动，车辆将失去转向能力；如果是后轮抱死而前轮还在滚动，即使受到不大的侧向干扰力，车辆也将产生甩尾现象。

制动引发的车轮抱死很容易造成严重的交通事故。

4.2 防抱死制动系统的使用注意事项

应始终踩住制动踏板不放松。制动时采取这样操作才能保证足够和连续的制动力，使 ABS 有效地发挥作用。

应保持足够的制动距离。在良好的路面上行驶时，至少要保证离前面的车辆有 3s 的反应时间；在不好的路面上行驶时，要留给制动更长一些的时间。

不要担心制动踏板震颤和产生工作噪声，ABS 工作时，制动踏板震颤和液压调节器有工作噪声是正常的，而且可使驾驶员感觉到 ABS 正在起作用，此时不必怀疑制动系统有故障。

驾驶装有 ABS 的车辆不要比驾驶无 ABS 的车辆更随意。即使对于有 ABS 的车辆，急转弯和快速变更车道以及其他急打转向盘，都是不适当和不安全的做法。

5. 照明与信号装置

各种指示灯和报警灯亮的含义

亮灯标识	含义	亮灯标识	含义	亮灯标识	含义
	车灯总开关		提示左侧车门未关闭		防抱死制动系统出现故障
	前雾灯开启		提示右侧车门未关闭		启用空气外循环
	后雾灯开启		发动机罩开启		启用空气内循环
	前后位置灯开启		行李舱盖开启		启用冷风暖气风扇
	远光灯开启		油箱内燃油已到最低液面		启用地板及迎面吹风
	近光灯开启		发动机机油压力过低或机油量不足		启用迎面吹风
	右转向指示灯开启		冷却液不足		启用地板及前风窗玻璃吹风
	左转向指示灯开启		发动机温度过高		前风窗玻璃刮水器开关
	危险报警闪光灯（故障停车信号灯）开启		制动系统出现异常或故障		前风窗玻璃刮水器及洗涤器开关
	没系安全带或安全带插头未插好		充电电路故障或发电机不向蓄电池充电		后风窗玻璃刮水器及洗涤器开关
	驻车制动器处于制动状态		发动机控制系统故障		车门锁住开锁开关
	两侧车门开启或提示两侧车门未关闭		安全气囊处于故障状态		儿童安全锁开关

第三节 车辆性能

1. 车辆性能及评价指标

车辆性能及评价指标如下表所示。

类 别	说 明
动力性	最高车速、加速能力、最大爬坡能力
制动性	制动效能：制动时间、制动减速度和制动距离性； 制动效能的恒定性：制动器的衰退； 制动时方向的稳定：·跑偏、侧滑和失去转向
燃油经济性	每行驶 100km 消耗掉的燃油量（L）
操纵性和稳定性	汽车操纵稳定性评价参数较多，有静态的和动态的，其中与总体设计有密切关系的有：转向特性、车身侧倾角、制动点头角、方向稳定性
行驶平顺性	乘客感到疲劳和不舒适度的程度，及货物损坏度
通过性	通过各种坏路及无路地带和克服各种障碍物的能力

2. 车辆性能对行车安全的影响

2.1 制动方向稳定性

车辆在附着力不强的路面上高速行驶或紧急制动时，容易失去控制，偏离原来的行驶方向，进而酿成事故。制动跑偏和制动侧滑的故障现象和预防措施如下页表所示。

现象		原因	措施
制动跑偏	车辆沿直线行驶，转向盘固定不动，车身自动向左或向右侧滑移	左右轮制动力不平衡； 制动管路或接头渗漏； 左右轮胎花纹、磨耗程度及气压不均； 左右轴距不等； 前轮定位失准； 车架或前桥等变形； 装载不均匀，负荷分配不合理	注意对车辆进行例行检查； 装载时应保证货物装载均匀，发现制动跑偏及时进行维修
制动侧滑	后轮抱死：车辆可能发生甩尾； 前轮抱死：车辆失去转向动力，不能改变行驶方向	车轮被抱死后，车轮只能在路面上滑动，从而失去了承受侧向力的能力，车辆将发生侧滑或甩尾	制动防抱死系统能有效防止制动侧滑； 没有制动防抱死系统的车辆，应尽量避免紧急制动； 发生侧滑时，应立即放松制动踏板，以缓解车轮抱死，同时将转向盘向侧滑的方向转动，修正方向避免在转弯时制动

2.2 制动衰退

2.1.1 下长坡时的制动热衰退

下长坡时，车辆受惯性影响速度越来越快，如果持续使用行车制动，制动器长时间剧烈摩擦，温度急剧升高，制动性能降低。

同时，制动液也会因过热产生气泡，最终造成制动效果急剧下降，导致制动失效。

因此，下长坡时禁止空挡滑行，应提前挂低速挡，充分利用发动机的制动阻力控制车速。

2.2.2 涉水行驶后的制动衰退

车辆涉水行驶后，制动器被水浸泡，车辆制动性能衰退。此时应反复踩踏制动踏板，恢复车辆

制动性能。

尤其是在北方寒冷地区，车辆在冰雪路面上或“冬雨”里行驶，制动器易冻结，驾驶员应对车辆制动性能给予特别关注。

3. 车辆内、外轮差对行车安全的影响

一般车辆前轮为转向轮，转弯时，同一侧的前、后两个车轮的轨迹不在一条线上，内侧前、后车轮轨迹沿转弯半径方向的距离差称为“内轮差”，外侧前、后车轮轨迹沿转弯半径方向的距离差称为“外轮差”。内、外轮差的大小与车辆的轴距有关，车辆轴距越长，轮差越大。

3.1 由于内轮差引起的剐蹭情形

车辆左转弯时，尽管用转向盘控制的前轮转向角很合适，前轮轨迹离路边建筑物有一定距离，但是转向时前、后车轮轨迹不同，转弯内侧后轮轴迹的转弯半径小，后轮轨迹离路边缘建筑物很近，驾驶员稍不注意，就会造成车身后部与路边建筑物剐蹭。

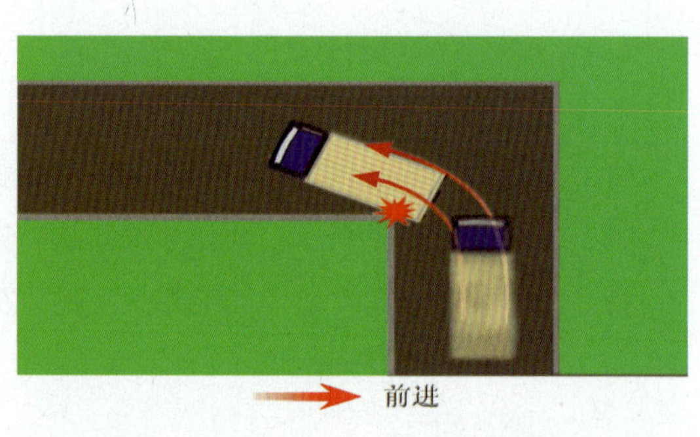

3.2 由于外轮差引起的碰撞情形

车辆并列行驶时，左侧车辆为了绕过路边的建筑物，在转弯过程中前、后车轮移动的轨迹差别较大，对右侧直行车辆的前进造成很大妨碍，稍不留意就会发生碰撞。

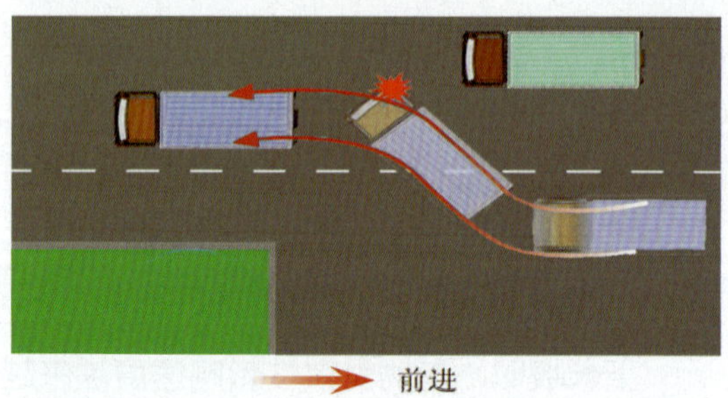

第四节 车辆运行材料的选择与使用

1. 汽油

汽油的牌号按照其抗爆燃（汽油在汽缸里的一种不正常燃烧状态）能力划定，有90号、93号、97号等八种。

汽油的标号表示汽油的抗爆性，用辛烷值来表示，标号越高，抗爆性越好。

驾驶员应根据车辆发动机压缩比及车辆使用说明书的要求选择适当牌号的汽油，以达到安全、节能并重的效果。

2. 柴油

柴油的标号按照其冷凝点的高低标示。例如，-10 号表示其凝固点不高于 -10℃。

牌号低的柴油低温流动性好，发动机在低温情况下易起动，从而减少起动时的燃油消耗。

选择柴油的牌号应依据当地风险率为 10% 的最低气温，一般以最低使用温度略高于柴油的冷凝点 4 ~ 6℃为宜。

3. 发动机机油

机油选用的正确与否， 对发动机的性能、工作状态和寿命等有很大影响。黏度过小的机油易从机件表面流失，使运动机件得不到良好的润滑。使用黏度过大的机油，则机油不易流入配合间隙，流动阻力大，会增加发动机动力消耗，增加机件磨损。

市场中现有的机油通常按 S A E 法分类，单级机油：冬季用油有 6 种（0W、5W、10W、15W、20W、25W），夏季用油有 4 种（20、30、40、50）；多级机油：冬夏通用油有 16 种（5W-20、5W-30、5W-40、5W-50、10W-20、10W-30、10W-40、10W-50、15W-20、15W-30、15W-40、15W-50、20W-20、20W-30、20W-40、20W-50）。

不同车辆对发动机机油的黏度和品质等级要求不同，与车辆的使用环境、温度等相关。驾驶员应严格按照车辆使用说明书的要求选择适当牌号、正规的机油。

4. 防冻液

防冻液是保证发动机正常工作的重要运行材料，冷却液温度过高或过低都不利于发动机正常工作。防冻液作用如下表所示。

功 能	作 用
防冻	有效防止发动机被冻坏
防腐蚀	有效防止发动机冷却系统的锈蚀
防水垢	优质防冻液具有防水垢功能，有效提高散热效率
防“开锅”	优质防冻液的沸点通常在 110℃，能有效防止散热器“开锅”

5. 风窗玻璃清洗液

风窗玻璃清洗液主要是用水、清洁剂和酒精配制而成。

分为夏季用和冬季用两种类型，需要添加时应根据各地不同的气温情况选用，要尽量避免混用不同牌号的清洗液。

第五节 轮胎的使用常识

轮胎是货运车辆的重要部件，它除了承受自身的质量外，还担负着推动其行驶和缓冲与地面冲击的重任。合理地使用轮胎，对节约成本、防止轮胎的非正常损坏和延长轮胎使用寿命产生十分重要的作用。

1. 影响轮胎使用寿命的因素

车辆轮胎的使用寿命与车辆的技术性能、工作气压、轮胎的负荷、行驶速度、使用温度、驾驶技术、道路条件以及轮胎维护、装载货物重量等诸多因素有关。

1.1 车辆技术状况

1.1.1 底盘的技术状况

行驶系技术状况不好，会加大轮胎的磨损程度，比如说前轮定位及轴位失准，轮盘和轮辋失准。

1.1.2 车胎的状况

1.1.2.1 轮胎的工作气压

轮胎气压应符合轮胎充气标准，高于或低于

标准，都将缩短轮胎的使用寿命。因此，保持最适宜的气压是延长轮胎使用寿命最有效的措施。

1.1.2.2 轮胎的负荷

货运车辆装载越多，负荷越大，轮胎对地面的压力就越大，轮胎磨损也越严重。同时，车辆超载会使轮胎侧壁弯曲、变形，扩大与地面的接触面积，温度升高，加速胎肩磨损。因此，车辆的载重应符合承载规定，禁止超载，以保证轮胎的正常负荷。

1.1.2.3 轮胎的温度

车辆在运行过程中，胎侧反复伸张和压缩，胎体帘线之间产生摩擦，再加上胎面之间的摩擦，引起轮胎温度升高，容易使轮胎磨损加剧，引起不正常的磨损或破裂。

1.1.2.4 轮胎的维护和管理

轮胎是否进行定期维护是影响轮胎使用寿命的重要因素之一。如轮胎换位及维护不及时，轮胎装配及选用花纹不当，保管不妥、久存老化、人为损伤、化学腐蚀等，都会影响轮胎的使用寿命。

1.2 道路条件

路面的好坏，对轮胎的使用寿命有很大的影响。一般来说，在条件良好的道路上行驶，既节省燃油又减少轮胎损耗。

1.3 驾驶状况

1.3.1 驾驶员的驾驶技术

轮胎的磨损程度与驾驶员的驾驶技术有着很直接的关系。如操作不当，起步过猛，骤然转向，紧急制动，行驶中压、擦硬质障碍等，都会导致轮胎的严重磨损。因此，驾驶员应注意改变不良的驾驶操作习惯。

1.3.2 行驶速度

行驶速度要符合路面情况，掌握好经济时速，避免高速行驶。速度越快，轮胎受到载荷越大，在不平的路面上行驶时更为严重。所以，行驶中一定要注意控制车速，这样有利于延长轮胎的使用寿命，节约燃料。

2. 轮胎的正确使用方法

2.1 保持正常的气压

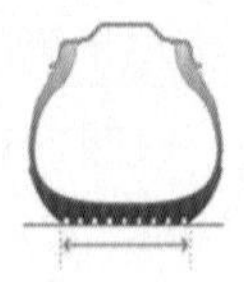

正确充气内压

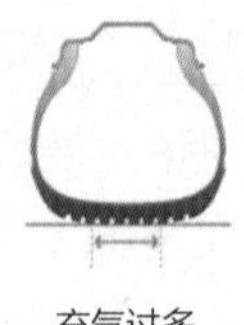

充气过多

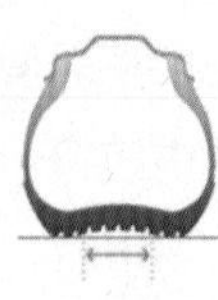

充气不足

2.1.1 气压过低，轮胎变形增大，磨损不均匀；胎体磨损加大，轮胎温度急剧上升，加速了橡胶轮胎的老化速度；后桥使用双胎并装时，一胎气压过低可能会导致另一胎因超载而损坏。

2.1.2 气压过高，轮胎接触地面面积变小，单位压力增大，使胎冠部分磨损加剧，轮胎受到冲击时，胎冠非常容易爆裂；另外，气压过大会令车辆的燃料消耗增加。

2.1.3 轮胎充气压力是决定轮胎使用寿命和工作好坏的主要因素，保持轮胎气压符合标准是减小磨损、消除隐患、延长使用寿命的重要措施。

2.2 禁止轮胎超载

轮胎所能承受的最大负荷，在最初设计的时候已经被限定。

超载时轮胎的损坏特点与胎压过低行驶时的损坏相似，且更为严重。

2.3 科学合理搭配轮胎

同一车辆上应装配同一规格、结构、层级和花纹的轮胎。

子午线轮胎和斜交轮胎不得装在同一轴上，也不能前轴装子午线轮胎，后轴装斜交轮胎，这样会加快轮胎磨损，影响转向功能及操作稳定性。

同一轴上的轮胎规格和花纹应相同，轮胎规格应符合整车制造厂的出厂规定。载货汽车通常前轴轮胎选用纵向花纹，驱动轴轮胎选用混合型或横向花纹，这样有利于车辆的操作稳定性。

2.4 翻新轮胎的使用

翻新轮胎一般都装在后轮上使用，新轮胎经过一个周期的使用，其胎体抗疲劳强度下降。

经修补和加补内垫的翻新轮胎，其周向平衡可能被破坏，行驶时在惯性的作用下，易产生冲击振动，使车辆晃动，影响车辆的操纵，所以翻新轮胎不能用于前轮。

另外，转向轮不可以装用翻新轮胎。

3. 轮胎更换

3.1　轮胎更换的步骤

货运车辆常常需要在复杂的路况下长途行驶，轮胎相对更容易磨损，因此，行车途中往往会出现轮胎破裂的现象。为了不影响车辆的正常运营，驾驶员应及时更换轮胎，并尽可能快地去修理厂，请专业维修人员检查、调整新装配轮胎的气压和制动间隙。下面以更换车辆左后轮胎为例，介绍轮胎更换的基本步骤。

3.1.1 选择在安全而平坦的路面停车，挂一挡，拉紧驻车制动器，并用三角木或石头垫在车轮下，避免溜车。

3.1.2 拆卸备胎，并将其放置在左后轮的附近。

3.1.3 拧松左后轮胎螺母，用千斤顶顶起左后轮，直到轮胎离开地面。

3.1.4 拧下螺母，卸下左后轮胎。

3.1.5 安装好备胎，并按顺序(对角线交叉)分2次紧固轮胎螺母。第1次按顺序紧固螺母时，施加70%左右的力；第2次则按顺序完全紧固螺母。

3.1.6 放下千斤顶。

3.1.7 再次检查、紧固所有螺母。

3.1.8 收拾好现场，将换下的轮胎固定到备胎架上，并收拾好千斤顶等工具。

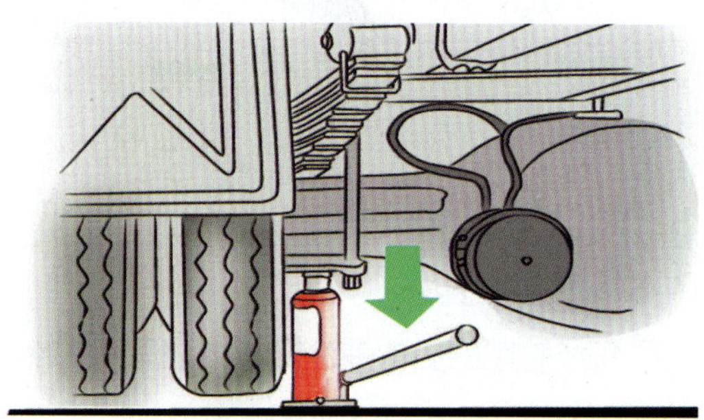

3.2　轮胎更换要求

3.2.1 能正确使用气压表，用气压表检查轮胎气压后，读出气压值。

3.2.2 正确使用专用工具卸下备胎。

3.2.3 先将轮胎螺母旋松，然后再用千斤顶顶在后桥规定的位置将后轮支起。

3.2.4 按顺时针方向将轮胎螺母松掉后，卸下轮胎（操作时可用撬棍进行辅助）。

3.2.5 安装轮胎时，两轮轮辋通风口应对准，两胎气门嘴应对应排列，按180°分开。

3.2.6 轮胎螺母的紧固应按对角交叉旋紧，螺母斜面必须与轮辋眼斜面紧密接合。

3.2.7 放下千斤顶后，按顺时针方向逐一将轮胎螺母再紧固一次，增加紧固力度。

3.2.8 将换下的轮胎安装到备胎支架上。

3.2.9 整个操作过程必须确保安全、规范。

4. 轮胎知识

轮胎按照胎体中帘线排列方向不同，可分为斜交线轮胎和子午线轮胎。子午线轮胎与普通斜交轮胎相比，具有以下几方面的优点。

4.1 使用寿命长

相同轮胎负荷的情况下，子午线轮胎胎体的径向弹性大，接地面积大，对地面的单位压力小，使胎面磨损小，耐磨性强，比普通斜交轮胎使用寿命长 30% ~ 50%。

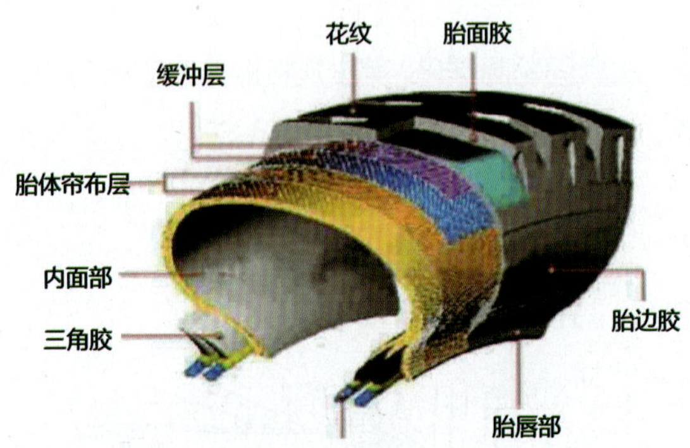

4.2 附着性能好

子午线轮胎的胎体弹性好，接地面积大，胎面滑移小，因而附着能力强；滚动阻力小，节约燃油的消耗。

子午线轮胎的胎冠具有强度较高的带束层，轮胎滚动时胎冠变形小，滚动阻力比普通斜交轮胎小 20% ~ 30%，因而，需要克服阻力的做功小，油耗可降低 3% ~ 8%。

4.3 承载能力大

子午线轮胎的帘线强度能够得到充分的利用，承载能力比普通斜交轮胎高约 14%。

4.4 缓冲能力好

子午线轮胎的胎体径向弹性大，可以更好地缓和、吸收路面对轮胎的冲击能量，提高行车的舒适性。

子午线轮胎与普通斜交轮胎相比，也存在轮胎侧面薄、变形大、胎面与胎侧的过渡区及轮辋附近易产生裂口等缺点。但是，子午线轮胎的综合性能明显优越于普通斜交轮胎，因此被广泛使用。

第六节　节约燃料的基本知识

不同的车辆，油耗是不一样的，但是在同样的车的情况下，影响汽车运行油耗的因素很多，据测定，驾驶技术娴熟的驾驶员比驾驶技术一般的平均节约燃油 8% ~ 10%。因此，驾驶节油的关键是看驾驶员能否根据汽车的运行条件采用相应的驾驶操作，使人、机配合得当，保持汽车的最佳运行状态。

1. 燃料消耗的影响因素

1.1　车辆技术状况

1.1.1　点火系的技术状况

（1）点火系中断电器触点间隙的增大或减小、分电器的离心点火提前或滞后都会使油耗增加。

（2）选择好的火花塞，保持火花塞电极间隙适当、清洁可以降低油耗。如果一只火花塞不工作，增加油耗 25%；两只火花塞不工作，增加油耗 60%。

1.1.2　传动装置的技术状况

（1）离合器打滑，意味着不能有效传递发动机的动力，将增大油耗。

（2）在传动机构、行驶机构和控制机构配合不好时，油耗也将增加。

（3）传动机构变速器齿轮润滑油不符合规定时，油耗也会明显增加。在同等条件下，传动机构在冬天使用夏季齿轮油时，油耗会增加。

1.1.3　空气滤清器的技术状况

空气滤清器滤网过脏造成部分堵塞时，会增大油耗。所以，空气滤清器必须按规定周期进行清洗或更换，以节约燃料。

1.1.4　行驶系机件技术状况

（1）轮毂轴承调整过紧，将增加车轮旋转时的阻力和摩擦损失，令油耗增加；同理，轮毂轴承调整过松，增大运动阻力，同样耗费燃料。

（2）前轮定位不准、制动器调整不当，会加大油耗。

（3）当轮胎压力小于标准时，轮胎会变形，接触地面的面积会增大，阻力增大，油耗自然也会增加。

1.2　低温驾驶环境

1.2.1 冬季由于气温比较低，润滑油的黏度增大，燃料不易蒸发雾化，发动机冷起动需要克服更大的曲轴转动阻力，燃油消耗增多，磨损加剧。

1.2.2 气温低的时候，蓄电池的点火能量不足，火花塞产生的火花强度减弱，致使起动机无力拖动发动机旋转，发动机不容易起动，油耗会增大。

1.3　行驶速度

车辆行驶过程中，无论车速过高或过低都将导到燃料的经济性下降，只有以经济车速行驶，发动机的燃油消耗才接近最低值。

2. 节约燃料的驾驶方法

2.1　发动机预热

在气温比较低时，冷车起动需要对发动机进行预热。相比之下，冷车起步要比热车起步耗油。

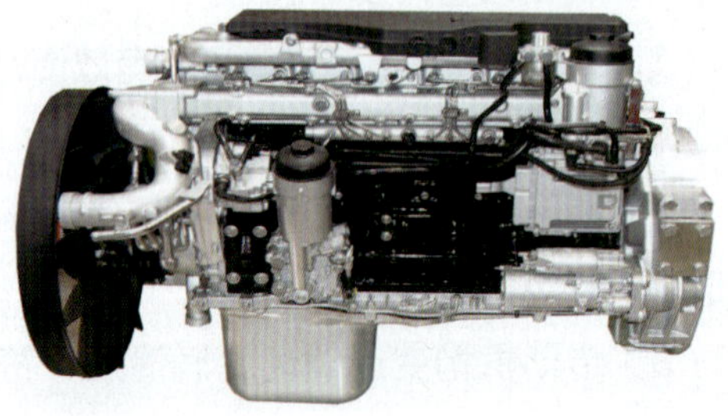

2.2　平稳起步

2.2.1 在低温寒冷地区，起动发动机后，应有一段预热时间，当冷却液温度表指针指向40 ~ 50℃时，车辆可以快速行驶。

2.2.2 车辆起步时，要做到手脚协调，轻踩加速踏板，同时缓慢抬起离合器，做到平稳起步。

2.2.3 重载起步，要避免大开节气门；重载爬坡，要避免使用高挡位。

2.2.4 起步时，避免猛踏加速踏板或反复踩踏加速踏板都可以节约燃料。

2.3 正确使用加速踏板、挡位和离合器

2.3.1 加速踏板

使用加速踏板时，应坚持"轻踏、缓抬、不猛轰"的原则，力求做到平稳、准确。猛踩加速踏板比较费油，而且动作过猛会引起车辆因加速过快而向前冲，使传动机件受损。

2.3.2 挡位

在换挡过程中要力求准确、脚轻手快、动作干净利索。从起步到升入最高挡位一般不超过20s，并注意在加挡的过程中提高车速，避免急加速。

另外，在车速一定的情况下，高挡位行驶比低挡位行驶省油。

在山区上坡行驶时，如果错过了换挡的最佳时机，容易造成停车，甚至后溜，使车辆不得不重新起步，这样会加大油耗。因此，上坡前应留出足够的时间换挡，换挡后保持该挡位的经济车速行驶。

2.3.3 离合器

行驶中变挡，要靠离合器配合来完成，因此正确使用离合器对节油十分重要。

使用离合器应做到轻抬、缓放，使其平稳接合，防止接合冲击和过多使用半联动。

在离合器接合初期，应缓抬踏板，刚接合时稍稳一下踏板，使之平稳接合。

2.3.4 加速踏板、挡位和离合器的配合

车辆正常行驶换挡，离合器和加速踏板要配合恰当。当离合器还未接合时，就猛踩加速踏板，发动机就会高速空转，浪费燃油。

离合器接合过早，而加速踏板没有跟上，会造成发动机受阻，车速下降，油耗同样增加。

2.3.5 正确制动和停车

（1）制动减速、停车意味着车辆行驶能量的减小和转化，不必要的制动和停车会增加油耗。制动和停车的次数与燃料使用量成正比，制动或停车的次数越多，浪费的燃油就越多。

（2）当遇到紧急情况，可能导致交通事故时，方可使用紧急制动。

2.3.6 合理控制车速

（1）车辆在各个挡位行驶时，都有一个对应的油耗最低的车速，即各挡位的经济车速，行车中应尽量保持经济车速行驶。车辆的经济车速不是固定不变的，而是随着车型、载荷、海拔、行驶阻力等外界因素的不同而变化的。

（2）合理控制车速除了节油外，还能确保行车安全，尤其是对于客货运输，做到既能高效地完成运输任务，又能节约燃料，意义非常重大。

（3）发动机的转速与车速成正比，根据发动机速度的特性可知，转速在最大功率的

50%～75%时最省油。因此，车辆在最高车速的50%～75%之间时行驶最省油。

2.3.7 不同温度下行车的节油方法

在车辆的行驶过程中，发动机的冷却液应保持在80～100℃的正常温度范围内，这是节油的重要条件之一。发动机冷却液温度过高甚至沸腾，容易引起爆燃，耗油量也会增加；冷却液温度过低时，燃料的雾化性不好，燃烧不充分，也会造成燃料的浪费。

2.3.7.1 高温下行车的节油措施

适当推迟点火时间，降低化油器油平面和蓄电池电解液的相对密度（电喷发动机、免维护蓄电池不需要）；适度将混合气调稀（电喷发动机自动调整）；及时清除冷却液垢，并检查节温器工作状况；调低发电机电压和充电电流；换用夏季润滑油，胎压也适度降低。

2.3.7.2 低温下行车的节油措施

适当升高浮子室油平面高度，增加分电器断电触点闭合角度（电喷发动机不需要）；给发动机和散热器加罩保温套；使用防冻液，另外换上冬季润滑油，并适度提高胎压；加大发动机的电压，以达到提高充电电流的目的。

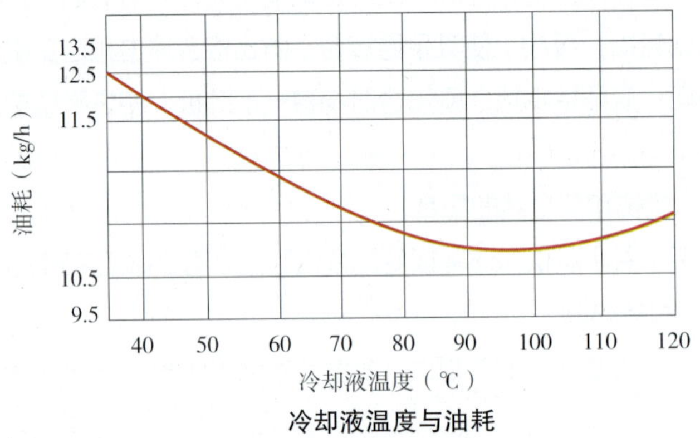

冷却液温度与油耗

3. 代用燃料汽车的使用常识

3.1 常见燃气汽车的种类

目前，国内主要的燃气汽车是两用燃料燃气汽车。这种汽车具有两套相互独立的燃料供给系统，一套供给天然气或液化石油气，另一套供给燃气以外的燃料。两套燃料供给系统可分别向汽缸内供给燃料，但是两种燃料不可以混合使用。

常见的两用燃料燃气汽车有压缩天然气和液化石油气两种。其中压缩天然气汽车使用汽油和压缩天然气两种燃料；液化石油气汽车使用汽油和液

化石油气两种燃料。

3.2 加气流程及注意事项

3.2.1 车辆进入加气站后，应立即关闭车上所有电器装置，切断电源总开关。

3.2.2 储气瓶内的气压不超过额定工作压力（压缩天然气瓶不大于 20MPa；液化石油气瓶不大于 2.2MPa ）。

3.2.3 充气前，先卸下充气阀上的防尘盖，然后插入充气插头。

3.2.4 燃气汽车充气时，要注意安全，人不能站在充气阀口正面，以防充气头滑脱，气体喷出伤人。

3.2.5 充气完毕后，打开出液阀开关，检查系统是否有漏气现象，如发现漏气和其他故障，必须先行排除，方可上路行驶。

3.3 出车前的安全检查

驾驶员应在出车前对车辆做好安全检查工作，确保行车安全，杜绝驾驶带有隐患的车上路。

3.3.1 燃气系统的显示是否正常。

3.3.2 燃气瓶内的燃气存储情况。

3.3.3 燃气装置和各个管路有无漏气、松动及其他异常情况。

3.3.4 使用双燃料汽车，燃油箱内一定要存留一些燃油。

3.4 行驶中燃料转换的注意事项

车辆在行驶过程中进行燃料转换，会出现燃料供给的过渡期，也就是发动机出现转速下降或轻微停顿等现象。因此，在行驶中进行燃料转换，应做好充分准备。

3.4.1 不要在交通拥挤、上下坡、转弯或者视线不良的道路上进行燃料转换。

3.4.2 如果不熟悉油、气相互转换的操作，为了防止发动机熄火造成不必要的交通意外，可考虑提前转换。

3.5 停驶时的安全操作

3.5.1 燃气汽车如果停驶超过 10 分钟 ，应关闭手动气阀及电气总开关。

3.5.2 每天收车后做好安全检查，认真检查供气系统是否正常，如是否有钢瓶松动、漏气及其他异常现象。

3.5.3 燃气车辆不要停放在有明火火源或易燃易爆物品附近。停放时，要切断车上所有电源，并关闭气瓶的阀门。

3.5.4 如果车辆打算长期停放，要将冷却液、燃油、燃气排空，切断电源，取下蓄电池，并将车辆停放于通风、防火、防潮的地方。

3.6 燃气汽车使用的注意事项

3.6.1 坚持“一日三检”工作，尤其是出车前和收车后，重点检查系统显示情况、管路和装置是否有泄漏等。

3.6.2 车辆在行驶过程中发生燃气泄漏情况，必须马上关闭燃气开关及出液开关，检查装置和管路是否存在松脱现象，及时排除故障，不允许驾驶带有隐患的车上路。

3.6.3 驾驶员不得擅自拆装燃气系统装置、车用气瓶；不得擅自改变系统装置和车用气瓶的位置或方向；不得擅自除去加气口的保护盖。

3.6.4 驾驶员应该经常清洗空气滤清器滤芯，防止燃气车辆出现“气耗高、动力差”的现象。

3.6.5 发生火灾时，除了马上关闭电源总开关、手动气阀和气瓶阀外，应隔离现场，并用灭火器灭火。

3.6.6 燃气汽车的维修和调试应到专业维修厂进行。

第七节 环保知识

随着汽车保有量的增加，汽车的排放污染也急剧加大，汽车的尾气排放、噪声污染，都给城市的环境和人民的生活带来了危害，这些排放物不仅污染了人们的生活环境，还对人体健康造成了直接危害。

1. 汽车主要污染物的种类和危害

1.1 排气污染

许多大中城市机动车排放的一氧化碳和碳氢化合物所占比例都在80%以上，机动车排放污染已成为大中城市大气环境的主要污染源。

其中汽油发动机产生的主要排放污染物是碳氢化合物、一氧化碳和氮氧化合物，而柴油发动机排放物则主要是氮氧化物和微粒物，见下表。

汽油车和柴油车的主要排放污染物

有害气体	汽油机		柴油机	潜在危害
	四冲程	二冲程		
一氧化碳	多	多	少	使血液的输氧能力大大降低，可引起头晕、头疼等症状，严重时会使心血管工作困难，甚至死亡
碳氢化合物	中	多	少	可引起头晕、头痛、失眠等症状，还可导致白血病、癌变等
氮氧化物	多	少	中	使血液的输氧能力大大降低，会损害心脏、肝、肾等器官；二氧化氮还是产生酸雨、引起气候变化和产生光化学烟雾的主要原因
微粒物	少	少	少	具有致癌作用

1.2 噪声污染

城市中的环境噪声有道路交通噪声、生产噪声、建筑装修噪声和生活噪声等。其中，道路交通噪声是环境噪声的主要组成部分，占城市噪声的75%左右。交通噪声主要来自于运行的机动车辆。

汽车噪声主要来自于车辆排气噪声、发动机噪声、轮胎噪声和喇叭声，此外还有车体振动噪声和传动系噪声等。汽车的噪声不仅会影响周围的环境，还会使驾驶员工作效率下降，反应时间加长，从而增加交通事故发生的可能性。

1.3　废弃物污染

《道路交通安全法》明确规定，国家实行机动车强制报废制度。目前，我国每年报废车辆的数量有 40 万辆，随着车辆保有量的迅速增长，每年报废的车辆数不断增加，如果处理不当，不仅占用土地，还会对环境造成污染。

另外，车辆自身的废机油和润滑油等都是特殊的垃圾，在车辆维修和保养过程中，常常因维修人员操作不规范，使这些垃圾污染地面甚至污染附近的水源。

1.4　其他污染

1.4.1 汽车点火系统工作时发射的电磁波对无线电通信、电视等都有干扰。

1.4.2 汽车清洗用水可能对水资源造成污染。

1.4.3 汽车废弃蓄电池处理不当造成的污染。

2. 降低排放污染的操作方法

2.1　车辆的检查与维护

2.1.1 检查空气管道。空气管道有两种：一种是新鲜空气管道，热机状态从外面供给发动机空气；另一种是预热管道，空气预热后供给发动机。如果管道堵塞或损坏，应马上更换。

2.1.2 自动阻风机调整不当，使混合气浓度过高，就会有完全燃烧的碳氢化合物从排气管中排出，污染空气。

2.1.3 用手指检查排气管的内部是否有积炭是判断发动机工作是否良好的最简便办法。

2.1.4 检查废气净化系统的电线接头、管路或真空管道是否松脱，滤清器是否肮脏，皮带是否张紧和完好。空气滤清器很脏会使发动机油耗上升，排污增加。燃油滤清器阻塞或肮脏，是导致汽车性能变差的主要原因之一，燃油喷射式发动机尤其如此。

2.1.5 如果有蓝色或蓝白色的烟雾从排气管内喷出，意味着燃烧室在烧机油，会污染空气，应及时检查排除。机油必须定期更换，最好使用能够节省燃料的机油，同时要定期更换滤清器芯。

2.1.6 驾驶员应每天在行车前进行安全检查，一旦发现汽车泄漏机油或液体，须尽快修理，如果泄漏的是汽油应立即修理，防止污染空气。另外，保持标准的胎压可以节省燃料、减少污染。

2.2　良好的驾驶习惯

2.2.1 按经济车速行驶，在市内行驶时，尽可能将车速保持在 50 ~ 70km/h 。车速过快或过慢其排出的污染物和油耗都会增加。

2.2.2 在公路上以经济车速匀速行驶，排出的污染物最少。另外，不要距前车太近行驶，以免频频制动或加速。

2.2.3 踩加速踏板的方式对排放和油耗都有很大的影响。试验表明，快速踩踏和松开加速踏板都会增加耗油量和排污量。

2.2.4 发动机空转会排出大量的污染物，应尽量减少空转。在发动机冷机起动时，所消耗的燃料比热机要多 10 倍，污染物排放量也很高。

2.2.5 加油不要过满，要给油箱留点空间，以免燃油因膨胀而溢出。加油时有大量污染物随汽化的燃油进入空气，所以，加完油要立即盖好油箱盖。如果油箱盖的垫圈已残旧或破损，应立即更换。

第八节　车辆备品、工具和消防器材的原理、配置及使用方法

1. 保养补充类

保养补充类必备品主要就是油液方面的配件：玻璃水、机油等。

在我们行车过程中，由于平时的疏忽很可能造成玻璃水以及机油的缺少，这时候就需要我们自己进行补充。

1.1　玻璃水

在跑长途或日常用车当中，玻璃水需要我们自己随时进行补充。玻璃水的补充不像其他油液，它对于更换周期及时间等没有过多要求，随缺随补就可以。并且，在一般的超市和汽配城都可以买到。

在更换时，首先打开发动机舱带有雨刷器或喷水标识的玻璃水注射口，用肉眼即可查看到玻璃水是否缺少，如果需要补充，倒入玻璃水即可。在添加玻璃水的时候，要注意不要添加过满。

在换季时，也要注意使用适合的玻璃水。夏季可选用带有除虫胶功效的玻璃水，冬季则尽量使用防冻性更好的玻璃水。

1.2　机油

对于一些老车或机油消耗量过大的车辆，随车带一桶机油是十分必要的。在长途行驶过程中，如果发现机油故障灯亮起，就要注意查看是否机油量过少。

1.2.1　机油故障灯

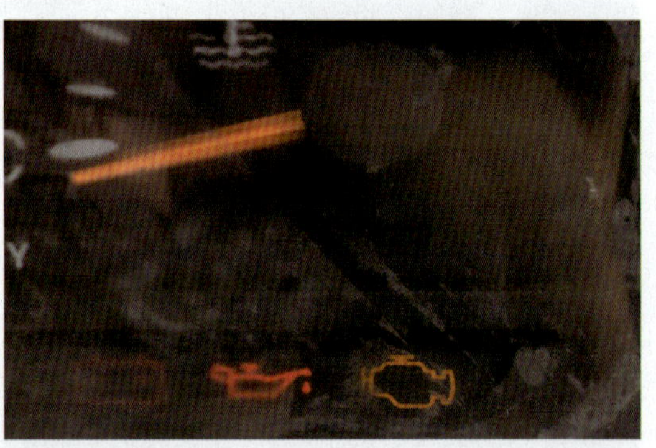

在检查发动机机油量时尽量不要凉车检查，因为凉车时油都流回机油池内，发动机各个需要润滑的工作面的油膜很少，此时油尺反映机油池内的液面不代表发动机正常温度下的常备液面。

1.2.2　检查机油

检查发动机机油量正确的做法是：首先发动汽车 3 分钟，最好到正常工作温度，然后熄灭发动机等待 5 到 10 分钟，让绝大部分机油回流到机油池内（此时发动机各个需要润滑的工作面的油膜还较厚，比凉车时厚）才能准确测机油量。

再将油尺抽出，用干净的布或纸擦干再重新把油尺轻缓地插入并到底。在把油尺轻缓地插入到底后，略微等一下再次抽出查看机油在机油尺上留下的痕迹位置，正确的痕迹位置是在麻点中间。

1.2.3　查看机油品质

最后在机油尺插回发动机前，尽量记住用白色的干净的纸在机油尺上有油的地方沾一下，让机油留在白纸上，看看是什么颜色。金黄色最好（刚换完机油时的颜色），黄色有点黑属正常，黄

黑色不好（看看是否到了换机油的时间，还是燃烧不好，积炭太多），很黑只有一点黄或没黄色就需要更换机油并检查发动机。

在发现机油量过少时，可以自行添加，直至故障灯消失或机油尺所显示的位置在正常区域即可。

2. 车载灭火器

在我们验车的时候，会检查是否放置车载灭火器，有许多车主都没有在车内放置灭火器的习惯，验车的时候才赶紧向别人借，蒙混过关。

然而这种习惯，在遇到事故时往往会让自己追悔莫及。

2.1 正确握姿

现在，车辆自燃的现象时有发生，我们在备有灭火器的同时也要学会如何使用。首先，要将灭火器的保险销拔掉，然后一只手握住瓶体，另一只手捏紧压把，向火焰根部喷射。

2.2 灭火方法注意事项

需要注意的是，在发动机舱起火的时候，是不能完全将发动机舱盖打开的。一是因为手无法按动发动机舱盖卡销；二是完全打开后由于氧气浓度的增加，会增强火势。正确的做法是在拉开发动机舱拉杆后，将灭火器对准发动机舱的缝隙喷射，这样可以有效地控制火势甚至将火焰熄灭。

2.3 检查压力值

最后，我们要时常检查灭火器的压力值并且查看其是否过期。

压力表指针处于绿色区域时是正常值，黄色为警示值，到达红色区域时，我们就要对其进行更换了。

3. 应急状况以及急救类

在处理应急状况时，用到的主要有千斤顶、三角警示架以及工具箱；同样，在长途行驶或遇事故时，急救药箱和饮用水也是必不可少的。

3.1 三角警示牌

行车中遇到故障或事故时，我们首先要做的就是将车尽量停靠在路边，并且在逆着车流的方向放置三角警示架，以起到提醒和警示后车的作用，避免二次事故的发生。

3.2 千斤顶

在日常行驶时，时常会遇到扎胎的现象，当我们无法对车胎进行补气时，就需要进行更换备胎。这时，车载千斤顶以及工具箱的作用就体现出来了。

3.3 药箱 / 饮用水

3.3.1 随车药箱

药箱应备创可贴及心脏病药物。

对于患有心脏病、高血压或晕车的朋友，应随车携带一些必需的药物，如速效救心丸、降压药、晕车药等。

另外，一些突发事故可能会对车上人员造成伤害，随车携带一些外伤药、创可贴、绷带也是十分必要的。

3.3.2 饮用水

对于饮用水而言，可能很多人会说，车内不适宜放置饮用水。事实虽是如此，但是在我们长途旅行时，饮用水是不可缺少的。

另外，遇到事故或灾难时，也是有用到水的地方。所以，常备些饮用水也是应该的。

总结

对于以上几种必备品而言，可能在平时并不能体现出它的作用，并且会觉得它占了车内许多的空间。

但是，在一些危急的时刻或者紧急情况下，它们往往会帮我们大忙。我们所做的，就是以备不时之需。

第五章　物流车辆类型知识

重点内容

本章重点内容：货运车辆的分类；汽车的主要技术参数；汽车列车；自卸汽车；罐式汽车；冷藏保温汽车；集装箱运输车。

第一节　货运车辆的分类

我国于2001年制定了有关汽车分类的标准(GB/T 3730.1—2001)，依据国际标准(ISO 3833)制定，与国际通行标准衔接。标准将汽车分为两大类：乘用车和商用车。

乘用车本书不列出。

商用车分为客车、货车和半挂牵引车三类。

货车细分为普通货车、多用途货车、全挂牵引车、越野货车、专用作业车、专用货车。

汽车的分类方法还有多种不同的形式，可以按照用途分类，或按照动力装置类型分类（如内燃机汽车、电动汽车、燃气轮机汽车等），或按照行驶道路条件分类（如公路用车，包括越野汽车和机场、矿山等场地用车在内的非公路用车等）。

按照用途分类，汽车有运输汽车和特种用途汽车两大类。

普通型货物运输车辆对货物品种适应性较强，但对特殊的货物，如鲜活货、流体、粉粒状及易燃、易爆、易腐蚀、有毒的物资，只能使用专用货运汽车运输，才能满足物流对运输服务"质"的要求，即保证货物的物理状态、质量及安全性，同时缩短装卸时间、降低工人劳动强度，提高劳动生产率和企业的经济效益。

专用货运汽车是指装有专用设备、具备专用功能，用于承担专门运输任务或专项作业的汽车或汽车列车。

项 目	内 容
载货车	载货车是指用于运载各种货物，驾驶室内还可以容纳 2 ~ 6 个乘员的汽车。载货车可以根据总质量分为： ①微型载货车，总质量小于 1.8t 的货车； ②轻型载货车，总质量为 1.8 ~ 6t 的货车； ③中型载货车，总质量为 6 ~ 14t 的货车； ④重型载货车，总质量大于 14t 的货车。 由于所运载货物的种类繁多，载货车又可以分为普通货运汽车和专用货运汽车两大类型。 （1）普通货运汽车 ①平板车，即挂车无顶也无侧厢板，主要用于运输钢材和集装箱等货物； ②敞车，即挂车顶部敞开，可装载高低不等的货物； ③高栏板车，其车厢底架凹陷或车厢特别高以增大车厢容积； ④厢式货车，具有独立的封闭结构车厢或与驾驶室联成一体的整体式封闭结构车厢。 （2）专用货运汽车 ①汽车列车，即一辆汽车（货车或牵引车）与一辆或一辆以上挂车相连的专用汽车，方便实现区段运输、甩挂运输和滚装运输； ②自卸汽车，即装有由本身发动机驱动的液压举升机构，能将车厢卸下或使车厢倾斜一定角度，货物依靠自重能自行卸下的专用汽车； ③罐式汽车，即装置有罐状的容器，并且通常带有工作泵，用于运输液体、气体或粉状物质，以及完成特定作业任务的专用汽车； ④冷藏保温汽车，即装有冷冻或保温设备的厢式货车，用来运输易腐或对温度有特定要求的货物； ⑤集装箱运输车，即专门用来运输集装箱的专用汽车
牵引汽车	牵引汽车是指专门和主要用于牵引挂车的汽车，通常可分为半挂牵引汽车和全挂牵引汽车。 半挂牵引汽车后部设有牵引座，用来牵引和支承半挂车前端。 全挂牵引汽车本身带有车厢，其外形虽与货车相似，但其车辆长度和轴距较短，而且尾部设有拖钩

续上表

项目	内容
特种作业汽车	（1）高等级公路服务专用车辆 高等级公路的发展给汽车运输提供了有利的条件，也给汽车工业带来广阔的发展前景。为了有效地发挥高等级公路的功能和效益，高等级公路专用车辆的发展主要朝着大型化、专用化的方向发展，如集装箱运输车、大型罐式汽车、大型厢式汽车、大型冷藏汽车、轿车运输车等。 （2）城市建设专用车辆 这类专用车辆主要可以归纳为下面几个小类： ①供市政管理专用车辆，如环境监测车、交通监理车、救护车、运钞车等； ②供建筑用专用车辆，如散装水泥运输车、混凝土搅拌车、混凝土泵车等； ③供环境保护用专用车辆，如洒水车、清扫车、垃圾车、吸污车等。 （3）农用运输汽车 农用运输汽车简称农用运输车，是指农村地区运输用或农田作业用汽车，一般结构比较简单，造价比较低，发动机功率较小，而运输转矩较大、车速较低，最大装载质量比较小，轮胎附着性能好，离地间隙高。农用运输车辆可以分为三轮农用运输车和四轮农用运输车两种。 （4）工矿自卸汽车 工矿自卸汽车是指主要用于矿区、工地运输矿石、砂石等散装货物，并有自身卸货的各种装备。这种汽车的最大总质量和最大轴载质量一般都超过公路承载规定，不能在普通公路上行驶，且需要采用多桥驱动形式。 （5）机场专用车辆 随着我国各主要大中型城市正在兴建现代化机场，急需与之相配套的各种机场专用车辆，如大型飞机加油车、飞机牵引车、升降平台车、货物运输车、电源车、跑道清扫车、旅客运输车等。 （6）油田专用车辆 油田专用车辆主要是为了满足新疆沙漠油田开发的需要，研制各种沙漠油田专用车辆，逐步形成轻、中、重系列产品。对于沙漠油田各种作业用的专用车辆，有油田固井车、压裂车、修井车、测井车等

第二节 汽车的主要技术参数

汽车的技术参数一般包括质量参数、尺寸参数和性能参数。

分类	类型	内容
质量参数	整车整备质量	整车整备质量是指汽车完全装备好的质量。包括发动机、底盘、车身、全部电气设备和车辆正常行驶所需要的辅助设备的质量，包括加足燃料、润料、冷却液的质量以及随车工具、备用轮胎及备品等的质量之和
	最大总质量	最大总质量是指汽车装备齐全、按照规定满载货物，并包括驾驶员在内的货车的总质量，即整车整备质量、最大装载质量、驾驶员的质量之和
	最大装载质量	最大装载质量，即最大总质量和整车整备质量之差
	最大轴载质量	最大轴载质量与汽车的材料强度以及轮胎的承载能力有关。它是指汽车单轴所承载的最大总质量，即汽车在满载时车轴对地面的垂直作用力
尺寸参数	主要尺寸参数示意图	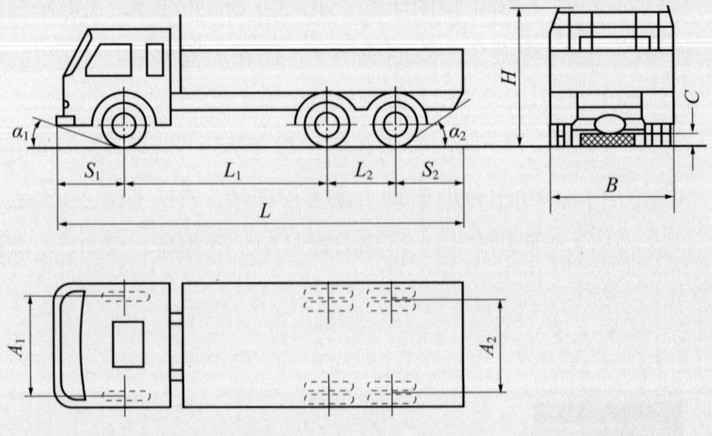

续上表

分类	类型	内容
尺寸参数	外廓尺寸	外廓尺寸包括汽车的长、宽和高。 （1）车长(L) 车长即垂直于车辆纵向对称平面并分别抵靠在汽车前、后最外端突出部位的两垂面间的距离。 （2）车宽(B) 车宽即平行于车辆纵向对称平面并分别抵靠车辆两侧固定突出部位（除后视镜、侧面标志灯、方位灯、转向指示灯等）的两平面之间的距离。 （3）车高(H) 车高即车辆支承平面与车辆最高突出部位相抵靠的水平面之间的距离
	前悬和后悬	（1）前悬(S_1) 前悬即在直线行驶位置时，汽车前端刚性固定件的最前点到通过两前轮轴线的垂面间的距离。 （2）后悬(S_2) 后悬即汽车后端刚性固定件的最后点到通过最后车轮轴线的垂面间的距离
	接近角和离去角	（1）接近角(a_1) 接近角即通过货车最前端最低处所做的前轮切线与地面相交的角度。 （2）离去角(a_2) 离去角即通过货车最后端最低处所做的后轮切线与地面相交的角度
	轴距和轮距	（1）轴距(L_1，L_2) 轴距即汽车直线行驶位置时，同侧相邻两轴的车轮落地中心点到车辆纵向对称平面的两条垂线间的距离。 （2）轮距(A_1，A_2) 轮距即在支承平面上，同轴左右车轮两轨迹中心间的距离（轴两端为双轮时，为左右两条双轨迹的中心线间的距离）

续上表

分类	类型	内容
尺寸参数	最小离地间隙（*C*）	最小离地间隙是指汽车满载时车辆支承平面与车辆最低点之间的距离
	最小转弯半径（*R*）	最小转弯半径是指汽车转弯时，当转向盘转角最大时，转弯中心距汽车外侧车轮轨迹的最小距离
性能参数	概念	性能参数包括动力性参数和燃油经济性参数。动力性参数包括最高车速、最大爬坡度等，燃油经济性参数主要用百公里燃油消耗量表示
	最高车速	最高车速是指汽车在一定条件下所能达到的最大速度。最高车速的大小直接影响着物流作业的效率。这里所说的“一定条件”是指： ①大额定载荷； ②发动机全负荷； ③水平良好的路面； ④无风，一个标准大气压，气温在 18 ~ 20℃
	最大爬坡度	最大爬坡度是指汽车满载在良好的水泥或沥青路上，各挡能爬过的最大坡度或最大坡道角。在各挡最大爬坡度中，最重要的是头挡最大爬坡度和直接挡的最大爬坡度。 头挡的最大爬坡度表示汽车的最大通过能力，直接挡的最大爬坡度表示汽车不必换入低挡的通过能力。 直接挡的最大爬坡度大，表示在一般坡道上，不必换入低挡就可通过，这有利于提高汽车的平均车速并可以减轻驾驶员的疲劳程度
	百公里耗油量	百公里耗油量是指汽车在公路上行驶 100km 的平均燃油消耗量。在整个物流活动中，运输所占的物流费用比例是很大的一部分，要想降低物流费用，必须将运输费用降下来，降低运输费用的手段之一是降低汽车的耗油量
	制动距离	一定车速下的制动距离是指在一定车速下，汽车制动后所能行走的距离，它反映汽车的安全性能

第三节 汽车列车

汽车列车是指一辆汽车（货车或牵引车）与一辆或以上挂车的组合。汽车和牵引车为汽车列车的驱动车节，称为主车；被主车牵引的从动车节称为挂车。

汽车列车是公路运输的重要车型之一，采用汽车列车运输是提高经济效益最有效而简单的重要手段。它具有快速、机动灵活、安全等优势，可方便地实现区段运输、甩挂运输、滚装运输。

分类	类型	内 容
汽车列车的类型	全挂汽车列车	全挂汽车列车是指由一辆牵引汽车用牵引杆连接一辆或一辆以上的全挂车组合而成的汽车列车，如图所示。 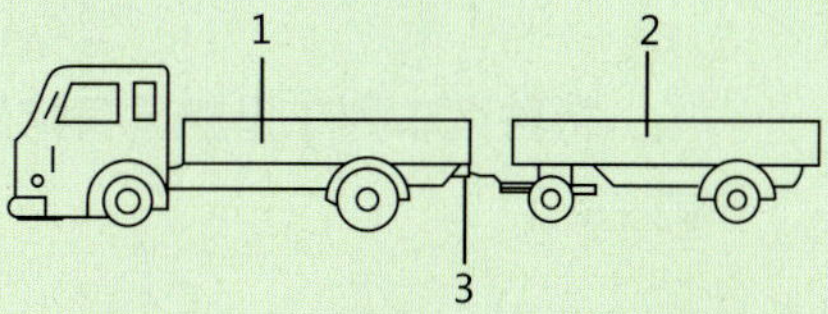 1- 载货牵引车；2- 全挂车；3- 牵引连接装置 全挂汽车列车的牵引汽车是一辆载货汽车或配带压重的专用牵引汽车，在牵引汽车与全挂车之间用牵引连接装置连接组成全挂汽车列车。全挂车可以自行承担自身重量和载荷。牵引汽车在摘掉挂车后，可单独从事货运或拖带另一辆全挂车
	半挂汽车列车	半挂汽车列车是指由一辆半挂牵引汽车和一辆半挂车组合而成的汽车列车，如图所示。 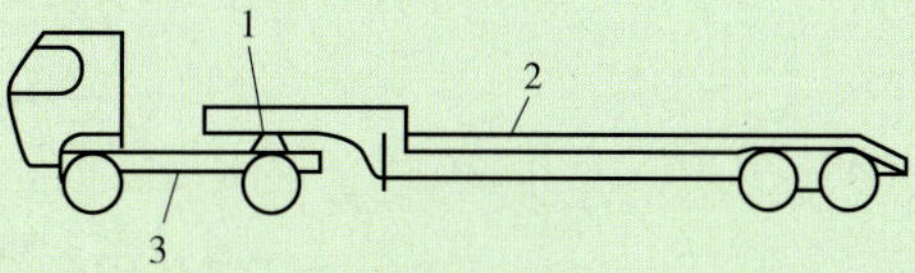 1- 牵引座；2- 半挂车；3- 挂牵引车 半挂汽车列车的牵引车上备有牵引座，半挂车上装有牵引销，半挂车通过牵引销与牵引车上的牵引座连接（或分离），并将半挂车一部分载荷和自重分配给牵引车的牵引座处，因此，半挂牵引车必须具有支承力和牵引力。当半挂牵引车摘掉挂车后，可用于牵引另一辆半挂车

续上表

分类	类型	内容
汽车列车的类型	双挂汽车列车	双挂汽车列车是指由一辆半挂牵引车与一辆半挂车和一辆全挂车组合而成的汽车列车，如图所示 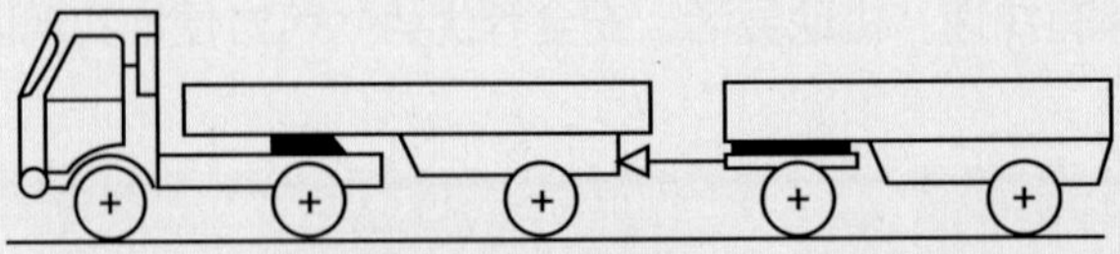 由于双挂汽车列车又增加了一节挂车，所以装载质量增加了，运输效率大大提高。但它要求牵引车具有更大的发动机功率，并且要求运行的道路条件要好
	特种汽车列车	特种汽车列车是指具有特殊结构或装有专用设备的汽车列车，如图所示。  上图是专门运输长形物料的一种汽车列车，物料的前后两端分别与牵引车和挂车有机连接，物料本身构成了汽车列车的一部分
	牵引车类型（按牵引车的驱动形式分类）	（1）按牵引车的驱动形式分类 ① 4×2 型的牵引车。如下图所示，此种牵引车为双轴，其中一轴为驱动轴，另一轴为从动轴，适用于高速汽车列车，牵引力较小。  ② 6×2 型的牵引车。如下图所示，此种牵引车为三轴，其中一轴为驱动轴（中间轴），另两轴（前轴和后轴）为从动轴。6×2 型牵引车可增加牵引座处的承载能力，适用于高速汽车列车 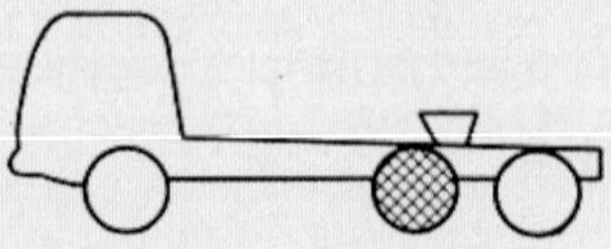

续上表

分类	类型	内容
汽车列车的总体结构	牵引车类型（按牵引车的驱动形式分类）	③ 6×4 型的牵引车。如图所示，这种牵引车为三轴，其中两轴为驱动轴（后双轴），一轴为从动轴（前轴），它的牵引座处可承受较大的重量，但汽车列车的速度较低。 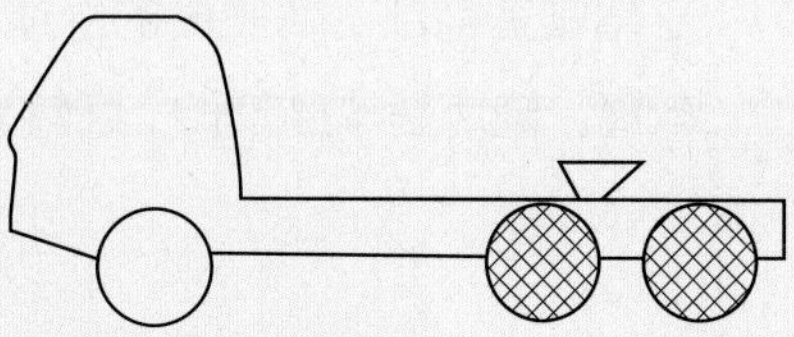 ④ 6×6 型的牵引车。如图所示，此种牵引车为三轴驱动。适用于大质量、低速汽车列车 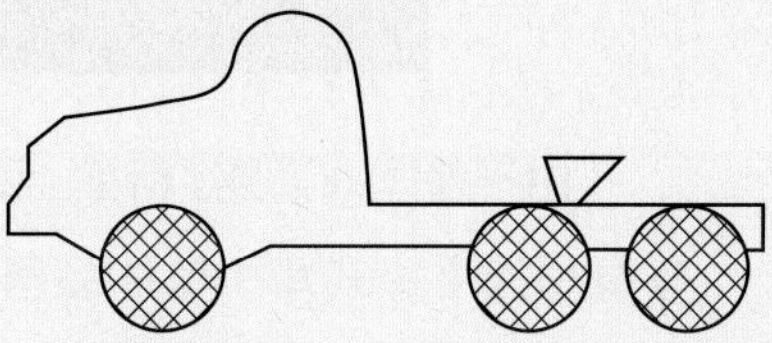
	牵引车类型（按牵引车的类型分类）	（2）按牵引车的类型分类 ①半挂牵引车。如图所示，专门用于牵引半挂车的牵引汽车。 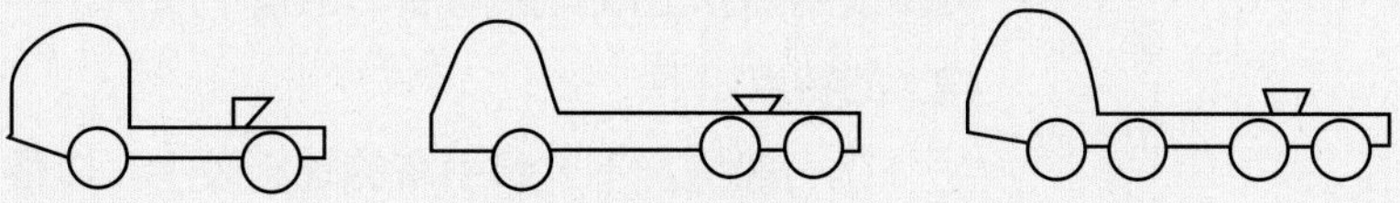 ②全挂牵引车。如图所示，用于牵引全挂车的牵引汽车。 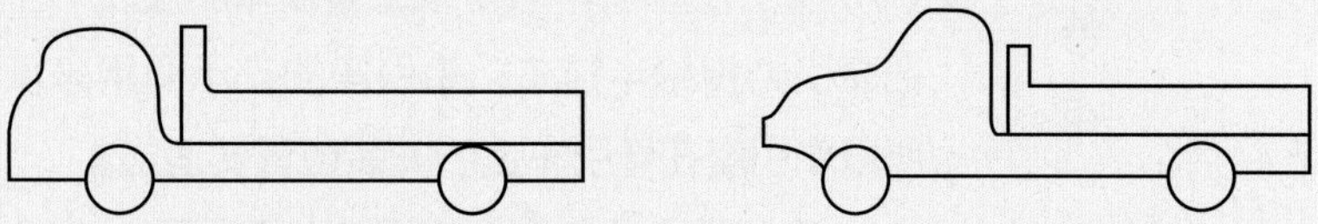 ③特种挂车牵引车。用于牵引特种挂车的牵引车。这种牵引车上必须根据所运输货物的特点，设置安装货物用的特殊连接装置

续上表

<table>
<tr><th>分类</th><th>类型</th><th>内容</th></tr>
<tr><td rowspan="2">汽车列车的总体结构</td><td>牵引车类型（按牵引车的头部形式分类）</td><td>（3）按牵引车的头部形式分类
①平头式牵引车。平头式牵引车的优点是车头短，驾驶员的视野好；轴距短，转弯半径小。缺点是发动机布置在驾驶室下部，驾驶员易受发动机振动的影响，舒适性较差。
②长头式牵引车。如图所示，长头式牵引车的优点是发动机室位于驾驶室前部，驾驶员的舒适性较好，发动机维修方便，碰撞安全性较高。缺点是车身较长，回转半径较大。 
由于各国对道路、桥梁、涵洞和隧道的尺寸都有严格的规定，因此，车身短的平头式牵引车的装备数量较多。但在北美，长头式牵引车的装备较为广泛</td></tr>
<tr><td>牵引车的结构特点</td><td>用于牵引全挂车的载货牵引车仅在车架后端支承架处安装有牵引钩，即可用于牵引全挂车。半挂牵引车一般是由载货汽车制造厂生产，或者由载货汽车二类底盘改装而成。所以半挂牵引车与载货汽车在结构及使用要求上既有共同点，也有不同点。半挂牵引车在总体布置结构上的特点如下：
①一般情况下，牵引车的轴距较小，以便提高半挂汽车列车的机动性。
②牵引车的后悬较短，目的是为了防止转弯时牵引车车架末端与半挂车支承装置相碰，同时也减少了回转半径。
③半挂牵引车的车架上装置牵引座，与半挂车的牵引销相连接，把牵引力传给半挂车。牵引座的支承面用来承受半挂车前部的负荷，所以牵引座在牵引车上的安装位置要适当。
不管是全挂牵引车还是半挂牵引车，其车上都要设置供挂车充气的气压供给线路、控制挂车制动的行车制动管路及气连接头、电气连接器接头等</td></tr>
</table>

续上表

分类	类型	内容
汽车列车的总体结构	挂车的类型	（1）按牵引连接方式和结构特点分类 按挂车被牵引连接的方式和挂车的结构特点可分为：全挂车、半挂车、特种挂车和双重挂车等四种基本形式，如图所示。 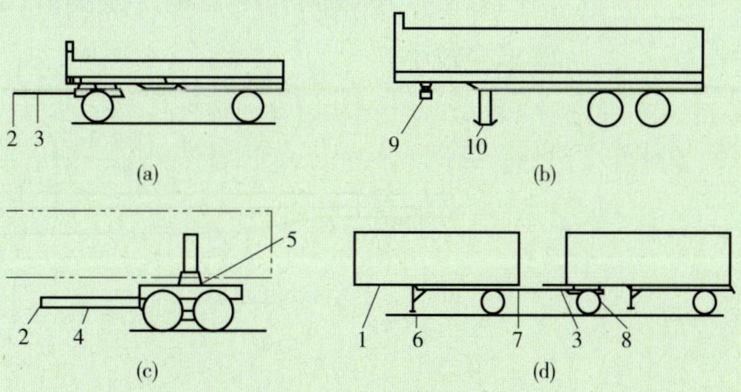 (a) (b) (c) (d) 1- 牵引销；2- 牵引环；3- 牵引架；4- 伸缩牵引杆；5- 转向支承装置；6- 支承装置；7- 牵引连接装置；8- 牵引座；9- 牵引销；10- 支腿 ①全挂车。如图 (a) 所示。全挂车的全部载荷和自身重量均由挂车的轮轴来承担，通过牵引环 2 与牵引汽车的挂钩连接。 ②半挂车。如图 (b) 所示。半挂车通过牵引销与牵引车上的牵引座连接，因而其部分重量通过牵引销作用于牵引座上，最终由牵引车的车轴承担。 ③特种挂车。如图 (c) 所示。特种挂车一般用于运输尺寸较长的货物，由于长货直接搭放在特种挂车的托架上，所以挂车本身不设货台或货厢，因而可以增大装载质量。 特种挂车有两种基本形式，一种是单梁伸缩式，伸缩范围一般在 1 ~ 3m 之间，它与牵引车的连接方式与全挂车相同；另一种特种挂车所运的长尺寸货物本身构成牵引车与挂车之间的连接部分。货物前端装在牵引车的旋转式枕座的货台上，后端搭在挂车的支承托架上，这种挂车的部分装载质量由牵引车承担。 ④双重挂车。如图 (d) 所示。这种挂车是全挂和半挂的一种结合，前端是半挂车，通过牵引销与牵引车上的牵引座连接；后端是全挂车，通过牵引架与前面半挂车上的牵引连接装置

续上表

<table>
<tr><th>分类</th><th>类型</th><th>内 容</th></tr>
<tr><td rowspan="2">汽车列车的总体结构</td><td rowspan="2">挂车的类型</td><td>（2）按货台的形式分类
挂车按货台的形式可分为平货台直梁型挂车、低货台阶梯形挂车及凹梁型挂车。
①平货台直梁型挂车。如图所示，平货台直梁型挂车货台台面平直，货台较高，承载面利用率高。在货台长度一定时，轴距较短，因而转弯半径较小。 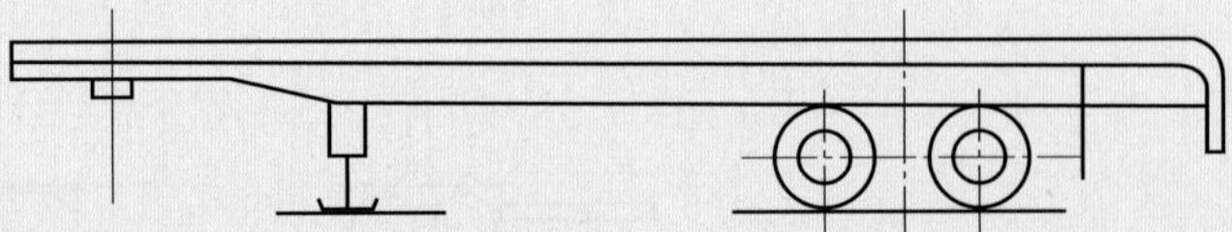
平货台直梁型挂车是半挂车与全挂车的一种结合，前端是半挂车，通过牵引销与牵引车上的牵引座连接；后端是全挂车，通过牵引架与前面半挂车上的牵引连接装置。
②低货台阶梯形挂车。如图所示，低货台阶梯形挂车载货台面较低，以便于装、卸货。其前部较高，以利于转向和牵引。 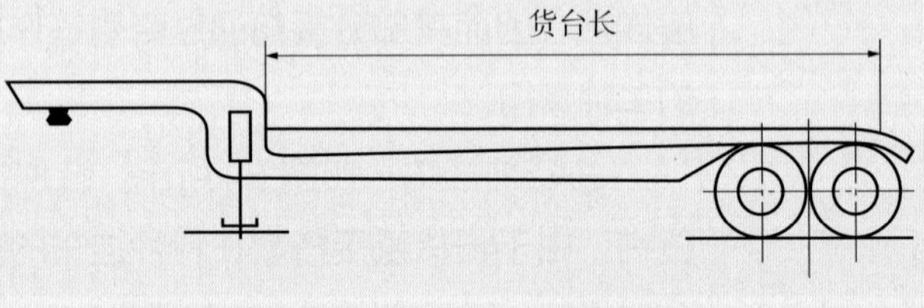
货台长</td></tr>
<tr><td>③凹梁型挂车。如图所示，凹梁式挂车装载货台可以做得很低，货物可从两侧顺利地进行装卸作业，但当货台尺寸一定时，其轴距加长，外形尺寸增大，通过性不好，这种挂车一般用于装载质量大于 60t 的挂车 </td></tr>
</table>

续上表

分类	类型	内容
汽车列车的总体结构	挂车的类型	（3）按挂车的用途分类 按用途不同可将挂车制成各种专用挂车。专用挂车按其用途一般可分为厢式挂车（或厢式保温车）、冷藏挂车、集装箱挂车、自卸挂车、液罐挂车、粉状散装挂车、牲畜家禽挂车、汽车运输挂车等。 ①厢式挂车。厢式挂车具有封闭结构的货厢，主要用于运送件货（如家用电器、五金件、袋装货等），它既可以减少运输过程中货损、保障安全，又能增加散件货装载容积。 ②冷藏挂车。为了保障货运质量，对运输过程中易腐变质的货物（如肉类、蛋类等），可用冷藏挂车运送。在冷藏挂车上需配装专门的制冷装置。同时车厢还需采取隔热措施，以达到既能制冷又能保温的目的。 ③集装箱挂车。随着集装箱运输的迅速发展，用于运输集装箱的挂车应运而生，并迅速增加。集装箱挂车多为半挂车形式。有的集装箱挂车具有一车多用的功能，利用平板式或栏板式挂车在四角处装有可翻下或落下的固定锁止装置，当需要运输集装箱时，翻起或升起固定锁止装置，就可运输集装箱，也可运输其他杂货，实现一车多用。 ④自卸挂车。自卸挂车分为后倾式、侧倾式、两侧倾斜式和三面倾斜式等形式。全挂车和半挂车均可实现自卸功能。自卸挂车的货箱倾斜方向应根据运输要求和经常装卸货物的位置来确定。 ⑤液罐挂车。运输液体和气体可使用罐式挂车。它的结构必须符合安全标准和所运输货物的特性。 ⑥粉状散装挂车。散装水泥和面粉等粉状货物用粉状散装专用挂车运输，不仅能提高运输效率，节省包装费，而且可以减少运送过程中的货物损失，其经济效益十分显著。另外还可减少环境污染，改善劳动条件。散装挂车在储罐上必须配有装卸配套设施。 ⑦牲畜家禽挂车。如果用普通载货车厢来运输牲畜和家禽，不但运输效率低，且容易造成畜禽发病和死亡。为提高运输效率和运输质量，采用专用挂车运送牲畜家禽。这种挂车可根据所运畜禽的种类和特点制成不同的储运室或格栅形式，车厢内装设畜禽所必要的生活设施，以保证运输过程中畜禽的存活率。为提高实载率，可将畜禽专用车厢做成多层

续上表

分类	类型	内容
汽车列车的总体结构	挂车的主要技术参数	（1）挂车的尺寸参数 挂车的主要尺寸参数包括挂车的外部尺寸、轴距、轮距、货台尺寸和挂车的连接尺寸等。在国家标准《道路车辆外廓尺寸、轴荷及质量限值》（GB 1589—2004）中规定：车辆总高不得大于 4m; 总宽不得大于 2.5m; 总长牵引车拖带半挂车不得大于 16m; 汽车拖带全挂车不得大于 20m。 挂车的轴距和轮距在很大程度上决定着汽车列车的长度、宽度、通过性、稳定性和其他一些使用性能：挂车的轴距要满足前后轴轴荷的合理分配和车架的受力均匀及整个汽车列车的通过性能等，在保证符合要求的前提下轴距应尽量短一些为好。 挂车的轮距对汽车列车的总宽、整备质量、横向稳定性等影响较大，轮距越大，则横向稳定性越好。但轮距也不宜过大，否则汽车列车的总宽和整备质量也将加大，因此，轮距的大小必须与所要求的汽车列车的总宽相适应。前悬和后悬的大小必须保证在均匀载荷时挂车各轴负荷和轮负荷的合理分配。一般希望在均载时后轴负荷略大于前轴，以保证前轴转向轻便；制动时，前轴不至于由于质量转移而超载。 挂车货台尺寸主要指货台的长、宽、高。货台的宽度一般要符合 GB 1589—2004 的规定，但特种挂车或超重型挂车可能要超出规定的宽度。低货台、阶梯形挂车货台长度与挂车长度之比在 0.6 ~ 0.75 之间。凹梁型挂车货台长度与挂车长度之比在 0.45 ~ 0.5 范围内。货台的长度、宽度与挂车装载质量也有一定的关系，一般装载质量越大，需要的载货台面积就大。 货台的高度是一个重要的使用参数，为了减轻装卸人员的劳动强度，提高行驶稳定性和通过性，挂车特别是重型挂车应尽量选用低矮的装载货台。挂车的连接尺寸主要指牵引架的长度，在满足牵引车与挂车间相对运动互不干涉的情况下，牵引架的长度应尽量短一些。一般牵引架长度为挂车车厢宽度的 70% 左右，约为 1.5 ~ 2m; 重型全挂车有时达 2.2m。
		（2）挂车的质量参数 挂车的质量参数主要是指挂车的装载质量、整备质量、总质量、质量利用系数、挂车轴荷及轴荷分配等。 ①挂车的装载质量是挂车的基本使用性能参数之一。它关系到挂车的运输生产率、运输成本、使用方便性、产品系列化、用户满意度等许多方面

续上表

分类	类型	内 容
汽车列车的总体结构	挂车的主要技术参数	②挂车的整备质量是指挂车带有全部装备、尚未装货时的挂车质量。 ③挂车的总质量是指装备齐全，并按规定装载时的总质量，它是挂车的最大装载质量与整备质量之和。 ④挂车的质量利用系数是指挂车的装载质量与挂车的整备质量之比。 ⑤挂车的轴载质量分配对汽车列车的使用性能和轮胎使用寿命影响很大。挂车的轴载质量分配比例，一般是根据轮胎磨损均匀和牵引车与挂车的布置形式来确定。全挂车各轴上的轴载质量应该大致相等，对于转向的前轴，其轴载质量略小于后轴。半挂车由于本身的质量和轴载质量中的一部分由牵引汽车的牵引座承担，所以它的轴载质量分配取决于半挂车的总质量及牵引座上的最大允许质量，各轴轴荷都要符合国家有关标准法规的要求

第四节 自卸汽车

自卸汽车是指以运送货物为主且有可倾斜货厢的汽车。它可以利用发动机的动力，通过液压举升机构使车厢倾斜一定的角度，实现货物的自动卸出。普通自卸汽车一般是在同吨位的载货汽车二类底盘的基础上改装而成的，与普通汽车相比，自卸汽车的整备质量有所增加，装载质量有所减小，而其总质量和轴荷分配等原则上应与原载货汽车相同。

分类	类型	内容
自卸汽车的用途与分类	自卸汽车的用途	自卸汽车主要用于运输散装并可以散堆的货物（如沙土、矿石及农作物等），还可以用于运输成件货物
	自卸汽车的分类	（1）按货物的倾斜方向分类 ①后倾式自卸汽车。如图所示，这种形式的自卸汽车应用最为广泛，它通过车厢向后倾翻实现货物的卸出。 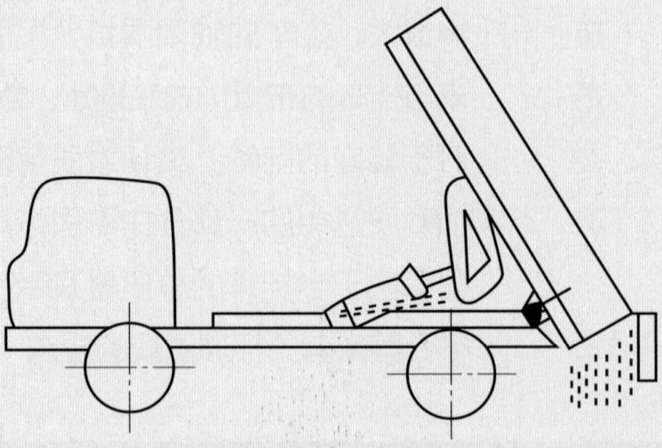 ②侧倾式自卸汽车。如图所示，这种自卸汽车的车厢可以向左、右两侧倾翻一定的角度，实现货物的卸出。 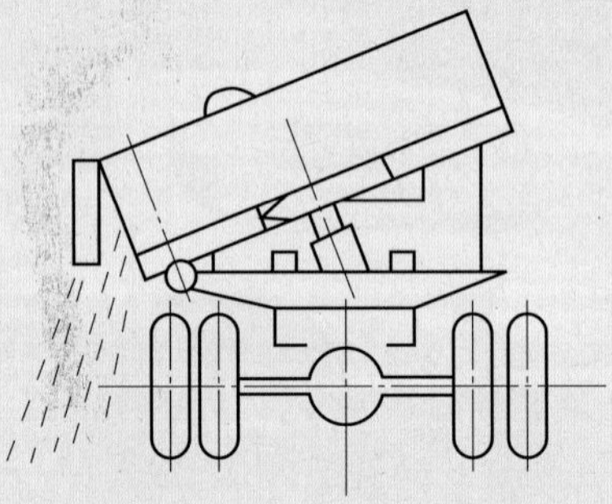 ③矿用自卸汽车，即在矿山或大型工地使用的大吨位自卸汽车。 ④专用自卸汽车，即具有专用车厢，以满足所装运货物的特性或特殊要求的自卸汽车。 ⑤三面倾卸式自卸汽车。这种自卸汽车可以从三个方向（左右和后方）进行卸货，提高了装卸货的方便性，但造价提高，自身质量增加

续上表

分类	类型	内容
自卸汽车的用途与分类	自卸汽车的分类	(2) 按最大总质量分类 按自卸汽车的最大总质量可分为轻型自卸汽车、中型自卸汽车和重型自卸汽车。 ①轻型自卸汽车，即最大总质量在 1.8 ~ 6 吨的自卸汽车； ②中型自卸汽车，即最大总质量在 6 ~ 14 吨的自卸汽车； ③重型自卸汽车，即最大总质量大于 14 吨的自卸汽车。 (3) 按用途分类 按自卸汽车的用途可分为普通自卸汽车、矿用自卸汽车和专用自卸汽车。 ①普通自卸汽车，即一般用途的自卸汽车； ②矿用自卸汽车，即在矿山或大型工地使用的大吨位自卸汽车； ③专用自卸汽车，即具有专用车厢，以满足所装运货物的特性或特殊要求的自卸汽车
自卸汽车的主要性能参数	容积利用系数	自卸汽车的容积利用系数是用来确定汽车车厢容积的一个参数。它是指自卸汽车单位容积的装载质量。 车厢容积不能过大也不能过小。车厢的容积过大，会使自卸汽车经常超载而造成车辆的早期损坏或发生危险；车厢容积过小，又会使自卸汽车的实际装载质量减小，造成吨位的浪费，导致运输生产率和经济效益降低。 因此，容积利用系数的确定应根据自卸汽车的使用情况和所装运货物的种类来确定
	质量利用系数	质量利用系数是指自卸汽车装载质量与整车整备质量的比值。普通自卸汽车由于其自重较基本车型有所增加，因此，它的质量利用系数有所降低
	车厢的最大举升角	车厢的最大举升角就是车厢的最大倾斜角，是指车厢举升至极限位置时，车厢底部平面与地平面之间的夹角。 车厢的最大举升角应保证所装运的货物能自动地全部卸出，一般应在 50° ~ 70°
	举升时间和降落时间	举升时间是指车厢满载时，从举升车厢开始至车厢举升到最大举升角位置所需时间，一般为 15 ~ 25 秒。降落时间是指车厢卸完货物后，开始下降至完全降落到车架上时所需时间，一般为 8 ~ 15 秒。 大吨位自卸汽车的举升、降落时间偏上限，且随着装载质量的增加而延长。车厢的举升和降落时间对汽车的运输生产率有较大的影响，尤其对于运距较短的自卸汽车，这个参数的选择就更为重要了

第五节 罐式汽车

罐式汽车是指装有罐状容器的运货汽车，某些罐式汽车还装有某种专用设备，用以完成特定的作业任务。

分类	类型	内容
罐式汽车的分类和用途	按罐式容器用途分类	(1) 液罐汽车 液罐汽车是用于装运燃油、润滑油、重油、酸类、碱类、液体化肥、水、食品饮料等液态物品的罐式汽车。 (2) 粉罐汽车 粉罐汽车是用于装运水泥、面粉、石粉等粉状物品的罐式汽车。 (3) 气罐汽车 气罐汽车是用于装运氮气、氩气、石油气等气态物品的罐式汽车。 (4) 颗粒罐车 颗粒罐车是用于装运谷物、豆类、砂糖等颗粒状物品的罐式汽车。 (5) 其他专用罐车 其他专用罐车是具有专用功能的罐式汽车。如消防车、洒水车、混凝土搅拌车等
	按罐式容器使用压力分类	(1) 低压罐车 低压罐车主要用来装运水、轻质燃油、润滑油、动植物油等物品，罐体承受的内压力一般为 0.098MPa 以下。 (2) 中压罐车 中压罐车主要用来装运苛性碱、浓硫酸、沥青等物品，中压罐体内承受的内压力一般为 0.147 ~ 0.294MPa。 (3) 高压罐车 高压罐车主要用来装运液化石油气等物品，其罐体内承受的内压力一般为 1.177 ~ 3.532MPa
粉罐汽车的总体布置形式	粉罐汽车概念	粉罐汽车是在二类汽车底盘的基础上装置特殊罐体及一套控制输送机构改装而成的专用汽车。改装后的粉罐汽车使罐体、空压机等专用设备与原汽车底盘构成一个协调一致的整体，以完成其专用功能

续上表

分类	类型	内　容
粉罐汽车的总体布置形式	粉罐汽车的总体布置形式	(1) 卧式罐车 如图所示，卧式罐车的罐体中心线处于水平方向，由二类汽车底盘、罐体总成、空气压缩机、管道及卸料系统。 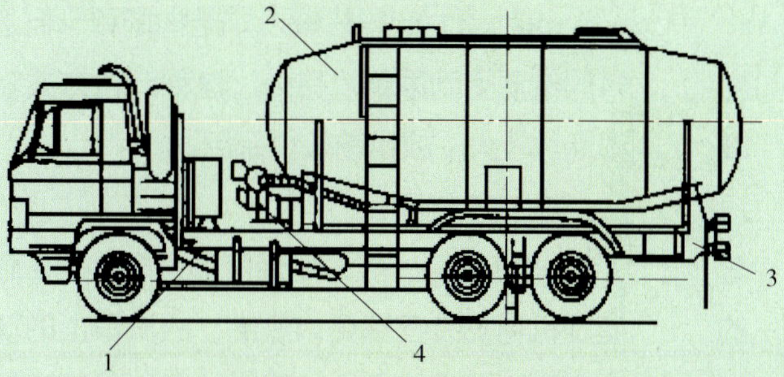 卧式罐车的总体构成图 1- 汽车底盘；2- 罐体总成；3- 管道及卸料系统；4- 空气压缩机
		(2) 立式罐车 如图所示，立式罐车的罐体中心线处于垂直方向。整个罐体可由一个或多个立式罐组成。主要用于粉料、粒料等多种粉粒体的散装运输。其缺点是整车质心较高，当采用多个立罐组合时，结构复杂，制造成本较高。  (3) 举升式罐车 如图所示，举升式罐车的总体结构在普通粉罐车的基础上增加了液压举升机构，可以使罐体相对于汽车底盘倾斜一定的角度，以便于卸料。 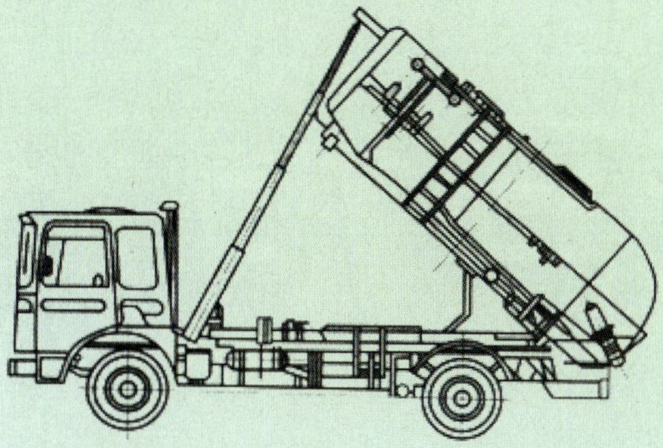

续上表

分类	类型	内容
粉罐汽车的总体布置形式	粉罐汽车的卸料方式	(1) 重力卸料 重力卸料方式是在自卸汽车底盘上加装密封的罐体改装而成。粉料从罐体装料口装入，卸料时，打开箱体后盖，举升机构将罐体倾斜45°～50°，粉料在自重力作用下从罐体后盖下部倒出。 这种重力卸料粉罐汽车结构简单，制造容易。由于卸料口很低，卸料的位置受到限制；另外，这种卸料方式，卸料时粉尘飞扬较大，粉料损耗也较大，故目前较少采用。 (2) 机械卸料 机械卸料一般采用螺旋输送机构的工作原理将粉料从罐体内排出。螺旋机构安装在罐体内底部，由汽车上的动力输出装置或交流电动机驱动螺旋输送机构工作，粉料从罐体尾部的卸料口排出。这种卸料方式除了具有重力卸料的缺点外，还有螺旋机构运行时摩擦阻力较大、消耗功率较大、卸料结束后剩余粉料较多的缺点，故一般不采用。 (3) 气力卸料 气力卸料方式是应用最广泛的一种散装粉料运输车辆。它有较高的卸料速度 (1.1t/min) 和输送高度 (15m) 以及较大的水平输送距离 (5m)，能在不同的工作场所进行装卸。它是利用压缩气体的动能，使粉粒体在流态化床上流态化后流向卸料口，然后输送到适当的位置卸出，它能使粉料在压缩气体的作用下，像沸腾的液体一样，排出罐体

第六节 冷藏保温汽车

分类	类型	内容
冷藏保温汽车用途	冷藏保温汽车概念	冷藏保温汽车是指装有冷冻或保温设备的厢式货车，用来运输易腐或对温度有特定要求的货物
	冷藏保温汽车用途	冷藏保温汽车是公路运输中广泛应用的一种专用汽车，它利用制冷装置保持车厢内的环境条件满足货物运输的要求，主要用于运输易腐或对温度有特定要求的货物。 运输易腐货物时，为了达到货物保鲜的目的，使整个冷藏链不中断，必须在运输车辆上装有制冷装置。 使用时，制冷装置先对隔热车厢进行预冷，使厢内温度达到货物运输的适宜温度。 在运输过程中，制冷装置产生的冷量不断平衡周围环境对车厢传入的热量，从而保持车厢内的温度始终处于适宜状态。 有些冷藏汽车还装有加热装置，以便在外界环境温度低于货物运输适宜温度时，用来对车厢内加热，使车厢温度保持于适宜状态
冷藏保温汽车类型	按有无制冷装置分类	按照车辆上是否有制冷装置分为冷藏汽车和保温汽车两大类。装有隔热车厢而未装任何制冷或加热装置的汽车称为保温汽车；不仅装有隔热车厢而且还装有制冷装置的汽车称为冷藏汽车
	按制冷装置的制冷方式分类	按照冷藏保温汽车制冷装置的制冷方式，可分为机械冷藏车、液氮冷藏车、冷板冷藏车、干冰冷藏车和水（或盐）冰冷藏汽车

第七节 集装箱运输车

集装箱运输车是指专门用来运输集装箱的专用汽车。集装箱运输是一种现代化的交通运输方式，它是一种将品种众多、形状各异、大小不等的货物在运输前装入标准尺寸的集装箱内，以便于水、陆、空联运的运输方式，公路运输是组成国际集装箱运输的重要环节，集装箱运输车是实现集装箱公路运输的专用车辆。

分类	类型	内容
公路集装箱运输的基本形式和特点	公路集装箱的运输形式	目前，我国公路国际集装箱运输的一般工艺有以下三种基本形式： (1) 港口—货主 一般为整箱运输，从港口集装箱码头堆场直接运到货主仓库及相反的过程。这种运输形式，在一定运距内，对公路运输企业最为理想，可以不必投资建设仓库、堆场和购置装卸机械，运输效率也较高，是典型的门到门运输。 (2) 港口—公路中转—货主 这种工艺是先将集装箱从港口码头堆场运到公路中转站堆存，然后再转运到货主仓库及相反的过程。这种整箱中转形式，要求物流企业具有一定能力的堆场，并配备集装箱专用装卸机械。 (3) 港口—公路中转站 这种运输形式一般为拆装箱运输，先将集装箱从港口码头堆场运到公路中转站拆箱储存，再将箱内货物转运到货主仓库及相反的过程。这种方式适用于货流量较小而流向分散的拼箱货，或货主不具备接卸整箱的条件和没有足够的仓储能力的情况。它需要物流企业具有拆装箱作业的场地和仓库，并配备小型装卸机械
	公路集装箱的运输特点	集装箱运输是一种成组运输形式，简言之，它是将零散件货物装在一个标准化的大箱子里来进行运输，在更换运输工具时，箱内的货物不需倒装，而只需将装有零散货物的集装箱从一种运输工具转移到另一种运输工具上。因此，集装箱运输是公路、铁路、水路和航空等运输方式联运的理想工具。与一般运输工具相比，集装箱运输具有以下四个优点： (1) 简化装卸作业 集装箱在转运时，只需换装，不需倒装，大大地简化了装卸作业，便于实现装卸机械化。集装箱的换装只需几分钟，缩短了等待装卸的时间，提高了劳动生产率，加快了货物和运输工具的周转速度

续上表

分类	类型	内 容
公路集装箱运输的基本形式和特点	公路集装箱的运输特点	(2) 节省包装费用 由于货物直接装在集装箱内，在转运过程中，不需对货物另行包装，从而节省了包装费用。 (3) 减少货损货差 由于在整个运输过程中，只有起始运输和最终运输才打开集装箱装卸货物，因而减少了产生货损货差的机会。 (4) 降低整个运输成本 集装箱运输在提高运输生产率的同时，还保证了运输质量，因而从整体上提高了经济效益，降低了运输成本。 随着我国加入 WTO 后，与国际间交流日益广泛，我国集装箱运输业正得到迅速发展，公路集装箱运输车的需求将会大大增加
集装箱运输车的类型	整体说明	集装箱运输车有普通载货汽车、集装箱半挂车、集装箱全挂车和双挂汽车列车 4 种类型。其中集装箱半挂车具有机动性好，适用于“区段运输”、“甩挂运输”和“滚装运输”的特点，是一种理想的集装箱运输专用车辆，如图所示为集装箱半挂车的外观结构示意图。 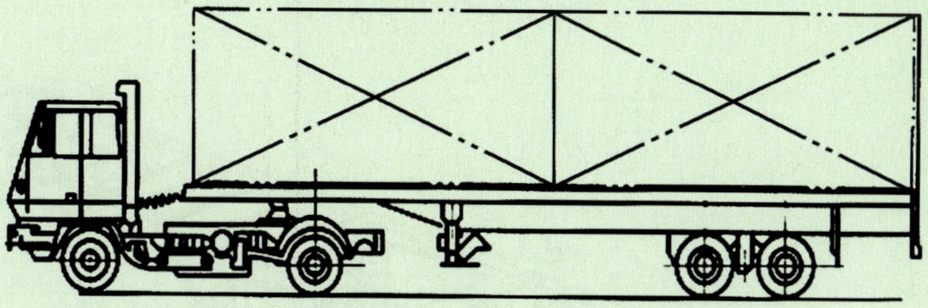 集装箱半挂车的外观结构示意图 集装箱半挂车按其使用场合的不同可分为一般公路用半挂车和站场用半挂车两大类
	公路用半挂车	公路运输用集装箱半挂车，其外廓尺寸及轴荷等参数均应符合国家标准规定。为了保证行驶安全，挂车上应装设固定集装箱用的旋锁装置。在公路上使用的集装箱半挂车按其结构形式可分为以下几种类型

续上表

分类	类型	内　容
集装箱运输车的类型	公路用半挂车	(1) 平板式集装箱半挂车 如图所示，平板式集装箱半挂车的结构特点是具有两根前后贯通的纵梁，若干根横梁以及边梁组成平板式承载骨架结构，平板骨架上面铺设花纹钢板或木板，同时根据集装箱的尺寸要求装设安装集装箱的固定旋锁机构。因而它既能装运一般货物，又能装运国际标准的集装箱。 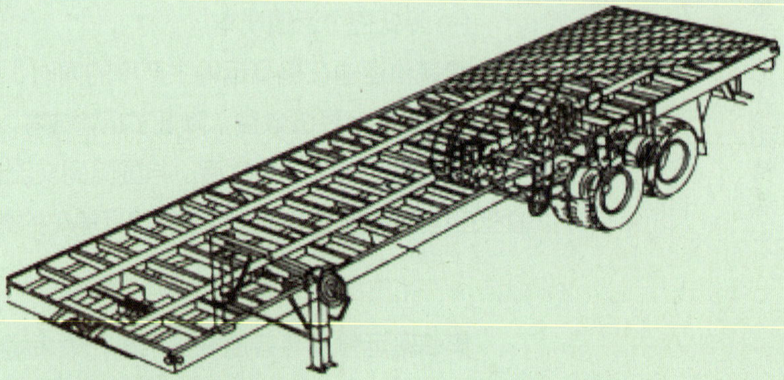 (2) 骨架式集装箱半挂车 如图所示，骨架式集装箱半挂车专门用于集装箱运输。其特点是结构简单，仅由底盘骨架构成，而且集装箱也作为强度构件，加入到半挂车的结构中予以考虑。因此其自重轻，结构简单，维修方便，在专业集装箱运输中较多采用。 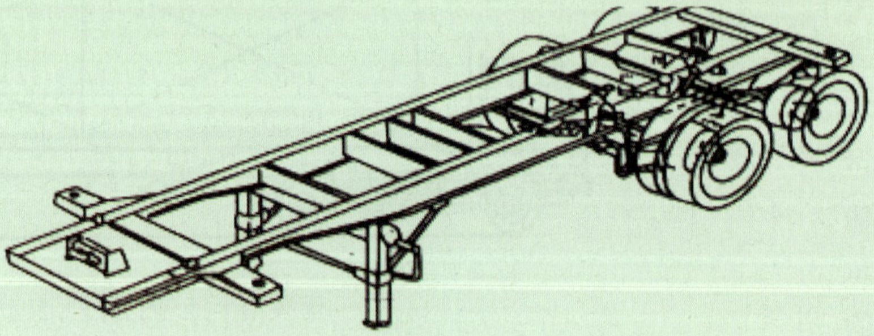 (3) 低床式集装箱半挂车 如图所示，低床式集装箱半挂车只能装运 20ft（1ft=0.304 8 m）的集装箱，而且仅在有较特殊要求的场合下，如库房的高度较低，用普通的半挂车不能满足要求时，或主要用于装运大件货物，而又要兼顾装运集装箱时才考虑采用这种形式，一般用得较少 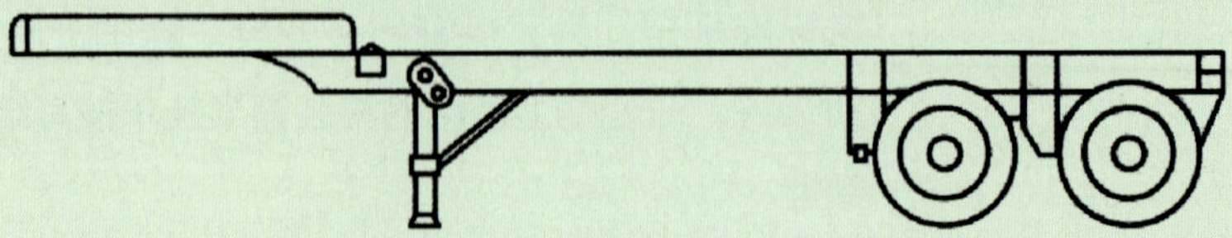

续上表

分类	类型	内　容
集装箱运输车的类型	站场用半挂车	站场用半挂车的外廓尺寸一般可以不受国家对于车辆限界的规定限制，且挂车的全长和轴荷要考虑到码头、货场、道路的技术使用条件。 货场用的半挂车，其集装箱固定装置可以做得比较简单。在地面比较平整、运输距离较短的场合，可使用带导板的半挂车，如图所示。 这种半挂车省去了旋锁装置，在满足搬运要求的同时，提高了装卸方便性和生产效率 导板　支承装置

第六章　车辆保险知识

重点内容

本章重点内容：机动车交强险知识简要；机动车商业险知识简要。

第一节　机动车交强险知识简要

1. 交强险简介

交强险的全称是“机动车交通事故责任强制保险”，是由保险公司对被保险机动车发生道路交通事故造成受害人（不包括本车人员和被保险人）的人身伤亡、财产损失，在责任限额内予以赔偿的强制性责任保险。交强险是中国首个由国家法律规定实行的强制保险制度。其保费是实行全国统一收费标准的，由国家统一规定的，但是不同的汽车型号的交强险价格也不同，主要影响因素是汽车座位数。

2. 机动车交通事故责任强制保险责任限额（2008 年 2 月 1 日后）

2.1　机动车在道路交通事故中有责任的赔偿限额

死亡伤残赔偿限额：110 000 元人民币

医疗费用赔偿限额：10 000 元人民币

财产损失赔偿限额：2 000 元人民币

2.2　机动车在道路交通事故中无责任的赔偿限额

死亡伤残赔偿限额：11 000 元人民币

医疗费用赔偿限额：1 000 元人民币

财产损失赔偿限额：100 元人民币

3. 说明

3.1　死亡伤残赔偿限额

是指被保险机动车发生交通事故，保险人对每次保险事故所有受害人的死亡伤残费用所承担的最高赔偿金额。死亡伤残费用包括丧葬费、死亡补偿费、受害人亲属办理丧葬事宜支出的交通费用、残疾赔偿金、残疾辅助器具费、护理费、康复费、交通费、被抚养人生活费、住宿费、误工费，被保险人依照法院判决或者调解承担的精神损害抚慰金。

3.2　医疗费用赔偿限额

是指被保险机动车发生交通事故，保险人对每次保险事故所有受害人的医疗费用所承担的最高赔偿金额。医疗费用包括医药费、诊疗费、住院费、住院伙食补助费，必要的、合理的后续治疗费、整容费、营养费。

3.3　财产损失赔偿限额

是指被保险机动车发生交通事故，保险人对每次保险事故所有受害人的财产损失承担的最高赔偿金额。

4. 基础费率

交强险的基础费率共分 42 种，家庭自用车、非营业客车、营业客车、非营业货车、营业货车、特种车、摩托车和拖拉机等八大类 42 种车型保险费率各不相同。但对同一车型，全国执行统一价格。

本文仅列出营运货车的费率供参考。

营业货车 2 吨以下　1 850 元人民币

营业货车 2 ~ 5 吨　3 070 元人民币

营业货车 5 ~ 10 吨　3 450 元人民币

营业货车 10 吨以上　4 480 元人民币

第二节　机动车商业险知识简要

1. 汽车保险具体险种

1.1　主险

1.1.1　车辆损失险

1.1.2　第三者责任险

1.2　附加险

1.2.1　全车盗抢险

1.2.2　车上责任险

1.2.3　车载货物掉落责任险

1.2.4　风挡玻璃单独破碎险

1.2.5　车辆停驶损失险

1.2.6　自燃损失险

1.2.7　新增加设备损失险

1.2.8　不计免赔特约险

2. 汽车保险各险种分别承担责任

2.1 车辆损失险

负责由于自然灾害或意外事故造成的保险车辆自身损失的赔偿责任。

2.2 第三者责任险

负责保险车辆在使用中发生意外事故造成他人（即第三者）的人身伤亡或财产的直接损毁的赔偿责任。

2.3 全车盗抢险

负责保险车辆因被盗窃、被抢劫、被抢夺造成车辆的全部损失，以及期间由于车辆损坏或车上零部件、附属设备丢失所造成损失的赔偿责任。

2.4 车上责任险

负责保险车辆发生意外事故造成车上人员的人身伤亡和车上所载货物的直接损毁的赔偿责任。

2.5 车载货物掉落责任险

承担保险车辆在使用过程中，所载货物从车上掉下来造成第三者遭受人身伤亡或财产的直接损毁而产生的赔偿责任。

2.6 风挡玻璃单独破碎险

承担保险车辆在停放或使用过程中，其他部分没有损坏，仅风挡玻璃单独破碎损失的赔偿责任。

2.7 车辆停驶损失险

车辆发生车辆损失险范围内的保险事故，造成车身损毁，致使车辆停驶而产生的损失，保险公司按规定进行赔偿。

2.8 自燃损失险

车辆因电路、线路、供油系统发生故障以及因运载货物自身原因起火燃烧造成保险车辆的损失，这些损失由本险种负责赔偿。

2.9 新增加设备损失险

车辆发生车辆损失险范围内的保险事故，造成车上新增设备的直接损毁，由保险公司按实际损失计算赔偿。未投保本险种，新增加的设备的损失，保险公司不负赔偿责任。

2.10 不计免赔特约险

办理了本保险的车辆，发生车辆损失险或第三者责任险的保险事故造成赔偿，对应由被保险人承担的免赔金额，由保险公司负责赔偿。也就是说，办了本保险后，车辆发生车辆损失险及第三者责任险方面的损失，全部由保险公司赔偿。

第二部分　操作篇

第二单元　驾驶员管理体系

教学目标

通过对本单元的学习，使车管经理人对驾驶员管理体系有一个认识和了解，对比驾驶员管理体系中的各项要求，分析自身的优点和不足，进行完善，从而提高自身的车管工作技能，提升在物流行业的职业竞争力。

教学内容

本单元重点内容：驾驶员胜任力模型简要；驾驶员资质证照管理；驾驶员职业道德；驾驶员职业健康；驾驶员诚信考核管理办法；驾驶员运营操作知识；驾驶员职责、招聘、培训和离职管理；驾驶员薪酬和福利等。

特别说明：和驾驶员工作密切相关的安全、成本、信息化、车辆维修保养等内容，放在本书的其他相关章节内。

第一章　驾驶员胜任力模型简要

重点内容

本章重点内容：职业物流驾驶员胜任力模型。

1. 职业物流驾驶员胜任力模型

“职业物流驾驶员胜任力模型”共包括三部分：核心能力素质（职业素养）、通用能力素质（知识水平）和专业能力素质（技能技巧）。其中，“核心能力素质”是基于公司核心价值观、企业文化与战略愿景，要求全体员工都应具备的能力素质。“通用能力素质”是驾驶员岗位所要求的常规能力素质；“专业能力素质”是驾驶工作所需要的特殊能力素质，是驾驶员为履行其工作岗位和角色所必须具备的知识和技能。

职业物流驾驶员胜任力模型

公司知识 2级
产品知识 2级
客户知识 3级
车辆知识 3级
法律法规知识 3级
职业道德知识 4级
财务知识 2级

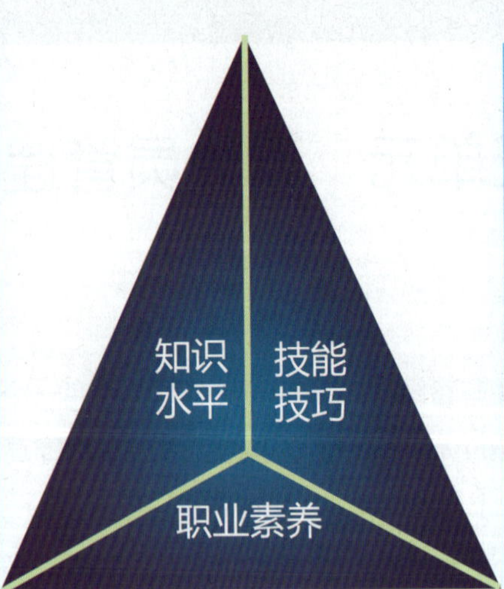

安全驾驶技能 4级
车辆维保技能 3级
法律法规运用 3级
运输物货辨别 3级
应急处理技能 4级
服务礼仪 3级
运营调度和操作 4级
节能减排技能 4级

责任心 4级
纪律性 4级
敬业精神 3级
客户意识 3级
成本意识 4级
主动性 3级
安全意识 4级

2. 职业素养

职业素养的指标项目及行为标准如下表。

指标项目	行为描述
责任心 4 级	对自己、客户、家庭、公司、社会承担责任； 对工作尽职尽责，注重效率，一次做对，不拖拉工作； 做好细小环节，做好细小的事； 善于发现问题，积极动脑，做问题的解决者； 勇于自我面对错误，不推卸责任
纪律性 4 级	能自觉遵守企业的各项管理制度，无违纪行为； 能积极监督或引导同事遵守各项管理制度，且效果明显； 树立集体观，服从大局，为团队贡献
成本意识 4 级	能在工作中将油料维修等成本控制在预算范围内，积极寻找降低成本的方法； 能对油料维修等成本控制及方式方法提出有效的建议，且有明显效果； 能制止周围浪费及违规现象，与同事一起分享节约成本的方法，并进行推广
敬业精神 3 级	尊重自己的言行，注重个人修养； 遇到困难、挫折，不退缩，不轻言放弃，有坚持到底的精神； 以工作为己任，实现自我价值
主动性 3 级	追求个人进步，主动挑战高目标，并努力实现； 不断提升工作技能，自我完善工作所需的知识体系； 积极配合相关工作，高效低成本地完成任务
客户意识 3 级	热爱、尊重客户，怀抱感恩之心； 主动服务，永远为客户着想； 客户第一，以客户满意为标准，完善自我； 相互服务，积极主动，全力以赴
安全意识 4 级	对人、车辆、道路、环境、驾驶过程及货物可能存在的风险和隐患等具有非常高的敏感性； 对于安全问题考虑得非常仔细和严谨，能关注日常安全工作细节问题，并能预见各类可以产生安全的事故的风险和后果； 能提出有效的预防风险的措施和方案等建议，能有效地规避各类安全风险，并且能和同事进行安全经验分享

3. 知识水平

知识水平的指标项目及行为标准如下表。

指标项目	行为描述
公司知识 2 级	了解员工手册与职位的相关内容，了解企业发展简史，熟悉与本岗位有关的制度
产品知识 2 级	据公司的不同业务类型和需要，了解公司的服务产品知识，各类服务的主要特点，能简要地向客户介绍与自己工作相关的几个产品的详细资料，并能满足客户对该类产品的询问； 了解本职岗位的工作流程； 了解本职岗位的运作质量，服务时效，安全操作等运营知识； 了解本职岗位对产品的包装，收发货时的称重量方等操作时识
客户知识 3 级	熟悉所服务的客户相关收发货、品管等工作人员的基本情况及性格偏好，质量偏好； 能够对客户检查工作进行简要且合格的应对处理
车辆知识 3 级	了解货运车辆新标准以及新技术、新设备的作用； 掌握货运车辆维护周期及维护作业内容； 掌握货运车辆常见故障识别； 掌握车辆的安全检查项目、方法
法律法规知识 3 级	深入理解《中华人民共和国道路交通安全法》《道路运输从业人员管理规定》《中华人民共和国公路安全保护条例》《道路货物运输及场站管理规定》《道路运输驾驶员继续教育办法》《道路运输驾驶员诚信考核办法》等法律、法规对道路货物运输驾驶员的要求及对违法行为的处罚、责任、权利、义务等的规定； 了解当地省级人民政府、交通运输主管部门和道路运输管理机构关于辖区内道路货物运输的相关法规规章和要求
职业道德知识 4 级	深入理解道路货物运输驾驶员的职业特点； 深入理解道路货物运输驾驶员应履行的社会责任； 深入理解道路货物运输驾驶员职业道德包含的主要内容
财务知识 2 级	据不同的公司类型和业务需要，需了解代收货款及相关知识； 了解本公司的相关费用报销流程及相应的管理制度

4. 专业技能

专业技能的指标项目及行为标准如下表。

指标项目	行为描述
安全驾驶技能 4级	深入了解预见性驾驶的通用规则； 熟练运用预见性驾驶方法； • 起步直线行驶、跟车、超车、停车、倒车、掉头时的防御性驾驶方法 • 货运场站内及进出货运场站的防御性驾驶方法 • 高速公路、山区道路等不同道路的防御性驾驶方法 • 桥梁、隧道、交叉路口、城乡接合部等特殊路段的防御性驾驶方法 • 冰雪路面、积水路面、砂石路面、沉降路面和泥石流等防御性驾驶方法 • 夜间行车预见性驾驶方法 • 雨天、雪天、雾天、雷电、大风沙尘及高温等气象条件防御性驾驶方法 超速、疲劳驾驶、注意力分散等不安全驾驶行为原因分析及其习惯纠正
车辆维保技能 3级	深入了解道路运输车辆动态监控要求和正确使用； 深入了解货运车辆的维护及相关备品、工具使用； 熟练运用和了解日常维护的内容； • 一级维护、二级维护的周期 • 车辆备品、工具和消防器材的原理、配置及使用方法 熟练运用和了解货运车辆常见故障的识别和描述以及常见故障排除； 熟练运用和了解道路货物运输车辆行车前、行车中和收车后的安全检查方法步骤和重点项目； 熟练运用和了解货运车辆知识及使用常识； • 气制动系统检查和使用 • 牵引车、半挂车连接、分离方法
法律法规运用 3级	熟练运用《中华人民共和国道路交通安全法》《道路运输从业人员管理规定》《中华人民共和国公路安全保护条例》《道路货物运输及场站管理规定》《道路运输驾驶员继续教育办法》《道路运输驾驶员诚信考核办法》进行交通安全故的处理及相应工作的应对
运输货物辨别 3级	各类货物包装、标识及危险品识别； 冷藏保鲜、鲜活易腐、大件、贵重等特种货物识别

续上表

指标项目	行为描述
应急处理技能 4级	熟练运用制动失效，转向失控，爆胎，车辆侧滑失控，发动机熄火，车辆起火，行人、牲畜突然横穿道路等紧急情况的处置原则、方法； 熟悉事故报告程序、内容； 熟悉事故现场的处理步骤、方法； 熟悉事故现场保护货物安全的原则； 熟练运用车辆发生碰撞、侧翻、坠车、落水、起火等事故后的脱困方法； 熟练运用驾驶员突发疾病的应急处置
服务礼仪 3级	日常工作形象规范； 熟练运用工作用语规范； 熟悉行为规范
运营调度和操作 4级	熟练运用运营操作知识； 熟练运用运营操作规范； 货物安全； 了解成本核算及商务合同知识简要； 了解国际运输、国际集装箱运输、多式联运等基础知识； 了解港口、铁路货场、保税区、物流园区、场站等货物装卸场所的特点及注意事项
节能减排技能 4级	了解影响货运车辆燃料消耗的主要因素； 熟练运用道路货物运输节能的方法途径； 熟练运用货物运输节能驾驶操作规范

5. 层级的含义

指标项目	行为描述
1 级	具有较简单和初级的知识、技能或综合能力，能在他人帮助下或根据经验及知识，开展与此项相关的基础工作
2 级	具有一定的知识、技能或综合能力，能根据经验及知识，应用该项能力自身能基本分析和解决一般问题
3 级	具有较熟练的知识、技能或综合能力，能根据经验及知识，应用该项能力完成略带难度的工作； 能简单指导他人开展工作，展现该方面能力
4 级	具有较丰富的知识、熟练的技能或综合能力，能根据经验及知识，应用该项能力处理较困难和复杂的问题； 能对现状进行诊断并提出建议或做出调整
5 级	具有丰富的知识、熟练的技能或综合能力，能根据经验及知识，应用该项能力处理非常困难和复杂的问题； 能解决与该项能力相关的富有挑战性的工作； 对发展趋势及隐含的问题有预见性和洞察力，并做出准确的决策

第二章　资质证照管理

重点内容

本章重点内容：驾驶证的申领和使用；从业资格申请与从业资格考试等主要内容。

第一节　驾驶证的申领和使用

1. 机动车驾驶证

1.1　驾驶机动车，应当依法取得机动车驾驶证

机动车驾驶员准予驾驶的车型顺序依次分为：大型客车、牵引车、城市公交车、中型客车、大型货车、小型汽车、小型自动挡汽车、低速载货汽车、三轮汽车、残疾人专用小型自动挡载客汽车、普通三轮摩托车、普通二轮摩托车、轻便摩托车、轮式自行机械车、无轨电车和有轨电车、详见附件。

1.2　机动车驾驶证记载和签注的内容

1.2.1 机动车驾驶人信息：姓名、性别、出生日期、国籍、住址、身份证号码、机动车驾驶证号码、照片。

1.2.2　车辆管理所签注内容：初次领证日期、准驾车型代号、有效期限、核发机关印章、档案编号。

1.3　机动车驾驶证有效期分为六年、十年和长期

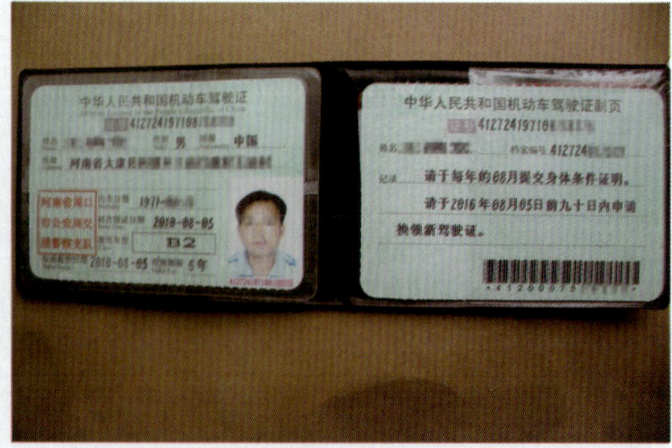

2. 申请

申请机动车驾驶证的人，应当符合下列规定。

2.1 年龄条件

2.1.1 申请小型汽车、小型自动挡汽车、残疾人专用小型自动挡载客汽车、轻便摩托车准驾车型的，在 18 周岁以上、70 周岁以下。

2.1.2 申请低速载货汽车、三轮汽车、普通三轮摩托车、普通二轮摩托车或者轮式自行机械车准驾车型的，在 18 周岁以上，60 周岁以下。

2.1.3 申请城市公交车、大型货车、无轨电车或者有轨电车准驾车型的，在 20 周岁以上，50 周岁以下。

2.1.4 申请中型客车准驾车型的，在 21 周岁以上，50 周岁以下。

2.1.5 申请牵引车准驾车型的，在 24 周岁以上，50 周岁以下。

2.1.6 申请大型客车准驾车型的，在 26 周岁以上，50 周岁以下。

2.2 身体条件

2.2.1 身高：申请大型客车、牵引车、城市公交车、大型货车、无轨电车准驾车型的，身高为 155 厘米以上。申请中型客车准驾车型的，身高为 150 厘米以上。

2.2.2 视力：申请大型客车、牵引车、城市公交车、中型客车、大型货车、无轨电车或者有轨电车准驾车型的，两眼裸视力或者矫正视力达到对数视力表 5.0 以上。申请其他准驾车型的，两眼裸视力或者矫正视力达到对数视力表 4.9 以上。

2.2.3 辨色力：无红绿色盲。

2.2.4 听力：两耳分别距音叉 50 厘米能辨别声源方向。有听力障碍但佩戴助听设备能够达到以上条件的，可以申请小型汽车、小型自动挡汽车准驾车型的机动车驾驶证。

2.2.5 上肢：双手拇指健全，每只手其他手指必须有三指健全，肢体和手指运动功能正常。但手指末节残缺或者右手拇指缺失的，可以申请小型汽车、小型自动挡汽车、低速载货汽车、三轮汽车准驾车型的机动车驾驶证。

2.2.6 下肢：双下肢健全且运动功能正常，不等长度不得大于 5 厘米。但左下肢缺失或者丧失运动功能的，可以申请小型自动挡汽车准驾车型的机动车驾驶证。右下肢、双下肢缺失或者丧失运动功能但能够自主坐立的，可以申请残疾人专用小型自动挡载客汽车准驾车型的机动车驾驶证。

2.2.7 躯干、颈部：无运动功能障碍。

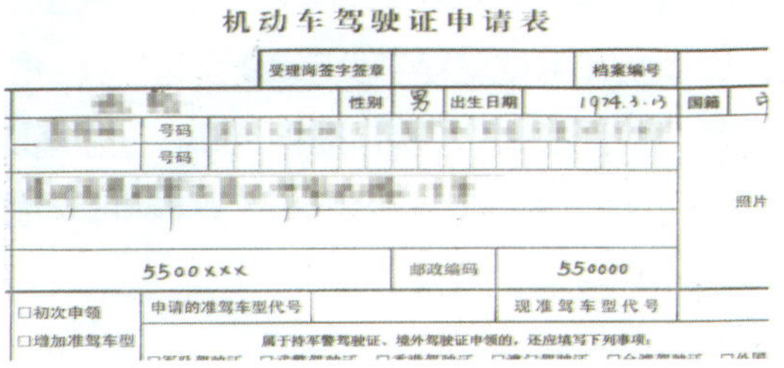

机动车驾驶证申请表

受理岗签字签章　档案编号

性别 男　出生日期 1974.3.13　国籍

号码

号码

照片

5500××× 　邮政编码 350000

□初次申领　申请的准驾车型代号　现准驾车型代号

□增加准驾车型　属于持军警驾驶证、境外驾驶证申领的，还应填写下列事项。

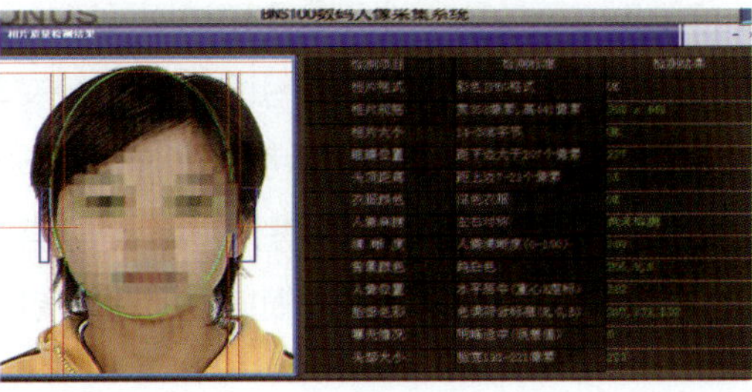

3. 考试内容

3.1 机动车驾驶员考试内容分为道路交通安全法律、法规和相关知识考试科目，以下简称“科目一”，场地驾驶技能考试科目，以下简称“科目二”，道路驾驶技能和安全文明驾驶常识考试科目，以下简称“科目三”。

3.2 考试内容和合格标准全国统一，根据不同准驾车型规定相应的考试项目。

3.3 科目一考试内容包括：

道路通行、交通信号、交通安全违法行为和交通事故处理、机动车驾驶证申领和使用、机动车登记等规定以及其他道路交通安全法律、法规和规章。

3.4 科目二考试内容包括：

3.4.1 大型客车、牵引车、城市公交车、中型客车、大型货车考试桩考、坡道定点停车和起步、侧方停车、通过单边桥、曲线行驶、直角转弯、通过限宽门、通过连续障碍、起伏路行驶、窄路掉头，以及模拟高速公路、连续急弯山区路、隧道、雨、雾、天气、湿滑路、紧急情况处置；

3.4.2 小型汽车、小型自动挡汽车、残疾人专用小型自动挡载客汽车和低速载货汽车考试倒车入库、坡道定点停车和起步、侧方停车、曲线行驶、直角转弯；

3.4.3 三轮汽车、普通三轮摩托车、普通二轮摩托车和轻便摩托车考试桩考、坡道定点停车和起步、通过单边桥；

3.4.4 轮式自行机械车、无轨电车、有轨电车的考试内容由省级公安机关交通管理部门确定。

3.5 科目三道路驾驶技能考试内容包括：

3.5.1 大型客车、牵引车、城市公交车、中型客车、大型货车、小型汽车、小型自动挡汽车、低速载货汽车和残疾人专用小型自动挡载客汽车考试上车准备、起步、直线行驶、加减挡位操作、变更车道、靠边停车、直行通过路口、路口左转弯、路口右转弯、通过人行横道线、通过学校区域、通过公共汽车站、会车、超车、掉头、夜间行驶；其他准驾车型的考试内容，由省级公安机关交通管理部门确定。

3.5.2 大型客车、中型客车考试里程不少于 20 公里，其中白天考试里程不少于 10 公里，夜间考试里程不少于 5 公里。牵引车、城市公交车、大型货车考试里程不少于 10 公里，其中白天考试里程不少于 5 公里，夜间考试里程不少于 3 公里。小型汽车、小型自动挡汽车、低速载货汽车、残疾人专用小型自动挡载客汽车考试里程不少于 3 公里，并抽取不少于 20% 进行夜间考试；不进行夜间考试的，应当进行模拟夜间灯光使用考试。

3.5.3 对大型客车、牵引车、城市公交车、中型客车、大型货车，省级公安机关交通管理部门应当根据实际增加山区、隧道、陡坡等复杂道路驾驶考试内容。对其他汽车准驾车型，省级公安机关交通管理部门可以根据实际增加考试内容。

3.6 科目三安全文明驾驶常识考试内容包括：安全文明驾驶操作要求、恶劣气象和复杂道路条件下的安全驾驶知识、爆胎等紧急情况下的临危处置方法以及发生交通事故后的处置知识等。

3.7 持军队、武装警察部队机动车驾驶证的人申请大型客车、牵引车、中型客车、大型货车准驾车型机动车驾驶证的，应当考试科目一和科目三；申请其他准驾车型机动车驾驶证的，免予考试核发机动车驾驶证。

3.8 持境外机动车驾驶证申请机动车驾驶证的，应当考试科目一。申请准驾车型为大型客车、牵引车、中型客车、大型货车机动车驾驶证的，还应当考试科目三。属于外国驻华使馆、领馆人员及国际组织驻华代表机构人员申请的，应当按照外交对等原则执行。

3.9 各科目考试的合格标准为：

3.9.1 科目一考试满分为 100 分，成绩达到 90 分为合格。

3.9.2 科目二考试满分为 100 分，考试大型客车、牵引车、城市公交车、中型客车、大型货车准驾车型的，成绩达到 90 分为合格，其他准驾车型的成绩达到 80 分为合格。

3.9.3 科目三道路驾驶技能和安全文明驾驶常识考试满分均为 100 分，成绩分别达到 90 分为合格。

4. 发证、换证、补证

4.1　申请人考试合格后，应当接受不少于半小时的交通安全文明驾驶常识和交通事故案例警示教育，并参加领证宣誓仪式。

车辆管理所应当在申请人参加领证宣誓仪式的当日核发机动车驾驶证。属于申请增加准驾车型的，应当收回原机动车驾驶证。属于复员、转业、退伍的，应当收回军队、武装警察部队机动车驾驶证。

4.2　机动车驾驶员在机动车驾驶证的六年有效期内，每个记分周期均未记满 12 分的，换发十年有效期的机动车驾驶证；在机动车驾驶证的十年有效期内，每个记分周期均未记满 12 分的，换发长期有效的机动车驾驶证。

4.3　机动车驾驶员应当于机动车驾驶证有效期满前九十日内，向机动车驾驶证核发地车辆管理所申请换证。申请时应当填写申请表，并提交以下证明、凭证：

4.3.1　机动车驾驶员的身份证明。

4.3.2　机动车驾驶证。

4.3.3　县级或者部队团级以上医疗机构出具的有关身体条件的证明。属于申请残疾人专用小型自动挡载客汽车的，应当提交经省级卫生主管部门指定的专门医疗机构出具的有关身体条件的证明。

4.4　机动车驾驶员户籍迁出原车辆管理所管辖区的，应当向迁入地车辆管理所申请换证。机动车驾驶员在核发地车辆管理所管辖区以外居住的，可以向居住地车辆管理所申请换证。申请时应当填写申请表，并提交规定的证明、凭证。

4.5　年龄在 60 周岁以上的，不得驾驶大型客车、牵引车、城市公交车、中型客车、大型货车、无轨电车和有轨电车；持有大型客车、牵引车、城市公交车、中型客车、大型货车驾驶证的，应当到机动车驾驶证核发地车辆管理所换领准驾车型为小型汽车或者小型自动挡汽车的机动车驾驶证。

4.6　年龄在 70 周岁以上的，不得驾驶低速载货汽车、三轮汽车、普通三轮摩托车、普通二轮摩托车和轮式自行机械车；持有普通三轮摩托车、普通二轮摩托车驾驶证的，应当到机动车驾驶证核发地车辆管理所换领准驾车型为轻便摩托车的机动车驾驶证。

申请时应当填写申请表，并提交规定的证明、凭证。

机动车驾驶员自愿降低准驾车型的，应当填写申请表，并提交机动车驾驶员的身份证明和机动车驾驶证。

4.7 具有下列情形之一的，机动车驾驶员应当在三十日内到机动车驾驶证核发地车辆管理所申请换证：

4.7.1 在车辆管理所管辖区域内，机动车驾驶证记载的机动车驾驶员信息发生变化的。

4.7.2 机动车驾驶证损毁无法辨认的。

申请时应当填写申请表，并提交机动车驾驶员的身份证明和机动车驾驶证。

4.8 机动车驾驶员身体条件发生变化，不符合所持机动车驾驶证准驾车型的条件，但符合准予驾驶的其他准驾车型条件的，应当在三十日内到机动车驾驶证核发地车辆管理所申请降低准驾车型。申请时应当填写申请表，并提交机动车驾驶员的身份证明、机动车驾驶证、县级或者部队团级以上医疗机构出具的有关身体条件的证明。

4.9 机动车驾驶证遗失的，机动车驾驶员应当向机动车驾驶证核发地车辆管理所申请补发。申请时应当填写申请表，并提交以下证明、凭证：

4.9.1 机动车驾驶员的身份证明；

4.9.2 机动车驾驶证遗失的书面声明。

符合规定的，车辆管理所应当在一日内补发机动车驾驶证。

机动车驾驶员补领机动车驾驶证后，原机动车驾驶证作废，不得继续使用。

机动车驾驶证被依法扣押、扣留或者暂扣期间，机动车驾驶员不得申请补发。

5. 记分

5.1 道路交通安全违法行为累积记分周期，即记分周期为 12 个月，满分为 12 分，从机动车驾驶证初次领取之日起计算。依据道路交通安全违法行为的严重程度，一次记分的分值为：12分、

6分、3分、2分、1分五种，见本节附件2。

5.2　对机动车驾驶员的道路交通安全违法行为，处罚与记分同时执行。机动车驾驶员一次有两个以上违法行为记分的，应当分别计算，累加分值。

5.3　机动车驾驶员对道路交通安全违法行为处罚不服，申请行政复议或者提起行政诉讼后，经依法裁决变更或者撤销原处罚决定的，相应记分分值予以变更或者撤销。

5.4　机动车驾驶员在一个记分周期内累积记分达到12分的，公安机关交通管理部门应当扣留其机动车驾驶证。

机动车驾驶员应当在十五日内到机动车驾驶证核发地或者违法行为地公安机关交通管理部门参加为期七日的道路交通安全法律、法规和相关知识学习。机动车驾驶员参加学习后，车辆管理所应当在二十日内对其进行道路交通安全法律、法规和相关知识考试。

考试合格的，记分予以清除，发还机动车驾驶证。

考试不合格的，继续参加学习和考试。

拒不参加学习，也不接受考试的，由公安机关交通管理部门公告其机动车驾驶证停止使用。

机动车驾驶员在一个记分周期内有两次以上达到12分或者累积记分达到24分以上的，车辆管理所还应当在道路交通安全法律、法规和相关知识考试合格后十日内对其进行道路驾驶技能考试。

接受道路驾驶技能考试的，按照本人机动车驾驶证载明的最高准驾车型考试。

5.5　机动车驾驶员在一个记分周期内记分未达到12分，所处罚款已经缴纳的，记分予以清除；记分虽未达到12分，但尚有罚款未缴纳的，记分转入下一记分周期。

6. 审验

6.1 机动车驾驶员应当按照法律、行政法规的规定，定期到公安机关交通管理部门接受审验。

6.1.1 机动车驾驶员换领机动车驾驶证时，应当接受公安机关交通管理部门的审验。

6.1.2 持有大型客车、牵引车、城市公交车、中型客车、大型货车驾驶证的驾驶员，应当在每个记分周期结束后三十日内到公安机关交通管理部门接受审验。但在一个记分周期内没有记分记录的，免予本记分周期审验。

6.1.3 发生交通事故造成人员死亡承担同等以上责任未被吊销机动车驾驶证的，应当在本记分周期结束后三十日内到公安机关交通管理部门接受审验。

6.1.4 在异地从事营运的机动车驾驶员，向营运地车辆管理所备案登记一年后，可以直接在营运地参加审验。

6.2 机动车驾驶证审验内容包括：

6.2.1 道路交通安全违法行为、交通事故处理情况。

6.2.2 身体条件情况。

6.2.3 道路交通安全违法行为记分及记满 12 分后参加学习和考试情况。

持有大型客车、牵引车、城市公交车、中型客车、大型货车驾驶证一个记分周期内有记分的，以及持有其他准驾车型驾驶证发生交通事故造成人员死亡承担同等以上责任未被吊销机动车驾驶证的驾驶员，审验时应当参加不少于三小时的道路交通安全法律法规、交通安全文明驾驶、应急处置等知识学习，并接受交通事故案例警示教育。

对交通违法行为或者交通事故未处理完毕的、身体条件不符合驾驶许可条件的、未按照规定参加学习、教育和考试的，不予通过审验。

6.3 年龄在 60 周岁以上的机动车驾驶员，应当每年进行一次身体检查，在记分周期结束后三十日内，提交县级或者部队团级以上医疗机构出具的有关身体条件的证明。

持有残疾人专用小型自动挡载客汽车驾驶证的机动车驾驶员，应当每三年进行一次身体检查，在记分周期结束后三十日内，提交经省级卫生主管部门指定的专门医疗机构出具的有关身体条件的证明。

机动车驾驶员按照本规定第六十条第三款、第四款规定参加审验时，应当申报身体条件情况。

6.4 机动车驾驶员因服兵役、出国、出境等原因，无法在规定时间内办理驾驶证期满换证、审验、提交身体条件证明的，可以向机动车驾驶证核发地车辆管理所申请延期办理。申请时应当填写申请表，并提交机动车驾驶员的身份证明、机动车驾驶证和延期事由证明。延期期限最长不超过三年。延期期间机动车驾驶员不得驾驶机动车。

附件 1：准驾车型及代号

准驾车型	代号	准驾的车辆	准予驾驶的其他车型
大型客车	A1	大型载客汽车	A3 B1 B2 C1 C2 C3 C4 M
牵引车	A2	重型、中型全挂、半挂汽车列车	B1 B2 C1 C2 C3 C4 M
城市公交车	A3	核载 10 人以上的城市公共汽车	C1 C2 C3 C4
中型客车	B1	中型载客汽车，含核载 10 人以上、19 人以下的城市公共汽车	C1 C2 C3 C4 M
大型货车	B2	重型、中型载货汽车；重型、中型专项作业车	
小型汽车	C1	小型、微型载客汽车以及轻型、微型载货汽车；轻型、微型专项作业车	C2 C3 C4
小型自动挡汽车	C2	小型、微型自动挡载客汽车以及轻型、微型自动挡载货汽车	
低速载货汽车	C3	低速载货汽车	C4
三轮汽车	C4	三轮汽车	
残疾人专用小型自动挡载客汽车	C5	残疾人专用小型、微型自动挡载客汽车，只允许右下肢或者双下肢残疾人驾驶	
普通三轮摩托车	D	发动机排量大于 50ml 或者最大设计车速大于 50km/h 的三轮摩托车	E F
普通二轮摩托车	E	发动机排量大于 50ml 或者最大设计车速大于 50km/h 的二轮摩托车	F
轻便摩托车	F	发动机排量小于等于 50ml，最大设计车速小于等于 50km/h 的摩托车	
轮式自行机械车	M	轮式自行机械车	
无轨电车	N	无轨电车	
有轨电车	P	有轨电车	

附件 2 ：道路交通安全违法行为记分分值

1. 机动车驾驶员有下列违法行为之一，一次记 12 分

1.1 驾驶与准驾车型不符的机动车的。

1.2 饮酒后驾驶机动车的。

1.3 驾驶营运客车，不包括公共汽车，校车，载人超过核定人数 20%以上的。

1.4 造成交通事故后逃逸，尚不构成犯罪的。

1.5 上道路行驶的机动车未悬挂机动车号牌的，或者故意遮挡、污损、不按规定安装机动车号牌的。

1.6 使用伪造、变造的机动车号牌、行驶证、驾驶证、校车标牌或者使用其他机动车号牌、行驶证的。

1.7 驾驶机动车在高速公路上倒车、逆行、穿越中央分隔带掉头的。

1.8 驾驶营运客车在高速公路车道内停车的。

1.9 驾驶中型以上载客载货汽车、校车、危险物品运输车辆在高速公路、城市快速路上行驶超过规定时速 20%以上或者在高速公路、城市快速路以外的道路上行驶超过规定时速 50%以上，以及驾驶其他机动车行驶超过规定时速 50% 以上的。

1.10 连续驾驶中型以上载客汽车、危险物品运输车辆超过 4 小时未停车休息或者停车休息时间少于 20 分钟的。

1.11 未取得校车驾驶资格驾驶校车的。

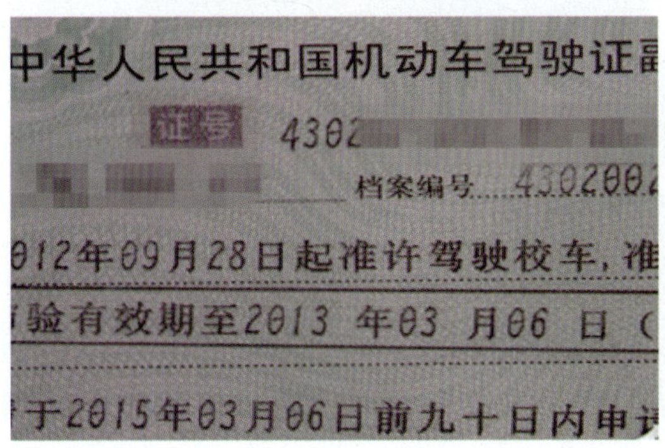

2. 机动车驾驶员有下列违法行为之一，一次记 6 分

2.1 机动车驾驶证被暂扣期间驾驶机动车的。

2.2 驾驶机动车违反道路交通信号灯通行的。

2.3 驾驶营运客车，不包括公共汽车、校车，载人超过核定人数未达 20%的，或者驾驶其他载客汽车载人超过核定人数 20%以上的。

2.4 驾驶中型以上载客载货汽车、校车、危险物品运输车辆在高速公路、城市快速路上行驶

超过规定时速未达 20%的。

2.5 驾驶中型以上载客载货汽车、校车、危险物品运输车辆在高速公路、城市快速路以外的道路上行驶或者驾驶其他机动车行驶超过规定时速 20% 以上未达到 50% 的。

2.6 驾驶货车载物超过核定载质量 30% 以上或者违反规定载客的。

2.7 驾驶营运客车以外的机动车在高速公路车道内停车的。

2.8 驾驶机动车在高速公路或者城市快速路上违法占用应急车道行驶的。

2.9 低能见度气象条件下，驾驶机动车在高速公路上不按规定行驶的。

2.10 驾驶机动车运载超限、不可解体的物品，未按指定的时间、路线、速度行驶或者未悬挂明显标志的。

2.11 驾驶机动车载运爆炸物品、易燃易爆化学物品以及剧毒、放射性等危险物品，未按指定的时间、路线、速度行驶或者未悬挂警示标志并采取必要的安全措施的。

2.12 以隐瞒、欺骗手段补领机动车驾驶证的。

2.13 连续驾驶中型以上载客汽车、危险物品运输车辆以外的机动车超过 4 小时未停车休息或者停车休息时间少于 20 分钟的。

2.14 驾驶机动车不按照规定避让校车的。

3. 机动车驾驶员有下列违法行为之一，一次记 3 分

3.1 驾驶营运客车，不包括公共汽车、校车以外的载客汽车，载人超过核定人数未达 20% 的。

3.2 驾驶中型以上载客载货汽车、危险物品运输车辆在高速公路、城市快速路以外的道路上行驶或者驾驶其他机动车行驶超过规定时速未达 20% 的。

3.3 驾驶货车载物超过核定载质量未达 30% 的。

3.4 驾驶机动车在高速公路上行驶低于规定最低时速的。

3.5 驾驶禁止驶入高速公路的机动车驶入高速公路的。

3.6 驾驶机动车在高速公路或者城市快速路上不按规定车道行驶的。

3.7 驾驶机动车行经人行横道，不按规定减速、停车、避让行人的。

3.8 驾驶机动车违反禁令标志、禁止标线指示的。

3.9 驾驶机动车不按规定超车、让行的，或者逆向行驶的。

3.10 驾驶机动车违反规定牵引挂车的。

3.11 在道路上车辆发生故障、事故停车后，不按规定使用灯光和设置警告标志的。

3.12 上道路行驶的机动车未按规定定期进行安全技术检验的。

4. 机动车驾驶员有下列违法行为之一，一次记 2 分

4.1 驾驶机动车行经交叉路口不按规定行车或者停车的。

4.2 驾驶机动车有拨打、接听手持电话等妨碍安全驾驶的行为的。

4.3 驾驶二轮摩托车，不戴安全头盔的。

4.4 驾驶机动车在高速公路或者城市快速路上行驶时，驾驶人未按规定系安全带的。

4.5 驾驶机动车遇前方机动车停车排队或者缓慢行驶时，借道超车或者占用对面车道、穿插等候车辆的。

4.6 不按照规定为校车配备安全设备，或者不按照规定对校车进行安全维护的。

4.7 驾驶校车运载学生，不按照规定放置校车标牌、开启校车标志灯，或者不按照经审核确定的线路行驶的。

4.8 校车上下学生，不按照规定在校车停靠站点停靠的。

4.9 校车未运载学生上道路行驶，使用校车标牌、校车标志灯和停车指示标志的。

4.10 驾驶校车上道路行驶前，未检查校车车况是否符合安全技术要求，或者驾驶存在安全隐患的校车上道路行驶的。

4.11 在校车载有学生时给车辆加油，或者在校车发动机熄灭前离开驾驶座位的。

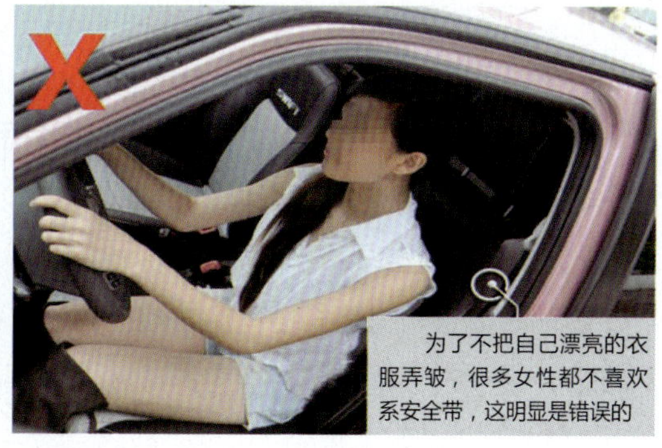

为了不把自己漂亮的衣服弄皱，很多女性都不喜欢系安全带，这明显是错误的

5. 机动车驾驶员有下列违法行为之一，一次记 1 分

5.1 驾驶机动车不按规定使用灯光的。

5.2 驾驶机动车不按规定会车的。

5.3 驾驶机动车载货长度、宽度、高度超过规定的。

5.4 上道路行驶的机动车未放置检验合格标志、保险标志，未随车携带行驶证、机动车驾驶证的。

第二节 从业资格申请与从业资格考试

1. 从业资格申请和考试的条件

1.1 经营性道路旅客运输驾驶员应当符合下列条件：

1.1.1 取得相应的机动车驾驶证 1 年以上。

1.1.2 年龄不超过 60 周岁。

1.1.3 3 年内无重大以上交通责任事故。

1.1.4 掌握相关道路旅客运输法规、机动车维修和旅客急救基本知识。

1.1.5 经考试合格，取得相应的从业资格证件。

1.2 经营性道路货物运输驾驶员应当符合下列条件：

1.2.1 取得相应的机动车驾驶证。

1.2.2 年龄不超过 60 周岁。

1.2.3 掌握相关道路货物运输法规、机动车维修和货物装载保管基本知识。

1.2.4 经考试合格，取得相应的从业资格证件。

1.3 道路危险货物运输驾驶员应当符合下列条件：

1.3.1 取得相应的机动车驾驶证。

1.3.2 年龄不超过 60 周岁。

1.3.3 3 年内无重大以上交通责任事故。

1.3.4 取得经营性道路旅客运输或者货物运输驾驶员从业资格 2 年以上。

1.3.5 接受相关法规、安全知识、专业技术、职业卫生防护和应急救援知识的培训，了解危险货物性质、危害特征、包装容器的使用特性和发生意外时的应急措施。

1.3.6 经考试合格，取得相应的从业资格证件。

1.4 道路危险货物运输装卸管理人员和押运人员应当符合下列条件：

1.4.1 年龄不超过 60 周岁。

1.4.2 初中以上学历。

1.4.3 接受相关法规、安全知识、专业技术、职业卫生防护和应急救援知识的培训，了解危险货物性质、危害特征、包装容器的使用特性和发生意外时的应急措施。

1.4.4 经考试合格，取得相应的从业资格证件。

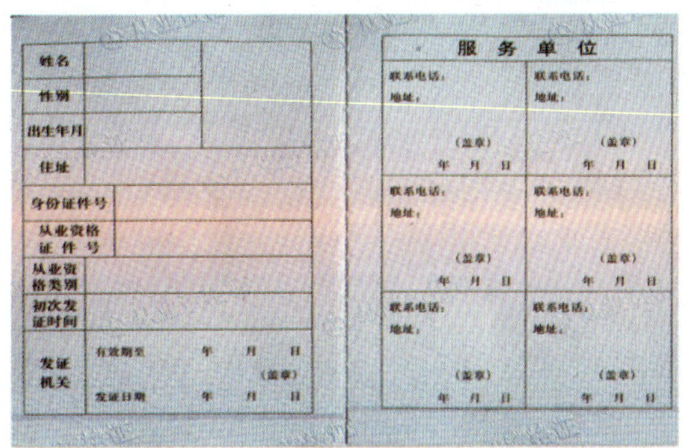

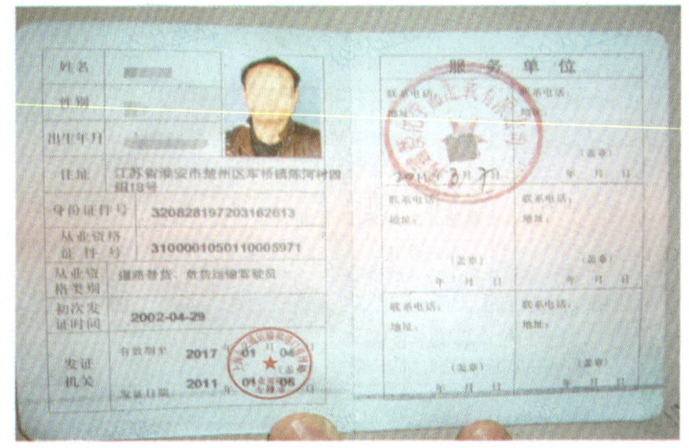

2. 从业资格考试申请和资料

2.1 申请参加经营性道路客货运输驾驶员从业资格考试的人员，应当向其户籍地或者暂住地设区的市级道路运输管理机构提出申请，填写《经营性道路客货运输驾驶员从业资格考试申请表》，并提供下列材料：

2.1.1 身份证明及复印件。

2.1.2 机动车驾驶证及复印件。

2.1.3 申请参加道路旅客运输驾驶员从业资格考试的，还应当提供道路交通安全主管部门出具的 3 年内无重大以上交通责任事故记录证明。

2.2 申请参加道路危险货物运输驾驶员从业资格考试的，应当向其户籍地或者暂住地设区的市级交通主管部门提出申请，填写《道路危险货物运输从业人员从业资格考试申请表》，并提供下列材料：

2.2.1 身份证明及复印件。

2.2.2 机动车驾驶证及复印件。

2.2.3 道路旅客运输驾驶员从业资格证件或者道路货物运输驾驶员从业资格证件及复印件。

2.2.4 相关培训证明及复印件。

2.2.5 道路交通安全主管部门出具的 3 年内无重大以上交通责任事故记录证明。

2.3 申请参加道路危险货物运输装卸管理人员和押运人员从业资格考试的，应当向其户籍地或者暂住地设区的市级交通主管部门提出申请，填写“道路危险货物运输从业人员从业资格考试申请表”，并提供下列材料：

2.3.1 身份证明及复印件。

2.3.2 学历证明及复印件。

2.3.3 相关培训证明及复印件。

经营性道路客货运输驾驶员从业资格考试申请表

姓名		性别		学历		照片
住址	（电话）					
工作单位	（电话）					
身份证号		培训单位				
驾驶证准驾车型		初领驾驶证日期	年 月 日			
申请种类						
原从业资格证件号						
申请类别	道路旅客运输 □	道路货物运输 □				
材料清单	身份证明原件□ 身份证明复印件□ 驾驶证原件□ 驾驶证复印件□ 无重大以上责任事故记录证明□					
承诺	本人承诺上述所有内容真实、有效，并承担由此产生的法律责任。本人签字： 日期：					
考试记	成绩	考核员	考核员			

道路危险货物运输从业人员从业资格考试申请表

姓名		性别		学历		照片
住址	（电话）					
工作单位	（电话）					
身份证号		培训单位				
原从业资格证件编号						
驾驶证准驾车型		初领驾驶证日期	年 月 日			
申请类别	道路危险货物运输驾驶员□	道路危险货物运输装卸管理人员□	道路危险货物运输押运人员□			
材料清单	身份证明原件□ 身份证明复印件□ 学历证明原件□ 学历证明复印件□ 危险货物运输培训证明□ 驾驶证原件□ 驾驶证复印件□ 道路旅客运输从业资格证原件□ 道路旅客运输从业资格证复印件□ 道路货物运输从业资格证原件□ 道路货物运输从业资格证复印件□ 无重大以上责任事故记录证明□					
承诺	本人承诺上述所有内容真实、有效，并承担由此产生的法律责任。本人签字： 日期：					
考试	成绩	考核员	考核员			

3. 从业资格考试

3.1 交通运输主管部门和道路运输管理机构对符合申请条件的申请人应当安排考试。

3.2 交通运输主管部门和道路运输管理机构应当在考试结束 10 日内公布考试成绩。对考试合格人员，应当自公布考试成绩之日起 10 日内颁发相应的道路运输从业人员从业资格证件。

3.3 道路运输从业人员从业资格考试成绩有效期为 1 年，考试成绩逾期作废。

3.4 申请人在从业资格考试中有舞弊行为的，取消当次考试资格，考试成绩无效。

3.5 交通运输主管部门或者道路运输管理机构应当建立道路运输从业人员从业资格管理档案。

3.6 道路运输从业人员从业资格管理档案包括：从业资格考试申请材料，从业资格考试及从业资格证件记录，从业资格证件换发、补发、变更记录，违章、事故及诚信考核、继续教育记录等。

3.7 交通运输主管部门和道路运输管理机构应当向社会提供道路运输从业人员相关从业信息的查询服务。

4. 从业资格证件管理

4.1 从业资格证件发放

4.1.1 道路运输从业人员从业资格证件由交通运输部统一印制并编号。具体工作委托交通专业人员资格评价中心负责。

4.1.2 机动车驾驶培训教练员和道路运输经理人从业资格证件由省级道路运输管理机构发放和管理。

4.1.3 道路危险货物运输从业人员从业资格证件由设区的市级交通运输主管部门发放和管理。

4.1.4 经营性道路客货运输驾驶员从业资格证件、机动车维修技术人员从业资格证件由设区的市级道路运输管理机构发放和管理。

4.1.5 其他道路运输从业人员从业资格证件发放和管理权限由省级道路运输管理机构确定。

4.2 从业资格证件有效期

道路运输从业人员从业资格证件有效期为 6 年。道路运输从业人员应当在从业资格证件有效期届满 30 日前到原发证机关办理换证手续。

4.3 从业资格证件补办及变更

4.3.1 道路运输从业人员从业资格证件遗失、毁损的，应当到原发证机关办理证件补发手续。

4.3.2 道路运输从业人员服务单位变更的，应当到交通运输主管部门或者道路运输管理机构办理从业资格证件变更手续。

4.3.3 道路运输从业人员从业资格档案应当由原发证机关在变更手续办结后 30 日内移交户籍迁入地或者现居住地的交通运输主管部门或者道路运输管理机构。

4.3.4 道路运输从业人员办理换证、补证和变更手续，应当填写《道路运输从业人员从业资格证件换发、补发、变更登记表》。

4.3.5 交通运输主管部门和道路运输管理机构应当对符合要求的从业资格证件换发、补发、变更申请予以办理。申请人违反相关从业资格管理规定且尚未接受处罚的，受理机关应当在其接受处罚后换发、补发、变更相应的从业资格证件。

4.3.6 经营性道路客货运输驾驶员、道路危险货物运输从业人员在发证机关所在地以外从业，且从业时间超过 3 个月的，应当到服务地管理部门备案。

4.4 从业资格证件注销

道路运输从业人员有下列情形之一的，由发证机关注销其从业资格证件：

4.4.1 持证人死亡的。

4.4.2 持证人申请注销的。

4.4.3 经营性道路客货运输驾驶员道路危险货物运输从业人员机动车驾驶培训教练员年龄超过 60 周岁的。

4.4.4 经营性道路客货运输驾驶员、道路危险货物运输驾驶员、机动车维修质量检验人员、机动车驾驶培训教练员的机动车驾驶证被注销或者被吊销的。

4.4.5 超过从业资格证件有效期 180 日未申请换证的。

凡被注销的从业资格证件，应当由发证机关予以收回，公告作废并登记归档；无法收回的，从业资格证件自行作废。

4.5 从业资格证件信息记录和考核

4.5.1 交通运输主管部门和道路运输管理机构应当将道路运输从业人员的违章行为记录在“中华人民共和国道路运输从业人员从业资格证”的违章记录栏内，并通报发证机关。发证机关应当将该记录作为道路运输从业人员诚信考核和计分考核的依据，并存入管理档案。机动车驾驶培训教练员违章记录直接记入教练员档案，并作为诚信考核的重要内容。

4.5.2 道路运输从业人员诚信考核和计分考核周期为 12 个月，从初次领取从业资格证件之日起计算。诚信考核等级分为优良、合格、基本合格和不合格，分别用 AAA 级、AA 级、A 级和 B 级表示。在考核周期内，累计计分超过规定的，诚信考核等级为 B 级。

4.5.3 省级交通运输主管部门和道路运输管理机构应当将道路运输从业人员每年的诚信考核和计分考核结果向社会公布，供公众查阅。

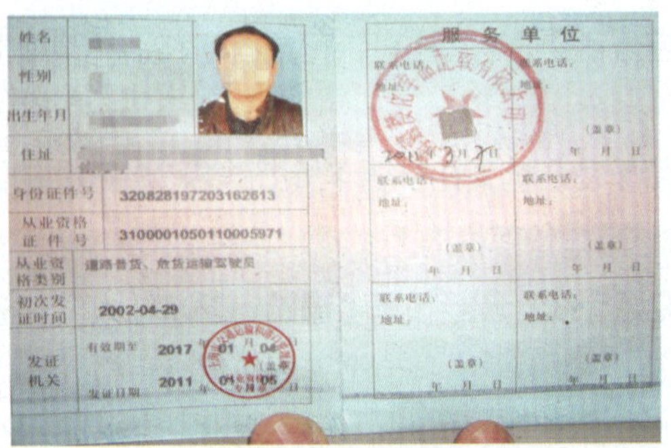

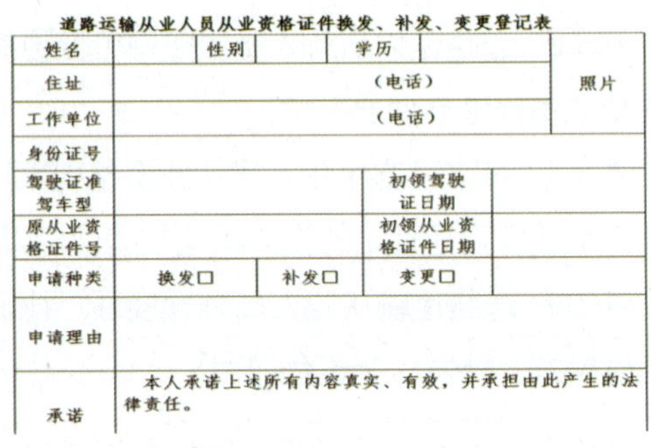

道路运输从业人员从业资格证件换发、补发、变更登记表

姓名		性别		学历		照片
住址	（电话）					
工作单位	（电话）					
身份证号						
驾驶证准驾车型			初领驾驶证日期			
原从业资格证件号			初领从业资格证件日期			
申请种类	换发□	补发□	变更□			
申请理由						
承诺	本人承诺上述所有内容真实、有效，并承担由此产生的法律责任。					

5. 从业行为规定

5.1 经营性道路客货运输驾驶员以及道路危险货物运输从业人员应当在从业资格证件许可的范围内从事道路运输活动。道路危险货物运输驾驶员除可以驾驶道路危险货物运输车辆外，还可以驾驶原从业资格证件许可的道路旅客运输车辆或者道路货物运输车辆。

5.2 道路运输从业人员在从事道路运输活动时，应当携带相应的从业资格证件，并应当遵守国家相关法规和道路运输安全操作规程，不得违法经营、违章作业。

5.3　道路运输从业人员应当按照规定参加国家相关法规、职业道德及业务知识培训。

5.4　经营性道路客货运输驾驶员和道路危险货物运输驾驶员不得超限、超载运输，连续驾驶时间不得超过 4 个小时。

5.5　经营性道路旅客运输驾驶员和道路危险货物运输驾驶员应当按照规定填写行车日志，行车日志式样由省级道路运输管理机构统一制定。

5.6　经营性道路旅客运输驾驶员应当采取必要措施保证旅客的人身和财产安全，发生紧急情况时，应当积极进行救护。

5.7　经营性道路货物运输驾驶员应当采取必要措施防止货物脱落、扬撒等。

5.8　严禁驾驶道路货物运输车辆从事经营性道路旅客运输活动。

5.9　道路危险货物运输驾驶员应当按照道路交通安全主管部门指定的行车时间和路线运输危险货物。

道路危险货物运输装卸管理人员应当按照安全作业规程对道路危险货物装卸作业进行现场监督，确保装卸安全。

道路危险货物运输押运人员应当对道路危险货物运输进行全程监管。

道路危险货物运输从业人员应当严格按照《汽车运输危险货物规则》（JT 617—2004）、《汽车运输装卸危险货物作业规程》（JT 618—2004）操作，不得违章作业。

5.10　在道路危险货物运输过程中发生燃烧、爆炸、污染、中毒或者被盗、丢失、流散、泄漏等事故，道路危险货物运输驾驶员、押运人员应当立即向当地公安部门和所在运输企业或者单位报告，说明事故情况、危险货物品名和特性，并采取一切可能的警示措施和应急措施，积极配合有关部门进行处置。

行车日记

年　月　日

日　期	出　发 回公司	时　分	目的地	目　的	指针所示距离			驾驶人 姓　名	补　给 汽　油	故障处及行进中 机能不佳状况
					自	至	计			

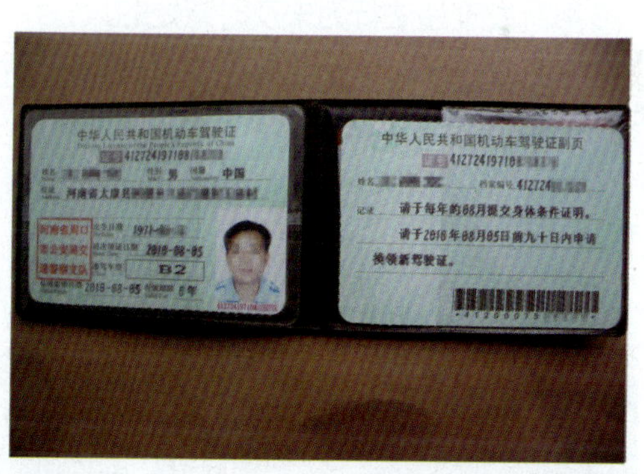

6. 法律责任

6.1　违反本规定，有下列行为之一的人员，由县级以上道路运输管理机构责令改正，处 200 元以上 2 000 元以下的罚款；构成犯罪的，依法追究刑事责任。

6.1.1　未取得相应从业资格证件，驾驶道路客货运输车辆的。

6.1.2　使用失效、伪造、变造的从业资格证件，驾驶道路客货运输车辆的。

6.1.3　超越从业资格证件核定范围，驾驶道路客货运输车辆的。

6.2 违反本规定，有下列行为之一的人员，由设区的市级人民政府交通主管部门处 2 万元以上 10 万元以下的罚款；构成犯罪的，依法追究刑事责任。

6.2.1 未取得相应从业资格证件，从事道路危险货物运输活动的。

6.2.2 使用失效、伪造、变造的从业资格证件，从事道路危险货物运输活动的。

6.2.3 超越从业资格证件核定范围，从事道路危险货物运输活动的。

6.3 道路运输从业人员有下列不具备安全条件情形之一的，由发证机关吊销其从业资格证件：

6.3.1 经营性道路客货运输驾驶员、道路危险货物运输从业人员、机动车驾驶培训教练员身体健康状况不符合有关机动车驾驶和相关从业要求且没有主动申请注销从业资格的。

6.3.2 经营性道路客货运输驾驶员、道路危险货物运输驾驶员、机动车驾驶培训教练员发生重大以上交通事故，且负主要责任的。

6.3.3 机动车维修技术人员发生重大生产安全事故，且负主要责任的。

6.3.4 发现重大事故隐患，不立即采取消除措施，继续作业的。

被吊销的从业资格证件应当由发证机关公告作废并登记归档。

6.4 违反本规定，交通运输主管部门及道路运输管理机构工作人员有下列情形之一的，依法给予行政处分；构成犯罪的，依法追究刑事责任：

6.4.1 不按规定的条件、程序和期限组织从业资格考试的。

6.4.2 发现违法行为未及时查处的。

6.4.3 索取、收受他人财物及谋取其他不正当利益的。

6.4.4 其他违法行为。

第三章　驾驶员职业道德

重点内容

本章重点内容：驾驶员的职业特点；驾驶员的社会责任；驾驶员的行为规范和服务礼仪等主要内容。

第一节　驾驶员的职业特点

1. 专业技能要求高

作为职业的物流行业驾驶员，基本的要求是需要考取从业资格证，熟悉交通法规，了解车辆的结构和性能，懂得交通事故的处理，懂得急救常识，懂得预见性驾驶技能，要以负责任的方式进行安全驾驶。

在物流的专业方面，有的公司还需要懂得各类型货物的搬运、装卸和保管知识，懂得收货、发货及运单填写，代收货款等公司的运营知识。

有的专业物流公司需要懂得危险品、冷链运输等本专业的车辆和运输知识。

同时一般的中大型物流公司对于应聘的驾驶员还要具有 3 ~ 5 年的实际工作经验，并且无主要责任及以上的重大交通事故。

2. 工作事务繁杂

2.1　通常物流公司对驾驶员的工作要求是：根据公司的营运和运输需要，负责任地承担相关货物的运输。运输过程中在保证安全的情况下，整体考虑运输时效、成本和车辆 6S 等综合管理，通过自身的综合努力，达成公司的相关管理绩效，取得相应的回报。

2.2　具体重点工作要做好如运单填写，货物交接，计费，开发票，现结和到付，车辆 6S，费用控制，车辆“三检”，行车记录，执行日常保养，货物装卸，取派，进出港，单据签收交接，车、货安全监管，证照保管交接，现金保管交接等工作。

2.3　这些工作也远非是简单的一个普通驾驶员通常理解的开车的工作了，包含了大量的物流行业的特性，与货物及相关工作有密切的关系，整体事务繁杂。

3. 责任重大

3.1 职业的物流驾驶员在货物交接中要监督仓管员、运作员装卸和封车操作，保证货物的安全。

3.2 要严格按照安全操作规程驾驶、维护车辆，保障车辆技术状况良好，不得开带病车上路，不造成安全隐患。

3.3 严格遵守交通法规，合理合法地进行车辆安全驾驶；整体确保人员、车辆和货物的安全，责任重大。

4. 流动分散，单独作业

4.1 运输过程中的特点是点多、面广、线长和流动分散作业。因此，要求物流行业驾驶员自觉地遵章守法、爱岗敬业，保证运输的有序进行。

4.2 物流行业驾驶员分散作业的岗位特点，决定了驾驶员通常是一个人独立工作。这就要求驾驶员一方面具有独立处理运输中遇到的由于车况、路况、交通状况和气候等变化而出现的各种问题的能力；另一方面还要有协调与货主以及运输过程中的各方面人员之间关系的能力。

5. 意外因素多，存在风险

车辆在行驶途中遇到的情况复杂多变，意外因素很多，时常会遇到行人或非机动车突然横穿马路，对向来车违章占道行驶等突发情况。这就要求驾驶员必须时刻把其他道路交通参与者的生命安全放在第一位，严格遵守交通规则，集中注意力，仔细观察，谨慎驾驶，保证行车安全。

6. 服务对象多样，是社会文明的窗口

6.1 运输行业具有开放性的特点，驾驶员在提供运输服务的过程中，会与不同的内部同事或外部货主接触，产生语言、感情、思想等方面的交流，从而成为一个展现社会文明的窗口。

6.2 服务过程中，驾驶员需要有文明的举止，养成使用礼貌用语的好习惯，并尊重不同国家、地区、民族的文化习俗差异。

第二节 驾驶员的社会责任

1. 遵章守法

1.1 认真学习国家的有关法规和政策，熟知相关规章制度、各项交通法规和安全操作规程，

1.1.3 正常行驶时不抢道、不争先。

1.1.4 车辆起步、拐弯、并线、停车时正确使用转向灯。

1.1.5 不在禁止鸣喇叭的区域或时间内鸣喇叭，或利用车辆喇叭喊人，防止噪声扰民。

1.1.6 发生交通事故，不与对方争吵，不强词夺理，不推卸责任，发生伤人事故时要迅速抢救伤者，维护好公司文明形象。

1.2 礼让三先

1.2.1 行车过程中超越行人、非机动车时，应先提前警示，让行人、非机动车做好让行准备，不至于使对方受到惊吓。

1.2.2 车辆通过行人密集的区域，合理控制车速通过，不得左右乱窜，给社会群众造成间接伤害，给公司形象带来不良影响。

1.2.3 通过有灰尘的路段，应降低车速，避免高速扬尘，影响道路周围环境。

1.2.4 夜间行车，合理使用灯光，不得故意使用远光炫人眼睛。

1.2.5 雨天行车通过坑洼积水处，应减速慢行，如有行人，合理控制车速通过，避免因车速过快使泥水溅到行人身上。

1.2.6 驾驶员在行车过程中，自觉遵守道路让行规定，不随意变道，不乱并线或插队。

1.3 作风严谨

1.3.1 驾驶员在行车过程中，勿向车外抛撒垃圾或向外吐痰。

1.3.2 驾驶员在行车过程中，不与行人或车辆抢道。

1.3.3 不开超速车，不故意与其他车辆同速并行。

1.3.4 驾驶员在行车过程中，需按道行驶，直行时不占用转弯车道，不长期占用超车道。

1.3.5 有效利用车灯，不出现打着转向灯但仍直行，给后方车辆造成行驶错觉。

1.3.6 不得乱停乱放，特别是在收派快件过程中，不得在商业区、居民小区、人行道等禁止停放车辆的区域随意停放车辆，挤占人行通道。

2. 做安全行车的驾驶员

2.1 出车准备

2.1.1 严格对车辆进行“三检”工作，不带故障出车。

2.1.2 检查证件，如驾驶证、行驶证、从业资格证等，确保证件齐全、有效。

2.2 行车要求

2.2.1 牢固树立“安全第一、预防为主”的思想；严格遵守交通法规。

2.2.2 随时掌握车辆状况、道路状况、气候变化、周围车辆及行人动态等。

2.2.3 不开斗气车、英雄车、带病车、冒险车、侥幸车。

2.2.4 做到交叉路口慢行、转弯下坡路段慢行、雨雪路面慢行、会车让车慢行，视线不清路段慢行。

2.2.5 行驶中禁止吸烟、接打电话、吃零食、喝饮料、喝水。

2.2.6 严禁穿拖鞋驾驶车辆。

2.2.7 严格遵守公司管理，不得酗酒、赌博，应保持充足的睡眠，严防疲劳驾驶。

2.3 超车原则

2.3.1 超车前，须开左转向灯、适当鸣喇叭，禁止鸣喇叭的区域除外，夜间改用变换远近光示意，待前车让路并确认安全后，从被超车的左边平稳超越，在同被超车保持必要的安全距离后，开右转向灯，驶入原车道；不准强行超车，更不准超车后立即使用紧急制动或急剧转向驶入纵列线，以免发生交通事故。

2.3.2 被超车示意左转弯、掉头时，不准超车。

2.3.3 在超车过程中对面来车有会车可能时不准超车。

2.3.4 不准超越正在超车的车辆。

2.3.5 行经交叉路口、急转弯、窄路、窄桥、隧道、冰雪、泥泞道路以及下雨、雪、雾造成的视线不清或牵引故障车时，不准超车。

2.3.6 遇后车发出超车信号时，在条件许可的情况下，需靠右让路，并开右转向灯，不准故意不让或加速行驶。

2.4 会车原则

2.4.1 在没有划中心线的道路和窄路、窄桥，须减速靠右通过，并注意行人和非机动车安全；会车有困难时，有让路条件的一方让对方先行。

2.4.2 在有障碍的路段，有障碍的一方让对方先行。

2.4.3 在狭窄的坡路，下坡车让上坡车先行。

2.4.4 夜间在没有路灯或照明不良的道路上，须距对面来车 150 米以外互闭远光灯，改用近光灯；在窄路、窄桥与非机动车会车时，不准持续使用远光灯。

2.5 道路驾驶原则

2.5.1 严格听从交通警察等交通管理人员的指挥，通过无警路口时，自觉遵守交通规则，禁止抢行。

2.5.2 严格按照规定各行其道，变更车道时，应提前开启转向灯，示意后车。

2.5.3 遵守限速规定，尤其通行于弯道、桥梁、障碍时，要适当减速。

2.5.4 同向行驶时与前车要保持必要的安全距离。

2.5.5 转向时，及时开启转向灯，注意同向行驶及直行的各种车辆，在保证安全的前提下实施转弯。

2.5.6 通过立体交叉路口时应按交通指示标志所规定的方向行驶，同时确定桥梁的有效高度。

2.5.7 遇到交通复杂地段，如商业区、居民区、集市、学校等，应提前减速，适当鸣号，做好随时停车准备，并仔细观察行人、非机动车的动态，预测并防止偶发事件。

2.5.8 进出市区时，应注意观察交通状况，确保安全。

2.5.9 坡道驾驶应根据坡道的长短、坡度大小和路面宽窄，结合车辆性能，选择适当的挡位和车速行驶，安全礼让。

2.5.10 正常行驶过程中不得猛踩制动、猛松离合器、猛加油。

2.6 收车离岗

2.6.1 听从站场管理人员指挥，按要求做好车辆停放，确保锁好转向盘锁，检查门窗均已关闭完好。

2.6.2 做好每日行车日志记录，确保登记及时、准确。

2.6.3 将车辆证件、钥匙交还分公司、中转场管理人员，并做好交接记录。

2.6.4 做好收车后的检查，防患未然。

第四节 驾驶员的服务礼仪

1. 形象规范

原则：整洁、大方、得体，便于工作。

1.1 容貌

1.1.1 头发

发型端正，梳理整齐。不留长发，前不盖额，侧不掩耳，后不及领。不染发，染黑发除外。

1.1.2 面容

脸无胡须，眼无分泌物，鼻毛不外露，保持脸部清洁。

1.1.3 口耳

口腔清洁无异味，耳部清洁无皮屑；上班期间不喝酒，不吃异味食品；男驾驶员不戴耳环、耳钉。

1.1.4 手部

手部清洁，指甲整齐不长于指尖。

1.1.5 体味

勤换洗内衣外衣，勤洗澡，给人清新感觉。

1.2 服饰

1.2.1 服装

上班时间必须穿公司统一工服，系深色皮带，佩带工牌；勤换衣袜，保持服装干净清洁、无异味。

1.2.2 鞋袜

建议穿防滑保暖、松紧合适的皮鞋或运动鞋，禁止穿拖鞋、平滑塑料底的鞋子；袜子颜色与裤子、鞋子颜色搭配。

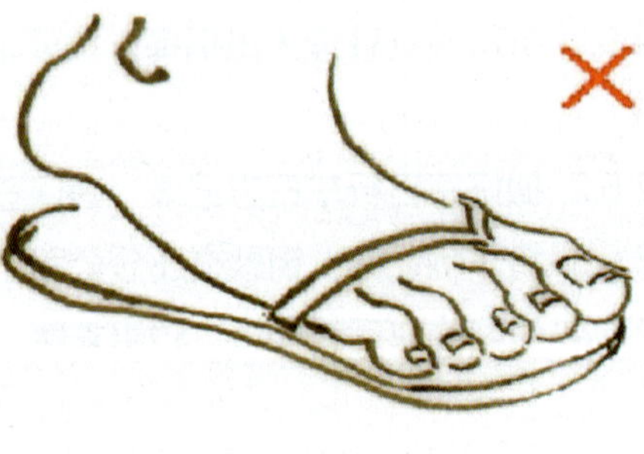

1.2.3 配饰

男驾驶员一般可以佩戴一枚戒指，不提倡戴多余首饰；不得佩带装饰性很强的装饰物、标记和吉祥物。

1.2.4 眼镜

戴近视眼镜要注意保持清洁，不妨碍视力；在夏季炎热高温、雪后天晴可佩戴防强光的遮阳镜，不宜带戴深色墨镜，避免影响视觉效果。

1.2.5 手套

根据地区实际情况，驾驶员可戴合适的手套，保暖、除汗，不影响车辆驾驶安全，并保持手套洁净。

2. 举止文明

原则：自然、自信、友好、尊重。

2.1 坐、立、行

2.1.1 得体的坐姿

在车内的驾驶座上，姿势要端正、自然、大方，不要将手臂搭在车窗上，也不要斜坐或半躺在座位上，更不要将“二郎腿”翘得老高或脱掉鞋袜。

其他场合或有尊者在座时，不应坐满座位，大体占据其三分之二的位子即可，离开座席时应把椅子放回原来的位置。

2.1.2 稳健的站姿

站立时姿势要端正、挺拔，不能背靠墙壁或倚靠其他物体，不可驼背弯腰，两脚稍微分开。

2.1.3 积极的走姿

行走时，应抬头挺胸，目光平视前方，双臂自然下垂，手掌心向内，并以身体为中心前后摆动；上身挺拔，腿部伸直，腰部放松，脚步要轻并且富有弹性和节奏感，见到客户或同事应主动让路。

2.2 表情

2.2.1 保持微笑

与客户或同事交流时应保持自然微笑，自然、从容地从内心流露出轻松快乐的笑意。

当遇到查扣车辆或交通事故，应心平气和地面对，用微笑化埋怨为理解、化僵持为融洽。

2.2.2 注意目光

应注意目光的注视部位、注视角度、注视时间；不斜视、不反复打量、不挤眉弄眼、不可长久注视对方眼睛超过 3 秒钟；避免注视异性的敏感部位。

公务凝视：在洽谈、磋商、谈判等严肃场合，目光要给人一种严肃、认真的感觉。注视的位置在对方双眼或双眼与额头之间的区域。

社交凝视：这是指在各种社交场合使用的注视方式。注视的位置在对方唇心到双眼之间的三角区域。

3. 语言文明

原则：用词得当、语气温和、语言规范，不说文明忌语。

3.1 招呼用语

"您好 / 你好 / 早上好 / 下午好！我是 XX 公司的驾驶员 / 司机 XX"（初次见面或当天第一次见面时使用）。

3.2 应答用语

"是的，我马上来。"

"是的，请您稍后……"

"不好意思，打扰一下……"当需要打断他人谈话时使用，要注意语气和音量。

"谢谢"或"非常感谢"，对其他人所提供的帮助和支持，均应表示感谢。

3.3 电话用语

"您好，XX 公司"。

"早上好 / 下午好、您好、对不起、打扰您了"等。

"请问""请教""麻烦您""拜托""谢谢"。

3.4 其他礼貌用语

请、对不起、X 先生或小姐、X 经理或主任、贵公司、您好、欢迎、请问、请稍等候、抱歉、没关系、不客气、见到您你很高兴、拜托、非常感谢、谢谢、再见、再会等。

3.5 服务忌语

3.5.1 避免语言粗俗，带有攻击或侮辱性质。

3.5.2 避免批评性质的语言。

"你怎么这么笨，都教过您好多次了，还不知道路怎么走！"

3.5.3 避免不负责任的语言。

"不行！（注意语气、声调）" "不知道！" "我就这态度，不满意到别处问！" "干什么，快点／有什么事快说！" "你问我，我问谁？" "我解决不了！" "找领导去／您找我也没用，要解决就找领导去！" 等。

4. 公共行为规范

4.1 遵纪守法、尊老爱幼、乐于助人、见义勇为。

4.2 爱护公共设施，爱护公共绿地，不践踏草坪、采摘花朵，不乱刮乱划。

4.3 注意个人日常行为，咳嗽、吐痰要用纸巾或手帕捂住口鼻，侧向一边，避免发出不雅之声。

4.4 保持公共洗手间的清洁，随手冲水、洗手，洗手水不乱甩，随手关上水龙头和电灯。

4.5 在公共场所不随意乱扔烟蒂；在禁烟的公共场所注意避免吸烟。

4.6 在分点、部及车辆停放处注意保持安静，避免大声喧哗、影响当地居民休息生活。

4.7 在分点、部或其他地点驻车、停车时，不妨碍店铺营业、堵塞门口。

4.8 与客户、同事、周边居民交谈时，要热情谦逊，不要双手插袋或交叉胸前。

5. 工作要求

5.1 严格遵守工作时间，做到不迟到、不早退。

5.2 遵守公司各项规章制度，服从上级指挥调度。

5.3 按期审验驾驶证和从业资格证。

5.4 保持工作场所整洁，轮流值日，注意节水、节电，爱护公共财物。

5.5 保持驾驶室清洁卫生，定期洗车，按要求保养等。

5.6 认真填写《行车日志》，确保所填写数据及时、准确、齐全。

5.7 认真学习国家道路安全法和公司车管制度等相关知识，每月定期参加安全例会。

5.8 爱护车辆，每天做好车辆"三检"、日常维护，保证车辆整洁完好，不带故障出车。

5.9 提高爱车节能意识，节约费用，无法自修的故障及时报上级车管人员视情维修。

5.10 严格执行车辆、证件交接制度，保管好车辆的各种证件和工具，防止丢失、被盗和损坏。

5.11 严禁私自开车，不得将车辆交给非专职驾驶员驾驶，未经上级领导批准，不得将车辆交给其他营运驾驶员驾驶。

5.12 下班前，必须整理好所用物品，并在规定位置摆放整齐。

6. 禁忌行为

6.1 不得隔夜醉酒，不得在正常工作期间喝酒、吃有明显味道的食物。

6.2 不得在工作期间玩扑克、打麻将、聚众赌博。

6.3 不得在工作期间出现穿背心、短裤、睡衣、睡裤，或者赤膊、袒胸等不文明行为。

6.4 不得在驾驶室内吸烟、睡觉、将脚放在转向盘或仪表台上。

6.5 不要当众掏耳、抠鼻、剔牙、咬指甲。

6.6 不得在车辆停驶处随意吐痰、乱抛废弃物。

6.7 不拿客户的快件、货件挡雨、遮阳，不得坐或依靠在快件、货件上等。

第四章　驾驶员职业健康

重点内容

本章重点内容：驾驶员常见职业病及对其预防措施；驾驶员生理健康状况对行车安全的影响；驾驶员心理因素与安全驾驶的关系；驾驶疲劳的危害及预防措施等主要内容。

第一节　驾驶员常见职业病及对其预防措施

1. 物流驾驶员主要职业病

1.1　前列腺炎

尤其慢性前列腺炎，治疗起来大多比较困难，加之驾驶员由于其工作特点，是易患该病的重点人群，且多不能维持按期、正规、连续的综合治疗，故对此病的预防就显得更重要。

预防上应针对上述因素采取相应措施，如持续驾车1小时左右，应下车适当运动，活动腰髋，伸展四肢；长途驾驶可轮班操作，驾驶员交替休息；平时多饮水，多排尿；注意个人及驾驶室卫生，发现身上有感染病灶时尽快治疗。

另外，还须注意生活规律，坚持锻炼身体，增强抵抗力和自信。

1.2　振动病

机动车在发动、行驶时，都在不停地振动。开车时间一长，手部末梢血管和肌肉会产生痉挛，表现为手麻、手痛、手胀、手凉等症状，严重时还可引起手腕及手指关节的骨质增生，甚至关节变形。

1.3　噪声性耳聋

机动车发动机运转、汽车喇叭、所载物体的振动等，可产生不同强度的噪声。驾驶员在长期噪声的“轰击”下，易产生听力损伤，导致噪声性耳聋。早期，多在开车之后出现听力下降，如不开车，听力又逐渐恢复。但长期开车，反复接触强噪声，就会造成听力明显损害，且不能完全恢复，导致双侧不可逆性耳聋。

1.4　视力疲劳综合征

驾驶员在开车时，眼睛时刻都要注视路面的情况。倘若汽车的风窗玻璃质量粗糙，或高低不平，厚薄不一，便可直接影响驾驶员的视力，导致视力疲劳综合征，即在开车过程中，出现头晕、视线模糊、两眼胀痛等症状。

1.5 颈椎病

驾驶员开车时始终注视着一个方向，容易导致颈部肌肉痉挛，可使颈椎间关节处于一个不正常的位置，发生颈椎微错位，压迫、刺激神经，出现头部、肩部、上肢等处疼痛、发胀，颈部肌肉痉挛等。

2. 驾驶员职业病主要原因

物流驾驶员在长期驾驶过程中，受到振动、噪声、高温、汽油、一氧化碳以及强制的不良体位等有害因素的影响，可发生多种职业病或与职业有关的疾病。

2.1 久坐

长时间坐位工作，使盆腔及前列腺部受挤压而充血，血流缓慢淤滞，对病原体抵抗力减弱，易诱发前列腺炎。

2.2 饮水不足

因受驾驶工作影响而不能保证及时、足够的饮水，常使身体处于轻度脱水状态，尿液浓缩，易患尿道炎、膀胱炎，从而诱发前列腺炎。另外，伴随的便秘症状，也不利于前列腺的健康。

2.3 憋尿

受工作所限无法或不便及时排尿而强忍之，造成人为的尿液滞留，膀胱压力增大。长期如此可造成尿路及生殖道上皮防御细菌的能力下降，导致泌尿生殖系感染。更危险的是，对于已患膀胱炎或后尿道炎的患者，其尿液可经前列腺管逆流入前列腺组织中，最易导致前列腺炎。

2.4 疲劳

长时间工作，睡眠不足，体力透支，焦虑，急躁，常处于疲劳状态，使机体抗病能力减弱，也是诱因之一。

2.5 卫生差

个人卫生习惯不好，所患疖、痈等皮肤感染灶或扁桃体炎、龋齿等感染灶内的细菌可直接由血液途径传播至前列腺，所致多为急性前列腺炎。另外，久坐常使会阴潮湿，尤其在天气炎热的夏季，也增加患病机会。

2.6 性生活不规律

有的长途汽车驾驶员，每次出车都要穿越数省，常常数日才能返家一趟。性生活过疏或过频、过度，均不利于前列腺健康。性生活过疏，前列腺或精液淤积，对于伴有尿道炎或膀胱炎者，尤易诱发前列腺炎，另外可并发射精管扩张、精囊扩张和精囊炎，精囊炎与前列腺炎又常互相诱发。性生活过度，身体疲劳，前列腺长时间或频繁、反复处于充血状态，也易诱发炎症。

2.7 不良嗜好

许多驾驶员有烟酒嗜好，身体受到毒害，循环系统功能降低，抗病能力减弱，尤其饮酒，可加重前列腺充血。

3. 预防驾驶员职业病的保健措施

3.1 减少车辆行驶时的振动

驾驶员座位应该用弹簧、海绵坐垫制成。开车时应戴松软手套，减少手与机器手柄和转向盘的直接接触。当道路凹凸不平时，应减速行驶，以减少全身振动。

3.2 降低汽车噪声的强度

一般而言，汽车高音喇叭的噪声对驾驶员的听力危害较大。因此，汽车应使用低音喇叭。开车时播放音乐，音量不宜太大，以减少噪声对人体的影响。

3.3 要选用质量上乘的风窗玻璃

由于质量差的风窗玻璃是造成视力疲劳综合征的主因，因此，要选用质量上乘的风窗玻璃。此外，长途行车时要注意适当休息，防止视力过度疲劳。驾驶员在休息时，应抓紧时间擦干净风窗玻璃上的灰尘。同时，还应活动一下四肢，尤其要活动颈部，头部向左、右旋转各十数次，可预防颈椎病。

3.4 多食含维生素的食物

驾驶员要加强营养，增强体质。饮食要有规律，多吃高蛋白、高糖以及新鲜蔬菜、水果等富含维生素的食物。饭后应休息 20 ~ 30 分钟再开车，以利于消化。

3.5 定期进行体检

驾驶员每年应进行一次职业性体检，以便早期发现与职业有关的疾病，及时治疗处理。倘若发现禁忌开车的情况，如明显的听觉器官、心血管、神经系统器质性疾患和色盲等疾病者，均不宜从事机动车驾驶工作。

第二节 驾驶员生理健康状况对行车安全的影响

1. 视觉特性对安全驾驶的影响

1.1 驾驶员的眼睛与交通安全有密切的关系，是保证安全行车的重要的感觉器官，驾驶中有 80% ~ 90%以上的信息是依靠视觉获得的。驾驶员的视力根据运动状态可以分为静视力和动

视力 。驾驶员在静止状态下的视力为静视力；在行车过程中的视力为动视力。一般来说，动视力比静视力低 10%～ 20% 。另外，随着车速的提高，驾驶员的视野会越来越狭窄。

1.2 驾驶员的视觉能力对光线的强弱变化存在一个适应过程 。当驾驶员驾驶车辆从明亮的区域进入黑暗区域时，开始视觉感受性很低，然后又逐渐提高，这个过程叫暗适应；相反，从黑暗区域进入明亮区域时，视觉感受性很高。

1.3 黄昏时，光线较暗，不开灯看不清楚，而当打开前照灯时其亮度与周围环境亮度相差不大，驾驶员视力明显降低，不易看清周围的车辆和行人，往往会因观察失误发生交通事故。

1.4 夜间道路上车辆、行人较少，从某种意义上说，夜间行车应该比白天行车更安全。但是由于夜间物体明暗对比度低，驾驶员视力下降，进而影响夜间安全行车。

1.5 驾驶员有眼疾或者视力障碍时，其观察能力及观察范围都会受到影响，甚至会产生各种错觉，严重影响行车安全。

2. 驾驶疲劳对安全驾驶的影响

驾驶疲劳是指驾驶员经过长时间连续行车后，心理机能和生理机能失调，在客观上出现驾驶技能下降的现象。驾驶员产生驾驶疲劳的原因主要有以下几个方面：

2.1 生活方面的原因

2.1.1 睡眠：睡眠不足，就寝晚，睡眠时间少于 7h；睡眠环境嘈杂，不能保证睡眠质量等。

2.1.2 生活环境：居住环境，如居住地点与工作地点过远；家庭环境，如家务烦事多，夫妻不和睦等。

2.2 驾驶作业中的原因

2.2.1 车内环境：车内空气质量差；车内温度过冷、过热；车内湿度过大；与同车人的关系紧张等。

2.2.2 车外环境：行车时间，如午后、黄昏、凌晨、深夜；气候，如风沙、雨、雪、雾；道路条件，如连续转弯、路面状况不良；线路条件，如繁华街道、山地；交通条件，如拥挤、阻塞、混合交通等。

2.2.3 运行条件：行驶条件，如长时间超过 4h、长距离行驶；行驶时间限制，如限时到达；行车状态，如车速过快等。

2.3 驾驶员自身的原因

身体条件、驾驶经验、年龄条件、性别条件及驾驶员性格和气质等。

3. 饮酒对安全驾驶的影响

3.1 判断能力降低，不能保持安全间距和安全行车速度。

3.2　注意力不能集中，不能正确处理路面上的交通情况。

3.3　反应迟钝，错误操作增多。

3.4　不能发现和领会交通信号、交通标志标线的含义。

3.5　常常高估自己的控制能力，越来越倾向于冒险行为。

酒精会造成驾驶员反应时间延迟，制动措施滞后，导致停车距离延长。以 65kg 体重的驾驶员为例，饮酒量与事故危险性的关系见表。

酒量与事故危险性的关系

饮酒量	百毫升血液酒精含量（mg）	反应延时（s）	停车距离延长值（m）		
			30km/h	60km/h	90km/h
半瓶啤酒 2 两红酒 4 钱 52° 白酒	20	0.2 ~ 0.4	1.7 ~ 3.4	3.4 ~ 6.8	5.1 ~ 10.2
1 瓶半啤酒 半斤红酒 1 两 52° 白酒	50	0.3 ~ 0.6	2.5 ~ 5.0	5.0 ~ 10.0	7.5 ~ 15.0
2 瓶半啤酒 8 两红酒 2 两 52° 白酒	80	0.5 ~ 1.0	4.2 ~ 8.3	8.4 ~ 16.7	12.6 ~ 24.9
4 瓶半啤酒 1 斤半红酒 3 两 52° 白酒	150	0.8 ~ 2.0	6.7 ~ 13.3	13.4 ~ 26.6	20.1 ~ 39.9

4. 疾病和服用药物对安全驾驶的影响

4.1　驾驶员带病驾驶，其注意力、判断力及反应力都会大大降低，驾驶操作技能也随之降低，增加了交通事故发生的可能性，例如：腹痛、牙痛、手臂受伤、高血压等。

4.2　一些作用于中枢神经系统的药物，如镇静剂、兴奋剂和致幻剂，在服用后会产生一系列的副作用，诱发交通事故。

第三节　驾驶员心理因素与安全驾驶的关系

1. 情绪对安全驾驶的影响

在现实生活中，我们每天都有不同的情绪，有时情绪好，有时情绪坏，如兴奋、欢喜、骄傲、生气、烦躁、郁闷、恐惧等。无论是积极亢奋的情绪，还是消极低沉的情绪，都会影响安全驾驶。

1.1　情绪高亢、兴奋时，驾驶员容易分散注意力，对交通情况的判断能力降低，甚至会高估自己的驾驶技能而开“英雄”车。

1.2　情绪低沉、郁闷时，驾驶员也容易分散注意力，操作失误增加，甚至有开“斗气”车的可能。

所以，行车时保持平和的心态、稳定的情绪和良好的精神状态对安全行车是至关重要的。

2. 性格对安全驾驶的影响

性格是指对人、对事的态度和行为方式上所表现出来的心理特点，是人的个性心理特征。人的性格各异，不同性格的人，处理问题的方法和效果不同。

性格与安全行车有着极为密切的关系，良好的性格是安全行车的重要条件。驾驶员只有加强学习，提高自身修养，在实践中磨炼自己的意志，提高自身的职业素养，才能养成良好的性格。

3. 注意力对安全驾驶的影响

注意力是指心理活动对一定对象的指向和集中。车辆行驶中，驾驶员心理活动有选择地指向和保持集中于当前的道路交通环境。注意力是驾驶员安全行车中重要的心理因素之一。引起驾驶员注意力不集中的原因很多，如：主观意识、生理状况、情绪和兴趣取向等。当驾驶员出现注意力不集中的情况时，就不能全面观察、正确判断和妥善处理当前的交通状况，容易导致交通事故的发生。

影响驾驶员注意力的原因和解决办法

原因	解决办法
精神紧张或情绪不稳	行车前尽量保持情绪稳定
	不能使情绪平静时，坚决不能上路行驶
与同伴热烈地交谈	行驶中不要过多交谈
	交谈的同时不能忽略对道路交通情况的观察
	行驶中避开容易引起情绪激动的话题
	如果交通状况比较混乱应停止交谈
音响声过大	将音量调小，以便及时获外界的交通动态信息
	不要让吵闹的音乐或收音机中有趣的节目分散注意力
	行驶中不要摆弄收音机
接听或拨打手机	驾驶车辆时，禁止接听或者拨打手机
	遇特殊情况，应将车辆停放在安全地点再接打电话
车上比较吵闹	妥当处理引发吵闹的事件后再继续行驶

第四节 驾驶疲劳的危害及预防措施

交通事故发生率的不断上升，使得车辆与安全问题已成为社会关注的热点，而其中与疲劳有关的交通事故占事故总数的 20% 左右，占特大交通事故的 40% 以上，可以说疲劳已成为安全行车的大敌。

1. 驾驶疲劳形成的原因

1.1 生活原因

1.1.1 过多的夜间娱乐导致驾驶员睡眠不足，或者睡眠质量差。

1.1.2 嘈杂的生活环境导致驾驶员睡眠质量差。

1.1.3 驾驶员违背生理规律，经常在 0:00 ~ 5:00 时间段行车。

1.2 工作环境原因

1.2.1 长时间驾驶，连续驾车超过 4 小时以上。

1.2.2 行车的外界环境恶劣，比如恶劣天气、复杂路段、拥挤的交通状况等。

1.2.3 车内空气质量差，环境嘈杂。

1.2.4 长时间在单调的环境中行车。

1.3 驾驶员自身素质原因

1.3.1 身心状况不适，比如感冒、牙痛、发烧、情绪低沉等。

1.3.2 驾驶技能欠缺，操作生疏。

1.3.3 饮食过饱或饥饿。

1.3.4 脾气急躁，易冲动。

2. 驾驶疲劳的表现

2.1 肌体疲劳

2.1.1 车辆行驶过程中，驾驶员注意力高度集中，心脏活动加快，血液循环加快，同时，肌肉的活动耗氧量增加，所以会感到疲劳。

2.1.2 驾驶姿势不正确或一个姿势保持时间过长，也会引发疲劳。

2.2 精神疲劳

2.2.1 外界信息过少，简单、重复的驾驶操作会使中枢神经受到抑制，令驾驶员产生困倦。

2.2.2 遇到复杂多变的交通状况时，驾驶员会一直处于神经紧张状态，过度而持续的紧张也会导致疲劳。

2.3 脊椎疲劳

驾驶员长期坐在驾驶室中会出现腰酸、腰痛等现象，这是脊椎疲劳的反应。久而久之，椎间盘受损，容易引发腰椎间盘疾病和腰肌劳损。

2.4 视觉疲劳

驾驶员由于连续驾驶时间过长或者夜间驾驶，常出现眼部肌肉松弛、眼睛干涩、眨眼频繁、甚至出现颤抖、重影、错觉等视觉疲劳的现象。

3. 驾驶疲劳的预防和改善

3.1 保证睡眠

3.1.1 调整工作安排，保证行车前有足够的睡眠。

3.1.2 养成按时就寝的习惯和良好的睡眠姿势。

3.1.3 每天保证 7 ~ 8 小时的睡眠。

3.1.4 睡前饮用牛奶可以提高睡眠质量。

3.2 良好的饮食习惯

3.2.1 每天摄入适量的肉、蛋、蔬菜、水果等食物，保证营养均衡。

3.2.2 饮食要有规律，切忌饥一顿饱一顿。

3.2.3 不要暴饮暴食，进餐速度要适中。

3.3 合理安排行车计划

3.3.1 掌握疲劳自检方法，感觉疲劳时，选择安全的地方停车休息。

3.3.2 驾驶员一天行车的时间以不超过 10 小时为好，深夜行车不要连续超过两天，否则第三天夜间应有足够的睡眠时间。

3.3.3 连续驾驶不得超过 4 小时，连续行车 4 小时，必须停车休息 20 分钟以上。

3.3.4 夜间长时间行车，应安排双人轮流驾驶，交替休息，每人驾驶时间应在 2 ~ 4 小时。

3.4 合理规划个人生活

3.4.1 定期做一定强度的身体锻炼。

3.4.2 合理地安排自己的娱乐生活时间，不要通宵娱乐。

3.4.3 充分利用生理高潮期，尽量避免生理低谷时驾驶车辆。

3.4.4 控制好体重，保持健康的状态。

3.5 行车过程中的调整

3.5.1 当开始感到疲劳和困倦时，应避免继续驾驶车辆，积极采取有效措施，减轻疲劳程度，确保行车安全。到驾驶室外活动肢体，呼吸新鲜空气，可以消除疲劳。

3.5.2 用冷水洗洗脸，刺激面部，喝一杯热茶或热咖啡，吃一些有刺激性的酸、辣食品，可恢复清醒。

3.5.3 听听音乐或将音量适当调大，可使精神振奋。

以上方法只能暂时缓解驾驶疲劳，减轻困倦，不能从根本上消除疲劳，唯有睡眠才是预防驾驶疲劳和恢复体力最可靠、最有效的方法。

第五章　驾驶员诚信考核管理办法

重点内容

本章重点内容：诚信考核等级；诚信考核内容；考核计分制；考核处罚；考核评定机构。

本文参考交通运输部的《驾驶员诚信考核管理办法》，只摘录了其中一部分，详细的文件请添加 QQ 群索取。

1. 诚信考核等级

道路运输驾驶员诚信考核等级分为优良、合格、基本合格和不合格，分别用 AAA 级、AA 级、A 级和 B 级表示。

2. 诚信考核内容

道路运输驾驶员诚信考核内容包括：

2.1　安全生产情况：安全生产责任事故情况。

2.2　遵守法规情况：违反道路运输相关法律、行政法规、规章的有关情况。

2.3　服务质量情况：服务质量事件和有责投诉的有关情况。

3. 考核计分制

道路运输驾驶员诚信考核实行计分制，考核周期为 12 个月，满分为 20 分，从道路运输驾驶员初次领取从业资格证件之日起计算。一个考核周期届满，经签注诚信考核等级后，该考核周期内的计分予以清除，不转入下一个考核周期。根据道路运输驾驶员违反诚信考核指标的情况，一次计分的分值分别有 20 分、10 分、5 分、3 分、1 分五种。

4. 考核处罚

对道路运输驾驶员的道路运输违法行为，处罚与计分同时执行。道路运输驾驶员一次有两个以上违法行为的，计分时应当分别计算，累加分值。

道路运输驾驶员对道路运输违法行为处罚不服，申请行政复议或者提起行政诉讼后，经依法裁决变更或者撤销原处罚决定的，相应计分分值予以变更或者撤销，相应的诚信考核等级按规定予以调整。

5. 考核评定机构

道路运输驾驶员诚信考核等级，由道路运输管理机构按照下列标准进行评定：

5.1　道路运输驾驶员具备以下条件的，诚信考核等级为 AAA 级：

5.1.1 上一考核周期的诚信考核等级为 AA 级及以上。

5.1.2 考核周期内累计计分分值为 0 分。

5.2　道路运输驾驶员具备以下条件的，诚信考核等级为 AA 级：

5.2.1 未达到 AAA 级的考核条件。

5.2.2 上一考核周期的诚信考核等级为 A 级及以上。

5.2.3 考核周期内累计计分分值未达到 10 分。

5.3　道路运输驾驶员具备以下条件的，诚信考核等级为 A 级：

5.3.1 未达到 AA 级的考核条件。

5.3.2 考核周期内累计计分分值未达到 20 分。

5.4　道路运输驾驶员考核周期内累计计分有 20 分及以上记录的，诚信考核等级为 B 级。

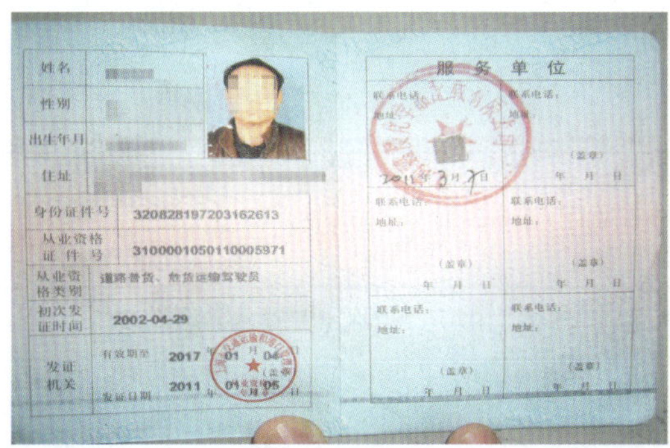

姓名	
性别	
出生年月	
住址	
身份证件号	320828197203162613
从业资格证件号	310000105011000597 1
从业资格类别	道路普货、危货运输驾驶员
初次发证时间	2002-04-29
发证机关	有效期至 2017 年 01 月 04 日 发证日期 2011 年 01 月 05 日

服务单位

联系电话：
地址：
（盖章）
年　月　日

附件：道路运输驾驶员诚信考核表

<table>
<tr><td colspan="6">以下由驾驶员填写☑</td></tr>
<tr><td colspan="2">姓 名</td><td></td><td>性 别</td><td>男□ 女□</td><td rowspan="4">照片</td></tr>
<tr><td colspan="2">身份证号</td><td colspan="3"></td></tr>
<tr><td colspan="2">住 址</td><td colspan="3"></td></tr>
<tr><td colspan="2">联系电话</td><td colspan="3"></td></tr>
<tr><td colspan="2">从业资格证 号</td><td colspan="4"></td></tr>
<tr><td colspan="2">从业资格类 别</td><td colspan="4">道路旅客运输□ 道路货物运输□ 道路危险货物运输□</td></tr>
<tr><td colspan="2">服务单位</td><td colspan="4"></td></tr>
<tr><td rowspan="4">需要说明的事项</td><td rowspan="2">安全生产情况</td><td colspan="4">未发生重大以上道路交通事故□</td></tr>
<tr><td colspan="2">发生重大以上道路交通事故□</td><td colspan="2">负同等责任 □
负次要责任 □
无责任 □</td></tr>
<tr><td>其他情况说明</td><td colspan="4"></td></tr>
<tr><td>证明材料</td><td colspan="4">（可附页）</td></tr>
<tr><td colspan="6">本人承诺所提供的诚信考核信息及相关材料真实、有效，并承担由此产生的法律责任。
驾驶员签字： 年 月 日</td></tr>
<tr><td colspan="6">以下由道路运输管理机构工作人员填写</td></tr>
<tr><td rowspan="3">诚信考核记录</td><td>起止时间</td><td colspan="4">年 月 日至 年 月 日</td></tr>
<tr><td>累计计分</td><td colspan="4"></td></tr>
<tr><td>等 级</td><td colspan="4">（盖章）</td></tr>
<tr><td colspan="6">签注人：（签名或者盖章）
年 月 日</td></tr>
</table>

第六章　驾驶员运营操作知识

重点内容

本章重点内容：道路货物运输的基本知识；普通货物运输。

第一节　道路货物运输的基本知识

1. 道路货物运输的分类及特点

1.1　道路普通货运

道路普通货运是指因货物本身的性质普通，在装卸、运送、保管过程对运输车辆没有特殊要求的货物运输，如运输钢材、木材、沙石、煤炭、蔬菜等物品。

1.2　道路货物专用运输

道路货物专用运输是指使用集装箱、冷藏保鲜设备、罐式容器等专用车辆进行的货物运输。

1.2.1　集装箱运输是指汽车承运载货集装箱或空载集装箱的运输，具有高速、高效、安全、经济等特点。

1.2.2　冷藏保鲜专用运输是指使用保温、冷藏专用运输车辆，运送对温度有特别要求的货物运输，如运输鲜鱼、虾等。

1.2.3　罐式容器专用运输是指使用与被运送货物相适应容器的专用运输车辆，运送无包装的液体货物或颗粒状、粉末状固定货物的运输，如运输水、散装水泥等。

1.3　道路大型物件运输

道路大型物件运输是指汽车运载具有超长、超高、超宽或超重等特点的大型物件的运输。

1.4　道路危险货物运输

道路危险货物运输是指承运《危险货物品名表》（GB 12268—2005）标明的易燃、易爆、有毒、有腐蚀性和放射性等危险货物，以及未列入《危险货物品名表》（GB 12268—2005）但具有危险货物性质的新产品运输。

2. 货物安全装卸知识

2.1 货物包装储运图示标志

一些货物具有易碎、怕晒、怕雨淋等特性，对货物装卸、储运和保管有特殊的安全操作要求，因此，在此类货物的外包装上标有相应的包装储运图示标志，提醒操作人员注意。

2.1.1 《包装储运图示标志》（GB/T 191—2008）总共给出了 17 类标志。

易碎物品标志——表明运输包装件内装易碎品，搬运时应小心轻放。

禁用手钩标志——表明搬运运输包装件时禁用手钩。

向上标志——表明运输包装件的正确位置是竖直向上。

怕晒标志——表明运输包装件不能直接照晒。

怕辐射标志——表明包装物品一旦受辐射便会完全变质或损坏。

怕雨标志——表明包装件怕雨。

重心标志——表明该包装件的重心位置，便于起吊。

禁止翻滚标志——表明不能翻滚运输包装。

此面禁用手推车标志——表明搬运货物时此面禁止放在手推车上。

禁用叉车标志——表明不能用升降叉车搬运的包装件。

由此夹起标志——表明装运货物时可用于夹持的面。

此处不能卡夹标志——表明装卸货物时此处不能用夹持的面。

堆码质量极限标志——表明该运输包装件所能随的最大质量极限。

堆码层数极限标志——表明相同包装的最大堆码层数；n 表示层数极限。

禁止堆码标志——表明该包装件只能单层放置。

由此吊起标志——表明起吊货物时挂绳索的位置。

温度极限标志——表明运输包装件应该保持的温度范围。

2.1.2 标志在各种包装件上的粘贴位置：箱类包装，标志位于包装端面或侧面；袋类包装，标志位于包装明显处；桶类包装，标志位于桶身或桶盖；集装单元货物，标志位于四个侧面。

2.1.3 不同特性货物装运、保管要求如表所示。

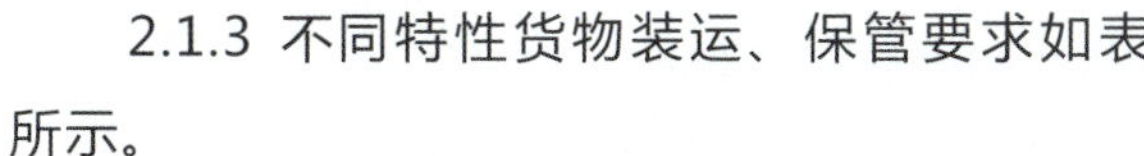

类　　别	特　　性	常见货物	保管要求
耐温性差的货物	遇温度变化易变质	冰块	采取防热措施
耐湿性差的货物	受潮后成分和性能易发生变化	粮食	采取防潮措施
易碎性货物	受撞击或重压易出现破碎或变形	玻璃、陶瓷	应小心轻放
互抵触性的货物	相互接触会产生有害作用	煤炭	严禁混装和混合储存
易腐性货物	一般温度下易变质、腐坏	鲜鱼	采取防腐措施

2.2　货物装卸应遵循的原则

2.2.1　装卸货物时，应注意货物外包装的储运图示标志，严格遵守安全操作规程，不野蛮装卸，保证货物的安全；按货物的分类和要求，严格执行货物混装限制的有关规定；按要求对货物采取固定、隔离措施，并采取必要的措施保证货物装卸、运输的安全。

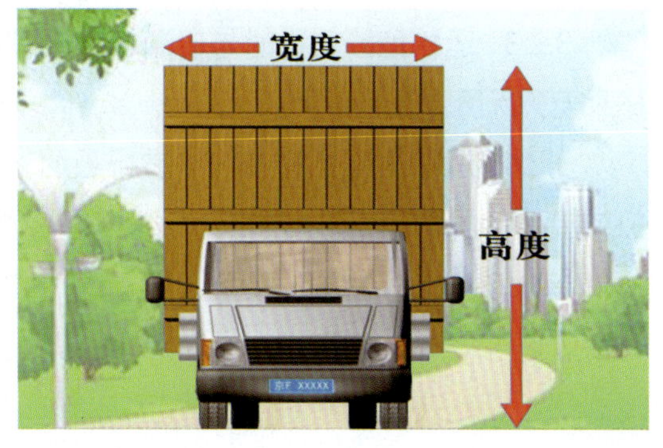

2.2.2　运输的货物应当符合货运车辆核定的载质量，车辆载物的长、宽、高不得违反装载

要求：货物长度、宽度不得超出车厢；重型、中型载货汽车，半挂车载货高度从地面起不得超过4m，载运集装箱的车货总高度不得超过4.2m；其他载货机动车的车货总高度不得超过2.5m。

3. 货运驾驶员的安全驾驶行为要求

3.1 货运驾驶员的行为规范

3.1.1 携带有效证件；服从行车调度和现场管理人员的指挥，按照排定的次序进行装运。

3.1.2 做好车辆日常维护工作，接受国家规定的定期检查。

3.1.3 在装卸货物时，协助并监督装卸人员严格遵守安全操作规程，按货物要求进行装卸，注意查看货物的包装，发现未按规定包装的、包装有破损的、潮湿发热的货物，要终止装运，联系物资单位进行更换、整理、加固包装后再装运。

3.1.4 装完货物后，要检查货物是否有超限超载和质量失衡现象。

3.1.5 运输途中，经常检查货物的捆扎、堆垛等情况，保证货物安全，防止货物丢失。

3.1.6 卸货时，应先联系收货人交点货物，按指定地点卸货。

3.2 货车运输中的禁止行为

3.2.1 运输途中违法载客或载人。

3.2.2 运输国家规定的禁运物品、危险化学品。

3.2.3 运输危险货物时与普通货物混装或搭乘无关人员。

3.2.4 运输危险货物过程中进行吸烟、拨打或接听电话等分散注意力的活动。

4. 货物运输责任范围划分

4.1 承运人责任

公路运输承运人的责任期限是从接受货物时起至交付货物时止。在此期限内，承运人对货物的灭失损坏负赔偿责任。但不是由于承运人的责任所造成的货物灭失损坏，承运人不予负责。我国公路运输规定，由于下列原因而造成的货物灭失损坏，承运人不负责赔偿：

4.1.1 由于人力不可抗拒的自然灾害或货物本身性质的变化以及货物在运送途中的自然消耗造成货物损失者。

4.1.2 包装完好无损，而内部短损变质者。

4.1.3 违反国家法令或规定，被有关部门查扣、弃置或作其他处理者。

4.1.4 收货人逾期提取或拒不提取货物而造成霉烂变质者。

4.1.5 有随车押运人员负责途中保管照料者。

对货物赔偿价格，按实际损失价值赔偿。如货物部分损坏，按损坏货物所减低的金额或按修理费用赔偿。

要求赔偿有效期限，从货物开票之日起，不得超过六个月。从提出赔偿要求之日起，责任方应在两个月内做出处理。

4.2 托运人责任

公路运输托运人应负的责任主要包括：

按时提供规定数量的货载；提供准确的货物详细说明；货物包装标志清楚；包装完整，适于运输；按规定支付运费。如因托运人的责任造成车辆滞留、空载，托运人须承担延滞费和空载费等损失。

第二节 普通货物运输

1. 普通货物运输的分类与特点

1.1 按照货物批量，普通货物运输可分为整车货物运输和零担货物运输

1.1.1 托运人一次托运货物计费质量在 3 吨以上或不足 3 吨，但货物性质、体积、形状需要由核定载质量在 3 吨以上的车辆运输的，称为整车货物运输。此外，因托运人要求或者受道路、装卸条件限制，承运人须安排核定载质量在 3 吨以下的车辆一次运送货物的，也可视为整批货物运输。整车货物运输适宜批量大的普通货物“门到门”的运输，具有简单、安全、单位运输成本低的特点。

1.1.2 托运人一次托运货物计费质量在 3 吨以下，承运人将多批货物配装成一辆车运输的，称为零担货物运输 。零担货物运输方便、灵活，但其计划性较差、组货渠道杂、单位运输成本高。

1.2　按照装卸运输要求，普通货运可分为计件货物运输和堆积货物运输

1.2.1 计件货物运输。每件货物都有一定的形状和体积，具有独立的包装，可按体积或质量，单独计量装运。

1.2.2　堆积货物运输。有的货物可成堆堆放，但在装卸过程中适宜采用疏松、铲抓、倾卸等操作方法，如煤炭、黄沙、矿石等；有的货物可成叠码垛、计量、运送，但不适宜倾卸，如砖、瓦等；有的轻泡货物密度低、体积大，堆码重心高，运输中稳定性差。

2. 普通货物的装卸

2.1　装货时

承运车辆驾驶员应会同理货人员核单监察，并注意查看货物的包装，发现未按规定包装、包装破损或有潮湿、发热等现象，应要求托运人重新包装或整理加固，否则应拒绝装车。

应严格执行限制货物混装的有关规定，做到轻搬、轻放，先装直达、后装中转，远距离的在里、近距离的在外；重的货物放在车辆的中心，并在轻的货物前，轻重搭配、质量分布均衡；重不压轻、大不压小、实不压虚、重心尽可能低；有包装的在下、无包装的在上，标志向外、箭头向上 ；在空隙处加入填充物 ，将车厢充满；在车门处加隔离物，避免开车厢门时货物脱落。

2.2　货物装载完毕后

应检查货物的外部状态、货物数量、加固情况，确保没有超限、超载、固定不牢和质量失衡现象。重载时，驾驶员应观察轮胎的气压，合理选择轮胎气压，轮胎的气压不能太高。

汽车在行驶中的每个环节，比如起步、制动、转弯、上下坡，都会使运载的货物在惯性作用下产生移动，从而导致货物丢失或损坏，严重时还会引发交通事故，造成人员伤亡。

所以，在装载后，要对货物进行正确摆放、合理捆扎，使各方面受力均匀，货物重心尽量保持低，货物重心应与货车重心重合，在货物运输开始前必须要对货物进行加固，以保证货物在运输中不发生散落、倾倒等现象而导致事故发生。

敞式货车应用油布捆扎牢固，厢式货车应关好车厢门；运输集装箱时，要用转锁将集装箱锁牢；采用罐装车辆运输时，要检查有关设备是否齐全，运行正常，并关好闸门。

2.3 货物卸载时

承运车辆驾驶员应联系收货人验收交接货物，并按指定地点卸货。卸货时，驾驶员会同理货人员核单监卸，逐批清点货物名称、件数，指导装卸人员轻拿轻放，按流向分库搬进货位码垛。

3. 普通货物的运输

3.1 货物运输中驾驶员的行为

3.1.1 注意车辆运行状况，行车中、停车后，均应对车辆进行安全检视，确保车辆技术状况良好。

3.1.2 提高驾驶警惕性，遵守交通运输秩序，不能连续驾驶超过 4 小时。

3.1.3 装卸货物时，要协助并督促装卸人员严格按照安全操作规程进行装卸；装完货物后，应当检查是否有超限、超载和质量失衡等现象。

3.1.4 在运输途中，应平稳驾驶，禁止超速行驶；遇转弯、路况较差的路面时，应提前减速慢行，避免因颠簸损坏货物。运输过程中不能搭载无关人员。

3.1.5 运输途中，应当经常检查货物捆扎、堆垛情况，防止货物丢失。

3.2 按照不同货物的特点分别运输

下面按照货物的不同种类简述其在运输过程中的注意事项及要求。

3.2.1 粮食：包括稻谷、麦、各种杂粮等，其货运的特点是货流数量大，具有季节性、单向性和时效性，在运输过程中要注意防潮、防污染，避免杂质混入，雨天还要用油布等遮盖。

3.2.2 煤炭：煤炭的品种多、货流大，运输中不同品种不应混装，以防漏失。

3.2.3 钢铁：钢铁类货物包括生铁、钢锭、各类钢材等。运输中装载要均匀平衡，防潮防湿，防止锈蚀。

3.2.4 矿物建筑材料运输：矿物建筑材料有砖、瓦、黄沙、石子、水泥及各种矿石等。其特点是价值低、用量大，运输要求不高，但砖、瓦要防碎，水泥要防潮。这类货物通常采用散装运输且其目的地一般为建筑工地。

3.2.5 日用工业品：日用工业品包括纺织工业品、食品、小商品、日用百货、金属轻工业品和其他轻工业产品，因货种、货名繁多，常称之为“杂货”。运输中要注意防潮，减少混合污染以及货损、货差，其中少数物品还具有易燃性，要特别加以注意。

3.2.6 易碎货物：易碎货物也称脆弱货物，指在运输过程中怕震动和易破碎的货物。在包装和装货时要进行防震处理，在运输过程中要避免车辆的颠簸。

4. 普通货物的安全保管知识

4.1 货物仓储安全保管知识

4.1.1 应会同货主核单检查货物的品名、件数，并注意查看货物的包装，发现未按规定包装包装破损或有潮湿等影响存放安全的货物，应及时协调货主更换、整理、加固包装后再予保管。

4.1.2 与货主预先约定货物保管场所或保管方法，货物保管人不得擅自改变。

4.1.3 应按照货物性质、保管要求分类存放货物，可按照货物的性质分类存放、按照货物的流向分类存放、按照重不压轻的原则存放、按照货物特殊的存放要求存放，危险货物应单独存放。堆码货物时，应按照货物外包装储运图示标志 的要求操作，如货物包装有箭头标志，应箭头向上，而不应倒置、倾斜摆放。

4.1.4 应根据货物的特性采取相应的防护措施，保证货物的品质。易受潮的货物，应采取防潮措施。

4.2 运送途中的安全保管知识

4.2.1 驾驶员应对受理承运的货物负责保管，防止货物在运输途中变质、腐烂、短少或损失。

4.2.2 零担货物配载运送时，应做到配载货物的品名、件数及途经站点与随车携带的零担货物运单和交接清单内容一致。在途经站点装卸货物时，应严格按照安全操作规程装卸，按件点交给收货人，避免出现货损货差；装卸完毕后，应捆扎牢固或关好车厢门。

4.2.3 运送鲜活、易腐货物时，应根据其特点，采用相应保鲜、保活和固定措施，运输途中应积极配合随车押运人员定时停车照料，以保障货物品质；运送贵重物品时，尤其是拼装零担运输时，应采取有效的防盗、防抢措施，谨防货损货差，确保货物安全运达目的地。

5. 普通货物的交接

5.1 货物的正常交接

5.1.1 承托双方对包装货物做到件交件收；对散装货物原则上要磅交磅收；“门到门”重箱集装箱及其他施封的货物要凭铅封交接。

5.1.2 托运人应凭约定的装卸手续发货。装货时，双方当事人应在现场核对货物品名、规格数量是否与运单相符，并查看包装是否符合规定标准或要求，承运人确认无误后，应在托运人发货单上签字；发现不符合规定或危及安全运输的不得起运；由于包装轻度破损，短时间修复换调有困难，托运人坚持装车起运的，经双方同意，并做好记录和签名盖章后，方可装运，其后果由托运人负责。

5.1.3 收货人和承运人应在场交接。指定地点后，收货人和承运人应在场交接，收货人查验无误后应在承运人所持的运费结算凭证上签字；如发现货损货差，双方交接人员做好记录并签认，经双方共同查明情况、分清责任的，由收货人在运费凭证上批注清楚；收货人不得因货损货差拒绝收货。

5.2 货物交接问题的处置

5.2.1 承托双方对货物重量和内容如有疑义，均可提出查验和复磅 ，如有不符，按有关规定处理；查验、复磅 所发生的费用 ，由责任方负担。

5.2.2 承运人对发生领货通知次日起超过 30 天无人领取的货物，按以下规定处理：建立台账，及时登记，妥善保管，在保管期间不得动用，并认真查找物主。

经多方查询，超过一个月仍无人领取的货物，按国家经委《关于港口、车站无法交付货物的处理办法》办理；但鲜活和不易保管的货物，经企业主管部门批准可不受时间限制。

第七章　驾驶员职责、招聘、培训和离职管理

重点内容

本章重点内容：驾驶员职责；驾驶员招聘；驾驶员实际招聘中的注意事项；驾驶员培训；驾驶员离职管理。

第一节　驾驶员职责

1. 工作分析

1.1　工作分析是对组织中某个特定的工作职务的目的、任务、职权、隶属关系、工作条件、任职资格等相关信息进行收集与分析，以便对该职务的工作做出明确的规定，并确定完成该工作所需要的行为、条件、人员的过程。工作分析的结果就是要形成工作描述与任职说明。

1.2　我国现在也初步形成规模的行业物流是在公路运输、快递、仓储、货代、邮政、港口、机场、铁路、钢铁、石油、煤炭、化工、纺织、电子、汽车、医药、食品、电力、盐业、烟草、出版、商贸、农村等领域。

2. 明确岗位职责

2.1　各个具体的物流行业对驾驶员在具体工作要求的细节上各有不同，需要对各自所需要驾驶员的工作进行分析。通过工作分析明确列出具体的各自行业的驾驶员的工作描述、工作说明书、任职资格说明书和职务说明书。

2.2　由于行业各不相同，需求有差异，下面就规模相对较大的普通公路运输行业和快递行业的驾驶员的工作职务说明进行举例。

案例 1. 某知名公路运输集团驾驶员岗位说明书，具体内容请加 QQ 群索取。

案例 2. 某知名快递集团驾驶员岗位说明书，具体内容请加 QQ 群索取。

第二节 驾驶员招聘

1. 驾驶员招聘形式

1.1 驾驶员招聘形式分两种：内部招聘和外部招聘。

1.2 内部招聘一般是指在现有的驾驶员内选拔职业道德和驾驶技能相对较好的优秀驾驶员去负责更重要的驾驶工作，如从收入相对较低的支线班车和市内配送的驾驶员中选拔人员去开干线班车，而一般干线班车的收入相对较高。

1.3 内部招聘的优点：

1.3.1 相当于内部的激励措施，给驾驶员一个机会，有利于调动驾驶员的积极性，有利于增强其忠诚度。

1.3.2 车管人员对驾驶员的能力、性格及过去的成绩等较了解，有利于找到合适的驾驶员。

1.3.3 内部的驾驶员更了解公司的企业文化，运营模式，能更有效地执行好工作。

1.3.4 可以节省招聘培训等方面的成本。

1.4 内部招聘的缺点是：

对于没有应聘选上的驾驶员有可能会影响到其工作的信心，这点需要做好相应的应对策略，提前避免。

1.5 外部招聘是组织从外部招聘所需要的驾驶员，补充岗位需求。

1.6 外部招聘的优点：

1.6.1 给公司带来新的思想和方法，可以学习和借鉴到外面好的对驾驶员的管理方法。

1.6.2 可以形成良性的内外部竞争。

1.6.3 外部人员来源广、选择的余地大。

1.7 外部招聘的缺点：

1.7.1 筛选难度大，费时费力，成本高。

1.7.2 外部驾驶员进入工作角色慢，要花时间进行培训。

1.7.3 简单的几次面试，不能全面地了解到外部招来的驾驶员的职业道德，开展工作时，有可能存在一定的隐患。

2. 驾驶员招聘方法

2.1 人才市场招聘法

到专业的适合驾驶员求职的劳动力市场租展位进行招聘。不适合到招聘高级白领的地方招聘。

2.2 网络招聘法

在常用的招聘网站上公布招聘需求信息，进行招聘。

2.3 外包法

将人才招聘包给专业的中介机构或者是人力资源外包公司，由其进行招聘和初步的培训。

2.4 内部员工推荐法

在公司内部公布职位需求信息，由内部的各类员工，包括现有的驾驶员推荐新的驾驶员。

2.5 外部自荐法

当公司需要驾驶员时，可以将信息告诉相关的组织或熟人，由其推荐。

2.6 职位公告法

将职位需求公布在公司的海报或者是网站、内部刊物上。

3. 驾驶员招聘流程

驾驶员是运输设备的操作者，其综合素质将直接影响安全生产、成本和效率。驾驶员招聘是一个科学严谨的过程，而不能随随便便决定，必须经过严格的招聘流程，各个环节严格把关，才能保证招聘的质量，主要流程如下：

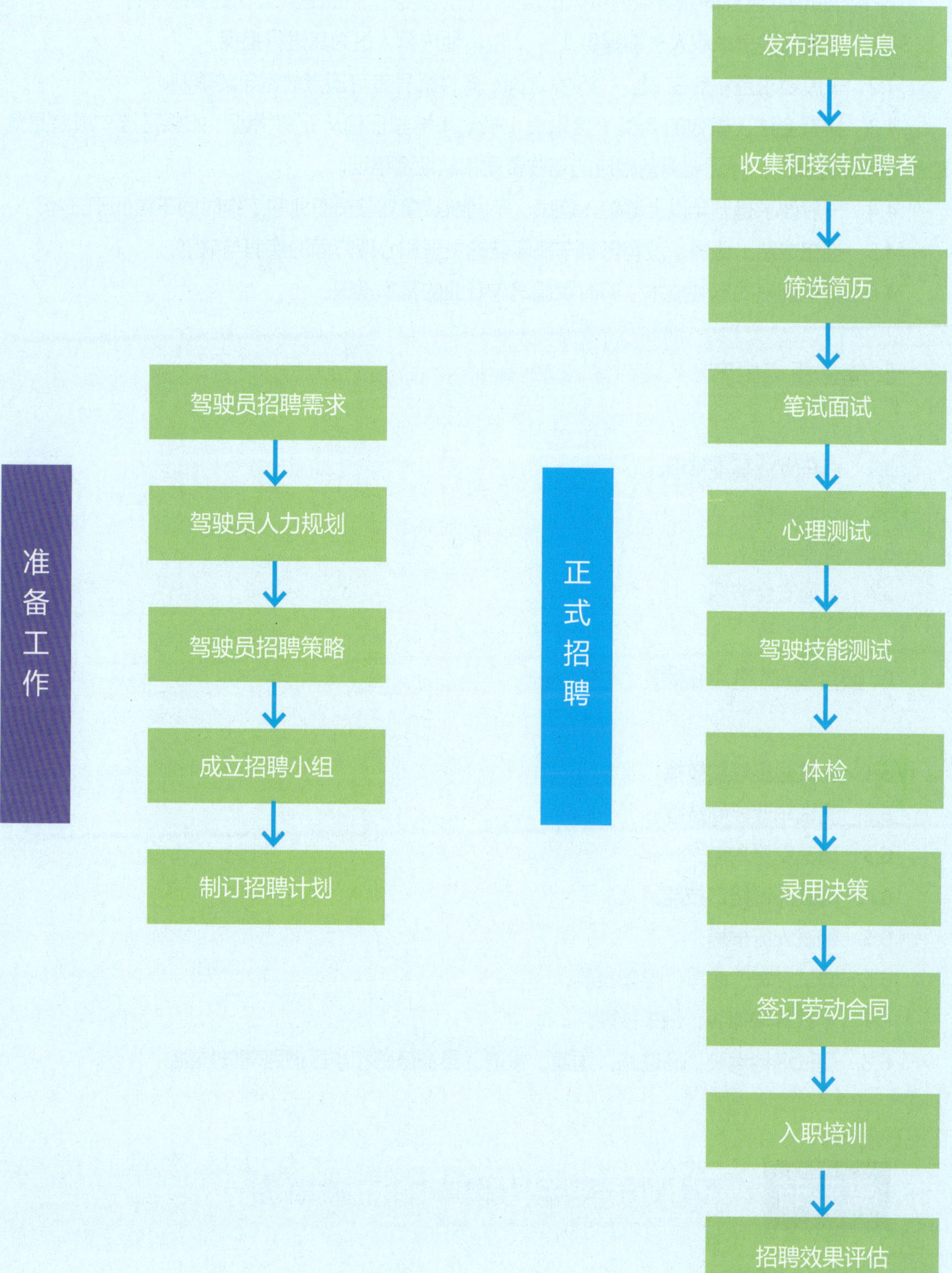
准备工作
驾驶员招聘需求
驾驶员人力规划
驾驶员招聘策略
成立招聘小组
制订招聘计划
正式招聘
发布招聘信息
收集和接待应聘者
筛选简历
笔试面试
心理测试
驾驶技能测试
体检
录用决策
签订劳动合同
入职培训
招聘效果评估

4. 招聘资质条件重点说明

各个公司根据自己的业务类型可以设定一个资质要求，下面是某公司的要求条件。

4.1　异地驾驶员求职人员需提供 1 ~ 2 位本地户籍人员为其进行担保。

4.2　一般要求是年龄在 28 ~ 45 岁之间，条件优异者可适当放宽年龄限制。

4.3　持有合法、有效的 B 类（含以上）机动车驾驶证和从业资格证；如果是挂车或者是危险品等特种运输的，还需要具备相应的驾驶资质和从业资格证。

4.4　一般要求是五年以上驾龄，连续、不间断从事驾驶员职业的工作时间不得低于三年。

4.5　性格成熟、稳重，没有影响车辆驾驶的生理和心理方面的疾病与缺陷。

4.6　具有娴熟的驾驶技术，同时掌握汽车专业的基本常识。

5. 笔试重点内容

5.1　汽车专业基本常识。

5.2　职业道德。

5.3　操作规程。

5.4　交通安全法规。

6. 技能测试重点说明

6.1　测试起步驾驶技能。

6.2　测试车速控制技能。

6.3　测试变更车道。

6.4　测试通过路口技能。

6.5　测试人行横道。

6.6　测试会车、超车、停车技能。

6.7　测试转弯掉头、倒车技能。

6.8　测试场地驾驶、高速路、国道、省道、县乡道路和小区道路驾驶技能。

第三节　驾驶员实际招聘中的注意事项

1. 驾驶员招聘工作重要性

对于一个车队来说，驾驶员是最重要的资源，驾驶员直接影响到车队管理的方方面面。许多人说车队难管理，其实难就难在对驾驶员的管理。有一支高水平的驾驶员队伍，车队就会顺利运作，队长等管理人员就会轻轻松松，反之，车队就不会太平。驾驶员的重要性体现在如下方面。

1.1 驾驶员的驾驶技术方面

驾驶员的驾驶技术直接关系到车队安全。如果招聘到一个驾驶技术不过关的驾驶员，无论你的安全管理措施多么到位，交通事故也会接连不断。

驾驶员的驾驶技术直接关系到车辆技术状况的好坏。换言之，驾驶技术不好的驾驶员会把车子开坏，车子会经常需要修理。

1.2 驾驶员的机械知识方面

了解汽车基本结构，掌握汽车的每个系统、每个零件工作原理和常见故障的驾驶员，对于基本的汽车故障的判断会准确许多，就能减少机械事故的发生，对于降低修理费用，保持车辆良好的技术状况起关键作用。一个连发动机水温过高都不知道的驾驶员，不会是个称职的驾驶员。

当行车途中发生故障时，驾驶员的机械知识和修理能力就显得更为重要。简单的问题要驾驶员自己解决，复杂的问题，驾驶员要能说出是什么问题，这样车队才能安排修理方案。

1.3 驾驶员的工作态度方面

驾驶员的工作态度直接关系到调度工作的难度。一个处处服从的驾驶员当然要比一个处处找茬的驾驶员好。调度工作难就难在总有一部分驾驶员很难调动，他们总会以种种理由挑车辆、挑路线、挑任务，甚至拒绝出车。

驾驶员的工作态度直接关系到运输任务的质量。车队很讲究时效性，不允许有出车迟到、到货迟到现象的发生。驾驶员工作态度在这方面影响显著。

驾驶员的工作态度直接关系到客户服务质量。无论是货运还是客运车队，都是服务性的工作。而驾驶员直接跟客户接触，他们的精神面貌代表着车队和公司的形象。

1.4 其他方面

驾驶员的认路能力也非常重要。例如：有个驾驶员，同一条线他走了三五次，一到他单独驾驶，他就不认得路了。如果是这种驾驶员跑长途的话，结果可想而知。

驾驶员的综合办事能力。驾驶员许多时候不仅仅是开车，还要办理运输单据以及其他事务性的工作。尤其是在长途运输过程中，会有许多突发事件发生，在这个时候，都需要驾驶员自己单独处理好这些事情。驾驶员的综合能力在这时显得尤其重要。

驾驶员的行为规范。车辆在外行驶时，可能要在外加油、修理，还要支付路桥费、停车费等。有的驾驶员可能会在这些方面弄虚作假；有的还可能会拉私货、用私车等。

以上各个方面都说明，一支好的驾驶员队伍是车队良好管理的基础。车队要把招聘、培训好驾驶员的工作放在首要位置。

2. 驾驶员面试注意事项

无论通过哪种途径招聘的驾驶员，都必须经过面试这一环节。一般来说，新招驾驶员都由经理或车队长亲自面试。如果队长不在，可由其他负责人进行。驾驶员的面试一般要经过以下几个环节。

2.1 填写简历表格

通常情况下，车队都应该事先准备好驾驶员简历表，要求来面试的驾驶员填写。

2.2 查验身份证和驾驶证

驾驶员填写好表格后，面试人员要求其出示身份证和驾驶证。尤其是对于驾驶证，要仔细查看其驾驶类型、领证年限、年审记录和违章扣分记录。这些信息对于判断一个驾驶员非常重要。

在查验身份证和驾驶证时，应注意以下几个细节。

查验身份证和驾驶证上的姓名、出生年月、住址是否一致。姓名和出生年月必须一致，驾驶证号与身份证号也应该一致。

查验驾驶证类型。如果招聘的是大客车驾驶员，必须持 A 证，货车驾驶员必须持 B 证或 A 证。

查验证件有效期。过期的身份证和驾驶证持有者最好不要，对方能说明理由，并提供有效证明，或者聘用之前能办好新证的除外。

核对驾驶证年限与所填写的简历表有无出入。假设简历表所填写的驾驶经历为 5 年，而领证只有 3 年，一种可能是对方不诚实撒谎，另一种可能是对方换过证，需要核对。假设简历表所填写的驾驶经历只有 3 年，而领证有 5 年，证明对方开始有两年没开车。

最好把身份证和驾驶证复印存档。

2.3 根据简历表初步判断其是否符合招聘要求

工作年限，尤其是驾驶年限是否达到招聘要求。

所驾驶车型是否满足需要。如果招聘大货车驾驶员，对方只有小轿车而没有过长途货车驾驶经验，这种驾驶员并不是理想的考虑对象；如果要招聘小车驾驶员，尤其是领导用车驾驶员，而没有过这方面经验的货车驾驶员也不一定会合适。

籍贯、性别、年龄的要求也非常重要。有的车队，比如长途货运车队，不希望招聘城市户口的，年龄不可超过 50 岁的，最好也不要女性，这些信息都可以从简历表上看到。

住址的要求。对于那些不提供住宿，经常有紧急出车任务的机关事业单位车队来说，这点尤其重要。

驾驶员的外表和相貌。专业进行城市配送的驾驶员对相貌要求相对较高，一个穿戴不整洁的人并不合适。相反，一个打扮入时，油头粉面的人也不适合货车驾驶员岗位。

2.4　面谈

当以上要求都满足车队招聘条件时，就进入了面谈阶段。这个阶段非常重要，目的主要是通过面谈了解以下情况。

驾驶员的生活态度，以及为人处事方面，可通过一些闲谈进行总结发现。

驾驶员的工作态度，以及对驾驶员工作的热爱程度。比如，你可以问问他以前驾驶的是汽油车还是柴油车，发动机哪里生产的，油耗多少？这些问题基本上可以反映驾驶员的工作态度和技术水平。

驾驶员的机械知识，也就是对车辆的维修技能。这是一个重点。面试人员可问几个相关问题来考查对方。比如，当发现发动机润滑油指示灯闪时，你应该怎么办？当发现水温过高时，你应该怎么办？

了解驾驶员以前在交通安全方面的情况。许多来面试的驾驶员，往往都是由于以前出了交通事故而被辞退的。而这一点，他不主动说，你很难发现。面试人员可以考查他对交通事故处理的流程，如果他很熟悉，一是证明他出过交通事故，二是表明他真的认真学习过这方面的知识。究竟是哪一种情况，就要仔细考虑了。

一般来说，通过这几步的面试，可以筛选掉一部分不合格的驾驶员，而通过这几项考核的驾驶员就可以进入到下一步——路试。

3. 驾驶员的路试注意事项

3.1　路试重要性

面试合格后，就要进行路试。

很多车队在招聘驾驶员时，只根据面试的情况就决定是否录用，这是不够理想的。在很多情况下，有的驾驶员会在面试时说谎。比如，实际只开了一年车，就说自己开了三年甚至更长的时间；自己以前开小轿车的，就会说自己开过大货车、大客车等。尤其是目前，驾驶职位“僧多粥少”，很多人有驾驶证，但都没什么经验。在这种情况下，实际验证求职者的驾驶水平就显得非常重要。

另外一方面，也有一部分求职者驾龄虽然很长，但驾驶习惯、反应能力、交通知识等驾驶技术并不高，这很难从面试中反映出来，需要实际路试。

3.2　路试方法

做好驾驶员的路试工作，要从以下几个方面进行。

选择合适的考官。一般来说，路试时，车队要事先选择一个考官陪同路试者一同驾驶。一方面考查求职者的驾驶水平，另一方面，防止个别求职者由于水平、心理的原因发生交通事故。路试考官的人选一般由以下三类人员担任。一是车队长，二是老驾驶员，三是车队其他管理人员。

选择合适的车辆。路试考官选好之后，就要选择一部合适的车辆作为路试之用。

选择合适的路线。选择好考官和车辆后，就要选择合适的路线来进行路考，这是很关键的一环。如果路线太短、太简单，就考不出驾驶员的真正水平；如果太长、太复杂又会浪费时间，不好操作。

做好评价工作。在路试的过程中，考官只要把要求说明白，一般不需要说太多的话，做太多的指示，而要仔细观察驾驶员的每一步操作，整个路试结束后，做一个综合评价。

具体路试内容各公司可以据自己的需要进行设计，某知名中外合资物流集团驾驶员招聘流程见本节附件1。

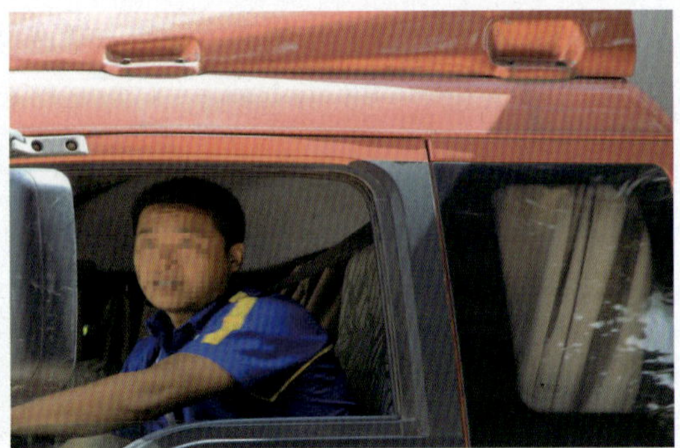

4. 入职后重要注意事项

4.1　新工作岗位培训

车管部定期安排新入职的员工集中参加岗前的安全教育培训及技能认证，并提交个人岗前培训感想到车管负责人处，签字确认。

培训及认证完毕后，由经理安排其到工作岗位进行体验学习，包含实际操作、信息上报和交接等专业性、重点性的工作，学习一周之后，提交小结报告到经理处，签字确认。

各单位车管安排新员工跟车熟悉运行线路一周：包括运行区域必经的高速公路、国道、城市道路、路面情况、运行时间、交接班时间、交接货物时间、中转时间、交接停留时间、纯运行时间以及遇到异常情况信息的处理等，并提交个人跟车小结到各单位部门车管处，签字确认。

新员工参加完岗前培训、操作类学习、跟车熟悉等事项后，由部门车管评估，经车管部负责人认可即可上岗。

4.2 新驾驶员上岗后的跟进

4.2.1 各公司车管主管定期需对入职两个月的员工，进行所驾车型的操作要点及技术要求的培训和考评工作，包括车辆检查，行车纪律，事故预防，车辆维护，出车前、行车中、收车后应检视等项目，车辆修理及车辆定点加油制度等，并由车管主管上报车管部负责人的考评结果，由车管部负责人认可给予转正申请。

4.2.2 通过一系列评估后的新员工，由车管主管安排顶班或支线运输，在平常的工作中车管主管对其需重点关注，新员工满一年或工作表现突出的，可通过大干线资格认证的方式进行资格认证，通过后可以作为大干线的储备力量或胜任更重要的运输任务。

附件 1 ：某知名中外合资物流集团驾驶员招聘流程

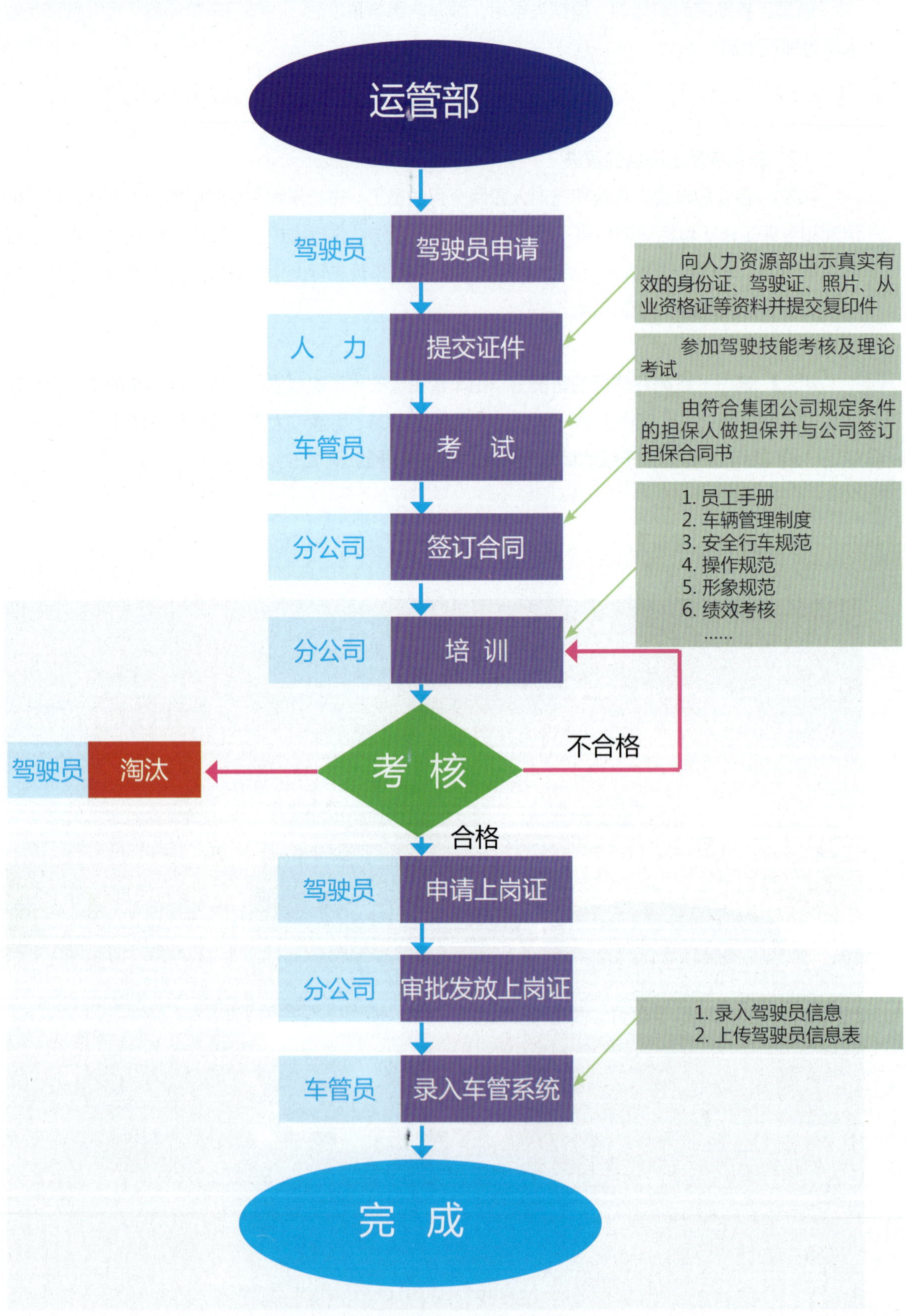

附件 2：某集团驾驶员面试技能考核表

序号	项目	扣分分值	评分标准
1	起步		1. 起步前，未检查车况及周边交通情况，扣 5 分； 2. 不能合理使用喇叭，未观察车辆仪表，扣 5 分
2	车速控制		1. 未根据道路情况，采取预见性制动，扣 5 分； 2. 超速行车，扣 5 分
3	变更车道		1. 变道前，未观察后方道路交通情况，扣 5 分； 2. 连续变更两条以上车道，扣 5 分
4	通过路口 人行横道		1. 未提前减速慢行，扣 10 分； 2. 未观察左、右方交通情况，扣 10 分； 3. 不按规定避让行人和优先通行的车辆，扣 10 分
5	会车		1. 无中心隔离设施的道路，占道会车，扣 10 分； 2. 无中心线的道路上，不减速靠右行驶，扣 5 分； 3. 不按规定让行，扣 5 分
6	超车		1. 超车时机选择不当，扣 10 分； 2. 超车路段选择不当，扣 10 分； 3. 未鸣号、闪灯示意，扣 5 分； 4. 未与被超越车辆保持安全的横向、纵向距离，扣 10 分； 5. 后车发出超车信号，具备让车条件的未让行，扣 5 分
7	停车		1. 停车后，未拉紧驻车制动器，扣 5 分； 2. 在路边临时停车不开启警示灯，扣 5 分
8	转弯掉头		1. 未观察侧、后方交通情况，扣 10 分； 2. 不按规定让行车辆，扣 10 分； 3. 掉头地点选择不当，扣 5 分
9	倒车		1. 倒车前，未查明后方路况，扣 5 分； 2. 未鸣号示意，扣 5 分； 3. 车速掌握不当，扣 5 分
10	场地驾驶		1. 方向感不清晰，扣 5 分； 2. 坡道起步，车辆后溜，扣 5 分
说明：1 实际操作总分 100 分，减去考核扣分分值为驾驶员实际得分； 2 等级划分：优秀（90 ～ 100 分） 良好（80 ～ 89 分） 一般（70 ～ 79 分） 差（69 分以下）			
跟 车 学 习			
考核结果： 优秀 良好 一般 较差 选择打√ 考核人： 年 月 日			
综 合 评 定			
评定意见： 评定人员： 年 月 日			

第四节 驾驶员培训

1. 培训内容体系

分类	课程清单	学分	课时（学时）	考核	备注
职业素养类	公司企业文化	2	1	知识测试	
	公司人事行政规章制度	3	2	知识测试	
	车管部、车队规章制度	5	2	知识测试	
	运营安全管理制度	5	2	知识测试	
	道路运输驾驶员诚信考核办法	5	2	知识测试	
知识水平类	公司产品介绍	2	1	知识测试	
	市场营销培训	3	2	知识测试	
	车辆专业知识	10	6	知识测试	
	行业法律法规	5	6	知识测试	
	货物运输驾驶员职业心理和生理健康知识	5	2	知识测试	
	财务知识	5	1	知识测试	
知识水平类	道路货物运输预见性驾驶方法与不安全驾驶习惯纠正	10	10	知识测试+实操考核	
	车辆维修保养技能	10	3		
	相关法律法规运用	5	4		
	道路货物运输危险源辨识应用	5	3		
	紧急情况及应急处置	5	2		
	运输服务礼仪	5	3		
	车辆运输运营调度和操作	5	6		
	道路货物运输节能减排	5	2		
	合计：	100	60		

2. 培训方法

常用的驾驶员培训方法有：

2.1 讲课法

由车队营运或者人事行政等管理人员向驾驶员定期进行安全、成本、营运、组织纪律等方面的培训。

2.2 视听培训

利用投影、电影、电视、录音、录像等视听器材对驾驶员进行培训。

2.3 电脑化操作

采用电脑对驾驶员进行培训，主要是增加其交通法律法规的意识以及熟悉企业内部的运营流程和信息化系统。

2.4 业务实操

让新驾驶员在营运管理人员和车队管理人员的带领下，熟悉本公司的业务操作流程和新的车辆性能。

2.5 案例分析

用真实的案例或虚拟的案例对驾驶员进行培训，重点在于安全培训。

2.6 师带徒

对于新驾驶员或者是驾驶技能和安全意识较弱的驾驶员，在公司内部指定一名职业道德、驾驶技能和营运流程都很好的驾驶员对其进行日常的指导。

2.7 企业外训

统一组织相关的驾驶员到外部参加培训，可以是优秀驾驶员的提升培训，也可以是驾驶技能较差的人员进行提升能力性质的培训。

3. 培训时期

培训可以分为岗前培训和在职培训。

3.1 岗前培训

新进驾驶员在正式上车工作之前，一般都应该进行一定期限的岗前培训。经验表明，有过岗前培训的驾驶员在以后的工作中会更稳定，而许多上岗不到一个月，甚至几天就辞职或被解职的员工，正是由于没有经过岗前培训，不了解车队的情况。

3.2　在职培训

驾驶员的在职培训是一项具有长期性、日常性特点的工作。它对于车队的管理来说具有重要的意义。国内许多车队大多由于业务繁忙，“舍不得”花时间和精力去做驾驶员的培训工作。由于车队的驾驶员来自四面八方，每个人的素质、能力和技术参差不齐，加上每个车队有每个车队的特点 车辆类型和运输业务的不同，所以，不断地对在职驾驶员进行培训非常必要。它对于提高驾驶员的技术和能力，减少机械事故和交通事故的发生具有重要意义。

各项具体培训内容参见培训体系各项。

4. 考核说明

驾驶员考核采取学分制，总学分为 100 分，共 60 个学时，80 个学分以上为合格，在职驾驶员学完对应课程且考核合格者，获得相应课程的学分。

原则上每三年计算为一个学年，超过三年后，对在职的驾驶员重新进行培训和考核。

由于工作内部调动，在同一个学年内，已在同一个集团公司培训中参加过类似或相同主题的课程，可免修；但必须参加课程考核，考核合格者，获得该课程学分；考核不合格者，不单独安排补考，可以考虑在当年的企业考评中进行负激励；

5. 考核应用

驾驶员考核结果可作为企业内部进行评优和评级活动的参考标准。

驾驶员考核结果将来可作为行业的职业资格认证的参考。

主要目的是借此标准化的培训体系进行培训，推动职业物流驾驶人才的整体素质的提升，从而达到降低物流运输成本、提高运输效率、减少交通安全事故、提高我国物流行业的规范化和现代化水平的长远战略目标。

第五节　驾驶员离职管理

整体的离职管理可分为：

离职类别

离职流程

离职面谈

离职手续办理

离职审批

离职档案管理

离职监督管理

其他事项

驾驶员管理案例请加 QQ 群索取。

第八章　驾驶员薪酬和福利

重点内容

本章重点内容：薪酬结构；考核方法；关键指标；考核周期；考核结果的反馈；驾驶员常规福利。

1. 薪酬结构

常规的驾驶员薪酬 = 岗位工资 + 加班工资 + 继续服务奖 + 绩效奖金 + 补贴。

岗位工资分为：初级驾驶员、中级驾驶员、高级驾驶员、资深驾驶员四个级别，各个级别工资有一定级差。

加班工资 = 岗位工资 /21.75 × 加班天数 × 法定倍数。

继续服务奖即工龄工资，一般公司的参考标准是：第二年 40 元 / 月，第三年 60 元 / 月，第四年 80 元 / 月，第五年 100 元 / 月，第六年及以上 120 元 / 月。具体标准各公司自行制定。

薪酬设计时注意的几个原则：

1.1　公平性原则

1.1.1 外部公平性

1.1.2 内部公平性

1.1.3 员工公平

1.1.4 小组公平

1.2　竞争性原则

1.3　激励性原则

1.4　经济性原则

1.5　合法性原则

绩效奖金一般是由业务量绩效、成本费用绩效、安全绩效、服务绩效等方面组成，具体比例各公司略有不同，某知名快递公司驾驶员考核方案见本章附件。

2. 考核方法

常用的绩效考核方法：

（1）自我报告法

（2）排序法

（3）量表法

（4）关键事件法

（5）行为锚定评价法

（6）360 度考核法

（7）KPI 考核法

（8）平衡记分卡

3. 关键指标

在现代物流企业，针对驾驶员的考核方法更多是用 KPI 考核法，具体参见本章附件。

企业关键绩效指标 (KPI：Key Performance Indicator) 是通过对组织内部流程的输入端，输出端的关键参数进行设置、取样、计算、分析，衡量流程绩效的一种目标式量化管理指标，是把企业的战略目标分解为可操作的工作目标的工具，是企业绩效管理的基础。KPI 可以使部门主管明确部门的主要责任，并以此为基础，明确部门人员的业绩衡量指标。建立明确的切实可行的 KPI 体系，是做好绩效管理的关键。关键绩效指标是用于衡量工作人员工作绩效表现的量化指标，是绩效计划的重要组成部分。

KPI 的理论基础是二八原理，是由意大利经济学家帕累托提出的一个经济学原理，即一个企业在价值创造过程中，每个部门和每一位员工的 80% 的工作任务是由 20% 的关键行为完成的，抓住 20% 的关键，就抓住了主体。

二八原理为绩效考核指明了方向，即考核工作的主要精力要放在关键的结果和关键的过程上。于是，所谓的绩效考核，一定放在关键绩效指标上，考核工作一定要围绕关键绩效指标展开。

关键绩效指标的 SMART 原则

确定关键绩效指标有一个重要的 SMART 原则。SMART 是 5 个英文单词首字母的缩写：

S 代表具体 (Specific)，指绩效考核要切中特定的工作指标，不能笼统。

M 代表可度量 (Measurable)，指绩效指标是数量化或者行为化的，验证这些绩效指标的数据或者信息是可以获得的。

A 代表可实现 (Attainable)，指绩效指标在付出努力的情况下可以实现，避免设立过高或过低的目标。

R代表关联性(Relevant) ,指绩效指标是与上级目标具明确的关联性,最终与公司目标相结合。

T 代表有时限 (Time bound)，注重完成绩效指标的特定期限。

4. 考核周期

业务收入一般是按月考核。

关于安全项可以按季度进行考核。

对于大件维修可以按季度进行考核。

油耗等成本可以按月考核。

附件：某知名快递公司驾驶员考核方案关键点

序号	指标名称	指标编码	定义描述	考核方式	单位	计算公式
1	车辆安全	SJ01	驾驶员驾驶车辆每月发生车辆事故及责任事故损失、违章、配件、快件安全的责任事件次数折合分数	绝对值	分	100×*X*（事故责任系数）×*S*（责任事故损失系数）×*W*（违章系数）×*Y*（快件责任系数）×*Z*(配件责任系数）
2	车辆节油	SJ02	驾驶员驾驶车辆每月完成单车油耗指标情况折合分数	绝对值	分	100×*X*（油耗指标完成系数）×1/*N*（车辆数）+100×*X*（油耗指标完成系数）×1/*N*（车辆数）+…
3	车辆维修	SJ03	驾驶员驾驶车辆每月完成单车维修指标情况折合分数	绝对值	分	100×*X*（维修指标完成系数）×1/*N*（车辆数）+100×*X*（维修指标完成系数）×1/*N*（车辆数）+…

续上表

序号	指标名称	指标编码	定义描述	考核方式	单位	计算公式
4	车辆到发准点	SJ04	驾驶员驾驶车辆每月未准点到发车情况折合分数	绝对值	分	100×X（车辆准点系数）
5	车辆异常抛锚	SJ05	驾驶员驾驶车辆每月发生因车辆原因导致的营运重大异常情况折合分数	绝对值	分	100×X（车辆异常抛锚系数）
6	故障上报及时性	SJ06	驾驶员驾驶车辆每月发生车辆故障及时上报情况折合分数	绝对值	分	100×X（车辆故障上报及时系数）
7	车辆清洁	SJ07	驾驶员驾驶车辆在月度检查车辆清洁情况折合分数	绝对值	分	100×X（车辆清洁系数）
8	综合评价	SJ08	驾驶员在日常工作中相关同事工作表现评价	绝对值	分	100×X（评价系数）

当月奖金 = 安全里程奖金 + 绩效奖金。

安全里程奖金 = 当月安全里程公里 × 里程奖金标准。

驾驶员里程奖金标准 = 元 / 公里。

安全公里下限	安全公里上限	上海	南京	分拨	无锡	苏州	杭州	嘉兴
0	50 000	0.07	0.07	0.07	0.07	0.07	0.07	0.06
50 000	100 000	0.09	0.09	0.09	0.09	0.09	0.09	0.08
100 000	150 000	0.1	0.1	0.1	0.11	0.1	0.1	0.09
150 000	200 000	0.11	0.11	0.11	0.12	0.11	0.11	0.1
200 000	300 000	0.12	0.12	0.12	0.13	0.12	0.12	0.11
300 000	400 000	0.13	0.13	0.13	0.14	0.13	0.13	0.12
400 000	—	0.14	0.14	0.14	0.15	0.14	0.14	0.13

绩效奖金：

绩效奖金 = 奖金基数 × 考核得分 /100

岗位	奖金基数标准	南京	温州	苏北	上海	杭州	无锡	苏州	宁波
支线驾驶员	900	700	600	600	900	800	700	800	800
干线或跨本部驾驶员	1 050	850	750	750	1 050	950	850	950	950
驾驶员组长		700	600	600	1 050	950	850		

安全里程奖金考核：

事故损失 金额“X” 元	全责事故	主责事故	同责事故	次责事故	交通违章
X<5 000	80%	70%	60%	50%	每次裁减安全里程数的 5%
5 000 ≤ X<10 000	90%	80%	70%	60%	
10 000 ≤ X<30 000	100%		80%	70%	
X ≥ 30 000	依据公司《奖励与处罚管理规定》HR-C-404 2.2.7.2 (a) 条之规定，凡造成公司经济损失人民币 3 万元以上事故的，原则上公司予以解除劳动合同，永不录用，但“同责”以下“事故责任”的可酌情考虑，并报备经营本部最终裁定。				

绩效奖金考核：

考核内容权重比例，比例合计 100%				合计
车辆安全	车辆节油	车辆维护保养	综合表现	
50%	20%	20%	10%	100%

补贴一般据工作业务量而定，各公司各有不同，下表是某知名集团的补贴案例，仅供参考。

夜班补贴：

按照《某集团车管部夜班管理规定》执行。

中转分拨装卸补贴：

当月人均处理质量（千克）	补贴标准（元）
25 000（含）以下	150
25 000 ~ 35 000（含），以下同	200
35 000 ~ 45 000	250
45 000 ~ 55 000	300
55 000 以上	350

中转分拨补贴是指运作驾驶员在中转场或机场货站能够协助运作员进行货物的装卸工作的，经中转场提出申请区部车管及人力资源部审核后给予的补贴。此项补贴标准为 0 ~ 200 元 / 月。

话费补贴：

岗　位	标　准	发放形式
支线驾驶员	50 元以内 / 月，按照实际出勤天数折算发放	当月工资中发放
干线驾驶员	100 元以内 / 月，按照实际出勤天数折算发放	当月工资中发放
驾驶员组长	100 元以内 / 月，实报实销	通过发票报销

住房补贴：

未提供宿舍的员工每月补贴 100 元。已提供住宿的员工及管理人员不享受此补贴。

跨大区干线班车补贴：

干线跨两个或两个以经营本部的，给予跨经营本部干线补贴 300 元。

收派大件计提补贴：

快件收派件总重量提成，按 0.05 元 / 公斤计提；
普货收派件总重量提成，按 0.03 元 / 公斤计提。

（1）杜绝和禁止驾驶员与收派员间的买卖件行为，如发现驾驶员与收派员间发生买卖件行为，取消驾驶员当月的全部收派件重量补贴。

（2）属特殊件，指收派员自己不能自行收派的重量较大、体积较大的货件，须安排驾驶员进行收派，质量界定为 30 千克以上的货物。

5. 考核结果的反馈

考核后及时和驾驶员沟通，将考核的结果进行通报，指出不足，并对考核中存在的问题进行评价，指出改善的方法，从而有利于驾驶员的进一步改进。

在沟通中应注意方式方法，对事不对人，要注意沟通的技巧和环境，要让沟通有效果，让驾驶员真正认识到自己的不足，明白改进的地方，要给驾驶员解释的机会。

重点是要明确下一步的改进计划和详细的方案。争取在下一次绩效考核时有一个提升。

6. 驾驶员常规福利

不同的公司对于驾驶员的福利不尽相同，总体上有社会保险、伙食补贴、住房补贴、法定假期、带薪假期、婚假、丧假、年终奖、生日庆祝、服装补贴、高温补贴、夜班补贴。

案例：下面各案例，可加 QQ 群索取相关内容。

某知名公路运输公司长途干线车队管理方案
某集团营运车辆驾驶员管理制度
某知名快递集团优秀驾驶员评选方案
某集团干线驾驶员休息配置及管理要求
某集团驾驶员“师带徒”管理规定
某集团驾驶员的文明驾驶与安全行车承诺书
某集团驾驶员担保合同
某集团驾驶员离职管理规定
某集团车管部日常工作奖罚制度
某集团车管绩效考核表岗位：驾驶员记分卡
某知名中外合资物流公司市内配送驾驶员考核案例
某集团运营操作基本常识
某集团运营操作规范知识

第三单元　车务管理体系

教学目标

通过对本单元的学习，使车管人员对从事职业物流车管工作的车务管理体系有一个认识和了解，对比车务管理体系中的各项要求，分析自身的优点和不足，进行完善，从而提高自身的车管工作技能，提升在物流行业的职业竞争力。

教学内容

本单元主要内容：交通法律法规知识；车辆证照管理；驾驶员证照管理；道路运输资质管理；海关监管证照管理；名企车务管理案例等内容。

第一章　交通法律法规知识

重点内容

本章重点内容：国家相关法律法规，交通安全相关法律法规。

第一节　国家相关法律法规

了解和熟悉下述法律法规相关条款：

◎《中华人民共和国宪法》
◎《中华人民共和国安全生产法》
◎《中华人民共和国职业病防治法》
◎《中华人民共和国环境保护法》
◎《中华人民共和国劳动法》
◎《中华人民共和国劳动合同法》
◎《中华人民共和国消防法》
◎《工伤保险条例》

说明：上述法律法规内容全面，也相对较多，具体内容不一一列出，详情可加 QQ 群索取。

第二节　交通安全相关法律法规

了解和熟悉下述法律法规相关条款：

◎《中华人民共和国交通安全法》
◎《中华人民共和国交通安全法实施条例》
◎《中华人民共和国道路运输管理条例》
◎《危险化学品安全管理条例》
◎《机动车交通事故责任强制保险条例》
◎《机动车驾驶证申领和使用规定》
◎《道路交通安全违法行为处理程序规定》
◎《道路交通事故处理程序规定》
◎《汽车报废标准》

说明：上述法律法规内容全面，具体内容不一一列出，详情可加 QQ 群索取。

第二章　车辆证照管理

重点内容

本章重点内容：车辆牌证的各种类型；车辆各类证照办理；车辆审验。

说明：各种证件的办理，都会有相应的表格，本章只列出几项做示范，其他的详细内容可加QQ群索取。

第一节　车辆牌证的各种类型

了解和熟悉下述各类证件的办理：

◎ 机动车注册登记
◎ 机动车变更登记
◎ 机动车转移登记
◎ 机动车抵押／注销抵押登记
◎ 机动车注销登记
◎ 机动车更正业务
◎ 补（换）领机动车号牌、行驶证
◎ 补（换）领、初次申领《机动车登记证书》
◎ 申请机动车临时行驶车号牌
◎ 申请机动车检验合格标志
◎ 本市机动车委托外地核发检验合格标志
◎ 外省市机动车委托本市核发机动车检验合格标志
◎ 补领机动车检验合格标志
◎ 机动车质押备案／解除质押备案
◎ 长期在本市从事运输的营运货车备案

第二节 车辆各类证照办理（以北京为例，只列出重点部分）

1. 机动车注册登记

1.1 新车上牌所需资料

1.1.1 《机动车注册、转移、注销登记/转入申请表》。

1.1.2 机动车所有人身份证明原件和复印件。

1.1.3 由代理人代理的，还需提交代理人身份证明原件和复印件（代理人为单位的，还需提交经办人身份证明原件和复印件），以及机动车所有人的书面委托。

1.1.4 机动车来历证明。

1.1.5 国产机动车的整车出厂合格证（属于用进口底盘改装的机动车的进口机动车底盘进口凭证）。

1.1.6 进口机动车的进口凭证。

1.1.7 机动车车辆购置税的完税证明或者免税凭证。

1.1.8 机动车交通事故责任强制保险凭证。

1.1.9 机动车技术资料档案袋。

1.1.10 法律、行政法规规定的应当在机动车注册登记时提交的其他证明、凭证。

1.2 新车上牌流程

车辆公告及环保目录审核→双号拓印、填表→车辆刑侦（大客车、货车除外）→交费→受理注册车资料→车辆照相→资料汇总交驻站民警审核、签章→确认车→车辆检验、核对资料→车辆安全检测（免检车除外）→取车辆回执→车辆车牌固封→车辆带号牌照相→车管所取行驶证。

1.3 办理时限（北京例）

自受理之日起，国产机动车注册登记一个工作日内办结；进口机动车注册登记两个工作日内办结。

1.4 收费（北京例）

汽车反光号牌收取100元/副，摩托车反光号牌收取35元/副，挂车反光号牌收取50元/副，三轮汽车、低速货车反光号牌收取40元/副，机动车行驶证收取15元/本，机动车登记证书收取10元/证。

机动车注册、转移、注销登记/转入申请表

<table>
<tr><td colspan="6">申请人信息栏</td></tr>
<tr><td rowspan="3">机动车所有人</td><td>姓名/名称</td><td colspan="2"></td><td>邮政编码</td><td></td></tr>
<tr><td>邮寄地址</td><td colspan="4"></td></tr>
<tr><td>手机号码</td><td colspan="2"></td><td>固定电话</td><td></td></tr>
<tr><td>代理人</td><td>姓名/名称</td><td></td><td>手机号码</td><td colspan="2"></td></tr>
<tr><td colspan="6">申请业务事项</td></tr>
<tr><td colspan="2">申请事项</td><td colspan="4">□注册登记 □注销登记 □转移登记 □车辆转入
□车辆转出 转出至 省（自治区、直辖市） 市（地、州）</td></tr>
<tr><td colspan="2">号牌种类</td><td></td><td>号牌号码</td><td colspan="2"></td></tr>
<tr><td rowspan="2">机动车</td><td>品牌型号</td><td></td><td>车辆识别代号</td><td colspan="2"></td></tr>
<tr><td>使用性质</td><td colspan="4">□非营运 □公路客运 □公交客运 □出租客运 □旅游客运 □租赁 □教练
□接送幼儿 □接送小学生 □接送中小学生 □接送初中生 □危险货物运输 □货运
□消防 □救护 □工程救险 □警用 □出租营转非 □营转非</td></tr>
<tr><td colspan="3">机动车所有人及代理人对申请材料的真实有效性负责。</td><td colspan="3">机动车所有人（代理人）签字：

年 月 日</td></tr>
</table>

2. 车辆变更登记

2.1　应当申请变更登记的情形

2.1.1 改变机动车车身颜色的。

2.1.2 更换发动机的。

2.1.3 更换车身或者车架的。

2.1.4 因质量问题，制造厂更换整车的。

2.1.5 营运机动车改为非营运机动车或者非营运机动车改为营运机动车的。

2.1.6 机动车所有人的住所迁出本市或迁入本市管辖区域的。

2.1.7 机动车所有人为两人以上，需要将登记的所有人姓名变更为其他所有人姓名的。

2.2　有下列情形之一，在不影响安全和识别号牌的情况下，机动车所有人可以自行变更，不需办理变更登记

2.2.1 小型、微型载客汽车加装前后防撞装置。

2.2.2 货运机动车加装防风罩、水箱、工具箱、备胎架等。

2.2.3 机动车增加车内装饰等。

2.2.4 机动车喷涂、粘贴标识或者车身广告的。但喷涂、粘贴标识或者车身广告，应当遵守以下规定：

（1）喷涂和粘贴车身广告需经市户外广告管理处审批，未经批准一律不准在车身上做广告。

（2）在机动车车身外喷涂、粘贴标识的（不含车窗玻璃、前、后风挡玻璃），允许喷涂和粘贴的内容为：单位名称、标识、电话、地址、网址。喷涂字迹应端正，字号大小不得大于车身高度的 10%；字迹和标识颜色面积不得大于车身主体颜色的 1/3，不得改变车身整体颜色，原行驶证和机动车登记证书登记的车身颜色不变。

（3）重型、中型载货汽车及其挂车应在车身后部喷有与号牌字体相同，放大倍数应为号牌字体的 2.5 倍的放大号，字迹颜色应与车身颜色色差分明；厢式货车和封闭货车在车身两侧分别喷有统一的“厢式货车、封闭货车”字样；大型货车和大型客车车门两侧应喷有载重吨位及乘员人数字样，字迹要端正，颜色与车身颜色色差分明。

2.3　有下列情形之一的，不予办理变更登记

2.3.1 改变机动车的品牌、型号和发动机型号的，但经国务院机动车产品主管部门许可选装的发动机除外。

2.3.2 改变已登记的机动车外形和有关技术数据的，但法律、法规和国家强制性标准另有规定的除外。

2.3.3 机动车所有人的住所迁出本市时，有涉及机动车的交通安全违法行为和交通事故未处理完毕的情况。

2.3.4 机动车转入本市的，车辆尾气排放不符合本市的环保标准；属于小、微载客机动车的，机动车所有人未提交本市小客车配置或更新指标确认通知书。

2.3.5 机动车所有人或代理人提交的证明、凭证无效的。

2.3.6 机动车达到国家规定的强制报废标准的。

2.3.7 机动车被人民法院、人民检察院、行政执法部门依法查封、扣押的。

2.3.8 机动车属于被盗抢的。

2.3.9 其他不符合法律、行政法规规定的情形的。

2.4 办理程序及提交的资料

2.4.1 申请改变机动车车身颜色、更换发动机、更换车身或者车架的，机动车所有人或者代理人应当在变更后十日内按下列规定提交资料并交验车辆：

（1）《机动车变更登记 / 备案申请表》。

（2）机动车所有人身份证明原件。

（3）由代理人代理的，还需提交代理人身份证明原件和复印件（代理人为单位的，还需提交经办人身份证明原件和复印件），以及机动车所有人的书面委托。

（4）机动车登记证书。

（5）机动车行驶证。

（6）机动车所有人因机动车在被盗抢期间，发动机号码、车辆识别代号（车架号码）或者车身颜色被改变，申请办理变更的，应当提交能够确认被鉴定的机动车与被盗抢的机动车为同一辆车的有关技术鉴定证明或者公安机关发还证明。

（7）机动车查验记录表。

2.4.2 机动车因质量问题制造厂更换原型号整车的，机动车所有人或者代理人应在更换后按下列规定提交资料并交验车辆：

（1）《机动车变更登记 / 备案申请表》。

（2）机动车所有人身份证明原件和复印件。

（3）由代理人代理的，还需提交代理人身份证明原件和复印件（代理人为单位的，还需提交经办人身份证明原件和复印件），以及机动车所有人的书面委托。

（4）机动车登记证书。

（5）机动车行驶证。

（6）机动车整车出厂合格证明或者进口机动车进口凭证。

（7）不属于国家机动车产品主管部门认定免于检验的车型的，还需提交机动车安全技术检验合格证明。

（8）车辆识别代号（车架号码）拓印膜。

（9）机动车查验记录表。

（10）车身颜色改变的，还需提交更换整车后的机动车标准照片两张。

2.4.3 申请营运机动车改为非营运机动车、非营运机动车改为营运机动车的，机动车所有人或者代理人应在变更后提交下列资料并交验车辆：

（1）《机动车变更登记/备案申请表》。

（2）机动车所有人身份证明原件和复印件。

（3）由代理人代理的，还需提交代理人身份证明原件和复印件（代理人为单位的，还需提交经办人身份证明原件和复印件），以及机动车所有人的书面委托。

（4）机动车登记证书。

（5）机动车行驶证。

（6）申请事项发生变更的证明。属于非专用校车喷涂、粘贴校车外观标识的，还应当审查县级以上人民政府批准的校车使用许可。

2.4.4 机动车所有人住所迁出本市的，机动车所有人或者代理人应在变更后提交下列资料并交验车辆：

（1）《机动车变更登记/备案申请表》。

（2）机动车所有人身份证明原件和复印件。

（3）由代理人代理的，还需提交代理人身份证明原件和复印件（代理人为单位的，还需提交经办人身份证明原件和复印件），以及机动车所有人的书面委托。

（4）机动车登记证书。

（5）机动车行驶证。

（6）机动车查验记录表。

（7）机动车号牌。

（8）车辆识别代号（车架号码）拓印膜。

2.4.5 因机动车所有人的住所迁入或两人以上共同所有的机动车的所有人变更后机动车需要转入本市的，机动车所有人或代理人应当提交下列资料并按照注册登记规定的地点查验机动车，在办理注册登记的地点申请变更登记：

（1）《机动车注册、转移登记/转入申请表》。

（2）机动车所有人身份证明原件和复印件。

（3）由代理人代理的，还需提交代理人身份证明原件和复印件（代理人为单位的，还需提交经办人身份证明原件和复印件），以及机动车所有人的书面委托。

（4）机动车在转入时已超过检验有效期的，还需提交机动车安全技术检验合格证明、车船税纳税或者免税证明和机动车交通事故责任强制保险凭证。

（5）车辆识别代号（车架号码）拓印膜。

（6）机动车查验记录表。

（7）机动车登记证书。

（8）机动车档案。

（9）属于小、微载客机动车的，还需提交本市小客车配置或更新指标确认通知书。

2.4.6 因两人以上共同所有机动车，将登记的机动车所有人姓名变更为其他所有人姓名的，机动车所有人或代理人应当提交下列资料：

（1）《机动车变更登记/备案申请表》。

（2）变更前和变更后机动车所有人的身份证明原件和复印件。

（3）由代理人代理的，还需提交代理人身份证明原件和复印件（代理人为单位的，还需提交经办人身份证明原件和复印件），以及机动车所有人的书面委托。

（4）机动车登记证书。

（5）机动车行驶证。

（6）机动车为共同所有的公证证明（属于夫妻共同所有的提交可以证明夫妻关系的《居民户口簿》或者结婚证）。

（7）属于变更后机动车所有人的住所不在车辆管理所管辖区内的，还应当提交车辆识别代号（车架号码）拓印膜。

2.4.7 已注册登记的机动车，机动车所有人住所在本市迁移或者机动车所有人姓名（单位名称）、联系方式变更的，应当申请变更备案。

（1）机动车所有人住所在本市迁移，机动车所有人姓名（单位名称）、机动车所有人身份证明名称或者号码变更的，机动车所有人或代理人应当提交下列资料：

①《机动车变更登记/备案申请表》。

②机动车所有人的身份证明原件。

③由代理人代理的，还需提交代理人身份证明原件和复印件（代理人为单位的，还需提交经办人身份证明原件和复印件），以及机动车所有人的书面委托。

④机动车登记证书。

⑤机动车行驶证。

⑥相关事项变更证明。

（2）机动车所有人联系方式变更的，机动车所有人或代理人应当提交下列资料：

①《机动车变更登记/备案申请表》。

② 机动车所有人的身份证明原件。

③ 由代理人代理的，还需提交代理人身份证明原件和复印件（代理人为单位的，还需提交经办人身份证明原件和复印件），以及机动车所有人的书面委托。

④ 机动车行驶证。

2.4.8 在本市注册登记的机动车，发动机号码、车辆识别代号因磨损、锈蚀、事故等原因辨认不清或者损坏的，可以向车辆管理所申请备案。机动车所有人或代理人应当提交下列资料：

（1）《机动车变更登记/备案申请表》。

（2）机动车所有人的身份证明原件。

（3）由代理人代理的，还需提交代理人身份证明原件和复印件（代理人为单位的，还需提交经办人身份证明原件和复印件），以及机动车所有人的书面委托。

（4）机动车登记证书。

（5）机动车行驶证。

（6）机动车查验记录表。

说明：具体的办证表格可加 QQ 群索取。

3. 转移登记

3.1 申请转移登记的情形

已注册登记的机动车所有权发生转移的，现机动车所有人应当于机动车交付之日起 30 日内提交相关资料到指定地点查验车辆，办理转移登记。

3.2 提交的资料

（1）《机动车注册、转移注销登记 / 转入申请表》。

（2）现机动车所有人身份证明原件和复印件。

（3）由代理人代理的，还需提交代理人身份证明原件和复印件（代理人为单位的，还需提交经办人身份证明原件和复印件），以及机动车所有人的书面委托。

（4）机动车登记证书。

（5）机动车行驶证。

（6）机动车所有权转移的来历证明。

（7）机动车查验记录表。

（8）属于解除海关监管的机动车，还应当提交《中华人民共和国海关监管车辆解除监管证明书》或海关批准的转让证明。

(9）属于使（领）馆机动车所有权转移给非使（领）馆的单位或者个人的，还应当提交车辆购置税的完税证明或者免税凭证。

（10）超过检验有效期的机动车，还应当提交机动车安全技术检验合格证明、车船税纳税或者免税证明和机动车交通事故责任强制保险凭证。

（11）属于小、微载客机动车在本市转移的，还需提交本市小客车配置或更新指标确认通知书。

（12）属于现机动车所有人住所不在本市的，还应当提交车辆识别代号（车架号码）拓印膜。

3.3 机动车转入

机动车转入本市的，机动车所有人或代理人应当提交下列资料并按照注册登记规定的地点查验车辆和申请办理转移登记：

（1）《机动车注册、转移登记／转入申请表》。

（2）机动车所有人身份证明原件和复印件。

（3）由代理人代理的，还需提交代理人身份证明原件和复印件（代理人为单位的，还需提交经办人身份证明原件和复印件），以及机动车所有人的书面委托。

（4）机动车来历证明。

（5）机动车已超过检验有效期的，还应当提交机动车安全技术检验合格证明、车船税纳税或者免税证明和交通事故责任强制保险凭证。

（6）车辆识别代号（车架号码）拓印膜。

（7）机动车登记证书。

（8）机动车查验记录表。

（9）机动车档案。

（10）属于小、微载客机动车，还需提交本市小客车配置或更新指标确认通知书。

3.4 不予办理机动车转移登记的情形

（1）机动车与该车档案记载内容不一致的。

（2）属于海关监管的机动车，海关未解除监管或者批准转让的。

（3）机动车在抵押登记、质押备案期间的。

（4）机动车涉及未处理完毕的道路交通安全违法行为或者交通事故的。

（5）超过检验有效期未进行安全技术检验的。

（6）机动车所有人提交的证明、凭证无效的。

（7）机动车来历证明被涂改或者机动车来历证明记载的机动车所有人与身份证明不符的。

（8）机动车达到国家规定的强制报废标准的。

（9）机动车被人民法院、人民检察院、行政执法部门依法查封、扣押的。

（10）机动车属于被盗抢的。

（11）申请小、微载客机动车转移登记的机动车所有人未持有本市小客车配置或更新指标的。

（12）其他不符合法律、行政法规规定的情形。

3.5 收费

汽车反光号牌收取100元／副，摩托车反光号牌收取70元／副，挂车反光号牌收取50元／副，三轮汽车、低速货车反光号牌收取40元／副，机动车行驶证收取工本费15元／本。

说明：具体的办证表格可加QQ群索取。

4. 机动车抵押 / 注销抵押登记

4.1　抵押登记

4.1.1　提交的资料：

（1）《机动车抵押登记 / 质押申请表》。

（2）机动车所有人和抵押权人的身份证明原件、复印件。

（3）由代理人代理的，还需提交代理人身份证明原件和复印件（代理人为单位的，还需提交经办人身份证明原件和复印件），以及机动车所有人的书面委托。

（4）机动车登记证书。

（5）抵押人和抵押权人依法订立的主合同和抵押合同副本原件。

4.1.2　不予办理抵押登记的情形：

（1）机动车所有人提交的证明、凭证无效的。

（2）机动车达到国家规定的强制报废标准的。

（3）机动车被人民法院、人民检察院、行政执法部门依法查封、扣押的。

（4）机动车属于被盗抢的。

（5）属于海关监管的机动车，海关未解除监管或者批准转让的。

（6）其他不符合法律、行政法规规定的情形。

4.2　注销抵押登记

4.2.1　提交的资料：

（1）《机动车抵押登记 / 质押申请表》。

（2）机动车所有人和抵押权人的身份证明原件和复印件。

（3）由代理人代理的，还需提交代理人身份证明原件和复印件（代理人为单位的，还需提交经办人身份证明原件和复印件），以及机动车所有人的书面委托。

（4）机动车登记证书。

（5）属于被人民法院调解、裁定、判决机动车解除抵押的，还需提交人民法院出具的已经生效的《调解书》、《裁定书》或者《判决书》以及相应的《协助执行通知书》。

（6）属于抵押权人为单位且已注销的，还需提交该单位的注销证明（可以为工商部门出具的查询证明）以及抵押人已还款的证明。

4.2.2　不予办理抵押登记的情形：

（1）机动车所有人提交的证明、凭证无效的。

（2）机动车被人民法院、人民检察院、行政执法部门依法查封、扣押的。

（3）其他不符合法律、行政法规规定的情形。

说明：具体的办证表格请加 QQ 群索取。

5. 机动车更正业务

5.1　机动车所有人发现登记内容有错误要求更正的，办理更正业务的地点为

5.1.1　使（领）馆、境外人员或者机构的机动车，到车辆管理所涉外管理科办理。属于更正车身或者车架号码的，到车辆管理所办理。

5.1.2　更正其他登记内容的任选车管分所办理。

5.2　提交的资料

5.2.1　机动车行驶证。

5.2.2　机动车登记证书。

5.2.3　需要改变机动车号牌号码的，还需交回原号牌。

说明：具体的办证表格请加 QQ 群索取。

6. 补（换）领机动车号牌、行驶证

6.1　收费

汽车反光号牌收取 100 元 / 副，摩托车反光号牌收取 35 元 / 副，挂车反光号牌收取 50 元 / 副，三轮汽车、低速货车反光号牌收取 40 元 / 副，单独补领号牌专用固封装置收取 1 元 / 个，机动车临时号牌收取 5 元 / 张，机动车行驶证收取工本费 15 元 / 本。

6.2　提交的资料

6.2.1《机动车牌证申请表》。

6.2.2　机动车所有人的身份证明原件和复印件。

6.2.3　由代理人代理的，还需提交代理人身份证明原件和复印件（代理人为单位的，还需提交经办人身份证明原件和复印件），以及机动车所有人的书面委托。

6.2.4　机动车号牌辨认不清的或丢失一面号牌的应将原号牌交回。

6.2.5　补（换）领机动车行驶证的，还需提交机动车标准照片。

7. 补（换）领、初次申领《机动车登记证书》

7.1 机动车登记证书灭失、丢失的，机动车所有人应当申请补领机动车登记证书。

启用机动车登记证书前已注册登记的机动车未申领机动车登记证书，机动车所有人可以申领机动车登记证书。但属于机动车所有人申请变更、转移、抵押登记、质押备案或者更正的，应当在申请登记前申领机动车登记证书。

7.2 收费

机动车登记证书收取 10 元 / 证。

7.3 提交的资料

7.3.1 办理补领、初次申领机动车登记证书，机动车所有人或代理人在对车辆进行查验完毕后，提交下列资料：

（1）《机动车牌证申请表》。

（2）机动车所有人的身份证明原件和复印件。

（3）由代理人代理的，还需提交代理人身份证明原件和复印件（代理人为单位的，还需提交经办人身份证明原件和复印件），以及机动车所有人的书面委托。但机动车所有人为自然人办理补领《机动车登记证书》业务的，应本人到场申请，不能委托他人代理。机动车所有人因死亡、出境、重病残和不可抗力等原因不能到场补领《机动车登记证书》的，应当出具有关证明。

（4）属于初次申领《机动车登记证书》的，还需提交车辆识别代号（车架号码）拓印膜。

（5）机动车查验记录表。

（6）已注册登记的机动车，被行政执法部门依法没收并拍卖或者被仲裁机构依法仲裁裁决或者被人民法院调解、裁定、判决机动车所有权转移时，原机动车所有人未向现机动车所有人提供机动车登记证书的，现机动车所有人在办理转移登记的同时，申请补领机动车登记证书的，还需提交行政执法部门、仲裁机构或者人民法院出具的未得到机动车登记证书的证明原件或者人民法院出具的《协助执行通知书》原件。

7.3.2 办理换领机动车登记证书，应提交下列资料：

（1）《机动车牌证申请表》。

（2）机动车所有人的身份证明原件和复印件。

（3）由代理人代理的，还需提交代理人身份证明原件和复印件（代理人为单位的，还需提交经办人身份证明原件和复印件），以及机动车所有人的书面委托。

（4）机动车登记证书。

说明：具体的办证表格请加 QQ 群索取。

8. 申请机动车临时行驶车号牌

8.1 机动车所有人应当申领临时行驶车号牌的条件

8.1.1 未销售的。

8.1.2 购买、调拨、赠予等方式获得机动车后尚未注册登记的。

8.1.3 进行科研、定型试验的。

8.1.4 因轴荷、总质量、外廓尺寸超出国家标准不予办理注册登记的特型机动车。

8.2 提交的资料

8.2.1 机动车所有人的身份证明原件和复印件。

8.2.2 由代理人代理的，还需提交代理人身份证明原件和复印件（代理人为单位的，还需提交经办人身份证明原件和复印件），以及机动车所有人的书面委托。

8.2.3 机动车交通事故责任强制保险凭证。

8.2.4 属于未销售的机动车或者因轴荷、总质量、外廓尺寸超出国家标准的特型机动车，还应当提交机动车整车出厂合格证明或者进口机动车的进口凭证。

8.2.5 属于购买、调拨、赠予等方式获得后尚未注册登记的机动车，还应当提交机动车来历证明、机动车整车出厂合格证明或者进口机动车的进口凭证。

8.2.6 属于科研、定型试验的机动车，还应当提交科研、定型试验单位的书面申请和机动车安全技术检验合格证明。

说明：具体的办证表格请加 QQ 群索取。

9. 本市机动车委托外地核发检验合格标志

9.1 申请委托外地核发检验合格标志的情形

本市注册登记的机动车因故不能在本市检验的，机动车所有人应当申请委托核发检验合格标志。

9.2 提交的资料

机动车登记证书或者行驶证

9.3 有下列情形之一的，不予委托核发机动车检验合格标志

9.3.1 机动车涉及未处理完毕道路交通安全违法行为和交通事故的。

9.3.2 申请委托核发检验合格标志的机动车为校车、大型载客汽车的。

9.4 机动车在检验地检验合格后，机动车所有人（或代理人）应当填写申请表并持机动车行驶证、车船税纳税或者免税证明、机动车交通事故责任强制保险凭证、《委托核发检验合格标志通知书》和机动车安全技术检验合格证明到被委托地车辆管理所申请机动车检验合格标志。

9.5 办理程序

受理、审核后符合规定的，出具《委托核发检验合格标志通知书》。

说明：具体的办证表格请加 QQ 群索取。

10. 外省市机动车委托本市（以北京为例）核发机动车检验合格标志

10.1 办理程序及地点

受外省市委托检验的机动车，任选机动车检测场进行检验，检验合格后在检验机动车的检测场领取机动车检验合格标志。

10.2 收费

不收费。

10.3 提交的资料

10.3.1 《机动车牌证申请表》。

10.3.2 机动车登记地车辆管理所开具的《委托核发检验合格标志通知书》。

10.3.3 机动车行驶证。

10.3.4 机动车交通事故责任强制保险凭证。

10.3.5 车船税纳税或者免税证明。

10.3.6 机动车安全技术检验合格证明。

10.4 有下列情形之一的，不予受委托核发检验合格标志

10.4.1 机动车号牌号码与行驶证、车船税纳税或者免税证明、机动车交通事故责任强制保险凭证和安全技术检验合格证明上记载的号牌号码不一致的。

10.4.2 机动车涉及未处理完毕的道路交通安全违法行为或者交通事故的。

10.4.3 申请委托核发检验合格标志的机动车为校车、大型载客汽车的。

10.5 办理程序

受理、审核、确认机动车后符合规定的，收存相关资料并录入信息，然后核发机动车检验合格标志。

说明：具体的办证表格请加 QQ 群索取。

11. 补领机动车检验合格标志

11.1 补领机动车检验合格标志的情形及应提交的资料

在机动车安全技术检验合格和交通事故责任强制保险有效期内，机动车检验合格标志因故损坏或者丢失、灭失的，机动车所有人应当提交下列资料申请补领机动车检验合格标志：

11.1.1 机动车行驶证。

11.1.2 《机动车牌证申请表》。

11.2 办理程序

受理、审核后符合规定的，收存相关资料并录入信息，然后核发机动车检验合格标志。

说明：具体的办证表格请加 QQ 群索取。

12. 机动车质押备案 / 解除质押备案

12.1 已注册登记的机动车申请办理机动车质押备案或者解除质押备案的，由机动车所有人和典当行共同申请。

12.2 提交的资料

12.2.1 《机动车抵押登记 / 质押申请表》。

12.2.2 机动车所有人和典当行的身份证明原件、复印件。

12.2.3 机动车登记证书。

12.3 办理程序

受理、审核后符合规定的，收存相关资料并录入信息，然后签注机动车登记证书并发放。

说明：具体的办证表格请加 QQ 群索取。

13. 长期在本市从事运输的营运货车备案

13.1 条件

长期在本市从事道路运输的营运货车，在本市备案一年以上可以直接在本市参加机动车定期检验。

13.2 提交的资料

13.2.1 机动车行驶证。

13.2.2 机动车查验记录表。

13.3 办理时限

自受理申请之日起一个工作日内办结。

13.4 收费

不收费。

13.5 办理程序

受理、审核→符合规定的，收存相关资料并录入信息。

说明：具体的办证表格请加 QQ 群索取。

14. 《班车通行证》办理手续

14.1 办理地点

申领《班车通行证》，由开设班车单位到单位登记地址所在交通支（大）队申请。

14.2 办理条件

14.2.1 提出办理《班车通行证》申请的单位必须是机关、企业事业单位、社会团体以及其他组织等。

14.2.2 申请办理《班车通行证》的车辆必须为 10 座（含）至 19 座（含）的中型客车。

14.2.3 申请车辆为单位自有车辆的，车辆行驶证登记单位与单位组织机构代码登记一致。

14.2.4 车辆登记为个人的必须是单位法人本人所拥有的车辆。

14.2.5 无车单位需租赁车辆开设班车的必须租赁正规营运单位的营运车辆。

14.2.6 车辆必须年检合格，且不存在未处理或未缴款违法记录。

14.2.7 车辆必须持合法有效的绿色环保标志。

14.3 需提交的材料

单位申请办理班车通行证时，申请人需携带以下材料：

14.3.1 班车通行证申请表。

14.3.2 办理班车通行证车辆所有人为单位或单位法人的，均需携带单位组织机构代码证书复印件。

14.3.3 车辆行驶证原件及复印件。

14.3.4 申请人身份证原件及复印件。

14.3.5 办理班车通行证车辆为租赁车辆的，还需携带车辆租赁合同复印件及租赁车辆单位营运资质复印件。

说明：具体的办证表格请加 QQ 群索取。

15. 外埠车辆进入北京市区通行证

15.1 各进京检查站或办证处办理进京证业务办理程序

15.1.1 外省、区、市机动车进入六环路（不含）以内道路行驶的，需在全市 24 个进京检查站或办证处（全天 24 小时，法定节假日无休）办理进京证，进京证有效期为 7 天内。

15.1.2 办证时应提供六种证明材料：驾驶员的身份证明和有效的机动车驾驶证；机动车行驶证；有效的机动车交通事故责任强制保险凭证；有效的机动车安全技术检验合格标志；经本市环境保护主管部门确认车辆符合环保要求的凭证。

15.1.3 办理进京证使用 4 天后，可到全市 24 个进京检查站或办证处重新办理进京证。重新办理时，需按照办理的要求提交六种相关证明材料，办理自申请日起，7 天有效的进京证。

15.1.4 关于持有外省、区、市临时号牌的机动车办理进京证，需提交驾驶员的身份证明、有效的机动车驾驶证、有效的机动车交通事故责任强制保险凭证、购车发票、临时号牌等证明材料。此外，应在临时号牌有效期内办理进京证件，进京证件有效期不得超过临时号牌有效期。

15.2 进京证延期手续办理程序

15.2.1 在本市进京检查站或办证处办理有效期 7 天的进京证后，有效期届满需要延期的，可以在持有进京证使用 5 天后的 3 日内，到我市 9 个交通支队办证窗口办理一次为期 5 天的延期手续。

15.2.2 办证时间为工作日每日 8:30 至 18:00，周六日及法定节假日 9:00 至 16:00。

15.2.3 办理延期手续时，不用驾车前往，只需持旧证并核查处理车辆在京违法行为，收回旧证后，换发自进京至第十二日的有效证件（即两次办证有效期累计 12 天）。

说明：具体的办证表格请加 QQ 群索取。

16. 办理超高、超宽、超长通行证的手续

16.1 办理程序

用证单位需持单位介绍信（注明起止地点、行车路线和货物的高、宽、长度）、组织机构代码证书（个人车辆的由车主本人提供身份证或户口本）、运营证等，到起运点所在交通支、大队办证窗口申请办理。持专线证件车辆只准在规定时间及路线行驶，证件有效期为 7 天内。

16.2 需提交的材料

申请办理货车超高、超宽、超长通行证时，需向办证窗口提交以下证明材料：车辆审验期内的行驶证、环保合格标志、交强险标志、检验合格标志等有效证件的原件及复印件，复印件用作留存备案。

说明：具体的办证表格请加 QQ 群索取。

17. 办理客车专线通行证的手续

17.1 办理程序

证件只对本市核发号牌客车发放，禁行区域内单位及个人因特殊情况申请办理客车专线证的，用证单位需提供介绍信和组织机构代码证书（个人车辆的由车主本人提供身份证或户口本）等，到通行专线所在地交通支、大队办证窗口申请；经审验合格批准后方予办理，证件有效期为 3 个月内。

17.2　需提交的材料

17.2.1 车辆审验期内的行驶证原件和复印件。

17.2.2 环保合格标志［办证车辆需进入六环路（含）以内道路行驶的应提供绿色环保合格标志］。

17.2.3 机动车交通事故责任强制保险标志。

17.2.4 机动车检验合格标志等有效证件的原件及复印件，复印件用作留存备案。

说明：具体的办证表格请加 QQ 群索取。

18. 其他规定

18.1　申请办理机动车质押备案或者解除质押备案的，需提交以下证明、凭证：

18.1.1 机动车所有人和典当行的身份证明。

18.1.2 机动车登记证书。

18.1.3 车辆管理所应当自受理之日起一日内，审查提交的证明、凭证，在机动车登记证书上签注质押备案或者解除质押备案的内容和日期。

18.2　机动车登记证书灭失、丢失或者损毁的，机动车所有人应当向登记地车辆管理所申请补领、换领。申请时，机动车所有人应当填写申请表并提交身份证明，属于补领机动车登记证书的，还应当交验机动车。

18.3　启用机动车登记证书前已注册登记的机动车未申领机动车登记证书的，机动车所有人可以向登记地车辆管理所申领机动车登记证书。但属于机动车所有人申请变更、转移或者抵押登记的，应当在申请前向车辆管理所申领机动车登记证书。申请时，机动车所有人应当填写申请表，交验机动车并提交身份证明。车辆管理所应当自受理之日起五日内，确认机动车，核对车辆识别代号拓印膜，审查提交的证明、凭证，核发机动车登记证书。

18.4　机动车号牌、行驶证灭失、丢失或者损毁的，机动车所有人应当向登记地车辆管理所申请补领、换领。申请时，机动车所有人应当填写申请表并提交身份证明。

18.5　车辆管理所应当审查提交的证明、凭证，收回未灭失、丢失或者损毁的号牌、行驶证，自受理之日起一日内补发、换发行驶证，自受理之日起十五日内补发、换发号牌，原机动车号牌号码不变。补发、换发号牌期间应当核发有效期不超过十五日的临时行驶车号牌。

18.6　机动车具有下列情形之一，需要临时上道路行驶的，机动车所有人应当申领临时行驶车号牌：

18.6.1 未销售的。

18.6.2 购买、调拨、赠予等方式获得机动车后尚未注册登记的。

18.6.3 进行科研、定型试验的。

18.6.4 因轴荷、总质量、外廓尺寸超出国家标准不予办理注册登记的特型机动车。

18.7　申领临时行驶车号牌需提交的资料：

18.7.1 机动车所有人的身份证明原件和复印件。

18.7.2 由代理人代理的，还需提交代理人身份证明原件和复印件（代理人为单位的，还需提交经办人身份证明原件和复印件），以及机动车所有人的书面委托。

18.7.3 机动车交通事故责任强制保险凭证。

18.7.4 属于未销售的机动车或者因轴荷、总质量、外廓尺寸超出国家标准的特型机动车，还应当提交机动车整车出厂合格证明或者进口机动车的进口凭证。

18.7.5 属于购买、调拨、赠予等方式获得后尚未注册登记的机动车，还应当提交机动车来历证明、机动车整车出厂合格证明或者进口机动车的进口凭证。

18.7.6 属于科研、定型试验的机动车，还应当提交科研、定型试验单位的书面申请和机动车安全技术检验合格证明。

18.8　申请使用原机动车号牌号码应当符合下列条件：

18.8.1 在办理转移登记或者注销登记后六个月内提出申请。

18.8.2 机动车所有人拥有原机动车三年以上。

18.8.3 涉及原机动车的道路交通安全违法行为和交通事故处理完毕。

说明：具体的办证表格请加 QQ 群索取。

19.　法律责任

19.1　有下列情形之一的，由公安机关交通管理部门处警告或者二百元以下罚款：

19.1.1 重型、中型载货汽车及其挂车的车身或者车厢后部未按照规定喷涂放大的牌号或者放大的牌号不清晰的。

19.1.2 机动车喷涂、粘贴标识或者车身广告，影响安全驾驶的。

19.1.3 载货汽车、挂车未按照规定安装侧面及后下部防护装置、粘贴车身反光标识的。

19.1.4 机动车未按照规定期限进行安全技术检验的。

19.1.5 改变车身颜色、更换发动机、车身或者车架，未按照本规定第二条规定的时限办理变更登记的。

19.1.6 机动车所有权转移后，现机动车所有人未按照本规定第三条规定的时限办理转移登记的。

19.1.7 机动车所有人办理变更登记、转移登记，机动车档案转出登记地车辆管理所后，未按照本规定第三条规定的时限到住所地车辆管理所申请机动车转入的。

19.2 除本规定规定的情形外，擅自改变机动车外形和已登记的有关技术数据的，由公安机关交通管理部门责令恢复原状，并处警告或者五百元以下罚款。

19.3 以欺骗、贿赂等不正当手段取得机动车登记的，由公安机关交通管理部门收缴机动车登记证书、号牌、行驶证，撤销机动车登记；申请人在三年内不得申请机动车登记。对涉嫌走私、盗抢的机动车，移交有关部门处理。

以欺骗、贿赂等不正当手段办理补、换领机动车登记证书、号牌、行驶证和检验合格标志等业务的，由公安机关交通管理部门处警告或者二百元以下罚款。

19.4 省、自治区、直辖市公安厅、局可以根据本地区的实际情况，在本规定的处罚幅度范围内，制定具体的执行标准。

对本规定的道路交通安全违法行为的处理程序按照《道路交通安全违法行为处理程序规定》执行。

19.5 交通警察违反规定为被盗抢、走私、非法拼（组）装、达到国家强制报废标准的机动车办理登记的，按照国家有关规定给予处分，经教育不改又不宜给予开除处分的，按照《公安机关组织管理条例》规定予以辞退；对聘用人员予以解聘。构成犯罪的，依法追究刑事责任。

19.6 交通警察有下列情形之一的，按照国家有关规定给予处分，对聘用人员予以解聘。构成犯罪的，依法追究刑事责任：

19.6.1 不按照规定确认机动车和审查证明、凭证的。

19.6.2 故意刁难、拖延或者拒绝办理机动车登记的。

19.6.3 违反本规定增加机动车登记条件或者提交的证明、凭证的。

19.6.4 违反本规定中采用其他方式确定机动车号牌号码的。

19.6.5 违反规定跨行政辖区办理机动车登记和业务的。

19.6.6 超越职权进入计算机登记系统办理机动车登记和业务，或者不按规定使用机动车登记系统办理登记和业务的。

19.6.7 向他人泄漏、传播计算机登记系统密码，造成系统数据被篡改、丢失或者破坏的。

19.6.8 利用职务上的便利索取、收受他人财物或者谋取其他利益的。

19.6.9 强令车辆管理所违反本规定办理机动车登记的。

第三节 车辆审验

1. 对登记后上道路行驶的机动车，按照下列期限进行安全技术检验

1.1 营运载客汽车 5 年以内每年检验一次；达到和超过 5 年的，每 6 个月检验一次。

1.2 载货汽车和大型、中型非营运载客汽车 10 年以内每年检验一次；达到和超过 10 年的，每 6 个月检验一次。

1.3 小型、微型非营运载客汽车 6 年以内每 2 年检验一次；达到和超过 6 年的，每年检验一次；达到和超过 15 年的，每 6 个月检验一次。

1.4 摩托车 4 年以内每 2 年检验一次；达到和超过 4 年的，每年检验一次。

1.5 专用校车应当自注册登记之日起每 6 个月检验一次。

1.6 非专用校车应当自取得校车标牌后每 6 个月检验一次。

1.7 其他机动车每年检验一次。

2. 提交的资料

2.1 机动车牌证申请表。

2.2 机动车行驶证。

2.3 机动车交通事故责任强制保险凭证。

2.4 机动车安全技术检验机构出具的机动车安全技术检验合格证明。

2.5 机动车查验记录表。

2.6 车船税纳税或者免税证明。

3. 有下列情形之一的，不予核发机动车检验合格标志

3.1 机动车号牌号码与行驶证、机动车交通事故责任强制保险凭证、车船税纳税或者免税

证明和机动车安全技术检验合格证明上记载的号牌号码不一致的。

3.2 机动车涉及未处理完毕道路交通安全违法行为和交通事故的。

附件：机动车检验记录单

1. 机动车外观检验项目

1.1 驱动方式（前驱、后驱、全驱）、驻车制动（前制、中制、后制）、前照灯制（一灯、两灯、四灯）、前轴转向轮悬挂方式（独立、非独立）、远光灯（可调、不可调）、轴数。

1.2 号牌、车辆识别代号、发动机号、产品标牌、发动机标识、中文警告性文字、不同规格备胎使用说明标识。

1.3 灯光（远光灯、近光灯、雾灯、前位灯、后位灯、牌照灯、制动灯、倒车灯、转向信号灯、示廓灯、危险报警闪光灯、挂车标志灯、车厢灯、门灯、仪表灯、危险品运输车的标志灯）、低气压报警器、警灯、警报器、行驶记录仪、ABS、危险品运输车监控车载终端。

1.4 车身周正、车容、漆面、车身标识、放大号、车窗、安全窗、安全手锤、安全门、安全出口、太阳膜、前风窗玻璃、刮水器、车门、车锁及门把、下视镜、左右后视镜、反射器、反光标识、轮胎、挡泥板、轮胎螺栓、排气管、保险杠、燃油箱、三角警告牌、灭火器、卧铺客车车顶行李架、侧面防护装置、后下部防护装置、危险品运输车的接地链、挂车连接装置、牵引车连接装置、三轮汽车防护罩。

1.5 座椅、铺位、货厢、底板、客车地板、安全带、仪表、喇叭、遮阳板、驻车制动拉杆行程及锁止装置、制动踏板行程、离合器踏板行程、转向盘自由转动量。

2. 标准规定的其他检验项目

注：外观检验不合格项目应在具体位置画“×”；第一项内容按车辆实际状况选择填写，在相应位置画“√”。

检测记录和调修记录

<table>
<tr><td colspan="2">检测次数
检测项目</td><td>初检</td><td>复检 1</td><td>复检 2</td><td>复检 3</td><td>调修项目</td><td>调修人</td><td>工时</td><td>金额</td></tr>
<tr><td colspan="2">登录员签章</td><td></td><td></td><td></td><td></td><td></td><td></td><td></td><td></td></tr>
<tr><td colspan="2">上线驾驶员签章</td><td></td><td></td><td></td><td></td><td></td><td></td><td></td><td></td></tr>
<tr><td rowspan="4">制
动</td><td>前刹</td><td></td><td></td><td></td><td></td><td></td><td></td><td></td><td></td></tr>
<tr><td>中刹</td><td></td><td></td><td></td><td></td><td></td><td></td><td></td><td></td></tr>
<tr><td>后刹</td><td></td><td></td><td></td><td></td><td>检测金额</td><td></td><td colspan="2" rowspan="2">现金收讫章</td></tr>
<tr><td>手刹</td><td></td><td></td><td></td><td></td><td>收款人签章</td><td></td></tr>
<tr><td colspan="2">车速表</td><td></td><td></td><td></td><td></td><td colspan="4" rowspan="7">贴经办人身份证明复印件</td></tr>
<tr><td colspan="2">灯　光</td><td></td><td></td><td></td><td></td></tr>
<tr><td colspan="2">车架下项目</td><td></td><td></td><td></td><td></td></tr>
<tr><td colspan="2">喇　叭</td><td></td><td></td><td></td><td></td></tr>
<tr><td colspan="2">侧　滑</td><td></td><td></td><td></td><td></td></tr>
<tr><td colspan="2">路试审批
总检签章</td><td></td><td></td><td>路试合格检验员签章</td><td></td></tr>
<tr><td colspan="10"></td></tr>
<tr><td colspan="10">类别：□定期检验　□注册登记　□补登记证　□转移登记　□变更　□事故　□其他</td></tr>
</table>

续上表

★经办人姓名				★经办人联系电话	
机动车所有人				号牌号码	
车辆识别代号（车架号）				发动机号	
车辆品牌				号牌种类	
车辆型号				使用性质	
车辆类型				车身颜色	
注册登记日期		原检验有效期止		出厂日期	
制造厂名称				国产 / 进口	
排量 / 功率	mL/ kW			发动机型号	
外廓尺寸 (mm)				燃料种类	
货厢内部尺寸 (mm)				后轴单侧钢板弹簧片数和	
轴距 (mm)		轴数		轮胎数	个
轮胎规格		轮距 (mm)	前	后	
核定载客人数		驾驶室载客人数	前 后	准牵引总质量 (kg)	
总质量 (kg)		核定载质量 (kg)		整备质量 (kg)	
外观检验员签章	年 月 日		查询员签章	年 月 日	
复检员签章	年 月 日		录入员签章	年 月 日	
检验机构检验合格章			总检签章	年 月 日	
检验民警审核签章					

注：确定检验类别后在对应项目方框内划“√”；定期检验时，由经办人填写带★号项目的内容。

第三章　驾驶员证照管理

重点内容

本章重点内容：各类驾驶证照明细；各类驾驶证照办理。

说明：驾驶证的申领和使用、从业资格申请与从业资格考试等主要内容，已在第二单元驾驶员管理体系内列出，本章不再列出此部分内容。

第一节　各类驾驶证照明细

了解和熟悉下述各类证件的办理：

◎ 初次申请机动车驾驶证

◎ 申请增加准驾车型驾驶证

◎ 持军队、武装警察部队驾驶证申请机动车驾驶证

◎ 持境外机动车驾驶证申请机动车驾驶证

◎ 机动车驾驶证期满换证及审验

◎ 机动车驾驶员达到规定年龄换证

◎ 机动车驾驶员自愿降低准驾车型换证

◎ 机动车驾驶员信息变化换证

◎ 机动车驾驶证损毁换证

◎ 机动车驾驶员因身体条件变化降低准驾车型换证

◎ 持其他（区、市）机动车驾驶证换领本市机动车驾驶证

◎ 补领机动车驾驶证

◎ 注销机动车驾驶证

◎ 恢复已注销的机动车驾驶资格业务

◎ 提交身体条件证明

◎ 办理延期换证、延期提交《身体条件证明》业务

◎ 机动车驾驶员满 12 分学习考试

◎ 机动车驾驶员审验

◎ 注销最高准驾车型降级换证

◎ 异地营运机动车驾驶员备案

◎ 临时机动车驾驶许可

第二节 各类驾驶证照办理

初次申请机动车驾驶证，发证、换证、补证，记分，审验，从业资格申请与从业资格考试等已在第二单元驾驶员管理体系内列出，本节不再列出。现列出部分相应重点项目，详细各项目及相关内容参见当地车管所的公告。

1. 申请增加准驾车型驾驶证

1.1 申请条件

持有本市核发机动车驾驶证申请增加准驾车型的，应当符合以下规定：

1.1.1 年龄条件

（1）申请小型汽车、小型自动挡汽车、轻便摩托车准驾车型的申请人年龄应在 18 周岁以上，70 周岁以下。

（2）申请低速载货汽车、三轮汽车、普通三轮摩托车、普通二轮摩托车、轮式自行机械车准驾车型的申请人年龄应在 18 周岁以上，60 周岁以下。

（3）申请城市公交车、大型货车、无轨电车、有轨电车准驾车型的申请人年龄应在 20 周岁以上，50 周岁以下。

（4）申请中型客车准驾车型的，申请人年龄应在 21 周岁以上，50 周岁以下。

（5）申请牵引车准驾车型的，申请人年龄应在 24 周岁以上，50 周岁以下。

（6）申请大型客车准驾车型的，申请人年龄应在 26 周岁以上，50 周岁以下。

1.1.2 身体条件

（1）身高：申请增加大型客车、牵引车准驾车型的申请人，身高在 155 厘米以上；申请中型客车准驾车型的申请人，身高在 150 厘米以上。

（2）视力：申请大型客车、牵引车、城市公交车、中型客车、大型货车、无轨电车或者有轨电车准驾车型的，两眼裸视力或者矫正视力达到对数视力表 5.0 以上。申请其他准驾车型的申请人视力应为两眼裸视力或者矫正视力达到对数视力表 4.9 以上。

（3）辨色力：无红绿色盲。

（4）听力：两耳分别距音叉 50 厘米能辨别声源方向。

（5）上肢：双手拇指健全，每只手其他手指必须有三指健全，肢体和手指运动功能正常。但手指末节残缺或者右手拇指缺失的，可以申请小型汽车、小型自动挡汽车、低速载货汽车、三轮汽车准驾车型的机动车驾驶证。

（6）下肢：双下肢健全且运动功能正常，不等长度不得大于 5 厘米。

（7）躯干、颈部：无运动功能障碍。

1.1.3 有下列情形之一不得申请增加准驾车型

（1）有器质性心脏病、癫痫病、美尼尔氏症、眩晕症、癔症、震颤麻痹、精神病、痴呆以及影响肢体活动的神经系统疾病等妨碍安全驾驶的疾病的。

（2）三年内有吸食、注射毒品行为或者解除强制隔离戒毒措施未满三年，或者长期服用依赖性精神药品成瘾尚未戒除的。

（3）造成交通事故后逃逸构成犯罪的。

（4）饮酒后或者醉酒驾驶机动车发生重大交通事故构成犯罪的。

（5）法律、行政法规规定的其他情形。

1.1.4 申请人驾龄和累积记分条件

申请增加准驾车型的，应当在本记分周期和申请前最近一个记分周期内没有记满12分记录。申请增加中型客车、牵引车、大型客车准驾车型的，还应当符合下列规定：

（1）申请增加中型客车准驾车型的，已取得驾驶城市公交车、大型货车、小型汽车、小型自动挡汽车、低速载货汽车或者三轮汽车准驾车型资格三年以上，并在本记分周期和申请前最近连续三个记分周期内没有记满12分记录。

（2）申请增加牵引车准驾车型的，已取得驾驶中型客车或者大型货车准驾车型资格三年以上，或者取得驾驶大型客车准驾车型资格一年以上，并在本记分周期和申请前最近三个记分周期内没有记满12分记录。

（3）申请增加大型客车准驾车型的，已取得驾驶中型客车或者大型货车准驾车型资格五年以上，或者取得驾驶牵引车准驾车型资格两年以上，并在本记分周期和申请前最近五个记分周期内没有记满12分记录。

在暂住地可以申请增加的准驾车型为小型汽车、小型自动挡汽车、低速载货汽车、三轮汽车、普通三轮摩托车、普通二轮摩托车、轻便摩托车。

1.1.5 不得申请大型客车、牵引车、中型客车、大型货车准驾车型的情形

（1）发生交通事故造成人员死亡，承担同等以上责任的。

（2）醉酒后驾驶机动车的。

（3）被吊销或者撤销机动车驾驶证未满十年的。

1.2 提交的资料

1.2.1 按规定填写的机动车驾驶证申请表。

1.2.2 市卫生局确定的县级以上医疗机构或军队、武装警察部队确定的团级以上医疗机构出具的机动车驾驶员身体条件证明原件。

1.2.3 申请人的身份证明原件、复印件。

1.2.4 申请人的机动车驾驶证原件。

1.2.5 机动车驾驶员照片5张（照片要求为：申请人申请机动车驾驶证前6个月内的直边正面免冠彩色本人单人半身证件照；背景颜色为白色；不着制式服装；人像要清晰，层次丰富，神态自然，无明显畸变；照片尺寸为32mm×22mm，相当于1英寸，头部宽度14～16mm，头部长度19～22mm）。

1.3 考试

考试内容和合格标准全国统一，根据不同准驾车型规定相应的考试项目。具体各细项不一一列出。

1.4 核发驾驶证

1.4.1 申请人全部科目考试成绩合格后，应当接受不少于半小时的交通安全文明驾驶常识和交通事故案例警示教育，并参加领证宣誓仪式。

1.4.2 车辆管理所应当在申请人参加领证宣誓仪式的当日核发机动车驾驶证，并收回原机动车驾驶证。

1.5 收费标准

各地费用标准不一，具体以当地公布为准。

1.6 实习期的规定

1.6.1 机动车驾驶员增加准驾车型后的12个月为实习期。

1.6.2 新取得大型客车、牵引车、城市公交车、中型客车、大型货车驾驶证的，实习期结束后30日内应当参加道路交通安全法律法规、交通安全文明驾驶、应急处置等知识考试，并接受不少于半小时的交通事故案例警示教育。

1.6.3 实习期内驾驶机动车，应当在车身后部粘贴或者悬挂统一式样的实习标志。

1.6.4 机动车驾驶员在实习期内不得驾驶公共汽车、营运客车或者执行任务的警车、消防车、救护车、工程救险车以及载有爆炸物品、易燃易爆化学物品、剧毒或者放射性等危险物品的机动车；驾驶的机动车不得牵引挂车。

1.6.5 驾驶员在实习期内驾驶机动车上高速公路行驶，应当由持相应或者更高准驾车型驾驶证三年以上的驾驶员陪同。

1.6.6 在增加准驾车型后的实习期内，驾驶原准驾车型的机动车时不受上述限制。

1.6.7 机动车驾驶员在实习期内有记满12分记录的，注销其实习的准驾车型驾驶资格。被注销的驾驶资格不属于最高准驾车型并且最高准驾车型为大型客车、牵引车、城市公交车、中型客车、大型货车，在注销实习的准驾车型驾驶资格时本记分周期内有记满 12 分记录的，还应当注销其最高准驾车型驾驶资格（准驾车型顺序为：大型客车、牵引车、城市公交车、中型客车、大型货车、小型汽车、小型自动挡汽车、低速载货汽车、三轮汽车、残疾人专用小型自动挡载客汽车、普通三轮摩托车、普通二轮摩托车、轻便摩托车、轮式自行机械车、无轨电车和有轨电车）。

1.6.8 持有大型客车、牵引车、城市公交车、中型客车、大型货车驾驶证的驾驶员在一年实习期内记 6 分以上但未达到 12 分的，实习期限延长一年。在延长的实习期内再次记 6 分以上但未达到 12 分的，注销其实习的准驾车型驾驶资格。

说明：具体的办证表格请加 QQ 群索取。

2. 机动车驾驶证期满换证及审验

2.1 申请条件

持有本市核发的机动车驾驶证的驾驶员，应当在机动车驾驶证有效期满前 90 日内，申请换发机动车驾驶证并进行审验。换证和审验需符合以下条件。

2.1.1 持有大型客车、牵引车、城市公交车、中型客车、大型货车驾驶证在本记分周期内没有记分，或者持有其他准驾车型驾驶证在本记分周期内记分未达到 12 分。

2.1.2 持有大型客车、牵引车、城市公交车、中型客车、大型货车驾驶证一个记分周期内有记分，以及持有其他准驾车型驾驶证发生交通事故造成人员死亡承担同等以上责任未被吊销机动车驾驶证的驾驶员，已参加审验教育的。

2.1.3 申请人没有未处理完毕的道路交通安全违法行为或者交通事故。

2.1.4 申请人身体条件符合驾驶许可条件。

2.1.5 机动车驾驶证没有被依法扣押、扣留、暂扣、吊销、注销或撤销的情形。

2.2 提交的资料

2.2.1 按规定填写的机动车驾驶证申请表。

2.2.2 市卫生局确定的县级以上医疗机构或军队、武装警察部队确定的团级以上医疗机构出具的机动车驾驶员身体条件证明原件；持有残疾人专用小型自动挡载客汽车准驾车型驾驶证的，应当提交市卫生局指定的专门医疗机构出具的机动车驾驶员身体条件证明原件。

2.2.3 申请人的身份证明原件、复印件；由代理人代理的，还需提交代理人身份证明的原件、复印件。

2.2.4 机动车驾驶证原件。

2.2.5 机动车驾驶员照片 3 张（照片要求为：申请人申请机动车驾驶证前 6 个月内的直边正面免冠彩色本人单人半身证件照；背景颜色为白色；不着制式服装；人像要清晰，层次丰富，神态自然，无明显畸变；照片尺寸为 32mm×22mm，相当于 1 英寸，头部宽度 14 ~ 16mm，头部长度 19 ~ 22mm）。

说明：具体的办证表格请加 QQ 群索取。

3. 提交身体条件证明

3.1　办理条件

持有本市核发的机动车驾驶证的驾驶员，符合下列情形之一的，应当按照规定定期进行身体检查，并在记分周期结束后 30 日内提交机动车驾驶员身体条件证明。

3.1.1　年龄在 60 周岁以上的机动车驾驶员，每年进行一次身体检查。

3.1.2　持有残疾人专用小型自动挡载客汽车驾驶证的机动车驾驶员，应当每三年进行一次身体检查。

3.2　提交的资料

3.2.1　持有残疾人专用小型自动挡载客汽车准驾车型的驾驶员需提交北京市卫生局指定的专门医疗机构出具的机动车驾驶员身体条件证明。

3.2.2　年龄在 60 周岁以上的机动车驾驶员，提交北京市卫生局确定的县级以上医疗机构或军队、武装警察部队确定的团级以上医疗机构出具的机动车驾驶员身体条件证明原件。

说明：具体的办证表格请加 QQ 群索取。

4. 机动车驾驶员审验

4.1　审验范围

4.1.1　持有大型客车、牵引车、城市公交车、中型客车、大型货车驾驶证的驾驶员，应当在每个记分周期结束后 30 日内到车辆管理所接受审验。但在一个记分周期内没有记分记录的，免予本记分周期审验。

4.1.2　持有其他准驾车型驾驶证的驾驶员，发生交通事故造成人员死亡承担同等以上责任未被吊销机动车驾驶证的，应当在本记分周期结束后 30 日内到车辆管理所接受审验。

4.1.3　在本市从事营运的异地机动车驾驶员，在车辆管理所备案登记一年后，可以直接参加审验。

4.2　审验的内容

4.2.1 道路交通安全违法行为、交通事故处理情况。

4.2.2 身体条件情况。

4.2.3 道路交通安全违法行为记分及记满 12 分后参加学习和考试情况。

4.3　审验的方式

申请人应当参加不少于三小时的道路交通安全法律法规、交通安全文明驾驶、应急处置等知识学习，并接受交通事故案例警示教育。申请人学习教育后，车辆管理所出具接受教育的凭证。

4.4　办理地点

按各地规定。

4.5　提交的资料

4.5.1 机动车驾驶证。

4.5.2 机动车驾驶证遗失的，需提交身份证明。

4.5.3 机动车驾驶员身体情况申报表。

4.5.4 接受教育的凭证。

说明：具体的办证表格请加 QQ 群索取。

5. 机动车驾驶员满 12 分学习考试

5.1　申请条件

持有本市核发的机动车驾驶证的驾驶员或者持有外省市核发的机动车驾驶证在本市有违法行为的驾驶员，在一个记分周期内累积记分达到 12 分的，应当在 15 日内到车辆管理所接受为期 7 日的道路交通安全法律、法规和相关知识学习。机动车驾驶员参加学习后，申请进行道路交通安全法律、法规和相关知识考试。

机动车驾驶员在一个记分周期内有两次以上达到 12 分或者累积记分达到 24 分以上的，还应当在道路交通安全法律、法规和相关知识考试合格后，按照本人机动车驾驶证载明的最高准驾车型申请进行科目三道路驾驶技能考试。

5.2　办理地点

见各地规定。

5.3　提交的资料

5.3.1 申请人的身份证明原件。

5.3.2 公安交通管理行政强制措施凭证或机动车驾驶证。

5.3.3 申请人本人近期一寸彩色照片一张。

5.4　考试

5.4.1　机动车驾驶员参加学习后，车辆管理所应当在 20 日内对其进行道路交通安全法律、法规和相关知识考试。考试合格的，记分予以清除，发还机动车驾驶证；考试不合格的，继续参加学习和考试。

5.4.2 自公安机关交通管理部门通知之日起 15 日内未接受教育的，将公告其机动车驾驶证停止使用。

5.4.3 机动车驾驶员在一个记分周期内有两次以上达到 12 分或者累积记分达到 24 分以上的，道路交通安全法律、法规和相关知识考试合格后 10 日内按照本人机动车驾驶证载明的最高准驾车型进行道路驾驶技能考试。对持有大型客车、牵引车、城市公交车、中型客车、大型货车驾驶证的驾驶员，按照降级后的最高准驾车型进行科目三道路驾驶技能考试。

5.4.4　科目一考试时间 45 分钟。

5.4.5　申请人在考试过程中有舞弊行为的，取消本次考试资格，已经通过考试的其他科目成绩无效，申请人应当重新申请受理。

5.5　办理时限

5.5.1　满 12 分的机动车驾驶员应当参加为期 7 日的道路交通安全法律、法规及相关知识的教育。

5.5.2 机动车驾驶员接受教育后，在 20 日内预约科目一的考试。

5.5.3　对于在一个记分周期内两次以上达到 12 分的机动车驾驶员，考试科目一合格后，在十日内预约科目三的考试。

说明：具体的办证表格请加 QQ 群索取。

6. 异地营运机动车驾驶员备案

6.1　申请条件

持有外省市核发的机动车驾驶证在本市从事营运的机动车驾驶员，申请向车辆管理所备案需符合以下条件：

6.1.1 申请人在本记分周期内记分未达到 12 分。

6.1.2 机动车驾驶员没有逾期审验的情形。

6.1.3 申请人没有未处理完毕的道路交通安全违法行为或者交通事故。

6.1.4 机动车驾驶证没有被依法扣留、暂扣、吊销、注销或撤销的情形。

6.2 办理地点

详见各地规定。

6.3 提交的资料

6.3.1 按规定填写的机动车驾驶证申请表。

6.3.2 申请人的身份证明原件、复印件；由代理人代理的，还需提交代理人身份证明的原件、复印件。

6.3.3 机动车驾驶证原件。

6.3.4 从业单位出具的证明。

说明：具体的办证表格请加 QQ 群索取。

第四章　道路运输资质管理

重点内容

本章重点内容：从事国际道路运输批准；道路运输车辆营运证核发；道路货运经营驾驶员资格认可；危险化学品运输驾驶员、运输装卸管理人员、押运人员资格认可；道路运输货运经营许可证核发；超限运输车辆行驶城市道路；履带车、铁轮车或者超重、超高、超长车辆在城市道路行驶许可。

第一节　各类道路运输资质汇总

了解和熟悉下述各类道路运输资质的办理：

- 从事国际道路运输批准
- 道路运输车辆营运证核发
- 道路货运经营驾驶员资格认可
- 危险化学品运输驾驶员认可
- 从事机动车维修经营许可
- 道路运输货运经营许可证核发
- 超限运输车辆行驶城市道路
- 履带车、铁轮车或者超重、超高、超长车辆在城市道路行驶许可

说明：具体的办证表格请加 QQ 群索取。

第二节　各类道路运输资质办理

1. 从事国际道路运输申请办理流程及表格

1.1　申请

1.1.1　申请条件

（1）已经取得国内道路运输经营许可证的企业法人。

（2）从事国内道路运输经营满 3 年，且近 3 年内未发生重大以上道路交通责任事故。道路交通责任事故是指驾驶员负同等或者以上责任的交通事故。

（3）从事危险货物运输的驾驶员、装卸管理员、押运员，应当符合危险货物运输管理的有关规定。

（4）拟投入国际道路运输经营的运输车辆技术等级达到一级。

（5）有健全的安全生产管理制度。

（6）从事国际道路运输的驾驶员，应当符合下列条件。

①取得相应的机动车驾驶证。

②年龄不超过 60 周岁。

③经设区的市级道路运输管理机构分别对有关国际道路运输法规、外事规定、机动车维修、货物装载、保管和旅客急救基本知识考试合格，并取得营运驾驶员从业资格证。

④从事旅客运输的驾驶员 3 年内无重大以上交通责任事故记录。

1.1.2 申请条件的依据

《中华人民共和国道路运输条例》《国际道路运输管理规定》。

1.1.3 申请方式

现场申请。

1.1.4 申请材料和申请书示范文本

（1）国际道路运输经营许可申请表。

（2）道路运输经营许可证及复印件。

（3）法人营业执照及复印件。

（4）企业近 3 年内无重大以上道路交通责任事故证明。

（5）拟投入国际道路运输经营的车辆的道路运输证和拟购置车辆承诺书，承诺书包括车辆数量、类型、技术性能、购车时间等内容。

（6）拟聘用驾驶员的机动车驾驶证、从业资格证，近 3 年内无重大以上道路交通责任事故证明。

（7）国际道路运输的安全管理制度包括：安全生产责任制度、安全生产业务操作规程、安全生产监督检查制度、驾驶员和车辆安全生产管理制度等。从事定期国际道路旅客运输的，还应当提交定期国际道路旅客班线运输的线路、站点、班次方案。从事危险货物运输的，还应当提交驾驶员、装卸管理员、押运员的上岗资格证等。

已取得国际道路运输经营许可，申请新增定期国际旅客运输班线的，应当向所在地省级道路运输管理机构提出申请，提交下列材料：

①道路运输经营许可证及复印件。

②拟新增定期国际道路旅客班线运输的线路、站点、班次方案。

③拟投入国际道路旅客运输营运的车辆的道路运输证和拟购置车辆承诺书。

④拟聘用驾驶员的机动车驾驶证、从业资格证，驾驶员近 3 年内无重大以上道路交通责任事

故证明。

1.1.5 提示强调

申请人应当如实提交有关材料，并对材料的真实性负责，否则将承担相应的法律后果。

1.2 受理

1.2.1 受理条件

申请人提出的申请符合申请条件；提交的申请材料齐全、规范、有效，符合法定形式。

1.2.2 岗位及职责

岗位职责人员：市交通委运输局全程办事代理机构受理人员。岗位职责：

（1）对符合条件的，应即时受理，并向申请人出具“交通运输管理事项受理通知书”。填写许可流程表，将申请材料转初审人员。

（2）对申请材料存在可以当场更正的错误的，应当允许申请人当场更正。

（3）对申请材料不齐全或不符合法定形式的，应当当场向申请人出具“交通运输管理事项材料补齐补正通知书”，将需要补齐补正材料的全部内容、要求及申请人的相关权利、投诉渠道以书面形式一次性告知申请人。逾期不告知的，自收到申请材料之日起即为受理。

（4）对不予受理的，向申请人出具“交通运输管理事项不予受理通知书”，并说明不予受理的理由。

1.2.3 受理时限：一个工作日。

1.3 审查（与通过口岸所在地的省级道路运输管理机构协商时间不含在内）

1.3.1 审查标准：

申请材料齐全、规范、有效，符合法定形式。

1.3.2 审查依据：《中华人民共和国道路运输条例》《国际道路运输管理规定》。

1.3.3 审查岗位：市交通委运输局审查人员。

1.3.4 审查时限：六个工作日。

1.4 决定

1.4.1 审核标准：申请材料齐全、规范、有效，符合法定形式。

1.4.2 岗位及职责：

审核岗位：市交通委运输局审定人员。
岗位职责：按照审核标准对审查意见进行审核。

1.4.3 审核时限：六个工作日。

1.5 告知

1.5.1 告知岗位：市交通委运输局全承办告知人员。

1.5.2 时限：两个工作日。

1.5.3 出具文书："行政许可决定书"或"不予批准决定书"。

1.5.4 详细说明：

市交通委运输局全程办事代理机构告知人员根据审定人员意见，对予以许可的，制发并送达行政许可决定书和道路运输经营许可证或者道路旅客运输班线经营许可证明；对不予许可的，制作并送达不予批准决定书。

1.6 相关文件表格

1.6.1 国际道路运输经营许可申请表，见附件 1。
1.6.2 指定委托书。

说明：具体的办证表格请加 QQ 群索取。下面只列出一份。

附件1

受理申请机关专用

国际道路运输经营许可申请表

说明

1. 本表根据《国际道路运输管理规定》制作，申请从事国际道路运输经营应当向所在地省级道路运输管理机构提出申请，填写本表，并同时提交其他相关材料。
2. 本表可向各级道路运输管理机构免费索取，也可自行从交通运输部网站（www.moc.gov.cn）下载打印。
3. 有关常见问题可查询交通运输部网站。
4. 本表必须用钢笔填写或计算机打印，要求用正楷字体书写，字迹工整。

申请人基本信息

申请人名称　北京××××运输公司

要求填写企业（公司）全称

负责人姓名　张××　　经办人姓名　李××

通信地址　北京市丰台区×××街×××号

邮编　100×××　　电话　010-6×××××××

手机　139××××××××　　电子邮箱　××××@sina.com.cn

申请许可内容

申请国际道路运输许可事项　　请在 □ 内画 √

国际道路旅客运输　☑

国际道路货物运输　☑

国际道路危险货物运输　□

1. 2002年03月取得道路运输经营许可证从事国内道路运输。

2. 近3年是否发生重大以上道路交通责任事故：否

3. 是否有健全的安全生产管理制度：是

2. 道路危险货物运输车辆营运证核发

2.1 申请条件

2.1.1 危险化学品运输经营者取得合法、有效经营许可证。

2.1.2 专用车辆技术性能符合国家标准《营运车辆综合性能要求和检验方法》（GB 18565—2001）的要求，车辆外廓尺寸、轴荷和质量符合国家标准《道路车辆外廓尺寸、轴荷及质量限值》（GB 1589—2004）的要求，车辆技术等级达到行业标准《营运车辆技术等级划分和评定要求》（JT/T 198—2004）规定的一级技术等级。

2.1.3 配备有效的通信工具。

2.1.4 有符合安全规定并与经营范围、规模相适应的停车场地。具有运输剧毒、爆炸和Ⅰ类包装危险货物专用车辆的，还应当配备与其他设备、车辆、人员隔离的专用停车区域，并设立明显的警示标志。

2.1.5 配备有与运输的危险货物性质相适应的安全防护、环境保护和消防设施设备。

2.1.6 运输剧毒、爆炸、易燃、放射性危险货物的，应当具备罐式车辆或厢式车辆、专用容器。

2.1.7 罐式专用车辆的罐体应当经质量检验部门检验合格。运输爆炸、强腐蚀性危险货物的罐式专用车辆的罐体容积不得超过 20 立方米，运输剧毒危险货物的罐式专用车辆的罐体容积，不得超过 10 立方米，但罐式集装箱除外。

2.1.8 运输剧毒、爆炸、强腐蚀性危险货物的非罐式专用车辆，核定载质量不得超过 10 吨。

2.1.9 危险货物运输专用车辆应投保危险货物承运人责任险。

2.1.10 属企业设立时已有车辆或完成承诺车辆的，驾驶员、押运员与危险货物运输车辆比例至少达到 1∶1。

2.1.11 危险货物运输车辆安装的安全监控系统，须符合《危险化学品汽车运输安全监控系统通用规范》（AQ 3003—2005）标准，GPS 车载终端设备符合《危险化学品汽车运输安全监控车载终端》（AQ 3004—2005）的标准。

2.2 申请材料和申请书示范文本

2.2.1 “某市道路货物（含危险品）运输业户车辆变更登记表”。

2.2.2 “道路危险货物运输行政许可决定书”及复印件（新开业企业增车需提供）。

2.2.3 车辆行驶证、车辆登记证及复印件。

2.2.4 “危险化学品道路运输车辆检验报告单”和“汽车综合性能检测报告单”。

2.2.5 罐式专用车辆的罐体，提交质量检验部门认可的专业检测．检验机构出具的检测、检验合格证。

2.2.6 车辆通信工具、安全防护、 环境保护和消防设施设备清单。

2.2.7 行驶记录仪或定位系统安装情况证明及复印件，提供国家安全生产北京危险品运输监控设备检测检验中心的行驶记录仪或定位系统检验合格证明。

2.2.8 车辆技术档案。

2.2.9 承运人责任险保险单及复印件。

2.2.10 完善后的工商营业执照及复印件（新开业企业增车需提供）。

2.2.11 完成承诺企业聘用的驾驶员、押运员从业资格证件及复印件（新开业企业增车需提供）。

说明：具体的办证表格请加 QQ 群索取。下面只列出一份。

附件 2

道路危险货物运输经营申请表	受理申请机关专用

说明

1. 本表根据《道路危险货物运输管理规定》制作，申请从事道路危险货物运输经营应当向所在地设区的市级道路运输管理机构提出申请，填写本表，并同时提交其他相关材料。
2. 本表可向各级道路运输管理机构免费索取，也可自行从交通运输部网站（www.moc.gov.cn）下载打印。
3. 本表需用钢笔填写或者计算机打印，请用正楷字体书写，要求字迹工整。

申请人基本信息

申请人名称 北京××××运输有限公司

要求填写企业（公司）全称或企业预先核准全称

负责人姓名 张×× 经办人姓名 李××

通信地址 北京市朝阳区×××街×××号

邮编 100××× 电话 010-6×××××××

手机 135×××××××× 电子邮箱 ××××@sina.com.cn

申请许可内容 *请在□注明项别，不填注的视为无*

请填写拟申请的道路危险货物运输经营范围

爆炸品		易燃固体、自燃物品和遇湿易燃物品	
压缩气体和液化气体		易燃液体	三类
氧化剂和有机过氧化物		毒害品和感染性物品	
放射性物品		腐蚀性物品	
杂类			

如申请扩大道路危险货物运输经营范围的，请填写现从事道路危险货物运输经营范围

爆炸品		易燃固体、自燃物品和遇湿易燃物品	
压缩气体和液化气体		易燃液体	
氧化剂和有机过氧化物		毒害品和感染性物品	
放射性物品		腐蚀性物品	
杂类			

3. 道路货物运输车辆营运证核发

3.1 申请条件

3.1.1 道路货物运输经营者取得合法、有效经营许可证。

3.1.2 车辆条件

（1）车辆技术性能应当符合国家标准《营运车辆综合性能要求和检验方法》（GB 18565—2001）的要求。

（2）车辆外廓尺寸、轴荷和载质量应当符合国家标准《道路车辆外廓尺寸、轴荷及质量限值》（GB 1589—2004）的要求。

（3）大型物件运输车辆条件：

申请从事大型物件运输的，应当具有与所运输大型物件相适应的超重型车组。

①一类大型物件运输：车辆装备具有装载整体大型物件实际能力在 20 吨以上 100 吨以下的超重型车组，包括牵引车和挂车，并有相应的配套附件。

②二类大型物件运输：车辆装备具有装载整体大型物件实际能力在 100 吨以上 200 吨以下的超重型车组，包括牵引车和挂车，并有相应的配套附件。

③三类大型物件运输：车辆装备具有装载整体大型物件实际能力在 200 吨以上 300 吨以下的超重型车组，包括牵引车和挂车，并有相应的配套附件。

④四类大型物件运输：车辆装备具有装载整体大型物件实际能力在 300 吨以上的超重型车组，包括牵引车和挂车，并有相应的配套附件。

（4）专用运输车辆条件：

①申请从事集装箱运输的，应是符合国家标准的集装箱专用运输车，有固定集装箱的转锁装置。

②申请从事冷藏保鲜运输的，应是符合国家标准的冷藏保温专用运输车，有专用的冷藏设施、设备，并固定在专用车辆上。

③申请从事罐式运输的，应是符合国家标准的罐式专用运输车，有专用的容器、设施、设备，并固定在专用车辆上。

3.1.3 持有有效的机动车行驶证件。

3.1.4 设立时已有车辆或完成承诺车辆的，驾驶员与运输车辆比例至少达到 1:1。

3.2 申请材料和申请书示范文本

3.2.1 “某市道路货物（含危险品）运输业户车辆变更登记表”。

3.2.2 “道路货物运输经营行政许可决定书”及复印件（新开业企业增车需提供）。
3.2.3 “汽车综合性能检测报告单”（出厂时间不满一年的新车不提供此项）。
3.2.4 车辆技术档案（大件、专用车辆需附专用设施、设备或容器照片）。
3.2.5 车辆行驶证、车辆登记证及复印件。
3.2.6 完善后的工商营业执照复印件（新开业企业增车需提供）。
3.2.7 完成承诺聘用的驾驶员合同、从业资格证书及复印件（新开业企业增车需提供）。

具体的办证表格请加 QQ 群索取。

4. 道路货运经营驾驶员资格认可

4.1 申请条件

4.1.1 取得相应的机动车驾驶证。
4.1.2 年龄不超过 60 周岁。
4.1.3 掌握相关道路货物运输法规、机动车维修和货物装载保管基本知识。
4.1.4 经考试合格。
4.1.5 增加从业类别的，持有的原资格证件合法、有效。

4.2 申请材料和申请书示范文本

4.2.1 经营性道路客货运输驾驶员从业资格考试申请表。
4.2.2 二代身份证原件及复印件（拟在本市取得道路运输从业资格的外埠人员还需提供居住地或暂住证明，查验原件留存复印件）。
4.2.3 机动车驾驶证原件及复印件。
4.2.4 申领人一、二寸正面免冠证件照片各一张（黑白或彩色均可）。
4.2.5 增加资格类别的，还需提交原道路运输从业资格证件及复印件。
4.2.6 委托办理的，提供授权委托书。

4.3 相关文件表格

4.3.1 经营性道路客货运输驾驶员从业资格考试申请表。
4.3.2 指定委托书。

说明：具体的办证表格请加Q Q群索取。

5. 危险化学品运输驾驶员、运输装卸管理人员、押运人员资格认可

5.1 危险化学品运输驾驶员资格认可

5.1.1 申请条件

（1）取得相应的机动车驾驶证。

（2）年龄不超过 60 周岁。

（3）3 年内无重大以上交通责任事故。

（4）取得经营性道路旅客运输或者货物运输驾驶员从业资格 2 年以上。

（5）接受相关法规、安全知识、专业技术、职业卫生防护和应急救援知识的培训，了解危险货物性质、危害特征、包装容器的使用特性和发生意外时的应急措施。

（6）经考试合格。

（7）持有的原资格证件合法、有效。

5.1.2 申请材料和申请书示范文本

（1）道路危险货物运输从业人员资格考试申请表。

（2）道路旅客运输驾驶员从业资格证件或者道路货物运输驾驶员从业资格证件及复印件。

（3）二代身份证原件及复印件（拟在本市取得道路运输从业资格的外埠人员，还需提供居住地或暂住证明，查验原件留存复印件）。

（4）机动车驾驶证原件及复印件。

（5）经相关机构培训合格的证明。

（6）申领人一、二寸正面免冠证件照片各一张（黑白或彩色均可）。

（7）公安交通管理部门出具的 3 年内无重大以上交通责任事故证明材料。

（8）委托办理的，提供授权委托书。

5.2 危险化学品运输装卸管理人员、押运人员资格认可

5.2.1 申请条件

（1）年龄不超过 60 周岁。

（2）初中以上学历。

（3）接受相关法规、安全知识、专业技术、职业卫生防护和应急救援知识的培训，了解危险货物性质、危害特征、包装容器的使用特性和发生意外时的应急措施。

（4）经考试合格。

（5）增加从业类别的，持有的原资格证件合法、有效。

5.2.2 申请材料和申请书示范文本

（1）道路危险货物运输从业人员资格考试申请表。

（2）二代身份证原件及复印件（拟在本市取得道路运输从业资格的外埠人员还需提供居住地或暂住证明，查验原件留存复印件）。

（3）经相关机构培训合格的证明。

（4）学历证明及复印件。

（5）申领人一、二寸正面免冠证件照片各一张（黑白或彩色均可）。

（6）增加资格类别的，还需提交原道路运输从业资格证件及复印件。

（7）委托办理的，提供授权委托书。

5.3 相关文件表格

（1）道路危险货物运输从业人员资格考试申请表。

（2）指定委托书。

说明：具体的办证表格请加QQ群索取。

6. 道路运输货运经营许可证核发

6.1 申请条件

6.1.1 车辆基本条件

（1）车辆技术性能应当符合国家标准《营运车辆综合性能要求和检验方法》（GB 18565—2001）的要求。

（2）车辆外廓尺寸、轴荷和载质量应当符合国家标准《道路车辆外廓尺寸、轴荷及质量限值》（GB 1589—2004）的要求。

6.1.2 专用运输车辆条件

（1）申请从事集装箱运输的，应是符合国家标准的集装箱专用运输车，有固定集装箱的转锁装置。

（2）申请从事冷藏保鲜运输的，应是符合国家标准的冷藏保温专用运输车，有专用的冷藏设施、设备，并固定在专用车辆上。

（3）申请从事罐式运输的，应是符合国家标准的罐式专用运输车，有专用的容器、设施、设备，并固定在专用车辆上。

6.1.3 大型物件运输车辆条件

申请从事大型物件运输的，应当具有与所运输大型物件相适应的超重型车组。

（1）一类大型物件运输：车辆装备具有装载整体大型物件实际能力在 20 吨以上 100 吨以下的超重型车组，包括牵引车和挂车，并有相应的配套附件。

（2）二类大型物件运输：车辆装备具有装载整体大型物件实际能力在 100 吨以上 200 吨以下的超重型车组，包括牵引车和挂车，并有相应的配套附件。

（3）三类大型物件运输：车辆装备具有装载整体大型物件实际能力在 200 吨以上 300 吨以下的超重型车组，包括牵引车和挂车，并有相应的配套附件。

（4）四类大型物件运输：车辆装备具有装载整体大型物件实际能力在 300 吨以上的超重型车组，包括牵引车和挂车，并有相应的配套附件。

6.1.4 驾驶员条件

（1）取得与驾驶车辆相应的机动车驾驶证。

（2）年龄不超过 60 周岁。

（3）经设区的市级道路运输管理机构对有关道路货物运输法规、机动车维修和货物及装载保管基本知识考试合格，并取得从业资格证。

6.1.5 有健全的安全生产管理制度，包括安全生产责任制度、安全生产业务操作规程、安全生产监督检查制度、驾驶员和车辆安全生产管理制度等。

6.2 申请材料和申请书示范文本

6.2.1 道路货物运输经营申请表。

6.2.2 企业工商执照或预先核准名称通知书及复印件。

6.2.3 负责人身份证明，经办人的身份证明和委托书。

6.2.4 安全生产管理制度文本。

6.2.5 机动车辆行驶证、车辆检测合格证明复印件；拟购置运输车辆的承诺书，承诺书应当包括车辆数量、类型、技术性能、购置时间等内容；申请专用运输的，还须提供专用运输专用容器、设施、设备清单；申请大型物件运输的，还须提供超重型车组名称、装载能力及配套附件清单。

6.2.6 聘用或拟聘用驾驶员的机动车驾驶证、从业资格证及其复印件。

6.2.7 外商投资企业提供标注有相应申请经营范围的外商投资企业立项批件（交通部门出具）和外商投资企业批准证书及复印件。

6.3　相关文件表格

6.3.1 道路货物运输经营申请表。

6.3.2 指定委托书。

说明：具体的办证表格请加QQ群索取。

7. 超限运输车辆行驶城市道路

办理流程

7.1　运输单位关于超限运输说明请示（单位公文）。

7.2　超限运输车辆行驶城市道路申请表。

7.3　运输单位授权委托书。

7.4　委托代理人身份证及车辆行驶证复印件。

7.5　运输方案（含应急预案）。

7.6　征求城市道路养护管理单位意见书。

7.7　相关检测报告及加固方案。

8. 履带车、铁轮车或者超重、超高、超长车辆在城市道路行驶许可

8.1　申请条件

8.1.1 机动车超过限制通过城市道路、桥梁申请表。

8.1.2 机动车行驶证复印件。

8.1.3 申请人委托代理人提出许可申请时，应出示申请人的授权委托书。

8.2　申请材料

8.2.1 机动车超过限制通过城市道路、桥梁申请表。

8.2.2 机动车行驶证复印件。

8.2.3 运输方案。

8.3　相关文件表格

8.3.1 机动车超过限制通过城市道路、桥梁申请表。

8.3.2 机动车行驶证复印件。

8.3.3 申请人委托代理人提出许可申请时，应出示申请人的授权委托书。

第五章　海关监管证照管理

重点内容

本章重点内容：海关监管的事项较多，本章只简要列出几项常规项目，其他项目参见各地海关的管理规定。具体是：承运境内海关监管货物的运输企业注册、年审、变更和注销；承运境内海关监管货物的运输车辆注册和注销；境内承运海关监管货物运输车辆驾驶员备案、IC 卡办理和注销；电子关锁的登记、变更和注销；监管车厢体制造和车辆验车；集装箱和集装箱式货车车厢结构技术标准规定。

以下内容可通过加 QQ 群索取：

1. 中华人民共和国海关关于境内公路承运海关监管货物的运输企业及其车辆、驾驶员的管理办法。

2. 中华人民共和国海关关于来往香港、澳门公路货运企业及其车辆和驾驶员的管理办法。

3. 中华人民共和国海关对用于装载海关监管货物的集装箱和集装箱式货车车厢的监管办法。

第一节　承运境内海关监管货物的运输企业注册、年审、变更和注销

1. 承运境内海关监管货物的运输企业注册

1.1　办理条件

1.1.1　从事货物运输业务一年以上，注册资金不低于 200 万元人民币。

1.1.2　按照《海关法》第六十七、六十八条规定，有具有 履行海关事务担保能力的法人、其他组织或者公民提供的担保。

1.1.3　企业财务制度和账册管理符合国家有关规定。

1.1.4　企业资信良好；在从事运输业务中没有违法前科。

1.2　办理程序

1.2.1　材料受理

申请人（本申请单位的工作人员）向海关递交申请材料，海关对申请材料进行初审，当场做出海关行政许可申请受理（或不予受理）决定；需补正申请材料的，应自签收申请材料后 5 日内一次告知申请人需要补正的全部内容，并于收到全部补正申请材料之日做出受理决定。

1.2.2 审查与决定

海关作出行政许可申请受理决定后，按规定对申请材料进行审查，并在规定时限内根据审查情况分别做出海关准予（不予）行政许可决定。对准予行政许可的，海关颁发“境内公路运输企业载运海关监管货物注册登记证书”。

1.2.3 申请人到海关领取批准证书

被准予行政许可的，由申请人（本申请单位的工作人员）到受理申请的海关领取“境内公路运输企业载运海关监管货物注册登记证书”。

（注：对于办理程序，各地可以根据实际情况自行制定一些细化的操作规程，并配以作业流程图，在办公场所公告栏内公示。）

1.3 应当提交的资料

1.3.1 承运海关监管货物境内运输企业注册登记申请表。

1.3.2 工商行政管理部门核发的营业执照副本复印件。

1.3.3 交通运输管理部门核发的道路运输经营许可证复印件。

1.3.4 交通行政管理部门批准运输企业成立的批准文件副本。

1.3.5 技术监督部门核发的中华人民共和国组织机构代码证（以下简称“组织机构代码证”）复印件。

提交本条 2、3、5 项文件时，还应同时出示原件供海关审核。

1.4 办事表格

1.4.1 报关单位情况登记表。

1.4.2 报关单位管理人员情况登记表。

2. 承运境内海关监管货物的运输企业年审

2.1 需提交以下单证资料

2.1.1 注册登记证书。

2.1.2 承运海关监管货物境内运输企业年检报告书。

2.1.3 企业法人营业执照复印件。

2.1.4 组织机构代码证复印件。

2.1.5 道路运输经营许可证复印件。

2.1.6 交通行政管理部门批准运输企业成立的批准文件复印件。

2.1.7 车辆备案登记一览表。

2.1.8 驾驶员备案登记一览表。

2.1.9 担保函。

2.1.10 “海关行政许可申请受理决定书”一式两份。

2.1.11 办事人员的授权委托书、身份证或工作证复印件，并留下真实有效联系电话。

2.2 办结

2.2.1 海关受理后开具“海关行政许可申请受理决定书”。

2.2.2 五个工作日后凭“海关行政许可申请受理决定书”领取“境内公路承运海关监管货物运输企业注册登记证”。

3. 境内公路承运海关监管货物运输企业变更名称、法定代表人、法定地址、注册资金等

3.1 需提交以下单证资料

3.1.1 企业法定代表人签署的变更登记申请书。

3.1.2 注册登记证书。

3.1.3 承运海关监管货物境内运输企业注册登记申请表（样表见本节附录）。

3.1.4 提供涉及变更的相关单证复印件。

3.1.5 车辆备案登记一览表。

3.1.6 驾驶员备案登记一览表。

3.1.7 担保函。

3.1.8 海关行政许可申请受理决定书一式两份。

3.1.9 办事人员的授权委托书、身份证或工作证复印件，并留下真实有效联系电话。

3.2 办结

3.2.1 海关受理后开具“海关行政许可申请受理决定书”。

3.2.2 五个工作日后凭“海关行政许可申请受理决定书”领取“境内公路承运海关监管货物运输企业注册登记证”。

4. 境内公路承运海关监管货物运输企业注销

需提交以下单证资料：

4.1 企业法定代表人签名确认的注销申请报告。

4.2 原“注册登记证”。

4.3 办事人员的授权委托书、身份证或工作证复印件，并留下真实有效联系电话。

境内公路承运海关监管货物运输企业申请注销，必须已办结属下的车辆、驾驶员的注销手续。

附件：承运海关监管货物境内运输企业注册登记申请表（样表）

<table>
<tr><td colspan="3">
中华人民共和国梅林海关：
本企业经交通运输主管部门和工商行政主管部门批准从事货物运输业务，并具备企业法人资格和公路运输经营资格。现根据《中华人民共和国海关关于境内公路承运海关监管货物的运输企业及其车辆、驾驶员的管理办法》，向贵关申请办理承运海关监管货物企业注册。
现将有关情况说明如下：
企业名称：XXX 公司　　企业性质：（根据营业执照如实填写）
法人代表：张 X　　注册资金：（根据营业执照如实填写）
办公地址：（根据营业执照如实填写）　　邮政编码：（填入所在地邮编）
联系人：（填入方便联系的公司联系人）　　姓名：　　联系电话：（填入有效联系方式）
组织机构代码：XXXXXXXXX　　营业执照编号：（根据营业执照如实填写）
道路经营许可证编号：（根据道路经营许可证如实填写）
风险担保金或银行信用保函保额（人民币）：（根据向海关提供的担保函金额填写万元）
担保金收据编码或银行信用保函编码：（根据向海关提供的担保函内容填写）
担保期限：　　年　月　日至　　年　月　日
（根据向海关提供的担保函内容填写）
本企业保证上述内容及向海关递交的有关文件真实无讹，请批准本企业承运海关监管货物的注册申请，本企业及所属车辆和驾驶员保证自觉遵守海关有关法规，并承担有关法律责任。

法人代表签名：张 X
（企业公章）加盖企业公章
</td></tr>
<tr><td rowspan="3">海
关
审
核</td><td>初审意见：
（不需填写）</td><td>复审意见：
（不需填写）</td></tr>
<tr><td colspan="2">批准意见：
（不需填写）</td></tr>
<tr><td colspan="2">备注：
（不需填写）</td></tr>
</table>

第二节 承运境内海关监管货物的运输车辆注册和注销

1. 承运境内海关监管货物的运输车辆注册

1.1 办理条件

1.1.1 用于承运海关监管货物的车辆，必须为运输企业的自有车辆，其机动车辆行驶证的车主列名必须与所属运输企业名称一致。

1.1.2 厢式货车的厢体必须与车架固定一体，厢体必须为金属结构，无暗格，无隔断，具有施封条件；车厢连接的螺丝均须焊死，车厢两车门之间须以钢板相卡，保证施封后无法开启；有特殊需要，需加开侧门的，须经海关批准，并符合海关监管要求。

1.1.3 集装箱拖头车必须承运符合国际标准的集装箱。

1.1.4 散装货车只能承运不具备加封条件的大宗散装货物，如矿砂、粮食及超大型机械设备等。

1.1.5 从事特种货物运输的车辆须递交主管部门的批准证件。

1.2 办理程序

1.2.1 材料受理

申请人向海关递交申请材料，海关对申请材料进行初审，当场做出海关行政许可申请受理（不予受理）决定；需补正申请材料的，应自签收申请材料后 5 日内一次告知申请人需要补正的全部内容，并于收到全部补正申请材料之日做出受理决定。

1.2.2 审查与决定

海关按规定对申请材料进行审查，并验核车辆（验车作业要求按照现行规定执行），并在规定时限内根据审查情况分别做出海关准予（或不予）行政许可决定。对准予行政许可的，海关颁发“中华人民共和国境内汽车载运海关监管货物车辆准载证”和“中华人民共和国海关境内汽车载运海关监管货物载货登记簿”。

1.2.3 申请人到海关领取批准证书

被准予行政许可的，由申请人到受理申请的海关领取“中华人民共和国境内汽车载运海关监管货物车辆准载证”和“中华人民共和国海关境内汽车载运海关监管货物载货登记簿”。

（注：对于办理程序，各单位可以根据实际情况自行制定一些细化的操作规程，并配以作业流程图，在办公场所公告栏内公示。）

1.3 应当提交的资料

1.3.1 承运海关监管货物境内运输企业注册登记申请表。

1.3.2 工商行政管理部门核发的营业执照副本复印件。

1.3.3 交通运输管理部门核发的道路运输经营许可证复印件。

1.3.4 交通行政管理部门批准运输企业成立的批准文件副本。

1.3.5 技术监督部门核发的中华人民共和国组织机构代码证（以下简称“组织机构代码证”）复印件。

提交本条 2、3、5 项文件时，还应同时出示原件供海关审核。

2. 承运境内海关监管货物的运输车辆注销

2.1 需提交以下单证资料

2.1.1 境内公路运输企业载运海关监管货物注册登记证书。

2.1.2 注销车辆注册登记申请书。

2.1.3 原海关核发的载货登记簿。

2.1.4 原海关核发的准载证。

2.1.5 车管业务受理回执。

2.2 办结

海关受理后开具“车管业务受理回执”，一个工作日后到相关窗口查询车辆注销情况。

说明：具体的办证表格请加 QQ 群索取。

第三节 境内承运海关监管货物运输车辆驾驶员备案、IC 卡办理和注销

1. 境内承运海关监管货物运输车辆驾驶员备案

1.1 需提交以下单证资料

1.1.1 境内公路运输企业载运海关监管货物注册登记证书。

1.1.2 承运海关监管货物境内运输车辆驾驶员备案登记表。

1.1.3 驾驶员身份证复印件。

1.1.4 机动车驾驶员驾驶证复印件。

1.1.5 境内公路承运海关监管货物汽车驾驶员培训证书（在有效期内）。

1.1.6 驾驶员彩色照片一张（大一寸，半身免冠，红底彩色近照）。

1.1.7 境内汽车载运海关监管货物车辆办理驾驶员 IC 卡业务申请单。

1.2 办结

1.2.1 海关受理后开具境内汽车载运海关监管货物车辆办理驾驶员 IC 卡业务申请单。

1.2.2 两个工作日后企业凭境内汽车载运海关监管货物车辆办理驾驶员 IC 卡业务申请单办理驾驶员 IC 卡备案手续。

2. 境内承运海关监管货物运输车辆驾驶员 IC 卡办理

需提交以下单证资料：

2.1 境内汽车载运海关监管货物车辆办理驾驶员 IC 卡业务申请单（应加盖公司公章及法人签名）。

2.2 空白有效的驾驶员 IC 卡。

3. 境内承运海关监管货物运输车辆驾驶员注销

3.1 需提交以下单证资料

3.1.1 境内公路运输企业载运海关监管货物注册登记证书。

3.1.2 注销驾驶员备案登记申请书。

3.1.3 车管业务受理回执。

3.2 办结

海关受理后开具车管业务受理回执，一个工作日后到窗口查询驾驶员注销情况。

第四节 电子关锁的登记、变更和注销

需提交以下单证资料：

1. 电子关锁登记表或电子关锁变更申请表（一式两份；办理注销手续时，需一式三份）。
2. 载货登记簿或签证簿封面及有车辆信息的内页复印件（需加盖公司印章）。

具体的办证表格请加 QQ 群索取。

第五节 监管车厢体制造和车辆验车

1. 监管车厢体制造

1.1 集装箱式货车车厢的制造或者改装

1.1.1 海关总署授权中国船级社统一办理在境内装载海关监管货物的集装箱式货车车厢的海关批准牌照。

1.1.2 中国船级社按照本办法（指《中华人民共和国海关对用于装载海关监管物的集装箱和集装箱式货车车厢的监管办法》，本节后同）规定的标准，对申请海关批准牌照的集装箱式货车车厢的图纸进行审查，并按照规定对集装箱式货车车厢进行实体检验；检验合格的，核发“集装箱式货车车厢批准证明书”。

1.1.3 集装箱式货车车厢的海关批准牌照申请人在取得“集装箱式货车车厢批准证明书”后，应当在经批准的集装箱式货车车厢上按照本办法规定安装中国船级社核发的海关批准牌照，并在厢体外部规定位置标识序列号。

1.2 集装箱和集装箱式货车车厢的维修

1.2.1 境内维修集装箱和集装箱式货车车厢的工厂，应当持有工商行政管理部门核发的企业法人营业执照及中国船级社颁发的“工厂认可证书”，向其所在地海关申请递交“集装箱和集装箱式货车车厢制造、维修工厂海关核准申请书”，经核准后由海关颁发“中华人民共和国海关集装箱和集装箱式货车车厢制造、维修工厂海关核准证书”，方可从事集装箱和集装箱式货车车厢的维修。

1.2.2 已取得“工厂认可证书”并经海关核准的集装箱和集装箱式货车车厢制造或者改装的工厂，可以从事集装箱和集装箱式货车车厢的维修。

1.2.3 未经海关许可，任何人不得擅自改变集装箱和集装箱式货车车厢的结构。维修后的集装箱和集装箱式货车车厢结构应保持原状，如发生箱（厢）体特征变更的，集装箱和集装箱式货车车厢的所有人或者申请人必须拆除海关批准牌照，同时应当向中国船级社提出书面检验申请，

并重新办理海关批准牌照。

1.2.4 海关可以随时对维修工厂维修的安装海关批准牌照的集装箱和集装箱式货车车厢进行核查。

2. 验车

2.1 货车验车范围

2.1.1 必验（9 项）：新办；换车；更换发动机；更换车架；更换商号；改装车厢、车体；车辆滞留境内超过 3 个月（含 3 个月）复出境；其他监管部门要求验核的车辆；要求重新过磅的车辆；增加 / 取消 24 小时跨境快速通关标志的车辆；因故需拖运出境的车辆、退港的车辆；其他。

2.1.2 抽验：年审；更换车辆号牌；更换监管设备。

2.1.3 上述车辆包括来往香港货运车辆、国内转关车辆。

2.2 需提交以下单证资料

2.2.1 临时入境申报表或粤港澳机动车辆往来及驾驶员驾车批准通知书（海关联复印件），国内接驳车不需提交。

2.2.2 机动车辆行驶证。

2.2.3 车辆验车记录表及车辆照片两张（一张为车辆左前侧面 45°照片，可明显看见油箱和粤港两地车牌；一张为车辆右后侧面 45°照片，可明显看见粤港两地车牌，车厢侧面喷写企业名称，规格均为 4×3 寸）。

2.2.4 加装或拆除尾板、维修加固或重新过磅的车辆，应同时受理企业递交的书面申请。如为口岸海关要求重新过磅的，应确认已收到口岸海关的函件。

2.3 要求

2.3.1 申请加装或拆除尾板、维修加固的车辆，企业应如实填报“车辆加装、拆除尾板审批表”，并在车辆尾板处、拟装尾板处或破旧处拍照；车辆加装或拆除尾板、维修加固后，持经审批的“车辆加装、拆除尾板审批表”及相关验车所需的资料，重新验车。

2.3.2 油缸容量大于 650 升（不含 650 升）的货运车辆，须提供车辆生产厂家出具的原厂油缸技术资料复印件（并提供原件核对）。

2.3.3 申请重新过磅的车辆，企业应如实填报“海关车辆测重审批表”。

2.3.4 口岸海关发函要求重新过磅的车辆，应在海关收到口岸函件后，办理验车手续。

2.3.5 经验核须整改的车辆，海关发还行驶证等相关资料，在车辆验车记录表签注“不合格”意见；车辆整改完成后，重新验车。

2.4 备注

2.4.1 香港小客车在口岸海关验核。

2.4.2 属于抽验范围的，先递交验车表，如需要验车再将车辆开至现场进行验核。

2.5 办结

验车合格的，验车关员在验车记录表上签名，经科长审核签名后，加盖验车合格印章，核发车辆验车记录表并退还相关的资料。

3. 对集装箱和集装箱式货车车厢的监管

3.1 集装箱和集装箱式货车车厢投入运营时，应当安装海关批准牌照。集装箱和集装箱式货车车厢外部标记的序列号应当与安装的海关批准牌照所标记的序列号一致。

3.2 集装箱和集装箱式货车车厢序列号变更的，应当重新申请检验并办理海关批准牌照。序列号模糊不清以及破损的集装箱和集装箱式货车车厢，不得装载海关监管货物。

3.3 集装箱和集装箱式货车车厢作为货物进出口时，无论其是否装载货物，有关收发货人或者其代理人应当按照进出口货物向海关办理报关手续。

3.4 境内生产的集装箱及我国营运人购买进口的集装箱在投入国际运输前，营运人应当向其所在地海关办理登记手续。境内生产的集装箱已经办理出口及国内环节税出口退税手续的，不在海关登记；已经登记的，予以注销。

3.5 承运海关监管货物的运输企业在集装箱式货车车厢获得“集装箱式货车车厢批准证明书”后，应当按照《中华人民共和国海关关于境内公路承运海关监管货物的运输企业及其车辆、驾驶员的管理办法》的规定向其所在地海关申请办理车辆注册。

3.6 本办法所述集装箱和集装箱式货车车厢报废时，营运人凭登记或者注册资料向所在地海关办理注销手续。

3.7 符合本办法规定的集装箱和集装箱式货车车厢，无论其是否装载货物，海关准予暂时进境和异地出境，营运人或者其代理人无需对箱（厢）体单独向海关办理报关手续。

3.8 暂时进境的集装箱和集装箱式货车车厢应于入境之日起 6 个月内复运出境。如因特殊情况不能按期复运出境的，营运人应当向暂时进境地海关提出延期申请，经海关核准后可以延期，但延长期最长不得超过 3 个月，逾期应按规定向海关办理进口及纳税手续。对于已经按本办法规定在海关登记的集装箱，进出境时不受前款规定的期限限制。

具体的办证表格请加 QQ 群索取。

第六节 集装箱和集装箱式货车车厢结构技术标准规定

1. 基本原则

用于装载海关监管货物的集装箱和集装箱式货车车厢［以下统称“箱（厢）”］应当符合下列标准的规定和要求。

1.1 箱（厢）体结构严密、完整，箱（厢）体密封部分可以施加海关封志。如采用非法手段取出或者装入货物，将会损坏海关封志，或者在箱（厢）体外留下开拆痕迹。

1.1.1 箱（厢）体各组成部分（端壁、侧壁、底板、门、顶板、角柱、纵桁、横梁等）的装配方式，应当保证无法从箱（厢）体外面移动或者调换其各组成部分或者改变其结构，否则将会留下明显可见的痕迹。

1.1.2 当箱（厢）体顶板、侧壁、底板、门由不同部件组成时，这些部件应当符合上述规定，并且具有足够的强度。

1.2 海关封志可以简便而有效地施加在箱（厢）体上。

1.2.1 箱（厢）门和其他关闭部分（包括截止旋塞、人孔盖、法兰等），应当配有可以简便而有效地施加海关封志的装置，其结构设计应当保证无法从箱（厢）体外部打开箱门和其他一切关闭装置，否则将会破坏海关封志。

1.2.2 箱（厢）体的通气孔和排水孔，应当装有防护罩等类似装置，用以防止由通气孔和排水孔进入箱（厢）体内部。该防护罩等类似装置无法从箱（厢）体外部被移动或者调换，否则将会留下明显可见的痕迹。

1.3 箱（厢）体应无可供藏匿货物的隐蔽部位。

1.3.1 凡组合部件在结构上必需留有必要空隙的部位（例如双层壁板之间的空隙），但为了防止这些部位用于藏匿货物，箱（厢）体内部的衬板应当无法被移动或者调换，否则将会留下明显可见的痕迹。

1.3.2 为便于海关查验，上述留有空隙的结构数量应当控制在最少限度。

1.4 箱（厢）体装载货物空间，应当便于海关检查。

2. 连接结构的规定

如使用连接紧固配件（如铆钉、螺钉、螺栓和螺帽等）装配箱（厢）体构件（如门板、侧壁等）

时，应当采用将连接紧固配件由外向内穿入，在箱（厢）体内部紧固的装配方式，并能保证这些连接紧固配件无法从箱（厢）体外部被拆除或者调换（如将螺母焊接在螺栓上）。

凡是可以从一面拆除或者更换而不留下明显痕迹的连接紧固配件（如膨胀螺栓、螺钉和暗钉等），均不得使用。

3. 集装箱门铰链结构的规定

用于固定箱（厢）门的对接铰链、板条铰链、铰链钉和其他装置，必须保证箱门一旦关闭并施加海关封志后即无法拆换，否则将会留下明显痕迹。箱（厢）门如具有两个以上铰链的，则只需最靠近箱（厢）门上下两端的两个铰链符合上述要求即可。

名企车务管理案例：某知名企业关于车辆证照管理的规定

1. 目的

为了适应集团不断发展的需要，合理和规范车辆证照的管理，最大限度的发挥自有车辆的使用效能，特制定本规定。

2. 适用范围

某集团总部、所有大区、分公司、站点。

某集团总部所有生产用车、公务用车、叉车。

3. 车辆证照管理具体事项

3.1　车辆证件管理是车管日常管理的一项内容，车辆证件主要包括行驶证、营运证、养路费凭证、保险卡等，这些证件都需要随车携带。车辆证件的管理主要有证件办理和证件管理两方面的内容。

3.2　证件办理

不同证件的办理情况如下：

3.2.1　行驶证

行驶证是车辆最重要的证件，自新车上牌得到行驶证之后，行驶证就成了车辆的身份证，行驶证遗失后，可到车管所申请补办。

机动车牌证申请表见附件 1。

3.2.2　营运证

营运证是针对营运性车辆的，货运车辆都需要办理营运证。营运证不是由车管所而是由交通部门发证并管理。货车营运证需要按一定的周期（三个月）进行审验，审验之前需要对车辆进行制动等方面的综合性能检测。

交通运输管理部门的运营证的办理流程和相关表格见附件 2。

3.2.3 养路费凭证

养路费需要到交通运管部门缴纳，不同的运输单位可以一次性缴纳一年，也可以每月缴纳。

3.2.4 保险卡

保险卡是保险公司除保单之外，另外发的一个保险凭证，随车携带，方便驾驶员在发生交通事故之后作随地报案之用。

3.2.5 车船使用税凭证

车船使用税是对国内企业和个人车辆征收的，一般一年缴纳一次。货车按吨位计税，客车和轿车按座位数计税。车船使用税由当地税务部门征收，缴纳之后会有一张车船使用税征收凭证，应该随车携带。可由保险公司在承保交强险时代扣、代缴。

3.2.6 环保标

环保标是在初次审验时核发，需贴在前风挡玻璃右上角（注意：内含芯片不能弯折）。

3.2.7 其他证件

比如特殊货物运输证、出租车营运证、禁区、年票等。

3.3 证件管理

车管在对上述证件进行管理的时候，要注意以下几点：

3.3.1 加强对证件的检查

有些分公司，管理人员一年都不检查行驶证，只是在年审的时候拿去验一验。这样很容易造成行驶证的遗失，而且遗失掉了都不知道是什么时候发生的事。

集团规定驾驶员每天交车时，必须进行证件交接，谁丢失证件，谁负责任；同时集团要求各大区，一个季度做一次全面的检查。

证照月度检查表见附件 3。

3.3.2 实行行驶证负责制

各分公司实行一部车一本行驶证，由一个人负责管理；如果证件丢失了，由责任人负责。

3.3.3 证随车而不随人

这样做的目的一是防止随身携带容易遗失，二是防止其他驾驶员出车时没有携带证件，带来不必要的麻烦。因此，车管应该把这些证件用一个证件袋装好，统一规定放在某个安全的地方（比如驾驶室仪表盘的箱子里）。

3.3.4 车管要对所有车辆的所有证件进行复印存档。一方面这是车辆技术档案的要求，另一方面是证件遗失后，有一个凭证。

3.3.5 注意证件有效期

车管人员需对这些证件的签注时间进行记录，在到期前及时办理相关手续。

3.4 处罚规定

3.4.1 行驶证

对于行驶证遗失，给予当事人每次 100 元的处罚，同时补办的费用由当事人承担；如行驶证丢失后，车管人员没有在一个月内及时补办，由于超期的原因无证驾驶产生的罚款由车管人员承担 30%。

3.4.2 营运证

对于营运证遗失，给予当事人每次 100 元的处罚，同时补办的费用由当事人承担；如营运证丢失后，车管人员没有在一个月内及时补办，由于超期的原因无证驾驶产生的罚款由车管人员承担 30%。

3.4.3 养路费凭证

对于养路费凭证遗失，给予当事人每次 100 元的处罚，同时补办的费用由当事人承担；如营运证丢失后，车管人员没有在 1 个月内及时补办，由于超期的原因无证驾驶产生的罚款由车管人员承担 30%。

3.4.4 保险卡

对于保险卡凭证遗失，给予当事人每次 100 元的处罚，同时补办的费用由当事人承担；如保险卡丢失后，车管人员没有在一个月内及时补办，给予 50 元 / 车次的处罚。

3.4.5 车船使用税凭证

对于车船使用税凭证遗失，给予当事人每次 100 元的处罚，同时补办的费用由当事人承担；如车船使用税凭证丢失后，车管人员没有在一个月内及时补办，给予 50 元 / 车次的处罚；同时由于车船使用税凭证没有随车携带而造成罚款的，由当次驾驶员、调度人员和车管人员共同承担罚款，各占 1/3。

3.4.6 其他证件

比如特殊货物运输证、出租车营运证、禁区通行证、年票等。如这些证照没有随车携带而造成罚款的，由当次驾驶员、调度人员和车管人员共同承担罚款，各占 1/3；同时还对三者再罚 100 元 / 车次。

对于一年内有两次发生上述同样情况的责任人，经济上给予加倍处罚，行政上给予比上一次处罚更严厉的一个级别的处罚。

4. 例外

无。

5. 解释

本规定由集团车管部解释。

6. 引用

无。

7. 附件

附件 1：车管所机动车牌证申请表。

附件 2：车管部门的运营证办理流程和资料。

附件 3：《某集团证照月度检查表》。

说明：相关附件内容请加 QQ 群索取。

第四单元　机务管理体系

教学目标

机务管理是交通运输和物流企业管理的一个子管理系统，它涉及车辆的完好率、安全性、维修保养成本及燃料的消耗，它的主要任务是服务于企业运输需要，并与企业主营业务的经营成本紧密相连。机务管理系统在汽车运输企业中起着重要的后勤保障作用。

机务管理的复杂程度远远高于营运、安全的管理，是一个技术性、专业性极强，管理幅度宽的管理体系，也是汽车运输企业中管理难度较大的体系。机务管理的水平与企业的经济效益密切相关，机务管理在企业管理中占有十分重要的地位。

通过对本单元的学习，使车管人员对从事职业物流车管工作的机务管理体系有一个认识和了解，对比机务管理体系中的各项要求，分析找到自身的优点和不足，予以进一步完善，从而提高自身的车管工作技能，提升在物流行业的职业竞争力。

教学内容

机务管理是一个大的范畴。

从车辆的角度看：包括了从车辆的购置、管理、维修直至报废的全过程。

从经济的角度来看：包括购车成本、折旧、节能、节胎、材料成本、人工成本及其他维修费用的管理。

从后勤保障的角度来看：包括车辆质量、可靠性、安全性、维修及时性等考核。

从技术角度来看：包括对技术标准及工艺流程的制订、对维修保养制度的选择、对驾驶员修理工的技术教育以及对车辆的配置选型等内容。

说明：由于本书整体内容是偏重于职业车管经理人的管理能力方面，所以在本单元中，关于车辆的维修保养等详细内容不予重点列出。请参考车辆维修技师（或修理工）的相关要求。并且，考虑到车管经理人群体的现状特点，关于一些计算公式，本文也予省略。

总体而言，机务管理是一个大的概念，内容较多，不仅是车辆维修，它包括“管、用、养、修”四个主要的环节，本单元结合上述几项内容和实践中物流公司的实际情况，进行了简要的综合，重点突出以下的主要内容：车辆采购配置管理；车辆使用管理；车辆维护和检测管理；车辆配件供应管理；车辆常见故障识别；名企机务管理案例。

第一章　车辆采购配置管理

重点内容

本章重点内容：车辆采购计划；车型选择；供应商选择；正式采购；新车检验；办证上牌等内容。

1. 车辆采购计划

1.1　自行采购

公司自身根据车辆运营情况，在车辆不够的情况下，提出采购计划或申请；车队在考虑增加新车时，主要考虑以下两个因素：

1.1.1　公司的运输业务。要特别注意的是，许多时候，公司的运输业务是临时性的，不要因为这些临时性的业务而提出新车采购，否则会造成浪费。

1.1.2　公司目前的车辆情况。主要有数量、类型、状况等。比如车辆大部分是小型货车，而且车况较旧，业务又呈稳定的上升趋势，因此尚需考虑制订大货车的采购计划。

1.2　委托采购

如果是用车部门或用车人提出车辆采购申请，委托车管部进行采购。这种情况主要是一些服务性的内部基层车队。车管部在接到其他部门的购车申请时，要做以下三方面的工作：

1.2.1　审核采购报告。如果该购车报告已有上级主管的口头许诺或是上级主管的授意，那么审核的主要内容是购车报告的其他方面（档次、资金等）；如果该购车报告没有上级主管的口头许诺或不是上级主管的授意，那么审核的主要内容是采购原因，即采购用途。

1.2.2　与申请部门沟通。车管部接到购车申请后，要与申请部门进行沟通，主要了解其新车用途，协商车型及采购期限等。如果不予采购或暂时不予采购，要向申请部门说明原因，并保证其现有的用车需求。

1.2.3　公车采购。如果是公车采购，还必须按照国家和地方公车采购的相关规定进行。

2. 车型选择

车型选择是购车的主要工作，车型选择正确与否，对于公司的营运和管理至关重要。车型选择主要有两方面的内容，一是品牌选择，二是车型选择。

2.1　品牌选择

品牌选择是指确定购买哪个汽车生产厂家的车辆。货车的生产厂家相对少些，主要有东风、解放、福田、重汽、陕汽、江淮、庆铃、五十铃等品牌，轿车的生产厂家比较多，需要认真考虑。在做品牌选择的时候，要注意以下两点：

2.1.1　品牌的知名度。品牌的知名度高，意味着该种车应用广泛，质量有保证。比如，货车一般都会选择东风和解放。

2.1.2　公司现有的车辆品牌。这点非常重要。如果公司现在的车大部分是东风系列货车，使用情况不错的话，采购时首先考虑的还是东风；小车如果是上海大众的帕萨特，采购时首先考虑的还是帕萨特。这是因为公司使用同一种车型，在营运管理，尤其是维修管理方面具有优势。如果车辆品牌太多太杂，维修管理就会变得复杂。

2.2　车型选择

品牌选定之后，就要确定哪个具体的车型。有时候，车型的选择与品牌的选择会同时进行。在进行车型选择时要考虑以下因素：

2.2.1　适用性。车辆的适用性是车型选择的首要考虑因素。适用性就是指车辆好不好用，包括吨位(座位)、车厢形式、驾驶或乘坐的舒适性，也包括驾驶操作性能等。比如，在选购公务车时，首先要考虑座位数。集体用车的话，还是以 7 座以上的为宜，比如依维柯等。又比如货车，首先要考虑的是吨位或车厢长度、车厢形式。目前，载质量 5 ~ 10 吨，车厢长 7 ~ 10 米的厢式货车比较适用。

2.2.2　安全性。在选择车型时，一方面要注意总结公司以往的交通事故情况并听取驾驶员的体会，看看哪种车型安全性较好，另一方面要注意新车在安全性方面的新技术措施等。

2.2.3　经济性。经济性也是买车时重点考虑的因素。关于经济性方面的问题，并不是越便宜越好，而是要做“性价比”分析。另外，还要考虑车辆以后的使用和维护费用，比如修理费、油耗等。

3. 供应商选择

车辆供应商主要有以下两种渠道。

3.1　品牌专卖（厂家专卖）。大型货车或客车以从厂家直接购买为宜。

3.2　汽车经销商或代理商。目前，各地的汽车经销商或代理商非常多，他们给用户提供了方便、快捷、专业和周到的服务。有时候，从这些汽车经销商或代理商处购买汽车比直接从厂家购买要实惠得多。但是，由于汽车经销商或代理商数目较多，规模大小不一，服务质量也参差不齐，因此，选择一家理想的供应商非常重要。实战经验是选择车辆供应商的要领。

3.2.1　要选择正规的供应商。签订购车合同前，要详细调查清楚供应商的相关情况，看对方是否有从事汽车贸易的资格。

3.2.2 要选择两家以上的供应商。对于同一种车型，在一个城市，应该有两家以上的供应商。因此，要货比三家。

3.2.3 要考虑付款方式、供车期限、提车方式、促销内容（上牌入户、送保险、送装潢等）等方面。对于这些内容，不同的供应商有不同的规定，这也是选择供应商的一个考虑因素。

4. 正式采购

定好车型和供应商之后，车队就要写一份采购报告，连同购车申请一并交给上级审批。如果车辆采购报告获得批准，就要着手正式采购了。正式采购要注意以下几点。

4.1 采购合同的签订

如果是供应商提供的格式合同，要仔细、具体地分析每一个条款；对于与销售人员承诺不同的地方，要特别考虑，并在合同中另外注明；如果还有其他的口头承诺，也要备注清楚。

4.2 提车方式

对于车辆的批量采购来说，最好选择厂家直购，但是要注意提车方式。一般来说，提车方式有自提和送车上门两种方式。如果距离远，最好选择送车上门，因为提车还要一笔不小的费用。

4.3 付款方式

付款方式双方都比较敏感，要特别注意。

4.4 改装（装潢）情况

现在许多经销商都会提供车辆改装（装潢）服务。对于轿车，更多的是车内装潢，对于货车，更多的是改装，其中以装厢为主。因此，在采购时，要特别注意这方面的情况。尤其是对于装厢这种比较大的改动，费用较大，而且还涉及以后的上牌入户。

5. 新车检验

5.1 核对车型及参数

先核对汽车型号是否是你所购买的，核对参数主要有发动机型号、发动机 VIN 码、车身（架）

号码，核对车身颜色是否是你预先选定的颜色。另外，还要环绕汽车仔细检查，不要让脏物或灰尘遮住残损处，查看全车颜色是否一致；若不一致，用手摸一摸，看是否有修补痕迹，假若修补痕迹较多，则可判断该车为二手车，要换上一辆新车再检查。

5.2 检查是否漏水漏油

检查散热器、发动机油底壳、后桥主减速器壳、转向器（动力转向）、燃油供给系统是否漏水漏油，特别是燃油滤清器、各燃油管路是否漏油等。

5.3 检查车内设施

车内座位是否完整、坐垫及椅套是否美观大方，座椅能否前后调整，乘坐是否舒适，有无安全系统，安全带伸缩是否自如。车门与侧窗开关是否灵活、安全、可靠，手动或电动车窗操纵是否正常，门窗及前后风窗玻璃密封是否良好，玻璃是否存在裂纹，各后视镜中景物图像是否清晰。车内各装饰件安装是否牢固可靠，特别是车门拉手是否松动，内顶篷是否有松脱现象等。

5.4 检查电气系统

检查蓄电池、雨刮、喷水器、各车灯（前照灯、小灯、制动灯、转向灯、防雾灯、牌照灯、车厢灯）、喇叭、里程表。起动发动机，检查发动机启动是否容易，并观察各仪表及电气报警装置是否正常等。

5.5 检查轮胎及随车工具

检查轮胎规格，备胎及其他 4 个轮胎是否相同，轮胎气压是否合适；检查随车工具是否齐全（与说明书对照）等。

5.6 路试检查

起动发动机，细听转速情况，检查发动机运转是否轻快、连续、平稳而无杂音和异响，轻踩加速踏板，发动机转速应连续、平稳地提升；车辆起步前行，换挡应平顺，无换挡困难及出现齿轮异响；轻踩制动踏板，检查制动系统的制动力度，以及制动时的方向稳定性是否良好；检查滑行性能，在 20 公里每小时挂空挡滑行，应可滑行 50 ～ 80 米；多绕些弯，检查转向性能是否令人满意；高速行驶，检查汽车的高速行驶性能等。

5.7 检验相关凭证

购车时一定要注意各种凭证是否齐全，以免将来有事无据可依。

6. 办证上牌

新购买的汽车要上路行驶前，须向所在地公安局车辆管理所（以下简称“车管所”）申请注册登记，并领取牌证。具体程序参见第三单元第二章的车辆证照管理。

需要注意的是：购车时应向经销商索要以下凭证：

6.1 购车发票。购车发票是购车时最重要的证明，同时也是汽车上户时的凭证之一。购车时一定要向经销商索要购车发票，并要确认其有效性。

6.2 车辆合格证。车辆合格证是汽车另一个重要的凭证，也是汽车上户时必备的证件。只有具有合格证的汽车才符合国家对机动车装备质量及有关标准的要求。

6.3 “三包”服务卡。根据有关规定，汽车在一定时间和行驶里程内，若因制造质量问题导致的故障或损坏，凭“三包”服务卡可以享受厂家的无偿服务。

6.4 使用说明书。用户必须按照车辆使用说明书的要求合理使用车辆。若不按使用说明书的要求使用而造成的车辆损坏，厂家不负责“三包”。使用说明书同时注明了车辆的主要技术参数和维护调校所必需的技术数据，是修车时的参照文本。

6.5 其他文件或附件。有些车辆发动机有单独的使用说明书，有些车辆的某些选装设备有专门的要求或规定，这时消费者都要向经销商索要有关凭证。

案例：某集团车辆工作流程指引请加 QQ 群索取。

第二章　车辆使用管理

重点内容

本章重点内容：交通运输部关于车辆使用管理的规定简要；常规车辆使用管理；车辆使用监管；法律责任等的相关规定（讨论稿）。

常规车辆的使用管理内容有：车辆使用管理原则，车辆使用管理制度，油耗和定额指标管理下达，轮胎的使用与维护管理，车辆日常保养（例行保养），车辆规费缴纳和车辆年审等内容。

说明：本章中的车辆日常保养（例行保养）将在下一章第三节中详细列出来。车辆规费缴纳和车辆年审在本书的第三单元车务管理体系内容中，本章不再列出。

第一节　交通运输部关于车辆使用管理的规定简要

1. 总则

道路运输车辆使用技术管理应坚持安全第一、预防为主、保护环境、节约能源和技术与经济相结合的原则；对道路运输车辆实行择优选配、权责明确、正确使用、分类管理、综合检测、定期维护、适时更新和强制退市的综合性管理。

道路运输车辆使用技术管理应依靠科技进步，采取现代化管理方法，推广检测诊断、计算机应用和卫星定位系统等先进技术，开展多种形式的职工教育和专业培训，提高车辆管理水平和技术水平。

道路运输车辆技术管理应通过管理的信息化、网络化，实现资源共享，提高服务效率、服务质量和应急保障能力。

道路运输经营者作为车辆使用技术管理的责任主体，应履行管好、用好、维护好车辆，提高装备素质，确保车辆在使用全过程中的技术状况良好，实现道路运输的安全、节能、环保和高效的职责。

国家鼓励发展符合道路运输市场需要的先进、适用、低耗和节能的车型，鼓励货车选用集装箱、封闭厢式和多轴重型的车型；鼓励危货专用车选用封闭厢式、罐式和集装箱的车型；鼓励客车选用燃气、双燃料、电驱动和混合动力的车型。

2. 法定车辆技术条件

道路运输车辆应当符合下列技术条件：

2.1　技术性能符合国家标准《营运车辆综合性能要求和检验方法》（GB 18565—2001）

的要求。

2.2　车辆外廓尺寸、轴荷及质量符合《道路车辆外廓尺寸、轴荷及质量限值》（GB 1589—2004）的要求。

2.3　以汽油或者柴油为单一燃料，总质量超过 3500 千克的客车、货车和危货专用车的燃料消耗量应分别满足交通行业标准《营运客车燃料消耗量限值及测量方法》（JT 711—2008）或《营运货车燃料消耗量限值及测量方法》（JT 719—2008）的要求。

2.4　车辆技术等级和客车类型等级应与其经营业务和经营范围相适应。

2.4.1　交通运输部应依据规定的道路运输车辆技术条件，定期发布《道路运输车辆车型目录》，引导道路运输经营者正确选购符合本规定的道路运输车辆。

2.4.2　道路运输经营者应当根据道路运输市场供求状况、道路条件等因素，制订道路运输车辆发展规划，对车辆的安全性、可靠性、经济性、适应性和维修方便性进行选型论证，并向道路运输管理机构咨询，择优购置列入交通运输部公布的《道路运输车辆车型目录》中的车型。

2.4.3　新增和更新的道路运输车辆应根据节能降耗要求，选择交通运输部发布的《燃料消耗量达标车型表》中的节能车型；货车和危货专用车应依据运输需求，选择交通运输部发布的《道路货运汽车及汽车列车推荐车型表》中的车型。

3. 车辆使用管理规定

3.1　道路运输经营者应当按照国家、行业或地方标准、车辆制造厂的技术规定和道路运行条件正确使用车辆。

3.2　道路运输车辆的装备、标志应符合相应的国家、行业标准。客车、危货专用车应当按照规定安装卫星定位系统。危货专用车应当按照国家标准《道路运输危险货物车辆标志》（GB 13392—2005）的要求悬挂标志。

3.3　道路运输车辆装载应当符合国家有关规定，严禁车辆超限、超载运行。

货车和危货专用车运输的货物应当符合车辆核定的载质量，载物的长、宽、高不得违反装载要求。货车装载货物时，应当采取必要措施，防止货物脱落、扬撒等；危货专用车装载危险货物时，应当采取必要措施，防止危险货物燃烧、爆炸、辐射、泄漏等。

3.4　道路运输车辆改装应当符合国家有关规定。对道路运输车辆的车辆结构、构造或者特征进行改装，应当事先获得有关部门的批准，交由合法改装企业实施车辆改装作业。严禁使用擅自改装的道路运输车辆从事道路运输经营。

3.5　道路运输车辆在高温、高寒、高原、山区、风沙等特殊条件下使用，应当采取相应的保障措施，确保运输车辆技术状况良好。

3.6　道路运输经营者应根据车辆数量设置车辆技术管理机构或指定专人负责道路运输车辆

技术管理工作。

3.7 道路运输经营者应当建立和落实车辆技术档案、车辆维护保养、车辆技术等级评定、客车类型等级评定、车辆燃料消耗量达标车型车辆核查和车辆安全例检等车辆技术管理制度。

3.8 道路运输经营者应当加强道路运输车辆驾驶员的培训，提高驾驶员的素质，使其熟练掌握车辆技术性能，正确、规范使用车辆，认真做好出车前、行驶中、收车后的车辆检验工作，并作记录。

3.9 道路运输经营者应当按照全国统一式样对所属道路运输车辆建立车辆技术档案，一车一档，并妥善保管。对相关内容的记载应当及时、完整和准确，不得随意更改。

3.10 道路运输经营者在办理道路运输车辆转籍或过户变更手续时，应当将车辆技术档案完整移交。

3.11 道路运输经营者对达到国家规定的报废标准或者经检测不符合国家强制性标准要求的道路运输车辆，应当及时向车籍所在地县级以上道路运输管理机构申请注销道路运输证，自觉退出道路运输市场，不得继续从事道路运输经营。

4. 监督管理

4.1 道路运输管理机构应当加强对道路运输车辆技术管理的监督检查，积极运用信息化技术手段，科学、高效地开展工作。道路运输管理机构工作人员应当严格按照职责权限和法定程序进行监督检查，不得滥用职权、徇私舞弊，不得乱设卡、乱收费、乱罚款。

4.2 道路运输管理机构的工作人员应当深入到道路运输车辆所属的道路运输经营者驻地，对道路运输车辆技术管理规章制度的建立和落实情况进行监督检查，并将车辆技术档案和车辆二级维护执行情况作为车辆年度审验的重要内容。

4.3 道路运输管理机构应当加强对公布的道路运输车辆检测机构从事相应检测业务的监督管理工作，建立、完善监督检查制度，不定期派员深入到车辆检测机构，对有关车辆检测和评定的国家、行业标准和规定的执行情况进行监督检查。

4.4 道路运输管理机构的工作人员应当重点在客货运站、客货集散地、停车场（站）、道路运输经营单位等场所对道路运输车辆技术状况、二级维护执行情况等进行监督检查。此外，根据管理需要，可以在公路路口实施监督检查，但不得随意拦截正常行驶的道路运输车辆，不得双向拦截车辆进行检查，不得将道路运输车辆二级维护执行情况作为路检路查项目。

4.5 道路运输管理机构的工作人员实施监督检查时，应当有 2 名以上人员参加，并向当事人出示交通运输部统一制式的交通行政执法证件。

4.6 道路运输管理机构的工作人员可以向被检查单位和个人了解情况，查阅和复制有关材料。但是，应当保守被调查单位和个人的商业秘密。被监督检查的单位和个人应当接受道路运输管理机构及其工作人员依法实施的监督检查，如实提供有关情况或者资料。

4.7 道路运输管理机构的工作人员在客货运站、客货集散地、停车场（站）实施监督检查过程中，发现道路运输车辆有超载行为的，应当立即予以制止，并采取相应的措施安排旅客改乘或者强制卸货。

4.8 道路运输经营者在许可的道路运输管理机构管辖区域外违法从事经营活动的，违法行为发生地的道路运输管理机构应当依法将当事人的违法事实、处罚结果记录到道路运输证上，并抄告做出道路运输经营许可的道路运输管理机构。

4.9 道路运输经营者违反本规定后拒不接受处罚的，县级以上道路运输管理机构可以暂扣其道路运输证等道路运输管理机构颁发的相关证件，签发待理证，待接受处罚后交还。

4.10 道路运输管理机构的工作人员在实施道路运输监督检查过程中，对未经检测评定或检测评定不合格和擅自改装的道路运输车辆可以予以暂扣，并出具道路运输车辆暂扣凭证。对暂扣车辆应当妥善保管，不得使用，不得收取或者变相收取保管费用。

违法当事人应当在暂扣凭证规定时间内到指定地点接受处理。逾期不接受处理的，道路运输管理机构可依法做出处罚决定，并将处罚决定书送达当事人。当事人无正当理由逾期不履行处罚决定的，道路运输管理机构可申请人民法院强制执行。

4.11 道路运输管理机构应当加强对已进入道路运输市场车辆的经济、技术性能的监督管理；对于达到国家规定的报废标准或者经检测评定不符合技术标准要求的道路运输车辆，应当注销已获得的道路运输证件，不得允许其继续从事道路运输经营活动。

4.12 从事驻在运输超过 90 天的道路运输车辆，道路运输经营者应持车籍所在地县级以上道路运输管理机构的委托书，纳入驻在地道路运输车辆技术监督管理。

5. 法律责任

5.1 违反本规定，道路运输经营者没有采取必要措施防止货物脱落、扬撒的，由县级以上道路运输管理机构责令改正，处 1 000 元以上 3 000 元以下的罚款；情节严重的，由原许可机关吊销道路运输经营许可证或者吊销其相应的经营范围。

5.2 违反本规定，道路运输经营者使用擅自改装或者擅自改装已取得道路运输证的车辆的，由县级以上道路运输管理机构责令改正，处 5 000 元以上 2 万元以下的罚款。

5.3 违反本规定，道路运输经营者不按规定维护和检测道路运输车辆的，由县级以上道路运输管理机构责令改正，处 1 000 元以上 5 000 元以下的罚款。

5.4 违反本规定，车辆检测机构不按国家有关技术规范进行检测、未经检测出具检测结果或者不如实出具检测结果的，由县级以上道路运输管理机构责令改正，没收违法所得。违法所得在5 000元以上的，并处违法所得2倍以上5倍以下的罚款；没有违法所得或者违法所得不足5 000元的，处5 000元以上2万元以下的罚款；构成犯罪的，依法追究刑事责任。

5.5 违反本规定，有下列行为之一的，由县级以上道路运输管理机构责令限期整改，整改不合格的，予以通报：

5.5.1 没有建立道路运输车辆技术档案的。

5.5.2 没有报备道路运输车辆二级维护周期和维护企业的。

5.5.3 进站客车未办理客车二级维护备案手续的。

5.5.4 未经检测技术服务能力复核，车辆检测机构擅自开展道路运输车辆检测和评定业务的。

5.5.5 没有建立道路运输车辆检测档案的。

5.5.6 从事道路运输车辆技术管理的人员在车辆技术监督管理工作中有滥用职权、玩忽职守、徇私舞弊等情形的，依法给予行政处分；构成犯罪的，依法移交司法机关处理。

第二节 常规车辆使用管理

1. 车辆使用管理原则

第一，车辆使用管理是“管、用、养、修”的第一个环节，其要点是：定人、定车、定责任。如果一辆汽车无专人保管，要做好日常保养是困难的，其燃料消耗考核更无从下手。所以不但要定人、定车，还要定相关责任，并要认真考核，落到实处，否则车辆使用管理将会成为一句空话。

第二，要加强爱车节能教育，包括车辆结构、性能、日常保养作业范围、安全节能操作要点、新车及大修车走合期磨合要求等知识及车辆管理等相关制度的教育。

第三，要定期对日常保养及车况进行抽查，进而检查考核驾驶员对日常保养的落实情况，用以督促驾驶员做好日常保养。车辆使用管理的好坏将决定使用成本。使用管理的重点在车辆日常保养及燃料定额考核。

2. 建立车辆日常管理制度

2.1 企业应建立车辆使用管理的规章制度，规范使用及车辆管理行为，其要点如下：

2.1.1 车辆应实行定人、定车保管、使用，未经企业同意，任何人不得私自将车辆转借、转交他人驾驶、使用。

2.1.2 车辆保管人应负责对车辆进行日常维护保养。

2.1.3 所有车辆必须按标准及有关规定进行各级保养，如发生漏保养必须补作。

2.1.4 新型车辆投入使用或未操作过该类型车辆的驾驶员上岗操作前，应进行该车辆性能培训、交底。

2.1.5 车辆发生故障应立即修复，防止故障恶变，严禁驾驶具有危及安全的故障车辆。

2.1.6 车辆使用中，发生性能突变等异常情况，应停车检查、作出判断，进行修复或送厂检查、修理。

2.1.7 同一车辆短期内发生重复故障、疑难故障，应向质检、技术部门报告，力求根除。

2.1.8 车辆发生机损，应组织调查、分析，分清责任予以处理。

2.1.9 任何人不得擅自改变车辆形态、结构、布置。

2.1.10 车辆因交通事故损坏，必须修复后方能行驶。

2.1.11 车辆应按企业规定停放及保管。

2.1.12 车辆必须按规定装载。

2.1.13 企业应设专门人员对驾驶员日常维护保养执行情况进行监控、考核。

2.2 车辆日常维护保养内容

2.2.1 车辆的日常保养，也称例行保养，主要指出车前、行驶中、收车后对车辆的检查、加注及调校、紧固，应由驾驶员进行。

2.2.2 其主要内容为检查发动机及仪表运转是否正常，冷却液、机油高度是否符合规定，各附件固定是否良好，车辆各部有无异响，悬挂及转向、制动部分连接是否可靠，有无漏油、漏气现象，轮胎气压是否正常等。

2.2.3 其目的是随时掌握车辆技术状况，进行安全检查，及早发现异常，以便及时排除和消除安全隐患，保证车辆的出车率及安全性。为培养驾驶员的自觉性，故应经常进行抽查、考核。

3. 车辆油料和定额指标管理

燃料消耗的定额考核，一般系按一定的行驶里程以百公里油耗或百吨公里油耗为指标，计算应用燃料，并予以考核、奖扣。燃料定额管理是车辆使用管理的重要环节及主要内容，常用的考核方法有：

3.1 百公里油耗

根据一定的车型，在经常运行的道路上，参考车辆使用说明书及实测油耗，并对比参照同类型车辆的实际百公里耗油而确定的燃料定额指标，里程单位为百公里；燃料单位为 L（升）、m^3（立方米）或 kg（公斤）。此油耗指标忽略载质量，即不管空载、重载，同时也忽略超出所测道路、气候条件对油耗的影响，一般适用于城市公共汽车，定线路运行客车及定线路货车等。

3.2 百吨公里油耗

百吨公里油耗是以有效货物运输里程为基数所平均消耗燃料的定额指标，是以里程 x 货物吨位后的 100 个单位，即百吨公里为单位所制订出的燃料定额指标。燃料单位为：L（升）、m^3（立方米）、kg（公斤）。

此油耗指标的特点：计算的是有效油耗。在实施考核时，有将空驶调车里程一并进行测算并考核的（即也包含空驶公里）；有将空驶调车里程单独按百公里油耗指标进行计算，再加上百吨公里油耗后一并考核的，这要根据需要且是否易于考核而定。

因为影响车辆燃料消耗的因素较多，为更接近于实际，使考核更加合理，在制订燃料定额时可根据各种因素对燃料消耗的影响程度，在通过实验的前提下，制订修正系数。例如夏天冬天气温不同，根据夏天燃料消耗低、冬天高的特点可制订气温修正系数。经常行走于不同山区道路的可制订坡道修正系数以及因道路翻修或经常塞车制订塞车修正系数等。

4. 轮胎的使用与维护管理

汽车轮胎的正确使用与维护，不仅关系成本，同时也关系行车安全。随着橡胶价格的上涨，轮胎消耗费用在成本中的比重也逐渐上升，为降低成本，保证行车安全，必须正确选用、正确使用和维护轮胎。

4.1 轮胎的正确选用

轮胎按组成结构不同可分为有内胎轮胎、无内胎轮胎（载重车大多选用有内胎轮胎）；按胎面花纹不同可分为普通花纹（纵向花纹）、越野花纹和混合花纹；按胎体帘布层结构形式不同可分为斜交胎、子午线胎。

4.1.1 正确选用轮胎花纹

轮胎花纹不同，其作用性能不同，花纹大致可分为以下三类：

（1）纵向花纹阻力小，节能，速度快，导向性能好。适用于柏油路面及水泥路面。

（2）横向花纹附着力强，爬坡性能好。适用于碎石泥土路路面。

（3）混合花纹具有纵向花纹及横向花纹的结构特点，同时也兼备纵、横向花纹的优点。适用于多种路面。

4.1.2 合理选用轮胎的帘布层结构类型

从帘布层结构来分，有斜交胎与子午线胎两大类。

（1）斜交胎帘布层现已多用尼龙（锦纶）。其特点是强度较高，耐冲击，有弹性，升温慢，不易吸水，价格便宜；但有热胀冷缩的缺点，胎体容易变形发空。

（2）子午线轮胎与普通斜交胎的主要不同之处为：子午线轮胎中的帘线都不相交，帘线所承受的负荷比斜交胎小，其帘布层数比斜交胎少近1/2。其特点是耐磨性好，滚动阻力小，节省燃料，高速安全，生热低，附着力好，减振缓冲效果好，操作性也比斜交胎好；但价格较高且不易修补。

4.1.3 轮胎层级的选择

轮胎的层级不同，其承载能力不同。层级的原定义为棉帘布层数，为轮胎承载能力的相对指数。后出现的人造丝、尼龙等参照棉帘布的强度而套用的相应层数，并非真正的尼龙帘布层数。习惯上，仍用层级数来表示轮胎的承载能力。层级数越高，相应载重能力越大，但价格亦相应增高。

轮胎层级数选用的主要参数为轴荷及轮胎允许最大载荷。要注意：轮胎上往往标有单胎最大载荷及双胎最大载荷两种最大载荷；测轴荷时，要以满载时为基准。在选用时考虑到一般运输企业的车辆均有可能有超载现象发生，故该轮胎的允许最大载荷一定要大于车桥所分配给该轮的轴荷，特别是前车轮，由于前轮爆胎极易发生交通事故，故一定要杜绝超载现象发生。

4.2 轮胎的正确使用与维护

轮胎的正确使用和维护与轮胎的寿命及能源的消耗十分密切，应做好以下工作：

4.2.1 保持正常的轮胎气压

轮胎气压的高低对滚动阻力影响极大，轮胎气压降低，车辆运行时轮胎变形量增大，滚动阻力增加，且胎肩磨损加速。根据实验，当轮胎气压比正常值减小 0.1MPa 时，滚动阻力增加 8%，同时由于轮胎的蠕动变形，轮胎的温升增快，易对帘布层造成损伤。但轮胎气压也不是越高越好，超出额定气压，轮胎的减振性能降低，且容易受外伤，易爆破及增加胎面中心的磨损速度。

另外，在炎热的夏天，行驶途中，轮胎散热受影响，易发热引起气压增高，这属正常现象，当轮胎温度高时，有效的办法是停车散热，降温，切不可采用泼冷水降温或放气降压。因用冷水激热轮胎，会使轮胎变形剧烈，损坏帘布层。放气降压，会使轮胎在冷车时降低承载能力及加大轮胎的蠕动变形，影响轮胎的正常使用及寿命。

4.2.2 强制维护及时翻修

轮胎的维护分为日常维护与保养维护两大类。日常维护注意检查轮胎气压、轮胎有无异常损坏和双胎中间是否夹有石块、胎面有无铁钉等异物。保养主要是进行检查调整，主要要求为：

（1）同一车轴上应安装同一规格、型号、花纹及层级的轮胎及规格相同的轮辋。

（2）斜交胎与子午胎不能混装。

（3）前轮直径差不超过相关规定。

（4）轮胎应无异常磨损，无异物嵌入，无起包，胎面裂纹长度及深度不超出相关规定。

（5）前轮不允许使用翻新胎。

（6）大客车、载重车轮胎花纹残存深度超过极限应拆下送翻新。

（7）常在高速路上运行的车辆，应对轮胎进行动平衡校验。

（8）轮胎气压符合规定。

4.2.3 轮胎编号及异动

为加强对轮胎的管理及考核，应对轮胎进行编号，建立档案，定车使用。如发生互换，应及时填报异动档案。当轮胎发生异常损坏，如缺气行驶发生碾胎，严重磨损及一只轮胎无气或严重缺气，另一只轮胎爆破等情况，应进行技术鉴定，分析原因，评估损失并按规定进行考核、惩处。

轮胎实践实用中的管理参见下面案例。

某知名集团车辆使用管理案例

1. 制度概况

目的：规范营运车辆在购置、使用、审验、封存、更新处置等生命周期内的管理工作，提高车辆使用效益。

适用范围：全集团车辆管理。

2. 制度正文

2.1 车辆使用的基本准则

2.1.1 营运车辆是保障公司业务正常运转的重要营运工具。

2.1.2 车辆管理部门负责车辆的日常管理和维护，确保车辆技术状况良好。

2.1.3 公司车辆不得对外租赁，不得挂靠（除转卖）到其他单位、团体及个人，外来车辆不得挂靠到公司。

2.1.4 严禁公车私用。

2.1.5 严禁非专职驾驶员驾驶营运车辆，严禁无驾驶证或从业资格证人员驾驶营运车辆。

2.1.6 严禁驾驶员驾驶无证件车辆或无有效证件车辆上路。

2.1.7 严禁驾驶员驾驶故障车辆参加公司营运。

2.1.8 未经地区总经理批准，严禁改变营运车辆使用性质。

2.2 营运车辆选型、购置管理

2.2.1 营运车辆选型

（1）营运车辆的购置由总部实行统一购置、选型。

（2）营运车辆选型时需从以下方面综合评价：

①技术性能优越、安全可靠。

②车辆运行成本（单位油料消耗和维修消耗）相对较低。

③规格齐全，与公司营运需求匹配，吨位利用率和容积利用率相对较高。

④车辆的性价比相对较高。

2.2.2 车辆购置

（1）各地区在制订车辆购置计划时，应从实际出发，根据本地区的营运需要，综合考虑车辆的适用性、可靠性、安全性、经济性等因素，合理制订计划。

（2）车辆必须办理完上牌手续和保险（商业险）后才能投入使用，同时建立完整的车辆档案。

2.3 新车的验收与启用

2.3.1 新车验收

检查随车资料：

（1）按照车辆购置合同和车辆使用说明书的规定，对照车辆清单或装箱单进行验收，清点随车工具和附件等。进口汽车的随车资料主要检查进口商检证、说明书和货检单等；国产汽车的随车资料主要检查出厂证、合格证和说明书等。

（2）检查产品合格证上汽车的发动机号、车架号、车辆识别代码是否和原车一致，钢印号是否整齐无修改痕迹。

（3）检查车型、发动机功率是否与说明书一致；车辆附属配置有无缺失、损坏。

（4）运行试验，性能检查。

（5）其他项目按附件 4“新车验收表”项目要求执行。

（6）检查中发现问题暂不签收，须即时与总部采购中心、运力管理处联系。

2.3.2 新车的启用

（1）车辆上牌及办理行驶证，办理车辆保险等。

（2）对新车进行清洁、润滑、紧固及其他必要的调整。

（3）建立车辆基本档案。

（4）做好新车的开蜡与漆面护理工作。

（5）严格按照车辆技术要求，做好走合期维护工作。

（6）在质保期内，车辆维护尽量安排在特约维修厂进行；车辆发生损坏，应及时鉴定，属于车辆厂家责任的，按规定程序向车辆厂家提出索赔。

2.4 车辆走合期使用

2.4.1 走合期限速、减载规定如下表。

行驶里程（千米）	载　荷	车　速
0 ~ 800	额定负荷的 50%	不超过发动机额定转速的 50%
800 ~ 2 000	额定负荷的 75%	不超过发动机额定转速的 75%
走合期后	满载	不超过发动机额定最高转速

2.4.2 驾驶员必须严格执行驾驶操作规程，保持发动机正常工作温度。

2.4.3 车辆走合期内，严禁拆除发动机限速装置；发动机起动后保持低速运转，待水温升到 50 ~ 60℃再起步，行驶中冷却水温应控制在 80 ~ 90℃，起动时不要猛踩加速踏板，以免发动机转速升变过快。

2.4.4 驾驶员在行车时，要适时换挡，注意选择良好路面以减少传动机件的振动和冲击；尽量减少汽车突然加速所引起的超负荷现象。

2.4.5 车辆走合期内按规定对汽车进行维护，重点是检查、紧固、调整和润滑。

2.5 车辆使用、停放交接管理

2.5.1 车辆使用管理

（1）车辆的日常使用必须要有完整的使用动态记录，即“行车日志”，其格式和封面见附件 1、附件 3。

（2）“行车日志”一车一册，要求完整、如实填写。

（3）驾驶员在车辆使用过程中，特别是车辆“三检”（出车前、行车中、收车后）时，如发现车辆异常（如故障、刮迹等）的，应在“行车日志”中记录相关情况，并及时知会车管人员。

（4）车辆“三检”（出车前、行车中、收车后）。

驾驶员车辆“三检”工作项目	
出车前检查项目	
1	出车前检查驾驶证、行驶证和必须携带的行车证件是否齐全
2	清洁汽车外观，并检查报修项目是否修复良好
3	检视发动机润滑油、燃油、冷却水、制动液是否符合要求；电解液是否充足；轮胎气压是否符合标准；以上情况如有异常，视情况补充
4	检查汽车主要外露部位的螺栓、螺母是否齐全、紧固
5	检视转向装置和横、直拉杆等连接部位是否牢固可靠；制动器（含手制动）、离合器的工作情况是否良好
6	检视照明、信号、喇叭、刮水器、后视镜、门锁、门窗玻璃是否齐全有效
7	起动发动机，预热 1 ~ 3 分钟；检查发动机运转是否正常，有无异响，各仪表工作是否正常；检查车辆各部有无漏水、漏油、漏气现象
8	出车前检查装载货物是否安全可靠，随车装备（灭火器、警示牌、随车工具等）是否齐全
行车中检查项目	
1	检查装载货物是否安全可靠
2	注意发动机和底盘有无异常
3	转向系、制动系是否灵活有效，离合器工作是否正常
4	各仪表、灯光、喇叭工作是否正常
5	检视有无漏水、漏油、漏气现象
6	检视轮胎气压是否正常，清除胎纹中杂物
7	检查制动器有无拖滞发热现象
8	检视转向机构、操纵机构等各连接部位是否牢固可靠

续上表

收车后检查项目	
1	清洁汽车外观、驾驶室和车厢内部
2	检视有无漏水、漏气、漏油现象
3	检查轮胎气压状况并清除胎纹中杂物
4	放净储气筒内的积水、油污，并关好开关
5	根据车辆技术状况，及时排除故障并向车管负责人员报修项目
6	检查车窗、电气设备等是否关闭，检查车门、转向盘是否锁牢

2.5.2 车辆停放管理

（1）车辆须按公司规定停放。

（2）车辆停放安全保障较差的场地，必须要有人看管，条件允许的加装闭路监控系统。

（3）车辆停放时必须要关闭所有电气设备，拉紧驻车制动，锁好转向盘锁和车门。

（4）如属人为原因造成车辆丢失的，按公司《奖励与处罚管理规定》处理。

2.5.3 车辆交接管理

（1）车辆的钥匙、相关证件、油卡、路费卡、停车卡等应指定专人保管，车辆交接时（出车前、收车后）应由保管人负责核实、登记，并由交接双方签名，车辆交接表详见附录 2。

（2）车辆钥匙、证件及各类卡应妥善保管，造成遗失的按照公司《奖励与处罚管理规定》对责任人进行处理，并承担补办证照的一切费用与损失。

（3）车辆调拨或新车验收时，应对车辆仔细检查，并填写车辆交接清单（车管部门备案），详见附录 5。如车辆交接后出现异常状况，由接车方负责。

2.6 车辆审验管理

2.6.1 行驶证年审、营运证综合检、二级维护卡签章等车辆审验指定专人负责。

2.6.2 责任人应积极做好车辆审验工作，合理安排，尽可能避免因车辆审验给公司营运带来影响。

2.6.3 责任人应妥善保存车辆检测站提供的车辆检测单。

2.6.4 责任人必须做好车辆审验的登记，并记录下次审验时间。

2.7　车辆停驶封存管理

2.7.1 车辆停驶

（1）需停驶两个月以上的车辆，管理人员应做好车辆停驶的准备工作。

（2）车辆停驶应报批车辆主管部门，并按要求做好管理工作。

（3）车辆停驶期间，原车机件不得拆借。

（4）长时间停驶的车辆，应报停车辆相关费用。

2.7.2 车辆封存

（1）停驶的车辆，应指定专人负责。

（2）凡停驶两个月以上的车辆，必须对车辆作封存处理。

（3）停驶封存期间，须妥善保管车辆，并对车辆作定期维护，以保持良好的技术状况。

①每周应对封存停驶车辆外部和各封存部位进行维护。

②每月应对封存停驶车辆蓄电池、轮胎进行维护。

③每季应对封存停驶车辆发动机、特种油液、棉麻制品进行维护。

④每半年应对封存停驶车辆进行短距离行驶，对车辆各发动机、底盘进行维护。

2.8　车辆更新处置

参照《某车辆更新处置管理制度》实施车辆更新处置管理。详细内容请加 QQ 群索要。

3. 例外

此项无内容。

4. 解释

本制度由集团车管部负责解释。

5. 引用

此项无内容。

6. 附件

附件 1：“行车日志”格式。

附件 2：车辆交接表。

附件 3：“行车日志”封底内侧。

附件 4：新车验收表。

附件 5： 车辆交接清单。

附件 1：“行车日志”格式

日期：＿＿＿＿＿　　天气：晴＿＿ 阴＿＿ 雾＿＿ 雨＿＿ 雪＿＿ 冰＿＿

班次	当班驾驶员	始发地	目的地	出车记录		收车记录		当班里程	当班路桥费	备注
				时间	里程表读数	时间	里程表读数			
1										
2										
3										
4										
5										
6										
7										
8										

1．当日里程：＿＿＿＿（公里）　2．当日路桥费：＿＿＿＿（元）　3．加油量：＿＿＿＿（升）

4．维修费：＿＿＿＿（元）　5．轮胎费用：＿＿＿＿（元）　6．油料单价：＿＿＿＿（元/升）

7．异常情况：＿＿＿＿＿＿＿＿＿＿＿＿＿＿＿＿＿＿＿＿

附件 2：车辆交接表

某集团有限公司车辆交接表

________地区________分公司

日期	时间	车号	钥匙	证件	油卡	路费卡	停车卡	其他	交方签名	接方签名

附件 3：“行车日志”封底内侧

月　份：______

驾驶员：______ 里程数：______（公里）

驾驶员：______ 里程数：______（公里）

驾驶员：______ 里程数：______（公里）

驾驶员：______ 里程数：______（公里）

驾驶员：______ 里程数：______（公里）

月　份：______

驾驶员：______ 里程数：______（公里）

驾驶员：______ 里程数：______（公里）

驾驶员：______ 里程数：______（公里）

驾驶员：______ 里程数：______（公里）

驾驶员：______ 里程数：______（公里）

附件 4：新车验收表

新车验收表

交车单位：______________　接车单位：______________

交车地点：______________　交车日期：______年______月______日

说明：新车合格证和基本检查内容根据检查项目情况填是或否；新车各总成技术状况若达标填“√”，未达标填“×”；车身外观若有表格内的现象，在相应表格填，没有则不填。

新车基本信息					
品牌型号		燃料种类		行驶里程	
新车合格证检查内容					
检查项目					
发动机号是否与原车一致					
车辆识别代码是否与原车一致					
车辆型号是否与原车一致					
新车基本检查内容					
检查项目		是 / 否	检查项目		是 / 否
钢印号是否整齐无修改痕迹			有无安装 GPS 硬件（含安装记录表）		

续上表

新车基本检查内容			
检 查 项 目	是 / 否	检 查 项 目	是 / 否
车辆是否无漏油漏水现象		蓄电池接线柱是否无污染和锈蚀	
轮胎表面是否无磨损		车辆内饰是否完好	
随车工具是否齐全		随车资料是否齐全（例：发票、送货单）	

新车各总成技术状况					
名 称	技术状况	名 称	技术状况	名 称	技术状况
安全带		前风窗玻璃		后风窗玻璃	
车窗玻璃		倒车镜		车门	
车门锁		车灯灯光		仪表板指示灯	
刮水器		喇叭		音响	
收录机		空调		备用胎	

车身外观					
位置 现象	前部	后部	左部	右部	顶部
刮碰					
脱焊					
掉漆					
锈蚀					
其他					

试车状况	
车辆技术状况	

备注

交车人签名：　　　　接车人签名：　　　　监交人签名：

附件 5：车辆交接清单

某集团有限公司车辆交接清单

交车单位				接车单位			
交车时间				交车地点			
车辆基本情况							
车号		车辆类型		车辆品牌		车辆型号	
座 / 吨		燃料		购置日期		总里程	
发动机号				车架号			
车辆各总成技术状况							
名称	技术状况	名称	技术状况	名称	技术状况	名称	技术状况
发动机		传动轴		车窗玻璃		喇叭	
变速器		主传动器		车门玻璃		刮水器	
离合器		驻车制动		前挡玻璃		倒车镜	
起动机		主制动		后挡玻璃		空调	
方向机		前桥		车门锁		灯光	
发电机		后桥		车门		内饰	

续上表

车身外观					
位置 现象	前　部	后　部	左　部	右　部	顶　部
刮碰					
脱焊					
掉漆					
锈蚀					
其他					

轮　胎							
位置	左前	右前	左后内	左后外	右后内	右后外	备胎
厂牌							
规格							
胎况							

常备工具			
随车工具明细		警示牌	
		防盗锁	
		灭火器	

随车证件							
行驶证		购置税		营运证		号牌	
保险单		路费卡		加油卡		其他	

备　注

交车人签名：　　接车人签名：　　监交人签名：

第三章　车辆维护和检测管理

重点内容

本章重点内容：车辆维护管理规定概要；车辆日常维护流程；车辆日常维护项目；车辆日常维护方法；定期维护、非定期维护以及车辆检查记录表等内容。

第一节　车辆维护管理规定概要

1. 车辆维护

1.1　道路运输经营者应当依据国家标准《汽车维护、检测、诊断技术规范》（GB/T 18344—2001），对道路运输车辆进行定期维护，确保车辆技术状况良好。

1.2　道路运输车辆维护分为日常维护、一级维护和二级维护。

1.3　道路运输车辆日常维护周期为出车前、行车中和收车后。

1.4　道路运输车辆一级维护和二级维护周期按车辆使用说明书或维修手册规定的行驶间隔里程或时间确定，使用说明书或维修手册未明确规定行驶间隔里程或时间周期或虽已规定但不易执行的道路运输车辆，货车类按以下规定执行：

1.4.1　轻型货车一级维护周期为最大行驶里程间隔 6 000 公里或不超过 30 天；二级维护周期为最大行驶里程间隔 25 000 公里或不超过 120 天。

1.4.2　大型货车一级维护周期为最大行驶里程间隔 7 500 公里或不超过 30 天；二级维护周期为最大行驶里程间隔 30 000 公里或不超过 120 天。

1.4.3　重型货车、半挂牵引车、半挂车、全挂车一级维护周期为最大行驶里程间隔 10 000 公里或不超过 30 天；二级维护周期为最大行驶里程间隔 40 000 公里或不超过 120 天。

1.4.4　低速货车、三轮汽车一级维护周期为最大行驶里程间隔 5 000 公里或不超过 30 天；二级维护周期为最大行驶里程间隔 20 000 公里或不超过 120 天。

1.4.5　危货专用车一级维护周期为最大行驶里程间隔 6 000 公里或不超过 25 天；二级维护周期为最大行驶里程间隔 25 000 公里或不超过 90 天。

以上维护周期中行驶间隔里程和时间指标，以先达到者为准。

1.5　道路运输经营者应当将道路运输车辆执行的二级维护周期报车籍所在地县级以上道路运输管理机构审核备案。

1.6　随着车辆运行条件的变化，新工艺、新技术的采用，需要变更车辆二级维护周期的，应经道路运输管理机构同意后方可调整。

1.7　道路运输经营者应当督促车辆驾驶员做好日常维护工作，发现故障，及时排除。

客车和危货专用车维护后，车辆驾驶员还应当做好异常情况检查记录。

1.8　道路运输经营者应当将道路运输车辆送具备相应资质的机动车维修企业进行一级维护或二级维护，并将承担二级维护的维修企业上报县级以上道路运输管理机构备案。

1.9　道路运输车辆的维护作业项目和程序应当按照国家标准《汽车维护、检测、诊断技术规范》（GB 18344—2001）等有关规定执行。

1.10　道路运输经营者应严格按照确定的二级维护周期安排道路运输车辆进行二级维护，将车辆二级维护情况记入车辆技术档案，并将维护作业单、竣工检测检验单和竣工出厂合格证存入车辆技术档案。

严禁未按规定执行二级维护的道路运输车辆承担道路运输任务。

2. 车辆检测

2.1　道路运输经营者应当定期安排道路运输车辆进行综合性能检测（以下简称“车辆检测”），并结合车辆检测，对申请配发道路运输证的道路运输车辆进行燃料消耗量达标车型车辆参数及配置核查（以下简称“燃料消耗达标车型核查”）、车辆技术等级评定（以下简称“车辆评定”）和营运客车类型划分及等级评定（以下简称“客车类型等级评定”）。客车、危货专用车车辆技术等级每半年评定一次，货车车辆技术等级每年评定一次。

2.2　车辆检测和车辆技术等级评定由通过省级道路运输管理机构检测技术服务能力复核的道路运输车辆综合性能检测机构（以下简称“车辆检测机构”）承担，燃料消耗达标车型核查和客车类型等级评定由县级以上道路运输管理机构委托车辆检测机构实施。

2.3　车辆检测机构应符合国家标准《汽车综合性能检测站能力的通用要求》（GB/T

17993—2005）规定的条件，省级道路运输管理机构应本着“公开、公平、公正、便民”的原则，每年对车辆检测机构的技术服务能力进行一次复核，并将复核结果向社会公告。省级道路运输管理机构应根据本省经济社会发展、营运车辆保有量及发展趋势和服务半径制订车辆检测机构布点规划。

2.4　车辆检测机构应按照国家标准《营运车辆综合性能要求和检验方法》（GB 18565—2001）和《道路车辆外廓尺寸、轴荷及质量限值》（GB 1589—2004）的规定对道路运输车辆进行检测，使用全国统一式样的检测报告单，并依据检测结果，对照行业标准《营运车辆技术等级划分和评定要求》（JT/T 198—2004）进行评定，出具统一样式的车辆技术等级评定证书。道路运输车辆技术等级分为一级和二级。

2.5　车辆检测机构应结合车辆检测，对申请配发道路运输证的道路运输车辆，按照交通运输部制定的《道路运输车辆燃料消耗量达标车型车辆参数及配置核查工作规范》，对达标车型的车辆参数及配置进行核查，核查不合格的车辆，不得评定车辆技术等级。

2.6　车辆检测机构应结合客车检测，依据交通运输部颁布的《营运客车类型划分及等级评定规则》和交通行业标准《营运客车类型划分及等级评定》(JT/T 325—2013)，对客车类型等级进行评定核验，并将核验结果记录在车辆技术等级评定证书上。

2.7　车籍所在地县级以上道路运输管理机构应当将车辆技术等级、客车类型等级在道路运输证上标注。

2.8　车辆检测机构应当使用符合国家和行业标准的设施、设备开展车辆检测和评定工作，对检测评定结果承担相应的法律责任。

2.9　车辆检测机构应建立包括检测报告单和评定证书等内容的道路运输车辆检测档案。车辆检测档案的保存期为两年。

3. 管理与监督检查

3.1　道路运输经营业户，必须按国家有关规定执行车辆维护制度，并加强管理。车辆的二级维护由各级道路运输管理机构负责监督管理。

3.2　车辆二级维护出厂前，须进行竣工检测，并由维修企业的质量检验员审验合格后，签发出厂合格证。维修企业应开具统一规定的汽车维修项目、费用清单和结算凭证。

3.3　道路运输经营业户应持出厂合格证到当地道路运输管理机构审核备案。实行了计算机联网的地区，应实现车辆技术管理及信息传递的自动化。

3.4　从事驻地运输超过三个月的车辆，车主应持车籍地道路运输管理机构的委托书，纳入驻在地车辆维护的管理。

3.5　对车辆二级维护执行情况的监督应在车站、货场和车辆所属道路运输经营业户驻地进行。对达到二级维护里程或间隔时间的车辆，道路运输经营业户应自觉按时维护，道路运输管理机构要及时督促道路运输经营业户按时维护。

3.6　道路运输经营业户年度审验时应出示车辆二级维护出厂合格证（已审核备案的除外）。

第二节　车辆日常维护流程

日常维护是由驾驶员每日出车前、行车中和收车后负责执行的车辆维护作业。其作业中心内容是清洁、补给和安全检视。

车辆安全检视应选择安全地段将车停好，必要时使用驻车制动，将车辆进行固定。检视顺序从车辆左前端开始，按照逆时针方向进行。车型不同，检视部位的组成也有所不同。

1. 小型客运车辆的安全检查

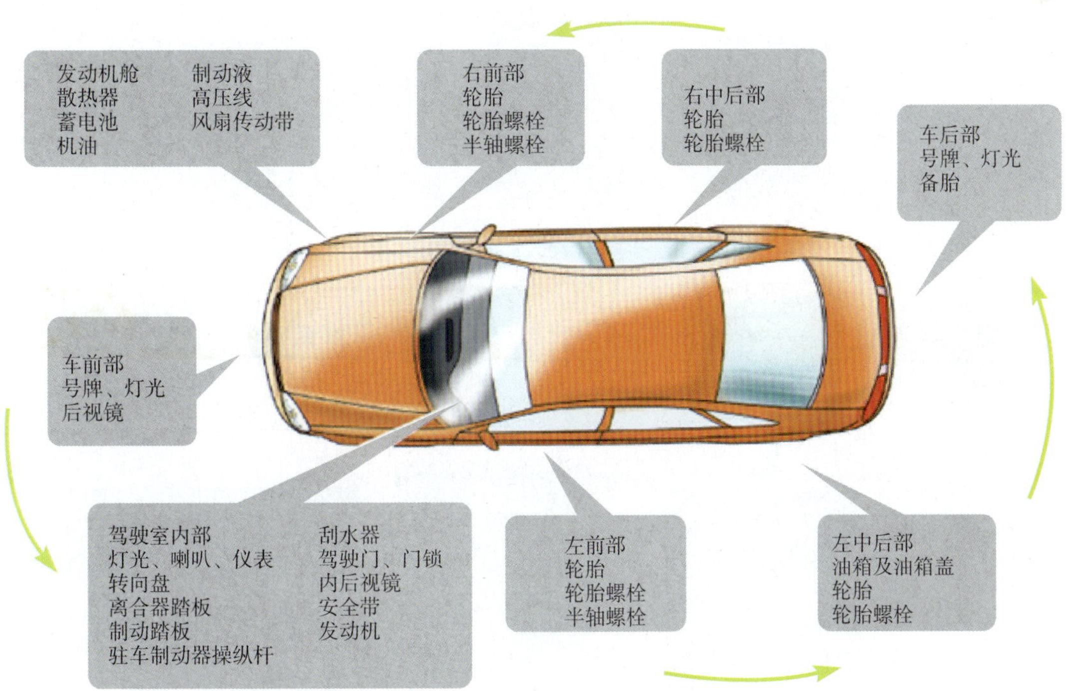

2. 普通货物运输车辆的安全检查

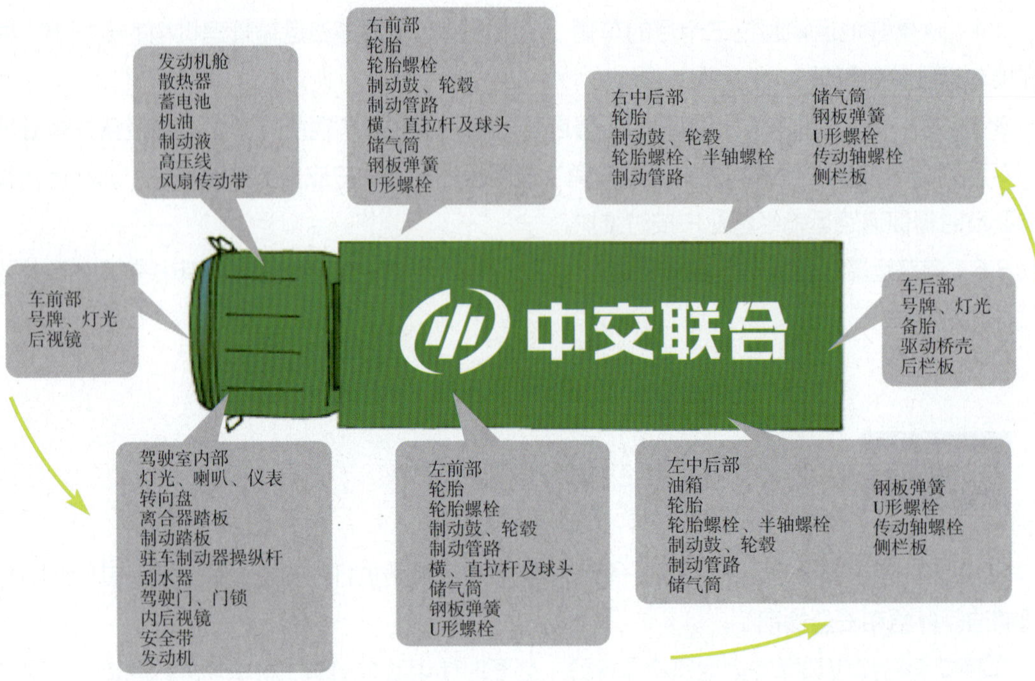

3. 汽车列车的安全检查

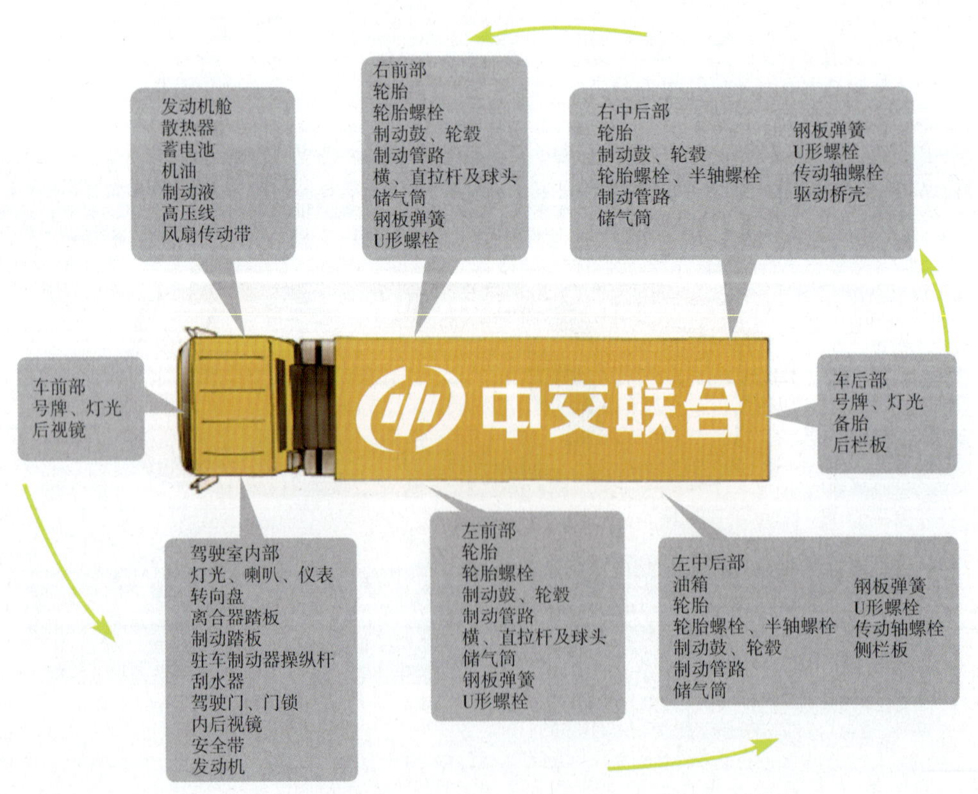

第三节 车辆日常维护项目

日常维护属于预防性维护作业，是以清洁、补给和安全检视为作业内容，驾驶员必须坚持在每天出车前、行车中、收车后进行此项作业，并填写车辆日检表（见本章附录）。

1. 出车前检查项目

1.1 车辆外观检查及项目

车辆安全检视应选择安全地段将车停好，必要时使用驻车制动，将车辆进行固定，检视顺序从车辆左前端开始，按照逆时针方向进行。车型不同，检视部位的组成也有所不同，具体检查项目如下：

检查车辆外观以及各部位有无漏水、漏油、漏气等现象。

检查车轮下是否有影响起步的障碍物。

检查轮胎磨损、轮胎气压是否符合标准，气压过高或过低时，应及时调整或充气。

检查汽车主要外露部位的螺栓、螺母等是否齐全有效、紧固可靠，视需要紧固。

检查报修项目是否修复良好。

1.2 车辆灯光的检查及项目

检查车辆灯光的工作状况，包括转向灯、近光灯、远光灯、雾灯、示廓灯、后位灯、制动灯、倒车灯和危险报警闪光灯。

检查灯光照明、指示灯信号、喇叭音量及刮水器等装置是否齐全有效。

1.3 发动机舱检查项目

检查发动机机油、转向助力油、制动液、蓄电池液、冷却液、玻璃清洗液是否充足。

检查燃油量是否充足，润滑油量是否合适，且润滑油应无变质、变稀、渗水等现象，用手指沾少许润滑油捻搓应无杂质或金属屑，如有缺少应及时补充。

检查蓄电池电解液高度应高出极板 10 ~ 15mm。

检查防冻液液面高度应在补偿水罐“高”和“低”水位线之间（或规定水位）。

检查液压操纵离合器、制动装置的制动液量和动力转向装置的液压油量，并及时补充。

检查自动变速器油量及质量并及时补充和更换。

1.4 驾驶室检查项目

检查安全带是否齐全、有效。

检查仪表、灯光工作状况是否正常。

检查制动是否灵敏有效。

检查车内有无影响行车安全或未正确摆放的物品。

检查转向横拉杆、直拉杆、转向臂等连接件是否牢固可靠，转向盘自由转动量是否超过规定范围，视需要调整。

检查离合器、制动装置的操纵系统，工作应操作轻便、灵活可靠。

检查加速踏板操纵情况，汽油机检查节气门、阻风门的连接及工作情况。

柴油机检查断油机构的连接和工作情况。

检查后视镜是否完好。

检查门锁、门窗玻璃是否齐全有效。

按照规定方法起动发动机，检查发动机各部是否运转正常，有否异响，各仪表是否指示正常。

检查汽车各部均不得有漏油、漏水、漏气、漏电等故障。

1.5 随车工具及证照等项目检查

检查备胎是否完好有效、固定牢固。

检查警示牌、灭火器等安全设施是否携带齐全。

检查随车工具是否齐全。

检查驾驶证、行驶证、通行证、保险以及与驾驶车辆有关的必须携带的各种行车证件是否齐全。

以上检查如有异常应及时调整、修理报修，未经批准严禁汽车带病出车。

2. 行车中检查项目

2.1 途中行驶时的检查项目

借助听觉、嗅觉、触觉和视觉进行实时检查。

发动机运行过程中，应随时注意观察水温、油压、气压及各仪表指示车辆的工作状况是否正常；发现异常，应立即停车检查，排除后或采取相应的急救措施后方可恢复行驶。

2.1.1 声音异常

响声异常多与发动机、传动轴、驱动桥、轮胎等部位的故障有关，应立即停车检查，判断故障原因。

能自己动手排除的，自行排除；不能自行排除的，应请求支援。

2.1.2 气味异常

气味异常多与离合器、机油和轮胎有关，应立即停车检查，判断故障原因。

2.1.3 操作异常

离合器、变速器、转向器、制动器应操纵轻便、有效。对于有些机件故障，驾驶员可以通过触觉感知，如转向盘抖动、挡把抖动、转向沉重、制动踏板软弱等。

发现这类情况，应立即停车检查。

2.1.4 仪表异常

通过仪表监视车辆各系统的运行状况，综合判断车辆技术状况。需要经常关注的有冷却液温度、燃油储备、机油压力、发动机转速、行驶速度等。

行车中应注意观察润滑油压力随发动机转速的变化情况；一般热车怠速时不低于 1 公斤 / 平方厘米，低速行驶时不低于 1.5 公斤 / 平方厘米，高速时不高于 5 公斤 / 平方厘米。

2.1.5 灯光信号异常

行车中应随时注意观察各照明灯光、指示信号工作是否正常，如有异常，应立即停车修复后方可继续行驶。

2.2　途中停车时

检查轮胎外表、气压，及时清除胎面花纹中的夹石、杂物。

检视有无漏水、漏油痕迹，查听有无漏气声。

检查制动器有无拖滞发热现象。

检查转向机构等各连接部件是否牢靠。

3. 收车后检查项目

清洁汽车外部，打扫驾驶室内部。

检视有无漏水、漏油痕迹；查听有无漏气声；及时补充燃油、润滑油、冷却水等（有的车辆还须补充制动液、液压油等）。

冬季未加防冻液的汽车应及时放掉冷却水。

冬季气温低于 –30℃时，露天存放的汽车应拆下蓄电池，放入室内存放。

检视各连接装置及外露部位的螺栓、螺母有无松动。

检视减振器有无漏油、松动，钢板弹簧有无断片、移位现象。

检查轮胎气压，视需要补气。

放净气压制动装置内的存水、油污，并关好开关。

发现故障需及时排除或报修。

第四节　车辆日常维护方法

1. 机油

检查发动机机油应在发动机冷车起动前或熄火后 30 分钟进行。

拔出机油尺擦拭干净，重新插入再拔出，检查机油量是否在刻度的上下限之间。

2. 制动液

检查制动液面是否在刻度的上限和下限之间。

制动液面过低会影响制动效果，车辆的制动性能会相应地变差，注意检查是否存在制动管路漏油（漏气）现象。

3. 蓄电池

检查蓄电池液面是否在刻度的上限和下限之间。

检查蓄电池通气孔是否畅通。

检查蓄电池极柱连接线是否牢固。

4. 冷却液

检查冷却液面是否在刻度的上限和下限之间。

液面过低容易造成发动机工作温度高。

检查散热器、水管是否存在漏水现象，并视情况及时补充冷却液。

5. 刮水器和玻璃清洗液

刮水片磨损或者与风窗玻璃接触不良时，应及时更换。

检查玻璃清洗液面是否在刻度的上限和下限之间。

如果清洗液面过低，应及时添加。

6. 风扇传动带

首先检查传动带是否有损伤，再用手指按压传动带中部，检查松紧程度。如有损伤，应及时更换。

如传动带弯曲较大，表明过松，容易打滑，发动机的冷却效果会变差，应及时予以调整。

7. 空气滤清器

取出滤芯，将尘土清除。

注意不要用湿布擦拭滤芯，装复时要保持密封。

8. 灯光

检查各灯光装置是否完好、工作是否正常。

如果有损坏，应及时更换。

如果有脏污，应及时清洗。

9. 轮胎

检查轮胎气压是否符合标准（包括备胎），胎面是否有破裂、损伤和异物，胎面磨损是否超过极限。

10. 气压制动系统

起动发动机，观察气压表上的指针上升是否过慢及是否停在规定范围内。

通过踩、放制动踏板，检查制动控制阀的排气声音是否正常。

如果有异常，应进行检修。

11. 转向系统

前轮处于直线行驶位置时，在转向盘的边缘处检查其自由行程是否过大。

如果有异常，应进行检修。

第五节 定期维护

1. 一级维护（每行驶 10000 公里或按使用说明书要求）

一级维护是一项运行性维护作业，即在日常使用过程中，以确保车辆正常运行为目的的作业。

一级维护除了日常维护作业外，以清洁、润滑和紧固为中心作业内容，并检查制动、操纵等安全部件。

由于一级维护作业中零部件紧固、润滑油添加（或更换）和安全部件技术状况的检查等属于专业性维护作业，必须由专业技术工人利用相关设施和专用设备，按技术标准进行，所以要求维修企业负责执行车辆一级维护作业。

其具体作业项目如下。

1.1 清洁补给作业

清洁汽车外表及内部，并视需要做汽车美容。

清洁蓄电池外部，检查电解液液面高度，视需要添加蒸馏水或补充液到规定高度。

检查变速器、主减速器、转向器的润滑油质量和容量，视需要更换或添加润滑油到规定容量，并清洗通气塞。

清理燃油及空气滤清器。

更换机油滤清器和机油。

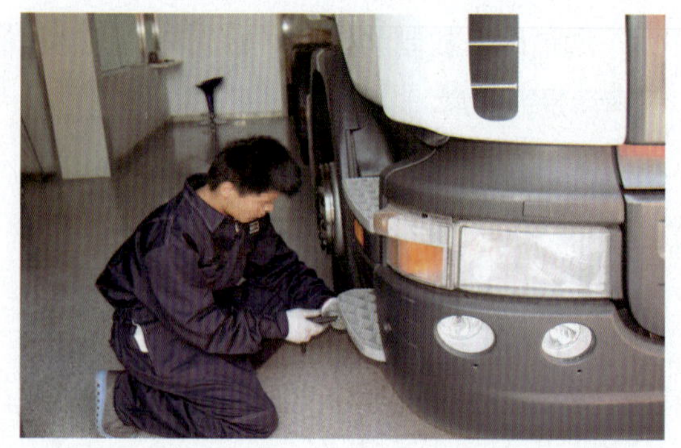

1.2 检查调整作业

检查并调整风扇皮带、空压机皮带、空调皮带的张紧度。

检查并调整分电器断电触点间隙。

检查轮胎气压，并按规定充气。

做车轮动平衡。

检查并排除漏气、漏油、漏水、漏电等现象。

1.3 检查、紧固作业

检查并紧固发动机悬置件。

检查并紧固底盘各总成紧固情况。

检查转向机构各连接螺栓的紧固情况。

检查悬挂机构及减振器的紧固及工作情况。

检查蓄电池固定情况。

检查备胎是否完好以及备胎升降器固定情况、备胎固定情况。

检查并紧固钣金零件、驾驶室、车厢等部位的连接情况。

1.4 润滑作业

各润滑部位按规定加注润滑脂（油）。

2. 二级维护（每 20000 公里或按使用说明书要求）

二级维护是现行车辆维护作业中的最高一级。

其作业中心内容除了包含一级作业外，以检查和调整转向节、转向摇臂、制动蹄片、悬架等经过一定时间的使用容易磨损或变形的安全部件为主，并拆检轮胎，进行轮胎换位，检查调整发动机工作状况和排气污染控制装置等。

车辆二级维护对作业技术性和专业性要求更高，必须严格按技术标准进行，所以要求维修企业负责执行车辆二级维护作业。

其作业项目如下：

2.1　清洁、润滑、补给作业

更换润滑油和机油滤清器。

更换空气滤清器、燃油滤清器（自动变速器车型更换自动变速器油及滤清器）。

清洁发电机、起动机，润滑发电机、起动机轴承。

清洁并润滑分电器。

清除燃烧室积炭。

清除火花塞积炭。

清洗变速器、主减速器通气孔，更换或添加润滑油。

添加或更换转向器润滑油。

2.2　检查、调整

调整气门间隙。

检查离合器，调整离合器踏板行程。

检查变速器各部的紧固情况，检视换挡机构和齿轮（同步器）的磨损情况，视需要更换或修理。

检查传动轴万向节及中间支承（或球笼）的松旷情况，视需要解体检查、更换。

检查驱动桥各部紧固情况及有无漏油现象。

检查减振器工作情况，视需修理或更换。

检查转向节有无损伤和裂纹，检查主销与转向节的配合情况，检查并调整前轮定位。

检查转向器固定情况，并检查、调整转向盘自由转动量，检查、调整前轮转向角。

检查车架、车身的完好情况。

检查发电机调节器工作情况。

检查并调整火花塞间隙。

检查蓄电池电解液密度，必要时进行充电。

检查曲轴箱通风装置。

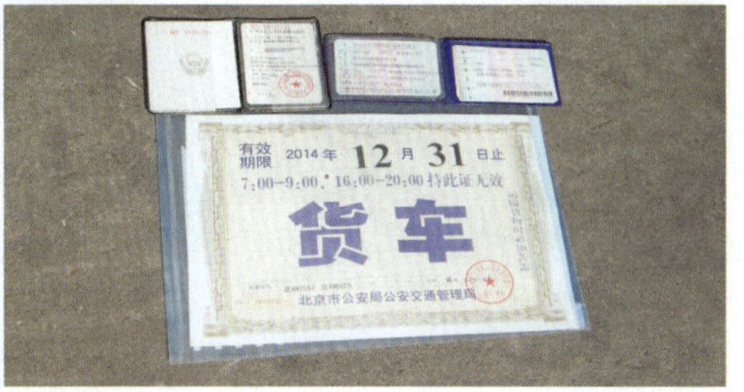

2.3 拆检、调整、紧固、润滑作业

视需拆检、清洗、调整化油器、汽油泵（汽油机）。

视需拆检、调试喷油泵、喷油器（柴油机）。

紧固汽缸盖、进排气歧管、消声器的螺栓并检查衬垫是否良好。

拆检横、直拉杆和转向臂接头的磨损情况。

拆检和润滑钢板弹簧。

检查减振器的工作情况。

拆检、调整并润滑前、后轮毂和车轮制动器，调整制动蹄摩擦片与制动毂之间的间隙。

拆检轮胎，并按规定进行轮胎换位。

对润滑部位加注润滑脂（油）。

第六节 非定期维护

1. 走合维护（0 ~ 1500 公里）

走合维护是汽车运行初期（新车、大修车）的维护保养过程。

1.1 走合中的维护

应选择较好的路面行驶。

严格遵守驾驶操作规程，及时换挡，减少冲击，尽量避免紧急制动或突然加速。

保证发动机始终处于正常工作温度下运行。

随时注意观察机油压力。

严格遵守限速行驶的规定，严禁在走合期内拆除限速装置；最高时速不得超过 60 公里 / 小时（汽车使用手册有特殊规定的除外）。

严格控制装载质量，一般汽车按载质量标准减载 20% ~ 25%。

加强日常维护。

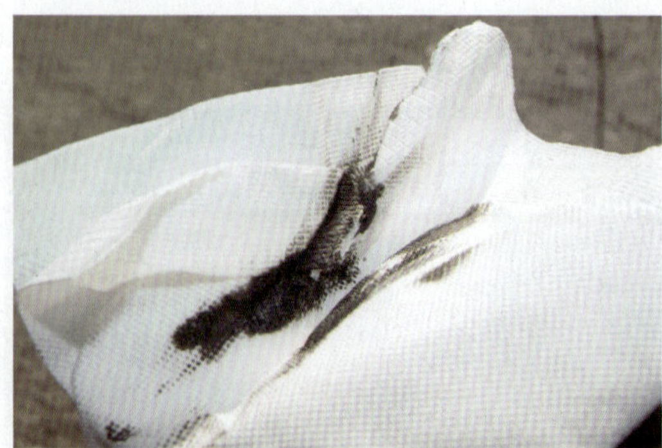

1.2　走合后维护

放掉发动机油，用清洗液（1/3 机油和 2/3 柴油）清洗油底壳，更换机油滤清器，更换发动机油。

清洗变速器、转向器、主减速器并更换润滑油。

检查汽车各部紧固情况。

检查制动效能，视需要补充制动液。

检查并调整气门间隙、点火（或喷油）时刻、皮带张紧度。

按一级维护作业项目进行润滑和维护作业。

拆除限速装置，并调整发动机怠速。

2. 季节维护

季节维护是根据季节气候的变化而进行的维护作业。

2.1　换入夏季时

更换夏季用润滑油或双季型润滑油。拆除附加保温罩。

适当调低蓄电池电解液的密度。

清洁燃料系统，调整化油器的供油量。

可将防冻液换成蒸馏水（也可不换）。

适当调大火花塞和分电器触点的间隙。

2.2　换入冬季时与上述作业相反，应换冬季用品。

附件：某集团车辆日检详情记录表

分公司站点		车牌	上岗证　车管	每周检查记录（　月　日～　月　日）						
项目	序号	检查部位	标准	星期一	星期二	星期三	星期四	星期五	星期六	星期日
外观	1	外表、油漆	清洁、无凹陷、扭曲、变形、断裂、色差							
	2	广告、标志、牌照、玻璃、标贴	规范、清晰、完整、无残损							
内室	3	驾驶室内壁、座椅、仪表台、地板	清洁、无杂物、无灰尘、无破损							
	4	门窗、锁、灯具	清洁、有效、开启良好、无破损							
发动机	5	机油量及质量、汽油量、机油压力	按时更换、机油量适中、清洁度、黏度合格							
	6	气滤、机滤、空滤	按时保养、清洁							
	7	四漏	无漏油、漏水、漏气、漏电现象							
	8	发动机运行情况	启动灵活、运转平稳、无异响、尾气、油耗正常							

续上表

分公司站点		车牌		上岗证		车管		每周检查记录（ 月 日~ 月 日）						
项目	序号	检查部位		标准				星期一	星期二	星期三	星期四	星期五	星期六	星期日
底盘车身	9	转向系统功能		转向灵活、无虚位、无震抖、按期保养										
	10	制动系统功能、驻车制动性能、制动液量及质量		手、脚制动灵活、有效、各装置完好、无渗漏										
	11	各部分紧固、漏油情况		紧固可靠、无异响、无渗漏										
	12	汽车操纵性、汽车侧滑情况		汽车操纵灵活、行驶中无侧滑、跑偏、摆头现象										
	13	轮胎磨损及气压		胎纹完好、无偏磨、裂纹、胎压正常										
电器及信号	14	灯光信号		灯光、信号齐全、有效										
	15	电器设备		起动机、发电机、雨刷、喇叭等工作正常										
	16	蓄电池液量及电量		按时检查、添加										
安全设施	17	灭火器、三角牌、防盗器、备胎、附属安全装置		齐全、有效										

说明：1. 此表一车一表，每日检查并记录。2. 每项检查，合格打√，不合格打×。3. 检查结果如实记录到车辆管理系统中。4. 如果检查不到位，敷衍了事，没有检查出车辆问题并及时修理，从而导致车辆在使用过程中发生机械事故，产生不正常的修理费，集团将按照车管制度进行处罚。

第四章　车辆配件供应管理

重点内容

本章重点内容：车辆配件采购管理；配件采购及使用质量监控；配件仓储管理等。

第一节　车辆配件采购管理

车辆配件采购管理十分重要，其追求的目标是所采购的物品价廉、质好、供应及时。要达到既定目标，必须加强管理控制，并制订一系列的管理制度，其主要制度要点如下：

1. 物资采购管理规定要点

1.1　采购员岗位职责

1.1.1 严格遵守国家有关物资采购的政策、法规及企业规章制度。

1.1.2 遵守财经纪律，廉洁自律、克己奉公。

1.1.3 按企业审批的采购计划和指定的采购渠道进行采购。

1.1.4 不得私自更改采购计划及渠道，不得擅自对外订货及签订加工合同。

1.1.5 坚持质量把关，做到质量不符合要求的配件、材料不采购。

1.1.6 发生质量、数量、规格、价格等问题，及时参与、妥善解决，避免经济损失。

1.1.7 了解市场动态及新产品信息，做好信息反馈工作。

1.1.8 及时办理所采购物资的验收入库和完清财务报销手续。

1.1.9 保管好采购物资的相关单据及凭证，以备查验。

1.1.10 如发生质量问题及急需物资，应及时到现场了解情况进行处理。

1.2　特殊情况采购管理规定

1.2.1　对于维修中发生的库房内无仓储的急需件采购，应先报告部门负责人备案，按实际需要件数采购。

1.2.2　急需件的临时采购时，应先向部门负责人报告产地、质量等级及单价，征得同意后，再予采购。

1.2.3　应保留采购凭证，以便退货或质量索赔。

1.2.4　特殊急件采购后，原则上按配件入库、检验、出库手续办理；如因特殊情况，需有部门负责人签字方能报销。

1.3　违反采购管理的处罚规定

凡发生违反采购管理的行为，应追究直接责任人及相关管理人员的相关责任。情节较轻的，给予批评教育；较严重的，应给予警告，经济处罚（扣款），直至解除劳动合同；涉嫌犯罪的，移交司法机关处理。其违规的主要行为包括：

1.3.1 应该采用公开招标方式采购而擅自采用其他方式的。

1.3.2 与供应商有利害关系，按规定应回避而未回避的。

1.3.3 擅自提高采购标准、价格或不按质量要求验收的。

1.3.4 泄露应当保密的采购、物资信息的。

1.3.5 不在中标厂商及企业指定渠道采购的。

1.3.6 应该集中采购而不集中采购的。

1.3.7 与供货商恶意串通的。

1.3.8 吃回扣或变相吃回扣的。

1.3.9 非物资管理部门领导，违反规定，采取暗示、授意、指使等手段干预采购活动的。

1.3.10 有其他违反采购法律、法规的。

2. 建立配件采购价格监控体系

汽车配件真假难分，质量参差不齐，且价格十分混乱，往往给不法商人及个别采购人员以可乘之机。为控制好采购成本，各企业必须要建立一套完整的物资配件价格的监控机制，以确保企业的根本利益。主要应从以下几个方面入手：

2.1　建立配件质量、价格信息库。收集常用配件不同厂家及同一厂家历史价格、供货渠道及质量可靠度等信息，以供对照判断、决策。信息的来源，一方面是历史采购价格，另一方面是派专人进行针对性市场询价。

2.2　对大宗配件，实行直接向生产厂家或一级批发商订购。对于有多个生产厂家的品种，如轮胎、齿轮、蓄电池、轴承、润滑油及用量较大的配件，还应进行配件采购招标，以保证质量及力求最低价格。

2.3　对少量零星配件，如螺栓、垫圈等配件，应定点、定店采购，以及打包由协作商家负责组织供应，以减少自身的采购成本。

2.4　要建立约束机制，并认真考核。对采购部门及采购人员，企业要建立相应的管理程序及制度，要随时进行教育及监控，对违章违纪人员要及时认真查处，以确保采购廉洁，价廉物美。

2.5　物资采购招投标管理

为了固定采购渠道，保证汽配质量，减少流通环节，追求合理价格，公司对于用量较大的配件采购，应进行招标。招标应由企业分管领导负责，应有采购部门、质量技术部门及纪检等部门参加，由物资采购部门筹办，并应制订招标程序及管理办法。

第二节 配件采购及使用质量监控

随着汽车工业的迅猛发展，汽车保有量不断增多，汽车配件产业（制造、销售）方兴未艾，发展迅速。然而由于厂多、面广，各厂的装备能力、技术水平差异很大，造成价格和质量也出现很大差异，一些低质、伪劣的汽车配件混迹市场，稍有疏忽就会使得一些修理厂及车辆用户轻则返工复修，蒙受经济损失，重则危及安全，造成事故。为有效地将不合格产品拒之门外，物流企业应对汽配采购、使用环节中的配件质量进行监控。

1. 注重配件的入库检验

汽车配件的入库检验是控制汽车配件质量的重要环节，是企业质量管理的第一道关口，它将直接影响企业的经济效益、车辆安全甚至企业的发展，但由于对入库检验的理解差异及在操作上存在一定的难度，故有的单位未设或虚设入库检验这道程序。为有利于开展此项工作，下面特提出一些操作性意见供参考。

1.1　必须建立入库检验机制

一般的内部汽修厂，一年所使用的汽车配件少则几十万元，多则几百万元，所涉及的规格、品种上万个，涉及生产厂家数十个，难免会有低质、伪劣产品混入其中。为了使自己拥有一双慧眼，杜绝这些低质、伪劣产品进入我们的生产环节，首先需要建立一套入库检验机制，包括明确材料质量负责人，建立入库检验制度，任命入库检验人员（可兼职），提供必要的检验手段（包括标准），制定入库检验程序、奖惩考核办法等内容，并要做到有责、有权、不受干扰，对厂长（经理、科长）负责。

1.2　必须保证入库检验员的基本素质

要保证入库检验的质量，首先要选一个称职的入库检验员来承担起这个责任，因此对入库检验员要有一定的素质要求。最好是学习汽车、机械等专业的大、中专毕业生或经验丰富的具有一定文化水平的中、高级汽修工；要具备机械基础、汽车构造与原理、检测技术等专业知识；要熟悉汽车配件的工作状况及失效形成，了解常用汽配的技术要求、检测手段，要会作一般性的检测；要办事认真、大公无私、为人正直、敢于坚持原则。同时厂（科）领导要大力支持入库检验工作，要树立正气，要防止入库检验工作不力、形同虚设。

1.3　入库检验的要点及手段

汽配的种类多，厂牌杂，由于资料、设备、技能等限制，每种配件不可能完全按国家（或汽车制造厂）规定的技术标准进行检验，但是也不能因此而放弃检验，企业可以把重点放在力所能及的范围内。具体可以从以下几方面入手：

1.3.1　查验产品的文字资料，验明正身

任何规范、标准的汽车配件（含五金标准件），都随同提供了相应的文字资料，即材料名称、

规格、型号、产地、厂家、产品检验合格证，作为总成件大多还有产品说明书、质保书及商标等信息。而假冒伪劣产品，往往躲躲闪闪，所提供的信息不实不全，含混模糊，甚至为“三无”产品。作为入库检验，首先就要把好这个关口，至少要把“三无”产品拒之门外。如对产品有怀疑，还可通过所提供的厂址、电话等信息，进行探索性核查。

1.3.2 检查外观及包装

正规产品一般都有包装，并经过防锈蚀等处理。检验时，首先要看包装规格型号是否与采购单一致，零件（或总成）上的标识是否清晰，有无锈蚀、损伤，特别是与其装配的基准面有无损伤、表面粗糙度是否合乎规定、总成的部件是否齐全、装配是否到位等可直观判断的质量状况。对于盒装产品还应抽样清点数量，对于按重量、长度购进的产品，要进行称重及测量长度，防止短斤少两。

1.3.3 进行配件的抽样检查

汽车配件的种类、数量较多，不可能也没有必要每件逐一检查，而往往采取抽样检验的方式。抽检的比例根据分类要有侧重，一般配件大体可分为以下三类：

（1）A 类件：安全部位配件，价值较高的配件，新品牌厂家的配件。因为这些配件有的危及安全；有的价值较高，容易造成较大经济损失；有的系从未使用过该厂产品的新品牌厂，对其质量可靠度心中无底，使人放心不下。对此类产品，应采取较大比例抽查，一般为总数的10% ~ 20%为宜。

（2）B 类件：与汽车经济效益相关的配件，如基础件，机电配件，工具等。因关系到车辆的经济效益，装配尺寸容易损坏，但不及 A 类重要，可按 8% ~ 10%比例抽查。

（3）C 类件：一般配件、辅料、金属材料、五金标件、车身材料等，可按 3% ~ 5%比例抽查。

1.3.4 抽查的方法

除前面所讲的核对文字资料、检查外包装外，要按一定的比例开箱检查，清查件数、合格证、内外标注的规格型号、厂家、产地是否一致，以及防腐处理、光洁度、有无瑕疵及损伤等内容。对于经常出现问题的配件要想办法并仔细进行检验，如气门弹簧及离合器压盘弹簧、制动蹄拉簧等弹簧，要检查自由长（高）度和用弹簧拉压计进行弹力试验。柱簧还应检查端部的平整度，要保证端部与弹簧中轴线垂直。另一个经常出现问题的配件就是轴承，对于轴承，首先要求型号、级别、厂家代码清晰，在含有 6%机油的汽油中清洗后，用手转动时，应旋转均匀，无卡滞及显著的响声。如发现松旷及怀疑精度时，则应用千分表检查径向及轴向间隙。对于螺栓、垫圈等标准件，除检查标识及规格型号外，还应抽样数一数件数，并把型号规格符合技术标准、数量与标注一致的包装过一过秤，记下含包装的重量，以后抽检时，一般仅称一下重量就基本可判定是否符合标准，以提高工效。

2. 配件使用环节的质量监控

配件使用环节的质量监控应当从以下三方面入手：

2.1 注重配件的使用跟踪

大多数汽车配件，除了前面讲的作一般性检查之外，更重要的是装车后的质量跟踪。这里面又分两种情况：

一种是事先确定的通过使用质量跟踪来验证配件质量的情况，一般用于不同厂家同品种产品的对比试验。其基本做法是：事先选定参与试验的同一规格，不同品牌（厂家）的产品，以每 3 ～ 5 辆车为一对照组，每一品牌的产品装车 1 ～ 2 个对照组，最好在同一车型、同一线路上运行试验，以考察各个品牌配件的平均寿命，以便作性价比分析，进而做出品牌选择。这种试验的要点，一是试验条件要相等；二是一定要成组对应试验；三是试验记录一定要准确，即要保证有可比性和数据的可靠性。

另一种跟踪方式主要是收集信息反馈。这里重要的是要建立通畅的质量和用量信息反馈渠道。一旦发现问题，作为入库检验员及相应的质检技术部门应立即介入，进行调查、核实、取样检验、分析，要找到问题的症结所在，要分清是使用问题还是质量问题。如怀疑是质量问题，应安排专门的检测或进一步进行质量跟踪。

2.2 开展失效配件的鉴定与分析

使用监控的另一个环节就是关注失效后所更换下来的报废配件，弄清报废原因。汽配的失效形式有正常损坏失效与非正常损坏失效两种。

正常损坏失效是指该配件在使用过程中，无异常磨损、变形、变质、断裂等现象，即基本达到该类配件的设计寿命或平均寿命。

非正常失效一般指配件在使用过程中，磨损或性能衰减速率过大，以及发生变形、断裂等现象，不得不提前更换该配件的情况。造成非正常失效的原因较多，主要有配件潜在质量问题及非正常使用两方面，一般可通过对所更换下来的配件进行鉴定与分析得出结论。如属使用问题，例如系润滑不好或安装错误等应立即采取措施，予以纠正；如属配件存在的潜在质量问题，则应对其进行专项调查及针对性检查，以获取准确信息。

2.3 配件选购的监控与决策

汽车配件质量的好坏，不仅决定了维修费用（含工时费、材料费）的高低，而且还直接影响车辆的出车率及故障频率。为了提高汽车运输企业的整体经济效益，必须对配件的选购进行适时监控，其决策的主要依据为性价比。

一般说来，为保证质量的可靠性，配件应选购汽车生产厂家或骨干配套厂家的产品。虽然有时其价格要比市场上一些小厂、小作坊产品价格高些；但其性能、质量、寿命一般说来较小厂、小作坊要高得多，它可以减少配件的更换次数，节约维修成本，减少车辆的“抛锚”，即有较好的性价比。在配件的选购上，一定要以通过收集、对比、分析而得出的性价比为选购依据，千万不能图便宜，在工业化和市场经济环境下，专业化骨干企业的生产成本才应该是最低的，小厂跟骨干厂打价格战，大多要在材料、质量等方面打折扣，即牺牲产品质量来获取利润。同时由于小厂的原材料进货渠道不稳定、技术设备及技术管理与大厂比相对落后等因素，还会经常造成产品质量的不稳定。所以选购汽车生产厂或骨干配套厂家的产品，是保证汽配质量的一个重要手段。

而且就是在大厂与大厂之间，也要通过性价比来进行筛选、认定。对于大宗配件，一般还应选带竞争性的两个厂家（商家）供货为宜，以争取最低价格。对已经认定的品牌及商家，一般情况下也不要轻易变动。

第三节　配件仓储管理

配件的仓储管理主要包括仓储定额管理、仓库管理制度、仓储及供应管理要点等内容。

1. 仓储定额管理

从保障生产的角度来看，仓储越多越好；但从资金占用来看，希望仓储配件越少越好；同时为减少采购成本，又希望采购次数越低越好。因此，必须有一个合理的仓储数量。下面着重讲述仓储量、采购量、资金占用量之间的相互关系及约束方法。

1.1　应根据配件更换规律确定常用配件的最高仓储量和最低仓储量

汽车的常用配件更换，一般均有规律可循。比如制动器摩擦片、离合器摩擦片、发动机机油、机油滤清器等常用配件，一般与行驶里程有关，只要加强统计，何时需求量大，是可知的，可事先进行安排。另外，一些本地区该车型少，难以临时找寻的常用配件也可事先多安排一定仓储；反之，如本地区该车型配件较多，可少储备一些。这里讲的是按配件使用规律及采购方便性来确定每一种配件的最高、最低储备量的原则。

1.2　应根据使用量及进货渠道成批量地进行采购

对一些使用量较大的常用配件，应成批量地进行采购，并应尽可能向生产厂家或一级经销商采购，这样做，虽然库存量稍大一些，但可减少一些中间环节，降低配件价格，其掌握的原则为配件仓储的资金占用利息与向商家零购的批零价差进行比较，趋利避害。这里讲的是从降低配件价格需要出发进行成批量采购，这样做虽然会增大库存量，但只要数量是受控的、合理的，且是在短期内会消耗的，便是允许的和必需的。

1.3　应确定仓储定额来控制仓储量

仓储量除了确定每一配件的最高储量及最低储量以外，通常企业对物资供应部门还通过采取一系列宏观的调控措施，即库存资金占有额、资金周转天数等财务管理的办法，来对物资库存进行宏观调控，把对每一个配件的具体库存数量交于物资部门进行控制。仓储定额一般不允许突破，同时又要确保生产供应，这就需要物资管理者充分掌握配件消耗规律及信息，做出较为准确的物资采购计划，并认真执行。一般要求计划准确率为 80 %，计划执行率为 85 %，计划失误可能造成库存积压或缺供，有计划不执行可能造成采购的随意性。同时在编制采购计划时，还要注意配件采购周期，即订货及路途运输时间，故应进行提前安排，以防缺供。

2. 仓库管理制度

为减少库存物资损耗，必须加强仓库管理，包括入库验收、仓储保管、盘存及发放等环节，对此必须制订仓库管理规定，其要点如下：

2.1　库房设置必须安全可靠、通风、干燥，危化物品库房必须符合相关规定。

2.2　配件采购到厂后，必须及时进入仓库保管。

2.3　仓库保管员要定人、定责，并制订相应的物资收发制度。

2.4　各类物资应按分区分类原则存放。

2.5　库存物资要执行“先进先出，发陈储新，定期翻堆”的储发原则。

2.6　物品堆码应遵循以下基本原则：

2.6.1 合理利用库容。

2.6.2 不得超过安全高度、宽度及安全警戒线。

2.6.3 应按包装箱上示意要求搬运、堆放。

2.6.4 危化物品必须进入危化物品仓库储存。

2.6.5 经常检查物资状况，发现锈蚀、霉变、包装破损或超过保管期物品应及时报告、处理。

2.6.6 物资入库必须办理入库手续，进行入库验收，核查质量、规格、产地、厂家及数量。

2.6.7 物资发放必须手续齐全。

2.7　因试装或测量尺寸等用途暂借用配件，必须办理借用手续并及时催还。

2.8　因质量问题退货，应收集退货依据，妥善保管原物品，并报告相关人员。

2.9　经常监控储量变化，出现最低警戒量时及时申请采购补齐。

2.10　物资储量不得超过最高储量规定。

2.11　定期进行盘点，随时保持账、卡、物相符。

3. 仓储及供应管理要点

仓储管理的主要环节是入库验收、保管、发放或配送、盘存及废旧料回收等。

3.1　配件仓储保管

3.1.1 配件入库后，要根据配件的种类、车型和规格进行分类存放。

3.1.2 存放前，要检查包装情况，并做好防锈、防尘、防水、防潮、防腐、防变质、防变形、防漏电等工作。

3.1.3 存放地点要以方便“先进先出”的发放原则进行摆放，以防配件长时间未发出使用而变质损坏。

3.1.4 为方便取用及清点盘存，应分区分类，四号定位（库号、架号、层号、位号统一编号），五五摆放（以 5 个为一计量单位，做到五五成行、五五成方、五五成串、五五成层等，以便清点）。

3.1.5 对每一种配件，要立牌、立卡、记录进出数量，并结存余量。

3.1.6 要注意仓储安全，要保证通道畅通，防止配件堆码侧塌。多层货物叠放时，上面排数应少于下面排数使其成宝塔形，并不可堆得太高。

3.2 配件的清仓盘存

仓库物资进出频繁，为了及时掌握各种配件的库存量及库存资金占用量，避免短缺丢失和超储积压及保持账、卡、物相符，必须进行经常的及定期的清仓盘存工作。经常性的盘点一般由库管员进行。定期盘点，如季度、年度一般由单位组织有关人员进行，既是摸底，亦是监控。定期性盘存，应编制盘存表，对盘亏、盘盈应做出结论性意见，对数额差异较大时，应追究其原因，并采取措施以预防再度发生。

3.3 废旧零件回收

废旧零件回收的目的：一是回收一些有修复价值的配件，以便修旧利废；二是原材料，如钢铁、有色金属、塑料等，可以卖钱；三是可以避免废旧物资乱丢乱扔影响环境卫生及安全；四是防止如蓄电池一类的旧件含铅、含酸的有毒物资污染环境。在废旧零件回收工作中，首先要制订废旧零件回收制度，要制订考核标准、品种范围、回收办法，如交旧领新等，并要进行考核落实。

物资库房回收了旧件后，一定要新、旧分开，旧件也要分类堆放，并要防止油污、硫酸等污染环境。旧件储备到一定量后，要及时处理。

3.4 特殊配件的储存

3.4.1 金属配件

汽车配件大部分为金属配件，金属配件储存的主要问题是防锈蚀及碰伤。因此对库房的要求为：干燥通风，远离有害气体（如充电房有硫酸雾气），库内应设有干湿温度计和湿度调节设施或带除湿功能的空调，货架与墙壁之间应有安全距离，金属配件不能紧靠墙堆放，不便上架的大型配件如需摆放在地面时，应垫上木板以防受潮。金属件库房内不宜存放化学药品和酸、碱等腐蚀性物品。要经常检查配件是否受潮及出现锈斑，如已开始出现锈斑锈迹，应涂油保护，对精度高的配件可先在热矿物油中浸透，用布包好后再浸蜡防腐。

金属件在运输过程中，应尽量避免发生碰撞，特别是精加工面，如曲轴轴颈、汽缸体上下平面、汽缸盖下平面及转向节、后桥导管等处的螺纹等经过精加工的零件表面。

不少总成，虽然为钢铁件，但不能受压，不能叠放，以防变形；对于轴类零件，如曲轴、凸轮轴等应立放。对有原包装的配件，应尽量保存原包装。

3.4.2 轮胎及橡胶配件

橡胶容易老化，对仓储场所有特别要求：存放轮胎及橡胶件的库房不宜经常通风，也不能让阳光直晒。库房平日除酌情开启部分窗户进行短时间通风换气外，应将门与窗户关闭。库房的温度应保持在 0 ~ 25℃之间，最低不低于 −10℃，最高不超过 32℃，相对湿度应在 50% ~ 80% ，梅雨季节为防橡胶受潮发霉，当湿度超过 80%时，应开启门窗进行通风换气。

为防止轮胎及橡胶件的老化变质，应远离矿物油、硫化物、酸、碱及水分。因橡胶易燃，应远离火源、火种并做好防火工作。

轮胎不得平放、叠压，应直立存放。为堆放整齐、防潮及节约场地，可做专门的堆码货架，可一只一格，也可 2 ~ 5 只为一格，并做成上下两层。

轮胎及橡胶件必须遵循“先进先出，发陈储新”的原则。轮胎及橡胶件储存不要超过两年。

内胎及衬垫应特别防止发硬。对有包装的，可直接放入货架上；无包装的应将内胎折叠后，撒上滑石粉，放在货架或木板上，不要直接放在地面上。当内外胎配套放置时，为避免受热、受潮，亦可在外胎内腔内撒上滑石粉。当内胎已发硬，可打上滑石粉，充气后揉捏，使其变软并及时发放使用。

3.5 危险化学品仓储管理

危险化学品物品，含油料管理有其特殊要求，稍有不慎，可能引发事故，必须加强管理，其特殊要求如下：

3.5.1 危险化学品库房建筑必须符合《建筑设计防火规定》（GB 50016—2006）规定，必须符合防火、防爆、防雷、防静电要求。

3.5.2 危险化学品库必须按规定配齐消防器材，消防设施。

3.5.3 危险化学品库应有专人照管。

3.5.4 工作人员进入储存易燃易爆化学物品场所，必须执行国家有关消防安全规定。

3.5.5 危险化学品入库时，应有专人负责检验，办理入库手续并保存标签、说明书等相关资料。

3.5.6 易燃、易爆化学物品必须分类存放。

3.5.7 容易发生燃烧、爆炸的化学物品，不得放在潮湿和容易积水的地方。

3.5.8 受阳光照射容易燃烧、爆炸的化学物品不得露天存放。

3.5.9 危险化学品的包装及容器应当牢固、可靠、密封，出现破损、残缺、变形和物品变质、分解等情况时，应立即进行安全处理。

3.5.10 危险化学品库内及附近不得进行试验、分装、焊接、维修、动用明火等可能引起火灾的作业。危险化学品库如需进行火灾隐患整改，必须确定施工方案和事故预防及处理预案，写出书面申请，报请公安消防机关批准后，才能施工，并必须执行施工方案和事故预防及处理预案。

3.6 危险化学品储藏、运输事故预防及处理预案

汽车运输企业有的可能会接运危险化学品，汽车维修厂会涉及汽油、柴油、润滑油、液压油、烧碱、硫酸、漆料、烯料等的储藏、运输和使用，均有可能发生生产安全事故，根据《中华人民共和国安全生产法》要求，企业应制订相关危险化学品事故预防及处理预案，下面介绍汽车运输企业运输、储存危险化学品的事故预防及处理预案要点。

3.6.1 危险化学品运输车辆必须具备运输该危险化学品的运输条件及装置设备。

3.6.2 应到相关部门办理危险化学品运输许可证。

3.6.3 相关的运输人员应经过专业培训及取得资格证书。

3.6.4 应制订危险化学品运输应急处理程序及预案。

3.6.5 应对运输及储存危险化学品的过程进行监控。

（1）一般危险品漏散处理。在装运危险化学品的过程中，如出现漏散现象，要按照该物品的防护办法，立即采取措施，防止事态扩大及发生事故。

（2）氧气、乙炔气、液化气、压缩天然气、液氮等气体泄漏，应迅速打开车门、库门予

以通风；能转移到室外通风场所的，尽量转移到通风场所；有条件的应向泄漏钢瓶浇冷水，控制火源并在上风处躲避。

（3）油料等易燃物品泄漏及酸、碱等腐蚀性化学品泄漏，应及时撒以沙土，清除后应对污染物进行相应处理并用水冲洗场地。

3.6.6 危险化学品运输途中车辆发生故障或事故，应立即报修或报警，设立安全警戒线，放置危险标志，应将车辆移往安全区域并安排专人看守、防护。

3.6.7 发生危险化学品火险、火灾时，应选择正确的灭火方法及灭火器材；在灭火时，应考虑自身安全。

3.6.8 危险化学品发生泄漏、污染、丢失等事故，除按照要求采取相应应急措施外，还应进一步采取措施防止事态扩大，发生继发性损害，并应立即向发生事故的当地人民政府及公安、消防、交通、环保、卫生等部门报告。

3.6.9 对涉及危险化学品运输、仓储的工作人员，企业应对其进行化学危险品知识、事故处理方法、消防灭火方法及自我保护等方面的培训及演练。

案例：

某集团自修站管理规定及指引　请加 QQ 群索取。

自修站筹建指引　请加 QQ 群索取。

第五章　车辆常见故障识别

重点内容

本章重点内容：在汽车的维修保养中会涉及更复杂的车辆维修技术，本章只简要说明一下汽车故障的判断技巧及方法和一些常见的车辆典型故障的诊断和排除，不涉及具体的维修技术方面详细内容。

本章主要内容：汽车故障的判断技巧及方法，柴油机、润滑系、冷却系，常见故障，发动机异响的诊断，车辆行驶中常见的故障诊断与排除等内容。

第一节　汽车故障的判断技巧及方法

1. 汽车声响的判断

1.1　汽车良性声响和恶性声响的区分

良性声响是指短期内不会对机件造成明显损坏的声响，如气门间隙响等。

恶性声响是指很快会造成或加剧机件损坏的声响，这些声响特点是声音沉闷或伴有较大振动，如曲轴折断、活塞脱顶、连杆轴承或主轴轴承衬瓦合金剥落、松旷，连杆螺栓松动，变速器响，主减速器响，传动轴响等声响。

1.2　汽车有节奏异响和无节奏异响的区分

有节奏异响指是每响一次的间隔时间大致相同。一般为旋转件及往复件在运动时发出的声音，即强弱相间，有节奏感。

无节奏异响是指杂乱的声响。一般与旋转件无关。

2. 汽车声响的判听方法

2.1　运用虚听和实听相结合的方法

虚听是指人用耳朵隔有一定距离听诊，缺点是容易产生错觉。

实听是指人用听诊器具（如听诊器、螺丝刀、金属棒、金属管子等），触到发响部位，用听诊器传递、放大，对判断发响部位较准。

2.2 运用动听与静听相结合的方法

动听指是汽车在运动中（行驶中）听诊。主要运用于传动部分及悬挂部分声响判断故障。

静听指是汽车在停驶下或架顶后听诊。主要运用于漏气检查，架顶的目的是使人能更靠近泄漏部位，并容易用手触摸感觉漏气点位置。

3. 汽车故障的症状

3.1 工况突变。如发动机突然熄火，制动失灵或制动突然单边，轴承断，等等。

3.2 渗漏现象。如燃料、润滑油、制动液、冷却液、压缩空气泄漏等。

3.3 过热现象。除发动机外，变速器、轮芯、轮胎、主减速器等烫手难忍，发动机开锅或过热（缺机油、缺水）现象。

3.4 声响异常。汽车在运行中会发出一定声响，如声响突然发生变化，即听到了正常运行时不易或未曾听到的声音，则预示着某部发生了工作变化或故障。例如轴承（轴瓦）响，主减速器响等。

3.5 燃润料消耗增加。汽车有部分故障，其表征并不明显，是通过燃润料消耗增加或工作液缺乏表现出来的。例如，机油消耗增加，除漏机油之外，还可能由于进入汽缸燃烧了（烧机油），燃烧又分为气门导管油封漏机油和汽缸与活塞环密封不好向上窜油两种情况。

3.6 排气烟色不正常。一般汽车尾气排气烟色应为无色或淡蓝色，如出现烟色不正常，则显示已发生故障，其相关故障为：

3.6.1 蓝色：燃烧机油，预示着汽缸密封不严或气门导管油封漏油。

3.6.2 黑色：混合气过浓，燃烧不完全，有可能为空气滤清器堵塞。

3.6.3 白色：汽缸内有水，有可能为汽缸垫损坏。

3.7 散发特殊气味。发动机过热，机油燃烧时或在高温下会发出烧油的特殊气味；离合器打滑，制动发咬，会有焦臭味；电路短路，会有橡胶、塑料燃烧臭味。这些都不是汽车正常运行可嗅到的气味。

3.8 汽车外观异常。汽车外观异常指汽车倾斜、变形等。主要是车架、车身、悬架、轮胎出了异常，例如，车辆运行时车厢斜起走，多为钢板中心螺栓断（后桥走路）导致轴距发生变化。汽车一边高一边矮，多为钢板断或轮胎严重缺气或无气。

4. 传统的故障诊断方法

在汽车故障诊断中，若无仪器设备，也可像中医一样，运用人的感官来进行问、望、闻、嗅、切、试，并根据经验，对故障做出判定。

4.1 问。即调查情况，了解症状、现象，发现车辆异常变化的时间，以前作过何种修理等。

4.2 望。即看，看排气颜色，漏油、漏水程度，润滑油是否变色，车身形态有无异常等情况。

4.3 闻。即听，听声响是否正常，寻找发生异常声响部位，若一时难以判断部位还应加上拆卸法，逐一排除。

4.4 嗅。即用鼻辨别气味，凭借汽车发出的特殊气味，判断故障性质及部位。

4.5 切。即摸，摸温度是否异常，感触有无异常振动，感觉漏气及机件活动情况。

4.6 试。方法有断缸（断火、油）试、脱离（解开）试、换零件试、路试等。

5. 汽车故障的快速诊断

5.1 应熟悉汽车构造、工作原理、磨损机理。掌握力学、电学、运动学知识，并有一定操作、检测能力。对故障进行逻辑推理、判断。

5.2 运用检测工具、仪器，检测汽车结构参数，对输出参数进行判断。常用的仪器仪表及测试设备有：

5.2.1 听诊器，用于判断声响类型及部位，初步确定故障部位及类型。

5.2.2 压力计，用于测量汽缸压力、制动输出压力、机油压力等，与正常参数对比，判断、查找故障。

5.2.3 真空表，用于测量汽缸吸力，主要用以判断气门密封程度。

5.2.4 长度量具（卡尺、千分尺、百分表、缸表），用于直接测量磨损及间隙数据。

5.2.5 万用表，用于电路及二、三级半导体管测量等。

5.2.6 放电叉，用于蓄电池电量、电压的测量判断。

5.2.7 尾气分析仪，用于判断燃烧状况是否正常、尾气是否超标。

5.2.8 侧滑试验台，用于进行前轮定位测量，检验侧滑是否超标。

5.2.9 制动试验台，用于制动力测量及制动协调时间测量。

5.2.10 测功机，用于发动机功率及扭矩测量（最大功率、最大扭矩）。

5.2.11 前照灯检测仪，用于测量前照灯照度、光束是否偏斜。

5.3 按合理顺序诊断、检查。

5.3.1 由简到繁。如汽车发动机可能为电路或油路故障时，由于电路检查较简单，故应先从电路入手。

5.3.2 由表及里。如发动机温度高，应先检查冷却液、机油量；车轮温度高，应先检查制动器是否发咬等。

5.3.3 先易后难。如排气管冒蓝烟，有可能为缸盖气门导管油封漏油，也有可能为汽缸上油，先从曲轴箱窜气量进行检查、判断较为方便，如不严重窜气，则可初步判断为汽缸盖气门油封漏，可再作进一步检查确认。

第二节 柴油机常见故障

1. 柴油机动力不足的处理

1.1 故障现象

大负荷工作时，加速踏板踩到底感到功率明显不足。

1.2 主要原因

燃油或空气供应不畅；柴油中有水；喷油泵供油时刻过早或过迟；喷油泵、喷油器工作不良；使用柴油牌号不对。

1.3 诊断与排除

1.3.1 若拆掉空气滤清器后，柴油机运转明显好转，则是由于空气滤清器堵塞，造成发动机工作时供气不足从而引起动力下降。可通过对空气滤清器滤芯除尘或更换滤芯来排除。

1.3.2 旋开喷油泵放气螺塞，抽动手油泵，观察燃油中是否有水珠，燃油是否呈泡沫状。若呈泡沫状，说明油路中有空气。

1.3.3 检查柴油牌号是否正确。尤其在冬季，若牌号不符合要求，可能会由于柴油过稠、流动不畅而影响发动机工作。检查放出柴油并观察其黏稠度，若太黏稠，更换低牌号柴油即可。

1.3.4 若柴油机急加速不灵敏，并伴有沉闷的敲缸声，且柴油机机器温度又过高，则是喷油过迟；若柴油机机器急加速时爆震声逐渐增大，且排气管冒黑烟，则是喷油过早。

1.3.5 若排气中黑烟较多，则可能是喷油器工作不良，喷油质量不好；若在无负荷时急踩加速踏板柴油机转速可以上升，但排气冒烟极少，则可能是喷油器供油量少。

2. 柴油机转速不高的处理

2.1 故障现象

加速踏板踩到底，柴油机达不到最高转速。

2.2 主要原因

柴油机工作时得不到最大供油量。具体原因可能是：调速器调整不当或调速弹簧过软、折断；

喷油泵工作不良或供油拉杆调整、安装不当，不能提供最大供油量；输油泵工作不良或油路中有空气。

2.3 诊断与排除

2.3.1 踏下加速踏板，若排气管冒黑烟，可拆下空气滤清器。若柴油机转速升高、黑烟减少，则说明空气滤清器有堵塞，可对滤芯进行处理，清除进气阻碍。

2.3.2 加速踏板踏到底时排气管不冒烟，应检查加速踏板拉杆调整是否正确，同时检查排气系统是否堵塞。若存在上述故障，应分别调整和疏通。

2.3.3 调整调速器高速限制螺钉和最大供油量限制螺钉，使其向供油量增大方向变化。若柴油机转速增大且运转有力，则说明调速器调整不当，柴油机最大供油量不足。增大供油量至最大时应慎重，以免超过柴油机的额定供油量，使柴油机超负荷工作，影响其使用寿命。

3. 供油不畅的处理

3.1 故障现象

发动机启动困难，或重踩加速踏板时发动机转速仍不能提高。

3.2 主要原因

低压油管阻塞、脱焊漏气；柴油滤清器滤芯堵塞；输油泵供油量不足或损坏；高压油管破裂漏气；油箱内油量不足；油箱盖空气孔不通。

3.3 诊断与排除

3.3.1 首先检查油箱油量是否充足，油箱出油阀门是否打开，油箱盖空气孔是否通畅。

3.3.2 拧开喷油泵上的放气螺塞，用输油泵上的手油泵泵油，检查油路中是否有空气。如果从放气螺塞口流出的柴油呈泡沫状，说明油路中有空气渗入，可用手油泵泵油至泡沫完全消失后拧上放气螺塞。若泡沫不断，说明油箱至输油泵一段油路有破裂进气处，可以直接观察查找漏气处，也可用嘴式打气筒向管路内充气，通过漏气检查确定漏气处。对漏气处可根据不同特点采用焊补、紧固或更换等方法排除故障。

3.3.3 抽动手油泵时，若感到手泵有吸力，松开后手泵自动回位，说明油箱至输油泵的油路堵塞；推压手泵时，若感到有阻力，说明输油泵至喷油泵的油路堵塞。疏通堵塞部位或清洗、更换柴油滤清器滤芯，消除油路不畅现象。

4. 排气管冒黑烟的处理

4.1 故障现象

柴油机运转无力，运转不均匀且排出大量黑烟，重踩加速踏板时有敲击声。

4.2 主要原因

其主要原因是柴油在汽缸内不完全燃烧。具体原因是空气滤清器堵塞；喷油器喷油质量不良；喷油泵供油量过多；汽缸压力过低；供油时间过早（喷油提前角过大）。

4.3 诊断与排除

4.3.1 拆下空气滤清器，启动柴油机。若柴油机运转正常，排气管不冒烟，则为空气滤清器堵塞。

4.3.2 逐缸进行断油试验，若某缸断油时柴油机转速明显降低、黑烟减少、敲击声变弱或消失，则该缸供油量过多；若柴油机转速变化小而黑烟消失，说明该缸喷油器喷油质量不良。故障排除方法是校正油泵供油量或检修喷油器。

4.3.3 用压力表对各缸压缩压力进行测量，若压力过低，则应对汽缸、活塞、活塞环等的技术状况进行检修。

5. 排气管冒蓝烟的处理

5.1 故障现象

柴油机启动初期排气冒蓝烟，温度升高后排气冒烟呈深灰色。

5.2 主要原因

大量机油窜入燃烧室，影响了汽缸内的正常燃烧。具体原因是油底壳内机油液面过高；汽缸与活塞或活塞环之间磨损过大，造成机油上溢；气门杆与气门导管间因磨损间隙增大，造成机油进入汽缸。

5.3 诊断与排除

5.3.1 首先检查油底壳机油液面，过高则放出部分机油。

5.3.2 再用压力表检查各缸压缩压力，若某压力低于标准，则汽缸与活塞或活塞环之间磨损严重，应进行检修。

5.3.3 最后检查气门杆与气门导管间的间隙，若间隙大于标准时，应进行检修。

6. 排气管冒白烟的处理

6.1 故障现象

柴油机运转无力，运转不均匀，排气管冒出大量白烟。

6.2 主要原因

一是喷油正时过晚（喷油提前角小），燃烧不完全；二是汽缸内渗漏进水，蒸发后变成水汽排出。

6.3 诊断与排除

6.3.1 若柴油机运转无力，排出的为灰色烟雾；且高速运转时工作不均匀，加速不灵敏，温度过高，一般是因为喷油时刻过迟。故障排除方法是调整喷油泵供油时刻。

6.3.2 若柴油机运转无力且排出白色水汽，则为汽缸内进水。造成的原因包括汽缸破裂、汽缸垫冲坏或柴油中含水。

7. 柴油机工作故障的处理

7.1 故障现象

柴油机运转大量排烟的同时，伴有明显的着火敲击声，且声响随加速踏板变化而明显变化，加速踏板踩得越急，响声越大。

7.2 主要原因

喷油时刻过早或过迟；喷油不均匀，甚至个别喷油器不喷油或喷油雾化不良；柴油机充气效率不足；柴油机温度过低或压缩力不足。

7.3 诊断与排除

若着火燃烧响声均匀，则说明各缸工作状况类似，所以故障的原因是供油时刻不正确，应对喷油泵供油时刻进行检查、调整。若着火燃烧声不均匀，则工作故障的原因可能是来自供油量过多的汽缸，可用逐缸断油法进行检查，并对喷油泵供油量进行一致性调整，检查发动机进气管道是否通畅、汽缸压力是否过低，若不正常应予以排除。

8. 柴油机“飞车”的处理

8.1 故障现象

柴油机转速失去控制，以致超过允许的最高转速；即使松开些加速踏板，转速仍降不下来，同时伴有巨大的啸声和浓烟。

“飞车”属于严重事故，具有极大危害性。若严重超速，在惯性力作用下，会造成连杆螺栓断裂，打坏缸盖、机体、活塞等机件，甚至会发生曲轴平衡块和调整器飞块被甩掉、飞轮破裂、气门弹簧折断等严重事故，并直接危害人身安全。

8.2 主要原因

调速器机件发生卡滞、松脱、断裂等故障，使调速器不能正常工作，失去对喷油泵最大供油量的限制作用；柴油机工作时，有额外的柴油或机油进入燃烧室，参与燃烧。

8.3 解决措施

“飞车”现象一般是突然发生的，在极短的时间内便会造成严重危害。发生“飞车”现象时不要慌张，应采取以下几种措施使柴油机停止运转：

8.3.1 切断供油。迅速将加速踏板拉到停机位置；若无效，再迅速旋开高压油管连接螺母，终止向汽缸内供油，使柴油机缺油而停止运转。

8.3.2 切断供气。若柴油机装有防爆装置，可直接利用它将进气终止；对小型柴油机，可直接用棉衣等物品堵塞空气滤清器或迅速拔下空气滤清器，并用物品直接堵塞进气口，使柴油机因无法进气而熄火停止转动。若在作业过程中，可挂上高速挡，缓慢接合离合器，使柴油机超载而熄火。

第三节 润滑系常见故障

1. 机油压力过低

1.1 故障现象

发动机在正常温度和转速下，机油压力表读数低于规定值。

1.2　故障原因

1.2.1 机油压力表失准。

1.2.2 机油压力传感器效能不佳。

1.2.3 机油黏度降低。

1.2.4 汽油泵膜片破裂使汽油漏入机油池或燃烧室未燃气体漏入机油池，将机油稀释。

1.2.5 柴油机喷油器滴漏或喷雾不良，使未燃柴油流入机油池，将机油稀释。

1.2.6 机油池油面太低。

1.2.7 机油泵齿轮磨损、泵盖磨损或泵盖衬垫太厚造成供油能力太低。

1.2.8 机油集滤器滤网堵塞。

1.2.9 机油限压阀调整不当、关闭不严或其弹簧折断。

1.2.10 内、外管路有泄漏之处。

1.2.11 曲轴主轴承、连杆轴承或凸轮轴轴承磨损松旷、轴承盖松动、减磨合金脱落或烧损。

2. 机油压力过高

2.1　故障现象

发动机在正常温度和转速下，机油压力表读数高于规定值。

2.2　故障原因

2.2.1 机油压力表或机油压力传感器失准。

2.2.2 机油限压阀被卡或调整不当。

2.2.3 机油池油面太高。

2.2.4 机油变稠或新换机油黏度太大。

2.2.5 通往各摩擦表面的分油道内积垢阻塞或主轴承、连杆轴承、凸轮轴轴承等间隙太小。

第四节　冷却系常见故障

冷却系能维持发动机在最适宜的温度下工作。经长期使用后，冷却系技术状况发生变化，再加上使用不慎、操作不当和机件损坏等因素，发动机会出现漏水、过热、过冷等常见故障。

1. 过热

1.1　故障现象

运行中的汽车，在百叶窗完全打开的情况下，水温表指针经常指在 100℃上，且散热器伴随有“开锅”现象；汽油机易发生突爆或早燃，柴油机易发生“工作粗暴”；发动机熄火困难。

1.2 故障原因

1.2.1 冷却系中水量不足。

1.2.2 风扇皮带打滑或断裂。

1.2.3 点火时间或供油时间太晚。

1.2.4 混合气太稀或太浓。

1.2.5 突爆或早燃。

1.2.6 燃烧室积炭太多。

1.2.7 汽缸衬垫太薄或缸体、缸盖接合面磨削过多。

1.2.8 风扇离合器结合时机太晚。

1.2.9 散热器下部出水管冻结或堵塞。

1.2.10 散热器上部回水管凹瘪或堵塞。

1.2.11 水泵泵水效能欠佳或水泵轴与叶轮脱开。

1.2.12 节温器主阀门打不开或打开太迟。

1.2.13 散热器和水套内沉积的水垢、锈污太厚。

1.2.14 分水管锈烂，分水能力丧失。

1.2.15 机油池油面太低、机油太稠、机油老化变质，致使润滑性能、散热性能降低。

1.2.16 汽车超载、长时间用低挡行驶、爬越长坡、天气炎热或在高原地区行驶。

2. 过冷

2.1 故障现象

冬季运行的汽车，在百叶窗完全关闭、水温表和水温传感器技术状况完好情况下，发动机达不到正常工作温度；发动机动力不足，油耗增加。

2.2 故障原因

2.2.1 冬季，汽车头部未套保温被或保温被覆盖不严。

2.2.2 发动机两侧下部的挡风板失落或严重变形，不起挡风作用。

2.2.3 未装节温器或节温器损坏。

2.2.4 风扇离合器结合太早。

3. 散热器口向外喷水

3.1 故障现象

发动机工作时散热器内有响声，打开散热器加水口盖则向外喷水。

3.2 故障原因

3.2.1 缸盖螺栓松动或未按规定顺序上紧。

3.2.2 汽缸衬垫烧蚀损坏。

3.2.3 燃烧室壁或湿式缸套有裂纹。

第五节 发动机异响的诊断

技术状况良好的发动机，运转中仅能听到均匀的排气声和轻微的噪声，这是正常的响声。如果发动机运转中出现了异常响声即异响，表明有关部位出现了故障。对有异响的发动机，应根据故障现象分析产生的原因，找出异响部位，准确地将其诊断出来。

1. 异响类型

发动机的常见异响，主要有机械异响、燃烧异响、空气动力异响和电磁异响等。

2. 异响原因

2.1 机械异响

机械异响主要是运动副配合间隙太大或配合面有损伤，运转中引起冲击和振动造成的。因磨损、松动或调整不当造成运动副配合间隙太大时，运转中要引起冲击和振动，产生声波，并通过机体和空气传入人耳。如曲轴主轴承响、连杆轴承响、凸轮轴轴承响、活塞敲缸响、活塞销响、气门脚响、正时齿轮响等，多是因配合间隙太大造成的。但有些异响也可能是配合面（如正时齿轮齿面）有损伤或其他原因造成的。

2.2 燃烧异响

燃烧异响主要是发动机不正常燃烧造成的。如汽油发动机产生的突爆，表面点火及柴油机发动机工作粗暴时汽缸内产生的极高的压力波。这些压力波撞击燃烧室壁及活塞连杆组，发出了强烈的类似敲击金属的异响。当汽油发动机化油器发出回火声、排气管发出放炮声或“突突”声时，也属于燃烧异响。

2.3 空气动力异响

空气动力异响主要是在发动机进气口、排气口和运转中的风扇处，因气流振动而造成的。

2.4 电磁异响

电磁异响主要是在发电机、电动机和某些电磁元件内，由于磁场的交替变化，引起机械中某些部件或某一部分空间容积产生振动而造成的。

3. 异响的影响因素和诊断条件

异响与发动机的转速、温度、负荷和润滑条件等有关。

3.1 转速

一般情况下，转速越高机械异响越强烈。尽管如此，由于高转速时各种响声混杂一起，某些异响不易辨清，所以要具体异响具体对待。如听诊气门响和活塞敲缸响时，在怠速下或低速下就能听得非常清楚；当主轴承响、连杆轴承响和活塞销响较为严重时，在怠速和低速下就能听得非常清楚。总之，诊断异响应在响声最明显的转速下进行，并尽量在低速下进行，以减少不必要的噪声和损耗。

3.2 温度

有些异响与发动机温度有关，而有些异响与发动机温度无关或关系不大。在机械异响诊断中，对于膨胀系数大的配合副要特别注意发动机的热状况，最典型的例子是活塞敲缸响。在发动机冷启动时，该异响非常明显，而温度一旦升高，响声即消失或减弱。所以，诊断发动机异响应在发动机温度低的情况下进行。膨胀系数小的配合副所产生的异响，如曲轴主轴承响、连杆轴承响、气门响等，发动机温度变化对异响的影响不大，因而对诊断温度无特别要求。

3.3 负荷

许多异响与发动机负荷有关。如曲轴主轴承响、连杆轴承响、活塞敲缸响、汽缸漏气响、汽油机点火敲击响等，均随负荷增大而增强，随负荷减小而减弱；柴油机点火敲击响随负荷增大而减弱。但也有异响与负荷无关，如气门响、凸轮轴轴承响和正时齿轮响。

3.4 润滑条件

不论何种机械异响，当润滑条件不佳时，异响一般都显得严重。

4. 常见异响的经验诊断

4.1 曲轴主轴承响

4.1.1 现象

发动机突然加速时会发出沉重而有力的“当、当、当”或“刚、刚、刚”的金属敲击声，严重时机体会发生很大振动，且响声随发动机转速的提高而增强，随负荷的增大而增大。产生异响的部位在汽缸下部的曲轴箱内。单缸断火，响声无明显变化；相邻两缸断火，响声会明显减弱。温度变化对响声无影响，机油压力明显降低。后道轴承响声一般钝重发闷，前道轴承响声较轻、较脆。曲轴发生轴向窜动，低速时节气门会产生微抖，可听到较沉重的“咯噔、咯噔”的响声。

4.1.2 原因

（1）主轴承盖固定螺栓松动。

（2）主轴承减磨合金烧毁或脱落。

（3）主轴承和轴颈磨损过甚、轴向止推装置磨损过甚，造成轴向间隙过大。

（4）曲轴弯曲。

（5）机油压力太低或机油变质。

4.2 连杆轴承响

4.2.1 现象

发动机突然加速时，有“当、当、当”连续明显的、轻而短促的金属敲击声，这是连杆轴承响的主要特征；轴承严重松旷时，怠速运转也有明显的响声，且机油压力变低；发动机温度变化，响声不变化；发动机响声随负荷增大而加剧；单缸断火，响声明显减弱或消失，复火后响声又出现。

4.2.2 原因

（1）连杆轴承盖的固定螺栓松动或折断。

（2）连杆轴承减摩合金烧毁或脱落。

（3）连杆轴承或轴颈磨损过大，造成轴向间隙过大。

（4）机油压力过低，机油变质或曲轴内通连杆轴颈的油道堵塞。

4.3 活塞销响

4.3.1 现象

发动机在怠速、低速和从怠速向低速过度，节气门抖动时，可听到清脆连贯的“嗒、嗒、嗒”的金属敲击声；响声严重时，随转速升高而加大，随负荷加大而增大；发动机温度的变化对响声影响不大；机油压力不降低；单缸断火，响声明显减弱或消失，复火后瞬间响声又出现或连续出现两个响声。

4.3.2 原因

（1）活塞销与连杆小头衬套配合松动。

（2）衬套与连杆小头轴承孔配合松旷。

（3）活塞销与活塞上的销座孔配合松旷。

4.4 活塞敲缸响

4.4.1 现象

发动机怠速或低速运转时，在汽缸上部发出清晰而明显的“嗒、嗒、嗒”的金属敲击声，而中速以上运转时响声减弱或消失；发动机温度变化，响声也变化，一般情况下，冷车时响声明显，热车时减弱或消失，但个别原因造成的活塞敲缸响反而在温度升高后加重；响声严重时，负荷越大，声响越大，但机油压力不降低；单缸断火，响声消失或减弱。

4.4.2 原因

（1）活塞与汽缸壁配合间隙太大。

（2）活塞与汽缸壁间润滑条件太差。

（3）活塞在常温时反椭圆或椭圆度太小。

（4）活塞销与活塞上销座孔装配过紧。

（5）活塞销与连杆小头衬套装配过紧。

（6）连杆轴承装配过紧。

（7）活塞同轴度过大。

4.5 气门响

4.5.1 现象

发动机怠速运转时发出连续不断的、有节奏的“嗒、嗒、嗒”（在气门脚处）或“啪、啪、啪”（在气门座处）的金属敲击声；转速增高时响声亦随之增高，温度变化和单缸断火时响声不减弱；

若有数只气门响，则声音显得杂乱。气门脚响和气门落座响统称为气门响。

4.5.2 原因

（1）气门脚响：

①气门脚间隙太大。

②气门脚间隙调整螺钉松动或该间隙处两接触面不平。

③配气凸轮外形加工不准或磨损过甚，造成缓冲段效能下降，加重了挺杆对气门脚的冲击。

④气门脚处润滑不良。

（2）气门落座响：

①气门杆与其导管配合间隙太大。

②气门头部与其座圈接触不良。

③气门座圈松动。

④气门脚间隙太大。

4.6 汽缸漏气响

4.6.1 现象

发动机运转时，从加机油口处听到曲轴箱内发出“嘣、嘣、嘣”的漏气声；负荷越大时响声越强，转速越高时响声越小；当收回节气门或单缸断火时，响声减弱或消失；随着响声的出现，加机油口处脉动地向外冒烟，冒烟次数与发响次数相同。

4.6.2 原因

（1）新换活塞环与汽缸壁的配合度太差。

（2）活塞环和汽缸壁严重磨损。

（3）活塞环开口间隙太大或各环开口重合。

（4）活塞环弹力太弱或因其侧隙、背隙太小而使背压力建立不起来。

（5）活塞环卡死在环槽内。

（6）活塞环折断。

（7）汽缸壁拉伤，出现沟槽。

4.7 正时齿轮响

4.7.1 现象

发动机运转时，在其前部发出一种连续的或节奏明显的响声。一般情况下，转速越高响声越大；温度变化时响声不变化；单缸断火，响声不减弱。

4.7.2 原因

（1）齿轮啮合间隙过大或过小。

（2）曲轴主轴承孔与凸轮轴轴承孔的中心距在使用或修理中发生变化。

（3）齿轮的齿形加工不准、热处理时变形或齿面磨损过甚。

（4）齿轮转动一周中啮合间隙松紧不一或发生根切。

（5）齿面有伤痕、脱层或轮齿断裂。

（6）齿轮在曲轴或凸轮轴上松动或脱出。

（7）齿轮端面圆跳动或径向圆跳动太大。

（8）曲轴或凸轮轴轴向间隙太大。

（9）未成对更换齿轮。

4.8 柴油机着火敲击响

4.8.1 现象

柴油发动机在低速无负荷运转时，有时可听到尖锐、清脆和连续的"嘎啦、嘎啦"或"刚啷、刚啷"的敲击响，冷启动时，响声尤其明显；发动机温度升高、转速升起和负荷增大时，响声减弱或消失，但发动机过热和超负荷运转时响声又增大；供油拉杆抖得愈急响声愈大。

4.8.2 原因

柴油机着火敲击声分"均匀而粗暴的敲击声"和"非均匀而粗暴的敲击声"两种。柴油机着火敲击声的主要原因是柴油机工作粗暴，而造成工作粗暴的原因是着火落后期太长，具体原因如下：

（1）均匀而粗暴的响声：

①柴油品质差，其中特别是自燃性能不好。

②喷油泵供油时间太早。

③发动机超负荷运转。

④发动机过冷或过热。

⑤在燃烧室的形式、汽缸内的涡流运动、压缩终了的温度和压力、供油规律和喷射质量等方面存在问题。

⑥空气滤清器严重堵塞，使进气量不足。

（2）非均匀而粗暴的响声：

①个别缸供油时间太早，即供油间隔不均匀。

②个别缸供油太多，即供油不均匀度超过标准。

③个别缸喷射质量不佳。

④个别缸密封不佳，压缩终了的温度与压力太低。

第六节 车辆行驶中常见的故障诊断与排除

1. 行驶时转向沉重的处理

1.1 故障现象

汽车在转向时，转动转向盘感觉沉重费力。

1.2 主要原因

1.2.1 前轮定位失准。

1.2.2 滚轮和蜗杆啮合过紧。

1.2.3 转向节主销与衬套装配过紧。

1.2.4 转向器和转向传动机构润滑不良。

1.2.5 前轮胎气压不足。

1.2.6 转向轴弯曲，刮碰套管。

1.3 诊断与排除

调整前轮定位和有关啮合、配合部件；润滑转向传动机构；前轮胎充至标准气压；校正转向轴，必要时更换。

2. 行驶跑偏的处理

2.1 故障现象

汽车行驶时，不能保持直线方向，而自动偏向一边。

2.2 主要原因

2.2.1 两前轮轮胎气压不均匀或轮胎直径不等。

2.2.2 两端主销后倾角或车轮外倾角不相等。

2.2.3 前束过大或过小。

2.2.4 有一边前钢板弹簧错位、折断或两边弹力不均。

2.2.5 前轮左、右轮毂轴承松紧不一。

2.2.6 转向节臂、转向节弯曲变形。

2.2.7 前轴车架变形或左、右轴距相差过大。

2.2.8 有一边车轮制动拖滞。

2.3　诊断与排除

汽车行驶中跑偏，可以先摸一下跑偏一边的制动鼓和轮毂轴承处是否发热，若发热，说明制动拖滞或一个车轮轴承过紧。如换过轮胎，则应检查轮胎尺寸是否一致，轮胎气压是否均匀。若以上均属正常，前钢板弹簧也良好，应对前轮定位、前轴变形、左右轴距做测量检查。

3. 气压制动力不足的处理

3.1　故障现象

汽车行驶中，将制动踏板踩到底后车辆不能立即减速、停车或制动距离延长；停车后检查，地面没有轮胎拖印或拖印很短。

3.2　主要原因

3.2.1 空气压缩机工作不正常，储气筒气压不足。

3.2.2 踏板自由行程过大。

3.2.3 控制阀和制动气室膜片破裂或损坏。

3.2.4 气管破裂或接头松动漏气。

3.2.5 制动调整臂蜗杆调整不当及制动气室推杆行程过长。

3.2.6 制动蹄片与制动鼓间隙过大。

3.3　诊断与排除

3.3.1 中速运转发动机数分钟后，如若储气筒气压不足，检查空气压缩机皮带张紧度。

3.3.2 若空气压缩机皮带正常，则需拆检空气压缩机，检查出气阀密封情况和阀座是否松动。

3.3.3 如若储气筒气压能保持正常，踩下制动踏板后有漏气声，应检查制动阀；若有漏气，则需拆检制动阀。

3.3.4 若制动阀无漏气声，则再检查制动室或制动软管有无漏气处。

3.3.5 储气筒气压保持正常，踩下制动踏板后也不漏气，但制动效果差，应检查制动踏板自由行程是否过大、制动室推杆行程是否过大、最大制动阀最大制动输出气压是否达到要求。

3.3.6 若以上检查均正常，则应检查制动器间隙是否过大，若车轮制动器间隙正常，则应拆检车轮制动器，检查制动蹄摩擦片是否沾有油污、是否碎裂、其磨损是否超过规定值。同时，还应检查制动鼓是否起槽或失圆。

名企机务管理案例：某集团车辆技术管理制度

1. 制度概况

略。

2. 制度正文

2.1 车辆运行技术条件

2.1.1 车辆外观整洁、装备齐全、紧固可靠、各部件完好并具有正常的技术性能。

2.1.2 发动机动力性能良好、运行平稳，燃料、润滑材料消耗正常，无漏油、漏水、漏气、漏电现象。

2.1.3 底盘各总成连接牢固、性能可靠、润滑良好，钢板弹簧无断裂或错开现象，轮胎气压正常。

2.1.4 车身完好，驾驶室、车厢密封良好、开启灵活。

2.1.5 电气设备配备齐全，灯光、信号、仪表等工作正常、可靠。

2.1.6 车辆制动性能良好，符合技术标准。

2.1.7 转向系性能良好，前轮定位符合标准。

2.1.8 车辆的噪声及废气排放符合标准。

2.2 车辆维修管理

2.2.1 车辆维修的原则

（1）车辆维护应贯彻“安全第一、预防为主、强制维护”的原则。根据汽车技术状况变化的规律，进行定期和非定期的维护作业，及时发现并排除隐患，确保车辆技术状况良好。

（2）车辆修理应贯彻“安全第一、视情修理、按需修理”的原则。根据车辆检测诊断和技术鉴定的结果，按不同的作业范围和深度及时进行维修。

2.2.2 车辆维修的分类

（1）车辆维护

根据作业周期不同可分为定期维护和非定期维护。定期维护分为日常维护、一级维护和二级维护；非定期维护分为走合期维护和季节性维护。

①日常维护

a. 日常维护是指以清洁、补给和安全检视为作业中心内容，由驾驶员负责执行的车辆维护作业。

b. 日常维护周期：出车前、行车中、收车后。

②一级维护

a. 一级维护是指除日常维护作业外，以清洁、润滑、坚固为作业中心内容，并检查有关制动、操纵等安全部件的车辆维护作业。

b. 一级维护周期详见附件 3“统购车型日常维护标准”。

③二级维护

a. 二级维护是指除进行一级维护作业外，以检查、调整（发动机工作状况、排气污染控制装置、转向节、转向摇臂、制动蹄片、悬架等易磨损或变形的安全部件）为作业中心内容，并拆检轮胎和进行轮胎换位的车辆维护作业。

b. 二级维护周期详见附件 3“统购车型日常维护标准”。

④走合期维护

a. 走合期维护是指新车或大修车辆运行初期所进行的维护，主要以检查、润滑、调整、紧固作业为主的车辆维护作业。

b. 新车或大修车辆的走合期里程以车辆使用说明书为准。

⑤季节性维护

a. 季节性维护是指保证车辆在冬、夏季的合理使用，在季节转换之前，结合定期维护，附加维护项目，以换用润滑油（脂）、检查和调整冷却系统、调整油路和电路作业为主的车辆维护作业。

b. 进入冬、夏季的季节性维护应结合一、二级维护进行。

（2）车辆修理

①车辆大修

车辆大修送修标准：客车以车厢为主，结合发动机总成；货车以发动机总成为主，结合车架总成或其他两个总成符合大修条件。

②总成大修

总成大修包括发动机大修、变速器大修、车架校正或大修、前后桥校正或大修、驾驶室或车厢翻新、喷油泵校正或大修。

③车辆小修

车辆小修是指用修理或更换个别零件的方法，主要是消除汽车在运行过程或维护作业过程中发生、发现的故障或隐患，保证车辆技术性能良好。

④零件小修

零件小修是指对因磨损、变形、损伤等而不能继续使用的零件进行修理。

2.2.3 车辆外修管理

（1）定点维修厂选定

①“车辆集中维修”原则。选择距公司营运车辆集中地较近的维修厂，以确保车辆送修的及时性。

②“车辆专项维修”原则。分公司根据各品牌车辆选择车辆生产厂家指定的特约维修站，以确保零配件的供应和维修质量。

③根据预选维修厂的资质、技术力量、设备条件、服务质量、价格水平、财务状况等综合指标进行评审选定，原则上预选 3 家以上维修厂评审，以招投标方式择优选定（参与评审人员签字确认，需有财务人员参加）。

a. 分公司所选择定点维修厂原则上应具备二类以上企业资质，如因分公司实际情况与要求不符，由分公司根据实际情况选择二类以下技术力量过硬的维修厂，报集团车管部备案。

b. 分公司根据预选定点维修厂专业维修人员数量、专业等级、实操技能等方面考评技术力量；根据预选定点维修厂设备、仪器的装配（能够满足我司统购车型维修需求）考评设备配置。

④定点维修厂选定后，须与其签订“车辆定点维修合同”，以保障我方权益。同时将定点维修厂相关资料和“车辆定点维修合同”的复印件寄至经营本部营运部和运力管理处备案。

⑤如定点维修的车辆数量较少，不能与维修厂签订公司统一“车辆定点维修合同”的，则由地区自行与维修厂签订“维修协议”。

（2）维修流程

①单次维修预算金额在 3 000 元以下的车辆，由送修单位填写送修单（附件 2），通过审批后到定点维修厂报修。如定点维修厂发现送修项目之外的其他故障需增加维修项目的，应及时通知送修单位，征得车管负责人的同意之后方能维修。

②单次维修预算金额在 3 000 元以上（含大修）的车辆，在维修前必须先进行入厂检验。入厂检验必须有车管人员参与，确定维修项目、更换部件及预算金额，再填写送修单，通过审批后方可进行维修。

③车辆竣工出厂时，送修单位指定的接车人员应仔细检查竣工车辆，核对送修单和结算单，验收合格后方可办理出厂交接手续，如有问题立即向定点维修厂提出。

2.2.4 车辆自修管理

成立自修的分公司，参照《自修站管理规定及指引》实施车辆自修作业。

2.3 车辆运行材料与使用

2.3.1 车辆燃料的合理选用

（1）车用汽油的选用

① 根据车辆厂家提供汽车使用说明书要求，按汽车的压缩比选用汽油牌号。

②车用汽油供应若一时不能满足要求，可以用牌号相近的汽油暂时代替，但必须对汽油机进行适当的调整。用辛烷值较低的汽油代替辛烷值较高的汽油时，应适当推迟点火提前角；反之，应适当提前点火提前角。

③推广使用加入有效的汽油清净剂的无铅汽油。

（2）车用轻柴油的选用

①轻柴油牌号的选择应使用温度等于或略高于轻柴油的冷滤点。

②在气温允许的情况下尽量选用高牌号柴油。

③各公司在选用轻柴油时需注意季节气温的变化对用油的影响；对于季节气温变化较大的地区（华北地区），应特别注意季节气温对用油的影响，及时改变用油牌号。

④轻柴油牌号的选择建议见下表：

各牌号柴油的适用地区

轻柴油牌号	适用温度范围
10 号轻柴油	适用于有预热设备的柴油机
5 号轻柴油	适用于风险率为 10% 的最低气温在 8℃以上的地区使用
0 号轻柴油	适用于风险率为 10% 的最低气温在 4℃以上的地区使用
–10 号轻柴油	适用于风险率为 10% 的最低气温在 –5℃以上的地区使用
–20 号轻柴油	适用于风险率为 10% 的最低气温在 –14℃以上的地区使用
–35 号轻柴油	适用于风险率为 10% 的最低气温在 –29℃以上的地区使用
–50 号轻柴油	适用于风险率为 10% 的最低气温在 –44℃以上的地区使用
说　明	风险率 10% 的最低气温值表示该月中最低气温低于该值的概率为 0.1；风险率 10% 的最低气温一般应等于或略高于轻柴油的冷滤点

2.3.2 车辆润滑油的合理选用

①在选用发动机润滑油时，要严格按照车辆技术说明书规定进行。

②在保证活塞环密封良好、机件润滑良好的条件下，适当选用低黏度的润滑油。

③润滑油的使用等级应与发动机的工作条件相适应。

④汽油机润滑油与柴油机润滑油原则上应区别使用，只有在汽车制造厂标明可通用时，才可在标明的级别范围内使用。

⑤润滑油黏度级别的选择（不同黏度级润滑油适用范围见下表）。

SAE 黏度级号适用的气温	
SAE 黏度级别	适用气温（℃）
5W/30	−30 ~ 30
10W/30	−25 ~ 30
10W/40	−25 ~ 40
15W/30	−20 ~ 30
15W/40	−20 ~ 40 以上
20W/40	−15 ~ 40 以上
20W/50	−15 ~ 50 以上

⑥统购润滑油分车型使用周期及换油里程标准详见附件 3 。

2.3.3 车辆轮胎的合理选用

参照《车辆轮胎管理指引》实施车辆轮胎的合理选用。

2.4 车辆的技术经济定额管理

2.4.1 车辆维护与小修费用定额管理

（1）车辆维护与小修费用定额是指车辆每行驶一定里程，维护与小修耗用的工时和物料费用的限额。

（2）机械事故造成的车辆维护和小修费用，不列入维护与小修费用定额管理。

（3）交通事故造成的车辆维护和小修费用，不列入维护与小修费用定额管理。

（4）车辆维护与小修费用可作为车辆管理人员及驾驶员考核项目。

2.4.2 发动机大修间隔里程定额管理

（1）发动机大修间隔里程定额是指新发动机到大修，或大修到大修之间所使用的里程限额。

（2）发动机大修间隔里程定额按发动机型号和使用燃料类别等分别制定。

（3）发动机大修间隔里程定额可作为车辆管理人员考核项目。

2.4.3 车辆油料消耗定额管理

（1）车辆油料消耗定额是指车辆每行驶百公里所发生的油料消耗。

（2）车辆油料消耗定额按车辆品牌、车辆型号、车辆轴距、车辆排放标准等纬度分别制定。

（3）车辆油料消耗定额可作为车辆管理人员及驾驶员考核项目。

2.4.4 车辆新度系数管理

（1）车辆新度系数是根据车型、车龄、行驶里程、油耗、维修等对车辆新旧程度的综合评价。

（2）车辆新度系数可作为车辆管理人员考核项目。

2.5 机械事故

2.5.1 由于人为因素造成车辆大修或总成大修的，即为机械事故。

2.5.2 机械事故的鉴定须由修理厂出具鉴定报告。如当事人对修理厂的鉴定结果存在疑问的，可申请到专业检测机构鉴定；鉴定结果属人为因素造成的，鉴定费用由当事人承担。

2.5.3 机械事故的处理按损失金额给予当事人（如属管理不当所造成的，则管理人员可视为当事人）相应处罚（根据公司奖励与处罚管理规定）。

3. 例外

此项无内容。

4. 解释

本制度由集团车管部负责解释。

5. 引用

此项无内容。

6. 附件

附件 1：某集团车辆定点维修合同。

附件 2：送修单。

附件 3：统购车型日常维护标准。

附件 1：某集团车辆定点维修合同

甲方（送修方）：
乙方（承修方）：

甲乙双方经协商同意，就车辆定点维修事宜达成如下协议：

一、服务项目与送修程序

1. 服务项目包括：一级维护、二级维护、大修、小修、车辆年审以及其他相关项目。

2. 甲方送修时，应填写送修单（附录 2），注明送修车型、车号及报修项目等。

3. 根据甲方提供的送修单，乙方应及时对送修车辆进行细致检查，并根据检查情况列出维修项目、需更换的配件、维修时间以及维修费用等。如乙方所列的维修项目与甲方所报的维修项目不同的，或预测维修费用在 3 000 元以上（含大修）的，须征得甲方同意方可施工。

4. 在维修过程中，乙方如发现其他故障，需增加维修项目及费用或需延长维修时间的，应及时通知甲方，征得甲方同意后方能继续施工。

5. 乙方完成维护后，应及时通知甲方，办理车辆移交，并将结算单一并交予甲方。甲方对车辆进行验收，如无异议，及时办妥车辆的移交手续。

6. 结算单必须要有甲方指定人员签字确认，否则甲方将拒付相关款项。

二、质量保证与服务承诺

1. 乙方必须为甲方送修的车辆提供优先维修和 24 小时救援服务，具体细则见附件 3。

2. 乙方应为甲方送修的每台协议维修车辆建立维修档案。

3. 未经甲方事先书面同意，乙方不得将送修车辆转厂维修。

4. 乙方须保证所用配件是符合国家质量标准的全新原厂配件，不得以次充好或随意更换汽车配件；如因客观原因无法用原厂生产的零配件进行维修时，应事先征求甲方同意，在保证维修质量的前提下，提供适宜的替代品。

5. 乙方对送修车辆的维修作业必须符合国家相关标准和规范。

6. 甲方送修车辆在维修期间出现丢失或损毁的，乙方承诺负赔偿责任。

7. 车辆出厂前，乙方必须进行质量检验，经检验合格的，出具出厂合格证给甲方。

8. 送修车辆交付甲方前，乙方不得擅自使用送修车辆，如乙方违反使用致使甲方所产生的经济损失概由乙方承担。

9. 对已维修出厂的车辆，甲方如发现质量不合格或与送修单项目不符的，乙方承诺无偿返工，并承担因此给甲方造成的经济损失。

10. 质量保证期：

10.1 竣工出厂车辆的质量保证期：整车大修和总成大修为 20 000 公里或 120 天；二级维护为 6 000 公里或 30 天；一级维护、小修等为 2 000 公里或 10 天。

10.2 在质量保证期内，发生同样故障或因该维修部位所引起的其他故障，乙方应给予全部免费维修。对查不出原因的维修质量问题，在质量保证期内，乙方应无偿进行返修。

10.3 在保修期内因维修质量造成的相关经济损失，由乙方负责。

三、维修费用与结算

1. 由甲乙双方协定维修工时费标准和材料费价格：工时费为元 / 工时，材料费折扣优惠（工时费、材料费不得超过当地平均价格水平）。乙方为甲方提供材料费和工时费的报价单，如有变更乙方将于 3 日内通知甲方。

2. 维修费用的结算：

结算时间为每月一次。甲方经核对无误后，在收到发票 10 个工作日内将维修保养的费用转账支付给乙方。乙方提供以下账户信息：

账户名称：　　　　　　开户行：　　　　　　　　账号：

乙方保证提供的账户信息准确无误。如有变更，应提前 10 天书面通知甲方。否则，因此引起的延期付款或无法转账，甲方不承担责任。

四、违约责任

1. 甲方应依本合同规定及时向乙方支付维修费用，不得故意拖欠或拒绝支付，逾期付款应按银行贷款利率（一年期）向乙方支付违约金。

2. 乙方未如期（双方确认的出厂日期）完成维修工作的，应按每车每日叁佰元向甲方支付违约金，该款可从维修费中扣减。

五、合同的解除和终止

1. 有下列情形之一的，甲方有权单方面解除合同，并要求乙方赔偿损失：

1.1 甲方对乙方的有效投诉记录累积达 4 次的。

1.2 未经甲方同意，乙方擅自将送修车辆交由他厂维修的。

1.3 未经甲方同意，乙方擅自使用非原厂配件或以旧配件换取甲方送修车辆零件的。

1.4 因乙方维修质量问题，导致甲方车辆出现事故造成重大损失的。

2. 除本条款第 1 项外，任何一方解除合同，须提前一个月书面通知对方，双方结清费用后本合同终止。

六、争议的解决办法

因本合同的效力、解释和执行而产生的任何争议，双方应友好协商解决。协商不成的，应向甲方所在地人民法院起诉。

七、其他规定

1. 乙方不得给予甲方相关工作人员回扣、佣金、有价证券、实物或其他形式的利益，否则，甲方有权解除合同。本条款对双方具有永久约束力，不因合同其他条款无效或失效而丧失效力。

2. 本合同未尽事宜，双方可签订补充协议。补充协议是本合同的一部分，与本合同具有同等法律效力。

3. 本合同一式两份，双方各执一份，自双方签字盖章之日起生效，均具同等法律效力。

甲方（盖章）：	乙方（盖章）：
委托代表人：	委托代表人：
日期：	日期：

附件 2：送修单

<table>
<tr><td>送修单位</td><td colspan="2"></td><td>承修单位</td><td colspan="2"></td></tr>
<tr><td>车　号</td><td></td><td>车　型</td><td></td><td>行驶里程</td><td>公里</td></tr>
<tr><td>送修人</td><td></td><td>电　话</td><td></td><td>送修时间</td><td></td></tr>
<tr><td colspan="3">报修项目或故障现象</td><td colspan="3">维修厂受理意见及建议</td></tr>
<tr><td colspan="3">报修人：</td><td colspan="3"></td></tr>
<tr><td rowspan="2">送修方负责人</td><td colspan="2" rowspan="2"></td><td>预计出厂时间</td><td>承修方负责人</td><td>电　话</td></tr>
<tr><td></td><td></td><td></td></tr>
</table>

附件 3：统购车型日常维护标准

车 型	车龄五年以内				车龄（含）五年以上				说 明
	一级维护		二级维护		一级维护		二级维护		
	里程（公里）	周期（天）	里程（公里）	周期（天）	里程（公里）	周期（天）	里程（公里）	周期（天）	
X 维柯	10 000	90	20 000	180	7 500	90	15 000	180	二级维护距一级维护里程间隔 10 000 公里或 7 500 公里；周期间隔 90 天
X 铃 100P	10 000	90	20 000	180	7 500	90	15 000	180	二级维护距一级维护里程间隔 10 000 公里或 7 500 公里；周期间隔 90 天
X 铃 600P	10 000	90	20 000	180	7 500	90	15 000	180	二级维护距一级维护里程间隔 10 000 公里或 7 500 公里；周期间隔 90 天

续上表

车型	车龄五年以内				车龄（含）五年以上				说明
	一级维护		二级维护		一级维护		二级维护		
	里程（公里）	周期（天）	里程（公里）	周期（天）	里程（公里）	周期（天）	里程（公里）	周期（天）	
X 铃 700P	12 000	90	24 000	180	10 000	90	20 000	180	二级维护距一级维护里程间隔 12 000 公里或 10 000 公里；周期间隔 90 天
X 铃 F 系列	12 000	90	24 000	180	10 000	90	20 000	180	二级维护距一级维护里程间隔 12 000 公里或 10 000 公里；周期间隔 90 天
X 杯	7 500	90	15 000	180	7 500	90	15 000	180	二级维护距一级维护里程间隔 7 500 公里；周期间隔 90 天
备注	一级维护（建议）	A. 发动机机油、机油滤清器滤芯、燃油滤清器滤芯、底盘润滑							
		B. 变速器齿轮油、后桥齿轮油、轮胎胎磨损情况（按《轮胎管理制度》要求执行）							
		C. 空气滤清器滤芯、油水分离器滤芯							
	二级维护（建议）	A. 发动机机油、机油滤清器滤芯、燃油滤清器滤芯、空气滤清器滤芯、底盘润滑、四轮保养							
		B. 变速器齿轮油、后桥齿轮油、轮胎胎磨损情况（按《轮胎管理制度》要求执行）							
		C. 油水分离器滤芯 a. 保养、更换；b. 检查、清洗、根据需要进行修正或更换；c. 视情更换							

第五单元　安全管理体系

教学目标

通过对本单元的学习，使车管人员对从事职业物流车管工作的安全管理体系有一个认识和了解，对比安全管理体系中的各项要求，分析自身的优点和不足，进行完善，从而提高自身的车管工作技能，提升在物流行业的职业竞争力。

教学内容

本单元主要内容：安全管理基础；安全风险识别、防范、排查和治理；安全操作技能；安全管理保障系统；安全监督管理体系；安全事故管理；安全管理测评与改善；名企安全管理案例。

第一章　安全管理基础

重点内容

本章重点内容：安全管理理念；目标和责任；安全组织机构；安全管理规章制度；安全教育和培训；安全投入和安全文化等内容。

第一节 安全管理理念、目标和责任

1. 安全管理理念

1.1 安全生产工作方针

各公司据实际情况，制定适合本单位的安全生产工作方针，如某集团的是“安全第一，预防为主，综合治理，全员参与，持续改进”。

1.2 安全生产管理理念

各公司据实际情况，制定适合本单位的安全生产管理理念，如某集团的是“安全发展、隐患就是事故、忽视安全的人是我们共同的敌人”。

2. 安全目标管理

物流系统道路运输安全目标体系由四级目标构成，分别为：公司安全目标、部门安全目标、车队（站）安全目标和个人安全目标。同时还分为月度、季度、半年度和年度及中长期安全目标。

各级安全目标是上级主管部门考核下级部门绩效的重要依据之一。安全目标是一个相对动态的目标，要根据具体情况定期进行评审和调整。

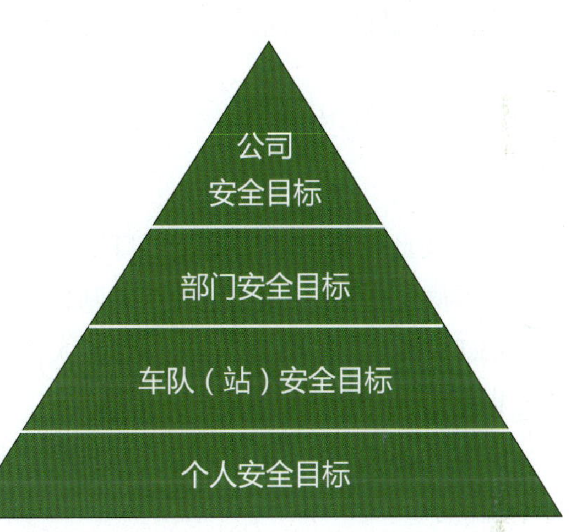

某集团安全管理目标案例

名　称	单位	目标	名　称	单位	目标
一般事故	起	2	财产损失	万元	<80
轻伤以上事故	起	0	重大车辆事故	起	0
较大以上交通事故	起	0	重大丢失、盗窃事故	起	0
火灾事故	项	0	持证上岗率	%	100
安全文化宣传率	%	100	安全教育培训率	%	100
安全（执法）检查隐患整改率	%	100	设施设备检测、审核合格率	%	100

3. 安全管理责任

3.1 公司主要负责人是安全生产第一责任人，对安全作业负全面领导责任。公司安全工作实行各级行政领导负责制，做到“谁主管，谁负责”。

3.2 公司必须建立以安全作业第一责任人或行政领导为核心的安全生产委员会。

3.3 公司的各级领导人员和职能部门，应在各自的工作范围内，实现安全、文明运输，同时向各自的行政领导负责。

3.4 安全作业人人有责，劳动者必须认真履行各自的安全作业职责，做到恪尽职守，各负其责。

3.5 各部门要确定安全管理工作职责。

3.6 各相关责任人要明确安全管理职责。

第二节 安全组织机构

1. 安全组织机构

物流企业应建立完善的从上到下的安全管理机构。企业设立安全生产委员会，由一把手任安全生产委员会主任，主管安全生产的副总经理任副主任由企业其他领导和各部门领导任委员。各车队都建立安全领导小组，由车队负责人任组长，车队其他领导和安全员任组员，负责本车队的安全管理工作。

一般中小物流企业推荐设立三级安全管理机构，大型企业推荐设立四级安全管理机构，分别如下图所示。

三级安全管理机构结构图

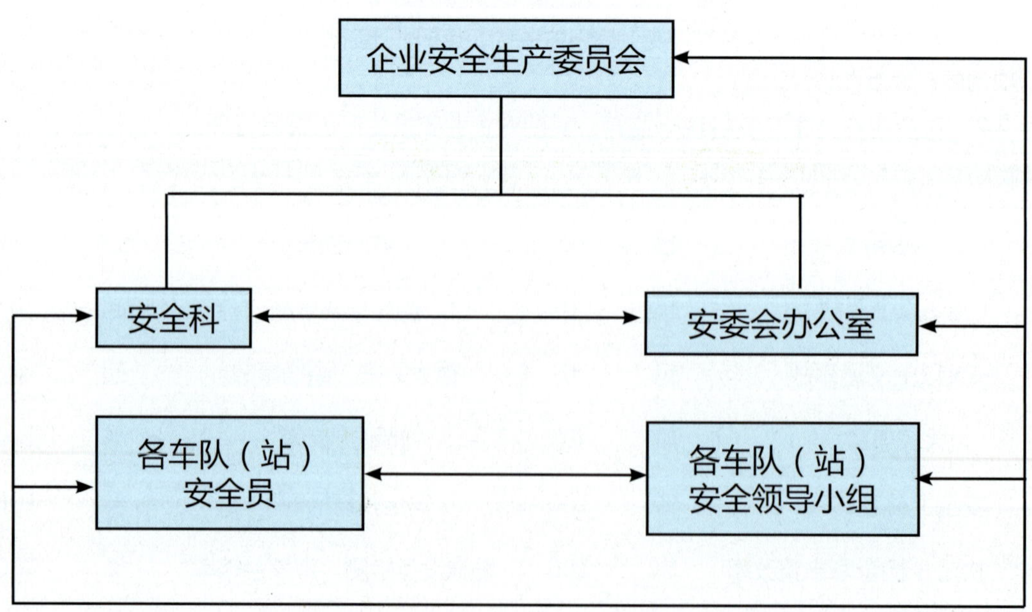

四级安全管理机构结构图

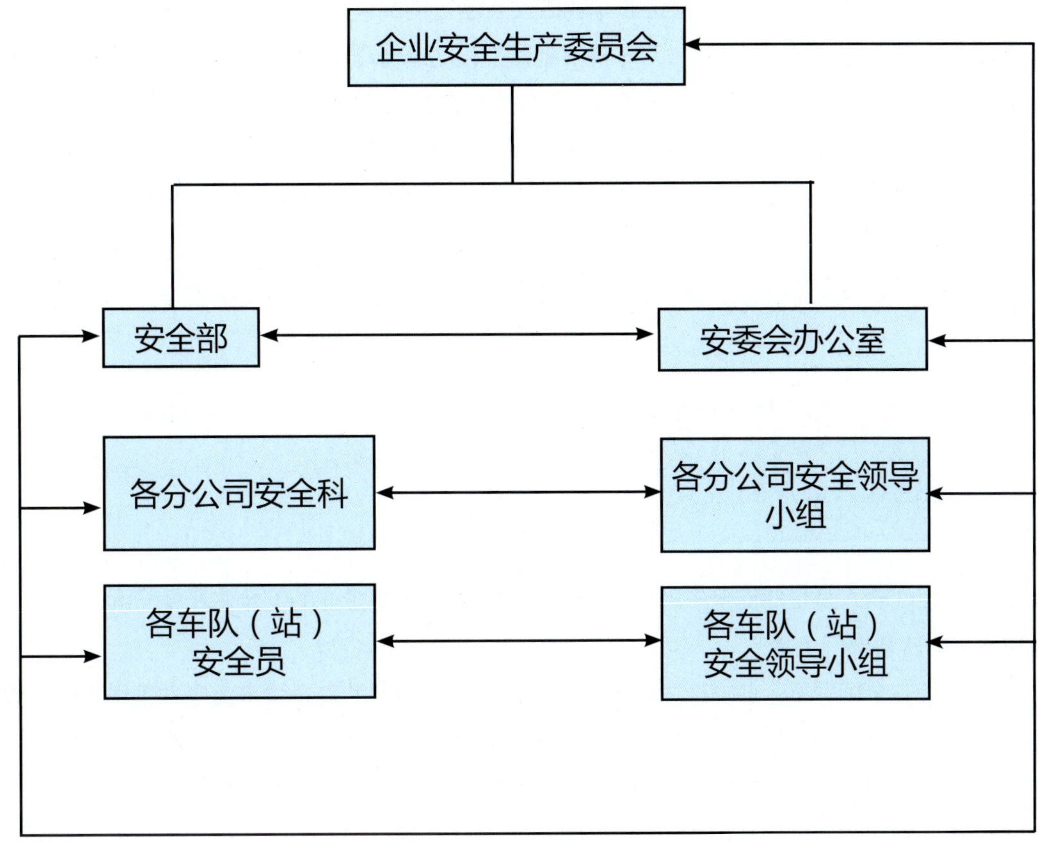

2. 安全管理机构主要工作职责

2.1　贯彻执行国家有关安全生产的方针、政策，落实上级、运管部门和企业制定的安全生产各项制度、标准和办法。

2.2　对企业安全生产实行统一监管，实现对企业安全生产的综合管理，加强对基层各级安全管理机构的业务指导和检查，及时协调，定期考评。

2.3　建立健全一套具有监督、反馈、制约、激励等诸多功能的安全管理运行机制，制定并完善企业安全生产规章制度，制定不低于上级下达的安全生产考核指标方案，健全和落实安全生产岗位责任制，落实重特大事故救援应急预案。

2.4　定期组织召开本级范围内的安全例会，随时掌握各基层单位的安全生产动态，督促落实各项安全生产规章制度和责任制，出现问题及时协调和解决。

2.5　组织企业范围内的安全生产教育和培训，组织开展多种形式的安全竞赛活动，组织总结交流安全生产经验，推广安全生产先进经验。向企业领导人推荐表彰安全先进单位及安全先进个人，提出有关责任单位或责任人的处理建议。

2.6　负责组织对各基层单位车辆机械、动力、设备的安全性能维护及安全操作管理及特殊工种持证上岗等情况的监督、检查和考核。

2.7　根据有关规定，随时抽查企业车辆的安全运行情况，并充分运用GPS卫星定位系统、汽车行驶记录仪等高科技管理手段，对车辆实施监控和动态管理，及时纠正违章行为。

2.8　负责对驾驶员的资格、资历审查，并建立相应的台账。

2.9　负责行车事故的调查、统计和上报工作，办理车辆的各项保险、索赔手续。对各类事故执行“四不放过”原则，按事故处理权限对事故责任人提出处理意见或做出处理决定。

2.10　负责建立企业安全生产各项基础管理工作台账，妥善保管各项原始记录和资料档案，建立和完善企业安全管理信息系统。根据上级要求，及时、准确地提供有关安全生产方面的信息资料。

3. 安全管理人员及配置

企业法定代表人是企业安全生产的第一责任者，必须对本企业的安全生产负全面领导责任，并直接对上级主管部门负责。

企业分管安全领导是企业安全生产的直接指挥员，对企业的安全生产负主要领导责任，接受企业法定代表人的领导。企业法定代表人（负责企业党、政、工）和各部门负责人是安全生产综合治理的责任人，对企业的安全生产负综合管理责任。

安全生产管理职能部门及相关职能部门负责人向分管安全生产的企业负责人负责，并在基层设立专职安全员。道路运输企业可参照下表配备一定数量的专职安全员。

物流企业道路运输专职安全员配置参考

车辆数（辆）	安全员数（人）
10 ~ 50	1 ~ 2
50 ~ 100	3 ~ 5
＞100	≥6

说明：以上仅供参考，具体要根据各公司的业务模式、车辆属性、车辆集中或分散度以及驾驶员的整体素质和管理人员的综合管理能力而定。

4. 专职安全人员职责

物流企业道路运输专职安全员应经相关业务培训，具有安全管理相关知识、技术和管理能力，并经考核合格后上岗。有危险品运输业务的企业应按规定至少配备一名具有初级职称的化工专业技术人员，主要职责是：

4.1　宣传贯彻执行国家及上级部门下达的有关安全生产的方针、政策和法规，认真执行企业各。项安全管理规章制度。

4.2　组织安全学习活动，会同有关部门进行经常性的安全生产宣传教育，积极开展行车安全竞赛等活动。

4.3　经常深入现场进行安全生产监督检查，督促检查营运车辆保持良好的技术状况，保障各项基础管理工作的落实。对危及安全生产的行为有制止和向上级反映的权利。

4.4　负责本单位安全事故的处理、统计和上报。

4.5　加强对驾驶员的安全行车管理，协助做好驾驶员的审验、评比工作。

4.6　具有三级以上道路运输资质的物流企业必须配备安全管理专用装备，如安全生产检查专用车、计算机、道路交通安全宣传设备、通信设备等。

第三节　安全管理规章制度

为了实现安全管理的目的，企业应该建立健全各项必要的安全规章制度，为所有的员工预先设立一个行动的准则规范，以便员工照此行事，实现有组织、有秩序的安全生产。一般而言，物流企业为了实现安全生产的目的，需要建立健全以下制度。

1. 以目标管理为核心的安全生产责任制度

1.1　物流企业应建立以目标管理为核心的安全生产责任制，把目标管理和安全生产责任制结合起来，以事故隐患的控制等安全目标作为安全责任的界定和奖惩的依据。

1.2　在实施过程中，随着安全目标的层层分解，安全责任明确到人，形成一个自上而下逐级管理、自下而上逐级负责的管理网络。具体来说，公司领导主抓全公司安全，对国家和企业负责；各部门的领导、安全员主抓部门安全，对二级单位领导负责；车队长主抓车队安全，对部门领导负责；员工自抓本岗位安全，对车队长负责。各机构之间每年层层签订安全生产责任书，年终逐级考核兑现。

1.3　为确保安全生产责任的层层落实，可把安全质量状况与个人经济利益挂钩，实行逐级安全承包和全员安全生产风险资金抵押。由公司和各二级单位签订安全生产承包责任书，将安全生产责任制落实到生产岗位和个人，用承包合同将“责、权、利”固定下来。各二级单位根据本企业特点，或实行安全责任承包管理办法，或按照安全风险抵押金管理办法，或采用安全经济责任制，使安全工作层层落实。

2. 安全会议制度

2.1　物流企业安全生产领导小组每季度召开一次安全会议，每月召开一次安全工作例会；驾驶员安全会议（活动）原则上每周一次，每月不少于两次。遇有特殊情况或发生重特大事故应随时召开有关会议。

2.2　物流企业道路运输安全工作例会每月不得少于一次。安全工作例会的主要内容是传达、学习有关安全管理工作的文件、指示，总结本单位近期内行车安全工作的经验教训，制定措施，布置开展安全活动。

2.3　驾驶员“安全活动日”应每周开展一次。活动日主要活动内容包括传达、学习有关行车安全的法规、文件；总结、交流安全行车经验，分析安全生产形势；针对行车安全中存在的问题提出防范措施。安全活动日应建立活动记录，实行签到制度。物流企业也可根据自身条件和特点，结合生产实际，积极开展不同形式的安全竞赛活动。

3. 行车安全档案制度

3.1　物流运输企业应建立行车安全档案制度，包括基础资料档案、驾驶员行车安全档案、行车事故档案。

3.2　基础资料档案主要包括有关行车安全的法规、条例、规章制度，企业的行车安全管理机构设置和安全管理人员编制名册、驾驶员名册、检查考核记录、安全例会记录、安全活动记录。

3.3　驾驶员行车安全档案一人一档，记录其安全运行和遵章守纪等情况。

3.4　行车事故档案一般事故以上一事一档，记录事故经过、事故原因及事故处理情况。

4. 行车安全教育和培训制度

物流企业应重点对安全管理、驾驶、维修、乘务、车辆安全技术检查等人员进行以业务和技术为主要内容的行车安全教育和岗位培训。

5. 行车安全检查制度

物流企业应建立行车安全监督、检查制度，对营运车辆和驾驶员等生产人员进行安全技术情况检查，做好详细记录，对检查中发现的问题和事故隐患，应制定措施及时整改。

6. 驾驶员管理制度

物流企业必须加强对驾驶员的管理，抓好驾驶员的资质审查和培训、考核、教育及其驾驶证、上岗证的管理工作。

教育驾驶员遵章守纪，服从管理，自觉执行安全管理的各项规章制度。

7. 车辆管理制度

物流企业要加强车辆管理，建立车辆技术管理制度，严格车辆维修、检测，并建立健全车辆技术档案。

要强化车辆风险保障能力的管理，凡国家规定实行强制保险的险种，所有营运车辆（含租赁、挂靠车）必须按要求投保，不得漏保、脱保。

运输企业和交通主管部门还可采取设立责任赔偿保障金和安全统筹等办法，建立和完善车辆风险保障体系。

8. 安全奖惩制度

物流企业应建立科学的奖惩制度，做到奖惩分明，保障企业安全管理人员的合理权益，处罚相应的不安全行为。

建立安全行车奖惩制度，使安全行车与经济利益挂钩。对安全行车的驾驶员每月按行车里程发放奖励基金，年终发安全奖，鼓励他们对发生事故的驾驶员根据损失大小按责论处，使安全行车与经济利益挂钩，加强安全管理效果。

安全奖惩应采用安全一票否决制，企业各单位、个人，未完成给定的安全生产目标的，取消一切评优资格。

企业各项决策中，也应实行“安全一票否决”，当经济利益与安全问题相冲突时，要把安全放在第一位。

9. 安全责任追究制度

物流企业应秉承对安全事故严格按照事故原因不查清不放过、责任人员未处理不放过、整改措施未落实不放过、有关人员未受到教育不放过的“四不放过”原则，追究事故直接责任人和有关负责人的责任。

10. 行车日志制度

物流企业应建立行车日志制度，加强对车辆的运行管理，按班次填写行车日志。行车日志包括始发站、中途停靠站、终点站、停车时间、天气和道路状况，以及行车中发生的车辆故障、隐患、事故等内容。行车日志由驾驶员负责填写，企业专人负责管理。

制度的建设只是搞好安全管理工作的第一步，是手段不是目的，它只是设立了行为规范，更重要的是要遵照执行，将制度规章落到实处，否则只是白白浪费时间和精力而已。

企业必须定期检查安全规章制度的执行情况，年终进行总结、分析，提出进一步完善的意见。

各道路运输企业原则上一年要开展两次安全大检查。检查的主要内容是职工安全意识的确立情况、各项安全制度的执行情况、有关安全机构功能发挥的情况、车辆和设备实际的情况、各类事故处理的情况、安全防范措施落实的情况等。

安全大检查以自检、普检为主，并适当与互检、抽检结合起来。对查出的问题要果断处理，并在制度上加以完善。

第四节 安全教育和培训

1. 企业的安全教育培训流程

安全教育和培训系统的建立，是确保企业员工的安全意识、安全素质得以提升，营造良好安全文化的基础。企业应严格遵守有关部门关于安全教育的有关规定，建立自上而下的、系统完整的安全教育和培训系统，同时通过自身的管理得到保障和落实。该系统具体包括安全教育培训的类型、安全教育培训的形式和实施安全教育与培训效果的监控。企业的安全教育培训流程图如下所示。

企业的安全教育培训流程图

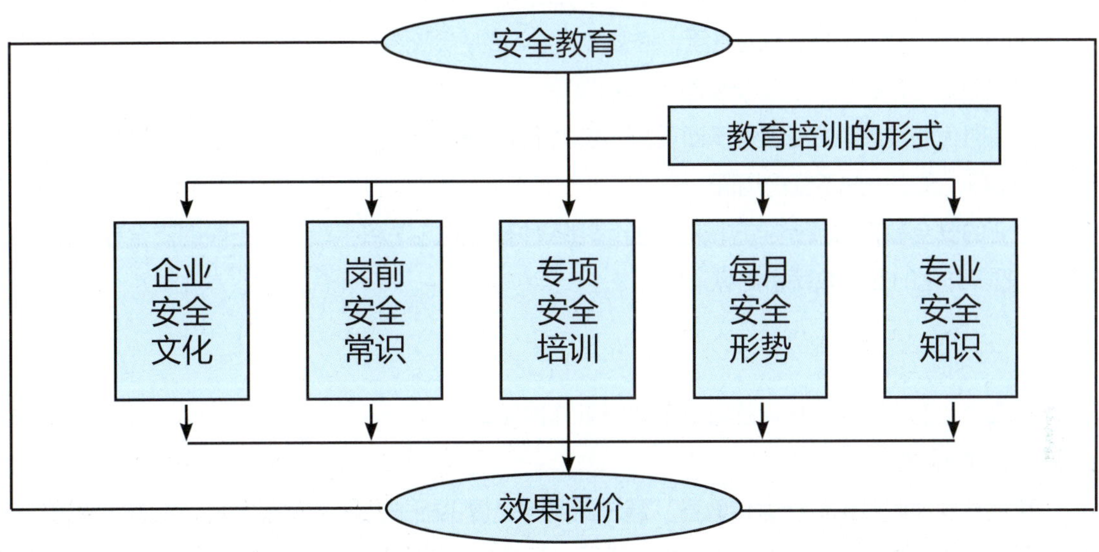

2. 安全教育培训类型

安全教育培训是一项系统性、长期性和基础性工作，是为安全生产提供智力和能力支持的重要手段。

不同的生产岗位、不同的文化程度、不同的技能类型和不同的工作经历，对安全教育培训的要求是不一样的，要使安全教育培训真正能够达到员工要安全、会安全、能安全的目的，关键在于区别对待，在制定培训方案时要从培训工作量、培训内容和培训方法上进行分类组合，提高针对性和实效性，以达到事半功倍的效果。

企业的安全教育培训类型可以分为 5 种，分别为企业安全文化、岗前安全常识、专项安全培训、每月安全形势和专业安全知识。

3. 安全培训的形式

要想获得好的教育效果，培训形式的选择至关重要。

培训的形式很多，在道路运输安全教育中，要坚持克服一成不变的照本宣科、我讲你听、坐而论道的呆板单一形式，力求内容和形式的鲜活性，以丰富多彩的形式激发驾驶员、全体职工主动参与的热情，活跃教育学习的气氛，增强教育学习的客观效果。

培训的最终目的是使职工安全意识得到提高。

随着时代的发展，企业设备不断更新，技术水平不断提高，这就要求安全培训工作不断更新、完善、提高，改变一成不变的局面。

企业的安全教育必须是全方位的，要运用各种有效的方法和手段，把一般的安全教育引向多样化，把多样化的安全教育引向纵深化。

物流企业安全教育和培训的可以采取以下九种形式。

3.1 讨论式

利用专题案例讨论进行宣传教育。通过向驾驶员提供相关的案例背景资料，组织大家进行研讨，或通过案例重演，来查找发生事故的原因，知道如何防范以及发生事故后正确的处理方法。通过以重特大事故、违规违章操作造成事故等为题进行事故原因分析、讨论，可以尽快使驾驶员从单纯工作角色进入学习型角色，把对安全知识的感性认识上升为理性认识，提高职工安全生产的自觉性。同时可以使广大驾驶员在相互启发中思想得到统一，认识得到提高，缺点得到纠正，安全知识得到充实。让广大驾驶员可以吸取经验教训，有效杜绝同类事故的再次发生，并在行车中养成不违章违规操作的习惯。

3.2 答题式

经常以小测验的形式，把《中华人民共和国道路交通安全法》、《中华人民共和国道路运输条例》等安全法律、法规，与本职工作息息相关的专业理论知识，以填空、选择、简答、判断等题型发给驾驶员，让他们答卷，这样既能提高驾驶员安全理论知识，又能规范驾驶车辆正规操作程序。

3.3 竞赛式

通过定期组织安全知识竞赛、演讲赛及主办驾驶员、承包经营者、企业员工结伴竞赛等多种形式，可以增强教育学习的趣味性，调动驾驶员的学习积极性，同时营造“人人为安全、安全为人人”的社会氛围。

3.4 互动式

公司可以组织驾驶员自由组合成甲、乙、丙三组，由甲组人员提出问题，乙组人员进行解答，丙组人员进行评判。让每组人员都承担出题、解题、判题的任务，如此循环，使所有驾驶员都参与到安全管理工作中来，亲身体会，增强针对性和实效性。

3.5 换位式

采用职工轮流讲课、安全故事会等方式，让职工自己当教员，在备课中学习，在讲课中提高。驾驶员书写讲稿备课的过程，本身就是自我教育与学习的过程。听取同类专业人员的演讲，亲身经历演讲，在倍感亲切的同时，又能产生一种共鸣，更能广泛有效的吸取他人成功经验来弥补自身不足，这样一来，有利于企业安全形式上的稳定和驾驶从业人员水准的提高。

3.6 观看式

影像教学直观，视听效果好，驾驶员一般都比较乐于接受。要经常组织一些安全教育音像片、图片让大家观看，通过反面典型警醒，通过正面典型教育，从中汲取营养。通过发放图文并茂的安全知识小手册和播放安全教育多媒体教程的方式增加培训效果，大力宣传安全生产的重要性，并做到辐射到岗、教育到人。可以加大反违章力度，从“严、细、实”着手，提高现场安全教育和管理水平。

3.7 见缝插针式

由于驾驶员职业具有流动性较强、比较忙等工作特点，因而不可能用大量的整块时间来经常接受安全教育，必须充分利用网络信息平台以及驾驶员出车前、回库后的时间在车站、修理厂（检验站）见缝插针地进行，做到长流水不断线，保持安全教育的经常化。根据生产实际灵活变换培训方式：在生产任务不重的时间段开展集中学习、现场演练、专题研讨、经验交流等活动进行巩固、提高；在工作现场则以反违章为主要方式进行作业，确保现场安全生产，从而形成在工作中学习、在学习中工作的安全氛围。

3.8 活动式

通过参观先进典型、召开事故现场会等活动，对驾驶员进行直观培训。利用“安全生产月”、创建安全合格班组活动及反事故演习等形式，把职工文化与安全文化有机结合起来，增强员工的安全意识和反事故技能，为生产的安全管理营造浓厚的文化氛围。在网页上建立网上多功能安全教育活动室，扩大培训范围，利用一切可利用的资源来丰富和完善现代化的安全教育培训工作。

3.9 讲授式

听专业老师讲课，接受系统的安全知识培训。

安全教育和培训的效果评价是安全教育培训体系的重要组成部分。安全教育和培训是一个持续改进的过程，培训是否已发挥了作用，职工是否掌握了培训的内容，是否已经能够判断自己岗位存在的风险，是否愿意接受公司安全的方针、接受公司的安全文化，培训内容设计是否合理等问题，必须通过培训效果的评价来控制。

物流企业应定期对安全培训的效果进行评价，可以在培训完后通过问卷、总结、组织交流的方式听取职工对培训内容的反应，以及对培训内容、技能的吸收掌握程度，对培训人员获得安全知识的效果进行检验评价，并存入个人培训档案。也可按不同的考核项目，按年、季、月进行逐项考核及检查来评价安全教育的效果。通过评价，对企业的安全教育计划进行修改和完善，找出不足之处，进行针对性的改进和加强，确定下一阶段主要的培训方向。

第五节　安全投入

物流企业道路运输安全投入指在控制危险源、消除事故隐患、提高驾驶安全系数、改善企业环境、强化安全教育、加大安全文化建设、提高安全文化素质、实现驾驶员及乘客本质安全化等方面的投入。

1. 道路运输企业的主要安全投入来源

1.1　工程项目中预算安排，包括安全设备、设施等内容的预算费用。

1.2　企业上级相关部门根据行业或部门的需要，给企业按项目管理的办法下拨安全技术专项措施费。

1.3　企业按月提取的安全费用。

1.4　作为企业运输生产性费用的投入，满足从事安全或劳动保护活动的需要。

1.5　企业从利润留成或福利费中提取的保健、职业工伤保险费用。

2. 物流企业安全投入组成

物流企业安全投入主要由安全管理投入与安全技术投入两个部分组成。

2.1　安全管理成本主要包括的费用项目

2.1.1　安全管理费。

2.1.2　安全培训费。

2.1.3　安全教育费。

2.1.4　劳动保护品费。

2.1.5　安全宣传费。

2.1.6 安全奖励费。

2.1.7 安全检查费。

2.1.8 安全检验费。

2.1.9 其他。

2.2 安全技术成本主要包括的费用项目

2.2.1 安全设备设施购置费。

2.2.2 安全技术引进费。

2.2.3 环境卫生措施费。

第六节 安全文化

企业安全文化是企业在长期安全生产和经营活动中，逐步形成的，或有意识塑造的，又被全体职工接受、遵循的，具有企业特色的安全价值观、安全行为准则、安全知识和技术的综合体现。

1. 安全文化构成

1.1 企业安全文化要素包括安全习惯、安全理念、安全政策、安全目标、安全行为、安全科学等 6 个要素（见下图）。通过这 6 个要素间的逐级递变，安全文化实现自身的不断循环、改进和提升。

安全文化要素图

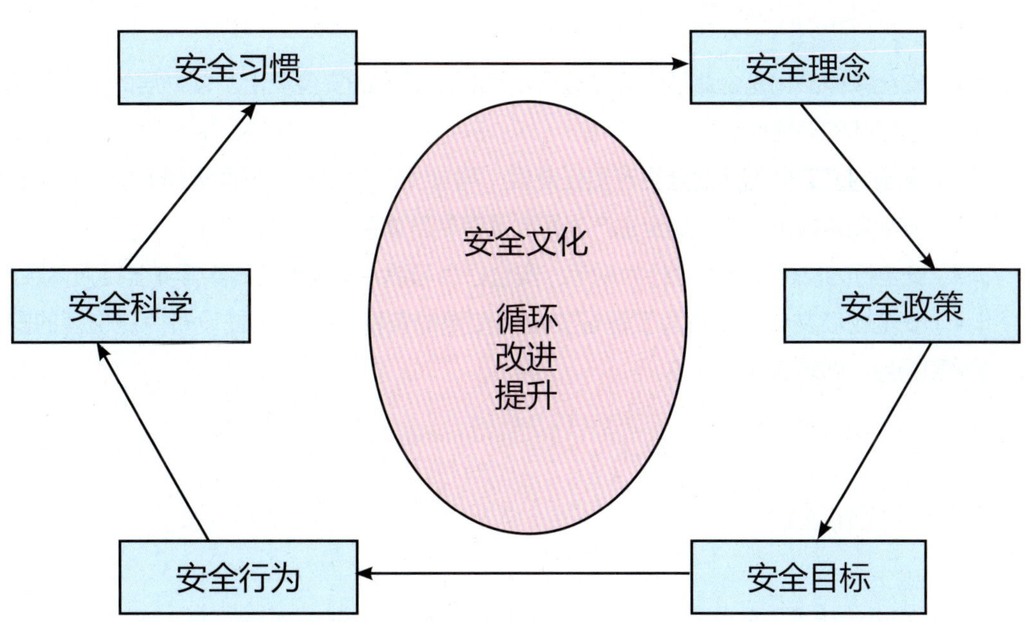

1.2　营造企业自身的安全文化，使企业的每一位员工都能自觉地按照安全的要求来规范自己的行为，自觉地把安全放在第一位，这是全面履行安全责任的内在驱动力，是保证安全目标实现的活的灵魂。通过加强企业安全文化的建设来提升企业的安全管理水平，是对企业传统安全管理工作的一种创新，它超越了传统被动式的安全监督管理的局限。用安全文化去塑造每一位员工，从更深的文化层面激发员工“关注安全、关爱生命”的本能意识，体现了“预防为主”的安全管理精髓，由此才能确保安全规章的有效实施，提升安全管理的执行力，建立企业安全生产的长效机制。

物流企业安全文化包括 4 个方面，分别是安全精神文化、安全制度文化、安全行为文化、安全物质文化。

道路运输企业安全文化构成

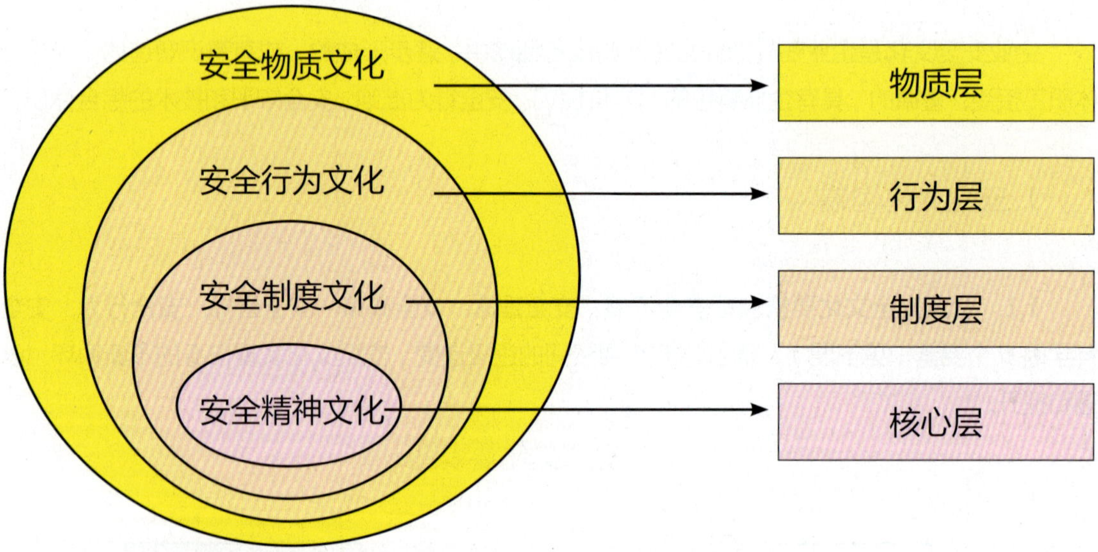

（1）安全精神文化是企业核心安全理念，包括决策层的安全承诺、领导层的安全价值观、员工履行安全工作的态度等。

（2）安全制度文化包括安全生产责任制度、驾驶员管理制度、车辆管理制度、安全教育和培训制度、安全监督检查制度、安全生产奖罚制度等制度体系。

（3）安全行为文化包括安全行为规范、安全行为习惯、安全责任落实等安全行为体系。

（4）安全物质文化是企业为了保证安全而使用的各种保护员工或设备免受伤害的安全工具、器物和物品，即表层安全文化。

2. 安全文化建设

安全文化绝不应是一种形式，而应该紧密结合道路运输的安全生产实践活动。企业可以从以下 3 方面人手，切实加强安全文化建设。

2.1　编制企业安全文化手册

按照企业安全文化的构成，手册可以分为安全精神文化篇、安全制度文化篇、安全行为文化篇和安全物质文化篇。大力宣传企业安全文化手册，创造提高安全素养的氛围与环境，提升全员安全意识，使职工将遵守安全行为规范变成自觉、自愿的行动。

2.2　对企业安全文化进行评估

从文化和管理的角度对企业安全文化的发展状况进行定期评估和动态评估，分析企业安全文化的不足之处，揭示企业安全管理不善的内在原因，进而提出企业在不同阶段安全文化建设的发展方向，加强安全文化建设。

2.3　将安全文化建设融合于各项工作之中

在企业中开展安全文化建设，不应该把安全文化看作特别的事务，而要在企业的总体理念、形象识别、工作目标与规划、岗位责任制制定、生产过程控制及监督反馈等各个方面融合进安全文化的内容。在企业中也许看不到、听不到“安全文化”的词语，但在各项工作中处处、事事体现安全文化，这才是安全文化建设的实质。

第二章　安全风险识别、防范、排查和治理

重点内容

本章重点内容：危险因素的概念、产生原因和分类；危险识别的流程和常用方法；道路运输危险因素及其安全控制等内容。

第一节　危险因素的概念、产生原因和分类

1. 危险因素的概念

1.1　危害是指可能造成人员伤害、职业病、财产损失、作业环境破坏的根源或状态。

1.2　危险是指系统中存在导致发生不期望后果的可能性超过了人们的承受程度。

1.3　危险、危害因素是指能对人造成伤亡或影响人的身体健康甚至导致疾病，对物造成突发性损坏或慢性损坏的因素。

1.4　危险因素（强调突发性和瞬间作用）和危害因素（强调在一定时间范围内的积累作用）有时不加区分，统称危险、危害因素。

2. 产生原因

所有危害因素尽管表现形式不同，但从本质上讲，之所以能造成危害后果（发生伤亡事故、损害人身健康和造成物的损坏等），原因均可归结为能量、危害物质失去控制两方面因素的综合作用，并导致能量的意外释放或危害物质泄漏、散发。

因此存在能量、危害物质失控是危害因素产生的根本原因，都是危害因素。

3. 危害因素的分类

3.1　按导致事故直接原因分类

根据国家标准《生产过程危险和有害因素分类与代码》（GB/T 13861—2009）的规定，将生产过程中的危险、有害因素分为 6 大类。

3.1.1　物理性危险、危害因素。

3.1.2　化学性危险、危害因素。

3.1.3 生物性危险、危害因素。

3.1.4 心理、生理性危险、危害因素。

3.1.5 行为性危险、危害因素。

3.1.6 其他危险、危害因素。

3.2 参照事故类别分类

参照《企业职工伤亡事故分类》（GB 6441—1986）将危险因素分为16类：

3.2.1 物体打击。

3.2.2 车辆伤害。

3.2.3 机械伤害。

3.2.4 起重伤害。

3.2.5 触电。

3.2.6 淹溺。

3.2.7 灼烫。

3.2.8 火灾。

3.2.9 高处坠落。

3.2.10 坍塌。

3.2.11 放炮。

3.2.12 火药爆炸。

3.2.13 化学性爆炸。

3.2.14 物理性爆炸。

3.2.15 中毒和窒息。

3.2.16 其他伤害。

第二节 危险识别的流程和常用方法

1. 危险识别的流程

1.1 划分作业活动

编制业务活动表，包括厂房、设备、人员、物料介质和工作程序等，并收集有关信息。

1.2 辨识危害

辨识与各项业务活动有关的所有危害因素，重点考虑谁会受到伤害、如何受到伤害、伤害到什么程度、存在什么危害（伤害源是什么）。

1.3 确定风险

风险是指特定危险事件发生的可能性与后果的结合。风险控制就是对危害因素进行控制。

评价现有（或计划中）控制措施情况下的风险情况，考虑在特定危害中所暴露的、控制措施失败的可能性及潜在后果。

1.4 确定风险是否可承受

判断计划的或现有的预防措施能否把危害控制住并符合法律的要求。

1.5 制订风险控制措施计划（如有必要）

编制削减措施计划，以处理评价中发现的、需要重视的任何问题（至少应包括重大危害清单中的所有问题），应确保现行控制措施适当和有效。

1.6 评审风险控制措施计划的充分性

针对已修正的控制措施，重新评价风险，并检查风险是否可容许。

危害识别的基本流程

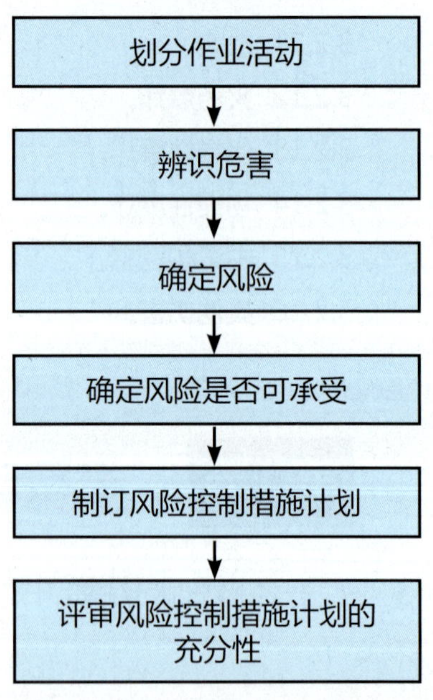

2. 危害识别的常用方法

常用的危险、有害因素分析方法大致可分为直观经验分析方法和系统安全分析方法两大类。选用哪种方法要根据分析对象的性质、特点、寿命的不同阶段和分析人员的知识、经验和习惯来定。

2.1 直观经验法

直观经验分析方法适用于有可供参考先例、有以往经验可以借鉴的项目，不能用于没有可供参考先例的新开发系统。

2.2 系统安全分析方法

即应用系统安全工程评价方法的部分方法进行危害辨识。系统安全分析方法常用于复杂系统、没有事故经验的新开发系统。常用的系统安全分析方法有事件树 (ETA)、事故树分析 (FTA)、矩阵法等十几种，太过复杂，本书不做介绍。

第三节 道路运输危险因素及其安全控制

在道路交通系统中，影响道路交通系统安全性的因素主要有人、车辆、运行环境等方面，包含了交通运行环境系统中固有的、逐渐形成的或突然发生的阻碍交通运行环境系统正常和谐运行的、威胁参与交通活动的人员、车辆以及交通环境设施安全的事件或特性。它包括以下三个方面：

（1）人的因素方面，包括驾驶员、乘员、行人等。其中驾驶员是影响交通安全最关键的因素。

（2）运行车辆设备方面，包括客车、货车、非机动车等。

（3）运行环境方面，包括道路环境、天气气候和运行管理等。

在交通运行环境系统中，人、车辆、运行环境三者具有相互作用、相互关联、相互影响的特点。驾驶员是交通运行环境的理解者、指令的发出和操作者，形成系统的核心，车辆和运行环境因素必须通过人才能起作用。三者协调运动才能实现道路交通系统的安全性要求。

1. 人的危害因素及其安全控制对策

危害因素	危害机理	法规要求	削减、控制措施
无机动车驾驶证或无准驾证驾驶	无证驾驶人员不具备驾驶能力，对不同类型、种类车辆的性能、操作方法等不甚了解，容易发生事故	交通法规要求：驾驶机动车，应当依法取得机动车驾驶证；应当按照驾驶证载明的准驾车型驾驶机动车；驾驶证丢失、损毁、超过有效期或者被依法扣留、暂扣期间以及记分达到12分的，不得驾驶机动车	加强教育、监督检查，严格考核，按规定取得有效证件
酒后驾驶	生理和驾驶行为产生不良的影响，色彩感觉、触觉、因受酒精影响而低落；思考、判断能力低落；注意力衰减；操作动作不协调，驾驶能力下降	交通法规要求：饮酒，不得驾驶机动车；机动车驾驶员有饮酒、醉酒嫌疑的，应当接受测试、检验	加强教育、监督 检查，严格考核，杜绝酒后驾驶
受药物影响驾驶	刺激人的神经中枢或者功能器官，对生理和驾驶行为产生程度不同的影响，产生消极或激动情绪，如诱发不同程度的头昏、眩晕、视物模糊、视力下降、乏力、嗜睡、倦怠、注意力分散和反应迟钝等不良反应	交通法规要求：机动车驾驶员服用国家管制的精神药品或者麻醉药品，或者患有妨碍安全驾驶机动车的疾病，不得驾驶机动车；有服用国家管制的精神药品或者麻醉药品嫌疑的，应当接受测试、检验	对服用影响驾驶行为药物的驾驶员要严格控制出车，或采取监控措施

续上表

危害因素	危害机理	法规要求	削减、控制措施
超速行驶	超速行驶时，不仅使车辆行驶稳定性降低，而且车辆惯性大，使制动距离加长，同时高速行驶产生的“隧洞效应”使驾驶员视野变窄，视力减弱，难以及时、准确地处理事故险情	交通法规要求：机动车在道路上行驶不得超过限速标志、标线标明的速度；在单位院内、居民居住区内，机动车应当低速行驶，避让行人	加强教育、监督检查，严格考核
疲劳驾驶	疲劳会造成驾驶员心理、生理机能变化和驾驶机能下降。主要表现为：驾驶操作无力感；注意功能失调；感觉功能失调；动作不灵活，不协调；记忆和思考能力下降；自制力减退；困倦、瞌睡	交通法规要求：不得连续驾驶机动车超过4小时未停车休息或者停车休息时间少于20分钟；过度疲劳影响安全驾驶的，不得驾驶机动车	加强教育、监督检查，严格考核，合理调派
强超抢会	车速较高，具有超速行驶的特点；不具备超车、会车条件时强行超车、会车，与其他车辆或行人之间安全距离进一步减小，当问题突现时，已无时间、空间处理，难以及时、准确地处理事故险情	交通法规要求：机动车驾驶员应当遵守道路交通安全法律、法规的规定，按照操作规范安全驾驶、文明驾驶；同车道行驶的机动车，后车应当与前车保持足以采取紧急制动措施的安全距离；没有超车条件不得超车	加强教育、监督检查，严格考核，杜绝强超抢会行为

续上表

危害因素	危害机理	法规要求	削减、控制措施
不系安全带驾驶	发生碰撞时，安全带将乘员束缚在座椅上，使乘员免受车内二次碰撞的危险：乘员不会因惯性抛离座椅，后排乘员则不会危及本身及前排乘员和驾驶员的安全	交通法规要求：机动车行驶时，驾驶员、乘坐人员应当按规定使用安全带，摩托车驾驶员及乘坐人员应当按规定戴安全头盔	加强教育、监督检查，严格考核
使用手机等驾驶	分散注意力，失察、漏看、错看信息的情况增多，一些规范驾驶动作往往会被忽视或被省略，问题突现时，已无时间、空间判断处理，容易导致事故发生	交通法规要求：驾驶机动车不得有拨打、接听手持电话，观看电视，或者向道路上抛撒物品等妨碍安全驾驶的行为	加强教育、培养良好的驾驶作风，停车接打电话
私自驾驶	典型的违章、违纪行为，行为隐蔽而仓促、心情压抑、患得患失，遇到各种问题时处理不果断，容易导致事故发生	交通法规要求：学习驾驶人员没有教练人员随车指导不得单独驾驶。学员在学习驾驶中有道路交通安全违法行为或者造成交通事故的，由教练员承担责任	加强教育、监督检查，严格考核，杜绝私自驾驶行为
身体不适（疾病等）	身体不适，患疾病等会影响驾驶操纵能力，在病态下驾驶车辆，注意力和反应能力会大大降低，动作不协调、反应迟钝，常常导致交通事故的发生	交通法规要求：患有妨碍安全驾驶机动车的疾病，不得驾驶机动车；任何人不得强迫、指使、纵容驾驶人违反道路交通安全法律、法规和机动车安全驾驶要求驾驶机动车	掌握驾驶员思想、生活状况，做好思想工作，解决实际困难；对影响行车安全的，停止出车，安排驾驶员停车休息

2. 车的危害因素及其安全控制对策

危害因素	危害机理	法规要求	削减、控制措施
车辆带病行驶	在运行使用过程中，各部机构和零件必然会产生不同程度的自然松动和磨损，以及积污结垢等现象，有些零件趋于疲劳甚至损坏，将导致车辆技术状况逐渐变坏，安全可靠性降低。严重时会使车辆失去操纵和控制，导致事故发生	交通法规要求：驾驶员驾驶机动车上道路行驶前，应当对机动车的安全技术性能进行认真检查；不得驾驶安全设施不全或者机件不符合技术标准等具有安全隐患的机动车	加强教育、监督检查，严格考核，健全、落实车辆维护保养与安全检查制度，杜绝车辆带病行驶
使用报废车辆	车辆技术状况严重恶化，安全可靠性低，运行时各部机构和零件会突然损坏使车辆失去操纵和控制，导致事故发生	交通法规要求：驾驶拼装的机动车或者已达到报废标准的机动车上道路行驶的，公安机关交通管理部门应当予以收缴，强制报废	加强教育、监督检查，严格考核，杜绝使用报废车辆
客货混装及工程作业车辆载人	车辆运行时惯性大，起步、停车、制动时人员及货物必然产生晃动、甚至移动，容易造成刮擦、碰撞、坠车、物体打击事故，车辆失控时后果更加严重	交通法规要求：①禁止货运机动车载客：货运机动车需要附载作业人员的，应当设置保护作业人员的安全措施。②载货汽车车厢不得载客。③客运机动车不得违反规定载货。④工程作业车辆不得载人	加强教育、监督检查，严格考核，杜绝客货混装行驶，杜绝工程作业车辆违章载人行驶

续上表

危害因素	危害机理	法规要求	削减、控制措施
超员 超载	车辆运行时惯性力增大，重心升高，转弯时离心力成倍增长，制动距离延长，轮胎超荷运行容易爆破，车辆转向、制动操纵困难、车辆行驶稳定性严重降低，容易引起车辆失控而发生事故	交通法规要求：①机动车载物应当符合核定的载质量，严禁超载；载物的长、宽、高不得违反装载要求。②机动车载人不得超过核定的人数	加强教育、监督检查，严格考核，杜绝超员超载运行
违规装运 危险物品	危险物品可能使人受伤、中毒或使车辆、建筑物和道路遭到破坏，而违规装运运行，不具备安全保障和应急设施，发生危险时往往造成事态扩大、损失严重	交通法规要求：机动车载运爆炸物品、易燃易爆化学物品以及剧毒、放射性等危险物品，应当经公安机关批准后，按指定的时间、路线、速度行驶，悬挂警示标志并采取必要的安全措施	加强教育、监督检查，严格考核，杜绝违规装运危险物品

3. 道路的危害因素及其安全控制对策

危害因素	危害机理	法规要求	削减、控制措施
高速公路与城市快速路行驶	1．高速公路行驶会产生“隧洞效应”，会使驾驶员视野变窄、注意点变远、视力减弱，视认距离缩短，形成对速度、距离判断错觉。 2．行驶环境单调、规律性强，会拟制驾驶员中枢神经，意识、听觉灵敏度降低。意识模糊，只有机械地握着转向盘，遇紧急情况时则难以及时、准确地判断、处理。 3．行驶车速高，制动停车距离延长、小幅度转向离心力增大，易侧滑、横向倾翻，操纵稳定性下降。 4.轮胎性能下降、易损坏，使车辆失去控制	交通法规要求： ①机动车按照道路限速标志标明的车速行驶。②车速超过每小时100千米时，应当与同车道前车保持100米以上的距离，车速低于每小时100千米时，与同车道前车距离可以适当缩短，但最小距离不得少于50米。③在高速公路上发生故障时，警告标志应当设置在故障车来车方向150米以外，车上人员应当迅速转移到右侧路肩上或者应急车道内，并且迅速报警	加强教育、监督检查，不安排驾驶经历不足一年的驾驶员上高速公路上行驶，杜绝违法、违规、违纪、违章驾驶
弯道和曲线驾驶	1．在弯道行车，路况复杂多变、行车视线受阻，容易形成视线盲区，车辆和行人出入不易察觉，是容易发生危险的路段。 2．在弯道行车存在不同程度的转弯离心力，随着车速、装载状况的增加离心力会成倍增长，增加了车辆行驶的不稳定性。 3．弯道和曲线路段行车会严重影响驾驶注意力和驾驶能力，容易发生出道、撞车、翻车及人员伤亡事故	交通法规要求：①机动车行驶，不得超过限速标志标明的最高时速。急弯路或转弯时最高行驶速度不得超过每小时30千米。②驶近急弯处会影响安全视距的路段以及超车或者遇有紧急情况时，应当减速慢行，并鸣喇叭示意。不得在急弯倒车、掉头。没有超车条件的，不得超车	加强教育、监督检查，严格考核，杜绝超速行驶、疲劳驾驶、强超抢会行为

续上表

危害因素	危害机理	法规要求	削减、控制措施
坡道驾驶	1．坡道行车容易形成视线盲区。 2．长而陡的坡道会使驾驶员产生紧张情绪，易发生上坡动力不足、下坡车速过快，或发现车辆制动、转向等故障时会产生惊慌，失去正确判断能力，甚至操作失误使车辆失去控制，措手不及而发生危险	①机动车行驶，不得超过限速标志标明的最高时速。下陡坡时，最高行驶速度不得超过每小时 30 千米，且不得熄火或者空挡滑行。②驶近坡道顶端会影响安全视距或者遇有紧急情况时，应当减速慢行，并鸣喇叭示意。不得在陡坡倒车、掉头。没有超车条件的，不得超车	加强教育、监督检查，严格考核，杜绝超速行驶、疲劳驾驶、强超抢会行为。下陡坡不得熄火或者空挡滑行
铁道道口驾驶	铁道交叉道口交角小，交叉前路轨地处壕沟视线不良，容易发生驾驶员观察不周到与火车抢道事件；其次，通过时车辆控制不当导致发动机熄火等故障时驾驶员会产生惊慌，也容易导致事故发生	①通过铁路道口时，应当按照交通信号或者管理人员的指挥通行；没有交通信号或者管理人员的，应当减速或者停车，在确认安全后通过。最高行驶速度不得超过每小时 30 千米。②不得在铁路道口倒车、掉头；没有超车条件的，不得超车；在距离铁路道口 50 米以内的路段，不得停车	加强教育、监督检查，严格考核，杜绝超速行驶、疲劳驾驶、强超抢会行为

4. 气候气象等运行环境危害因素及其安全控制对策

危害因素	危害机理	法规要求	削减、控制措施
黄昏夜间行车	1．在日暮、黄昏时行车，对视觉的影响很大，容易产生视觉障碍，眩目等。 2．开启车灯后周围物体的发光强度相等，对周围情况看不清楚。因此眼睛更容易产生疲劳	夜间行驶，应当降低行驶速度。能见度在50米以内时，最高行驶速度不得超过每小时30千米。低能见度情况下行驶时，应当开启前照灯、示廓灯和后位灯，但同方向行驶的后车与前车近距离行驶时，不得使用远光灯	安装防炫目灯，为驾驶员在黄昏和夜间行驶提供良好的技术条件。加强教育、合理调派车辆，监督检查，严格考核
雨天驾驶	1．雨天会严重影响驾驶员和行人的视线、视野，容易产生视觉障碍，引发事故。 2．开启车灯后周围物体发光强度相近，看不清周围情况。眼睛更容易产生疲劳，更容易引发事故。 3．雨天因路面湿滑，车辆制动距离延长，易产生侧滑，引发事故	遇有雨、冰雹气象条件时，应当降低行驶速度。能见度在50米以内时，最高行驶速度不得超过每小时30千米。低能见度情况下行驶时，应当开启前照灯、示廓灯和后位灯，但同方向行驶的后车与前车近距离行驶时，不得使用远光灯	加强教育、监督检查，严格考核；雨天行车，应注意勘察道路，选择行车路线并保证视线良好，严格控制车速、车距，低速平稳安全驾驶

续上表

危害因素	危害机理	法规要求	削减、控制措施
雪天驾驶	1. 雪天会严重影响驾驶员视野，容易产正视觉障碍，眩目等。 2. 冰雪道路附着系数小，制动距离延长，容易滑移。 3. 起步、转弯、减速、制动或停车过猛会产生溜滑和侧滑，甚至发生危险	遇有雪、结冰等气象条件时，应当降低行驶速度。能见度在 50 米以内时，最高行驶速度不得超过每小时 30km。低能见度情况下行驶时，应当开启前照灯、示廓灯和后位灯，但同方向行驶的后车与前车近距离行驶时，不得使用远光灯	加强教育、监督检查，严格考核；雪天行车，应遵循仔细观察，必要时停车勘察道路，安装使用防滑链，严格控制车速、车距，低速平稳驾驶的基本原则。避免急转方向和使用紧急制动
雾天驾驶	1. 视线受阻，大雾天气会严重影响行人和驾驶员的视线、视野，容易产生视觉障碍。 2. 开启车灯后周围物体的发光强度相等，对周围情况看不清楚，因此眼睛更容易产生疲劳	雾天行驶应当开启雾灯和危险报警闪光灯、降低行驶速度；能见度在 50m 以内时，最高行驶速度不得超过每小时 30km。低能见度情况下行驶时，应当开启前照灯、示廓灯和后位灯，但同方向行驶的后车与前车近距离行驶时，不得使用远光灯	加强教育、监督检查，严格考核；雾天行车，注意勘察道路，保证视线良好，选择最佳行车路线，严格控制车速、车距，低速平稳驾驶。依据能见度，必要时应停车休息或不出车
沙尘天驾驶	1. 沙尘天气视线受阻，严重影响驾驶员视野，容易产生视觉障碍。 2.空气中灰尘过多，积聚在空气滤清器滤网上的灰尘多，不仅使发动机充气量减小，功率下降，同时空气滤清作用降低，润滑油易脏，零件磨损加剧。维护条件变坏	在遇有沙尘气象条件行驶时，应当降低行驶速度。能见度在 50 米以内时，最高行驶速度不得超过每小时 30 千米。低能见度情况下行驶时，应当开启前照灯、示廓灯和后位灯，但同方向行驶的后车与前车近距离行驶时，不得使用远光灯	依据能见度状况，严格控制车速、车距，低速平稳驾驶，必要时应停车休息或不出车。加强车辆维护保养工作

案例：某集团车辆运输危险源清单

单位：XX 集团有限公司　　评价人：————　　审核人：————　日期：　年　月　日

序号	风险类别	风险因素	可能导致后果	预防及整改措施	备注
1	车辆运行时轮胎爆裂	轮胎上有裂纹或磨损严重	人身伤害、财产损失	（1）驾驶员要认真检查轮胎，及时更换； （2）轮胎保持正常气压，不过量充气； （3）高温天气行车，适当停车	定期对车辆轮胎申报更换
2		夏季轮胎充气过足			
3		长时间行驶超过轮胎负荷			
4	车辆运行时车辆失控	制动失灵	人身伤害、财产损失	（1）坚持对设备进行日常维护和保养； （2）驾驶员每日坚持“三检”制度； （3）行驶中加强检查，遇突发情况采取适当措施	加强出车前交接手续，确保良好车况
5		转向失灵			
6		雨刮失灵			
7	车辆运行时驾驶员违章	酒后驾驶、疲劳驾驶	人身伤害、财产损失	（1）加强日常安全教育； （2）加强路检路查； （3）一经违章，从重处罚，直至解除劳动合同； （4）凡因个人问题违章，由驾驶员负责承担	长途出车，安排双驾驶员
8		车内吸烟、接打手机			
9		超速、越线行驶			
10		闯红灯、走逆行			

续上表

序号	风险类别	风险因素	可能导致后果	预防及整改措施	备注
11	车辆运行技术不熟练	新手	人身伤害、财产损失	（1）对驾驶员经考核合格后，再单独驾车； （2）控制车速如遇异常情况应提前采取措施； （3）押运员加强道路观察，时刻提醒谨慎驾驶	严格把控质量关
12		判断失误、处置不当			
13	车辆运行时火灾	槽车管口燃气泄漏	人身伤害、财产损失	（1）加强驾驶员及押运员的安全教育； （2）加大出车前安全检查力度； （3）发现易燃易爆物品应立即带离车外； （4）车内严禁吸烟	加强检查，配齐消防器材
14		电路老化、短路、起火			
15		导电不良、未配消防器材			
16	车辆站场加气	站场内吸烟、接打手机等	人身伤害、财产损失	（1）严格遵守站场防火规定； （2）门卫加大安检力度，车辆进入站场必须安装防火罩； （3）车辆到位安装挡车牌	严格站场管理
17		加气时人员在车上睡觉			
18		在站场内修理、清扫车辆			
19		疲劳过度，产生幻觉			
20	倒车	观察不周，视线不清	人身伤害、财产损失	（1）加强安全行车教育和培训； （2）倒车前，应先查看车后、车下情况，确认安全后再倒车； （3）倒车时，押运员在车后指挥； （4）倒车时速度要慢	押运员加强观察指挥
21		在陡坡、道口繁华路段等易发生危险的区域倒车			
22		倒车时押运员不到位指挥			

续上表

序号	风险类别	风险因素	可能导致后果	预防及整改措施	备注
23	掉头	开英雄车	人身伤害、财产损失	（1）行车途中，控制车速，勤观察路面动态，遇异常情况应提前采取措施； （2）定期组织岗位练兵、技术比武等活动； （3）繁华路段会车时，应注意对方车辆尾部，随时准备停车	控制车速、果断处置
24		判断失误			
25		采取措施不当			
26		停车			
27	掉头	观察不周	人身伤害、财产损失	（1）加强驾驶员《中华人民共和国道路交通安全法》学习； （2）将车辆行驶到宽敞、视线良好的安全地段掉头； （3）掉头前，认真观察路况，并提前开启转向灯	选择适当位置
28		危险路段掉头			
29		掉头未打转向灯			
30	停车	逆向或在不准机动车停放的行车道、人行道停车	人身伤害、财产损失	（1）将车辆停靠在指定地点； （2）在停车场以外临时停车时，按顺行方向靠右靠，驾驶员不能离开车辆； （3）在车辆停稳并仔细观察后，打开车门上、下人； （4）长时间停车，应打开尾灯，拉紧手制动器，放置好停车警示三角牌； （5）夜间临时停车时，应打开尾灯、示宽灯	强化交通安全意识
31		后车跟车过近			
32		故障停车时，未在后方设置警示三角牌			
33		停车下人时，未注意后面来车			
34		忘记拉手制动器或未拉紧手制动器			

续上表

序号	风险类别	风 险 因 素	可能导致后果	预防及整改措施	备注
35	冰雪路面	道路结冰	人身伤害、财产损失	（1）严格控制车速，适当增加横向间距，采用发动机制动的方法； （2）配备必要的防滑链条； （3）无花纹的轮胎应提前更换； （4）避免急打方向，紧急制动； （5）车速不高于 20km/h，与前车保持 50m 以上安全距离，礼让行车； （6）检查气压制动系统排污装置，并进行排污，防止在行车中因制动系统中的水结冰，造成制动失灵	强化交通安全意识
36		轮胎无防滑措施			
37		急转弯或紧急制动			
38		车速过快			
39		车辆轮胎磨损严重			
40		驾驶员缺乏冰雪路面行车安全知识和技能			
41	雨雾天气	车速过快	人身伤害、财产损失	（1）雨、雾天行驶要保持安全车距，严禁超车； （2）要避免紧急制动，防止滑溜和甩尾； （3）要保证雨刷器正常工作； （4）涉水后应轻踩制动； （5）适当增加车距，打开防雾灯和宽视灯； （6）注意山体滑坡和路基塌陷	谨慎驾驶、确保安全
42		驾驶员视线不清			
43		行驶途中，未开防雾灯、防炫目近光灯或尾灯			
44		跟车距离过近			

续上表

序号	风险类别	风险因素	可能导致后果	预防及整改措施	备注
45	大风沙尘天气	视线不清或沙尘进入驾驶室，使驾驶员迷眼	人身伤害、财产损失	（1）大风大雨天要尽量停驶； （2）大风天行车要控制车速，加强眺望，特别注意道路上突然出现横穿人员； （3）关闭驾驶室门窗，防止沙尘刮入； （4）及时清除风窗玻璃上的尘土，保证视线清晰	谨慎驾驶、确保安全
46		大风使行人、骑车人不能自控，或行人、骑车人躲避沙尘，占用机动车道行驶			
47		大风刮断电杆（线）、树枝等			
48	停车场	停车或起步前观察不周	人身伤害、财产损失	（1）注意观察停车场内人员和车辆的动态，主动避让； （2）进入停车场区，车速控制在 5km/h 以内； （3）停车场内车辆按次序停放	加强观察、确保安全
49		车速过快			
50		车辆乱停乱放			
51		车场内空间狭窄			
52	夜间行车	驾驶员视线不清，对路面、车辆、行人行动判断不准	人身伤害、财产损失	（1）夜间行驶，应保证灯光，信号良好，适当降低行驶速度； （2）驾驶人员应保持旺盛的精力，严禁疲劳驾驶； （3）夜间掉头、倒车时要注意车辆和行人，确认周围安全后再进行； （4）临时停车，打开示宽灯和尾灯； （5）正确使用远光、近光灯，当感到对面来车眩目时，交替使用远近光灯示意对面来车驾驶员，如对方仍未用近光灯，应减速靠右侧慢行； （6）控制车速，尽量不超车	谨慎驾驶、确保安全
53		车速过快、精力不集中			
54		车灯损坏或失灵			
55		临时停车未开示宽灯			
56		行车、会车时太靠路边，或对后车判断不准			

续上表

序号	风险类别	风 险 因 素	可能导致后果	预防及整改措施	备注
57	城镇公路、乡间公路	机动车与非机动车、行人不分道行驶	人身伤害、财产损失	（1）驾驶员在城镇公路行车时，应主动减速避让过往车辆，尽量不超车； （2）驾驶员精力集中，时刻注意行人动向，对异常情况应尽早采取相应措施； （3）行车经过路口时，将车速降至30km/h内，确认安全后再通过； （4）在通过集市时，注意各种车辆和行人动向； （5）掌握好前后车之间的距离，发出的停车或转弯信号	谨慎驾驶、确保安全
58		道路上摊晒物品			
59		车速快，异常情况处理不及，路旁树木、房屋多，遮挡视线时			
60		集市贸易摊位占据道路	人身伤害、财产损失		
61		农用车、摩托车、非机动车、行人等争道抢行			
62		湿抹布擦拭用电器，触电			
63	车辆修理、保养	车辆保养不当	财产损失	（1）定期保养车辆，使其处于良好的技术状态； （2）对车辆故障不得隔夜维修，更不能带故障运行	定期保养、技术完好
64		车辆维修没有达到要求			
65	车辆修理、保养、机械伤人	未放置掩木，车溜滑伤人	人身伤害	（1）严禁停车后立即打开水箱盖，须待发动机冷却后方可打开； （2）落千斤顶前，确认安全后将千斤缓缓落下； （3）作业过程中，必须在所更换钢板后端大梁上和钢板前端大梁上两处适当位置支好千斤顶和支撑铁凳，确保安全可靠	谨慎作业、确保安全
66		千斤顶未支稳，又无可靠支撑，车身下落			
67		修理工在车底修车时，他人员随意启动车辆			

续上表

序号	风险类别	风险因素	可能导致后果	预防及整改措施	备注
68	车辆修理保养使用工具伤人	工具松动、打滑，滑脱	人身伤害	（1）保持工具清洁无油污，使用时戴好防护手套； （2）工具放入工具盒，零配件放入零件盘，做到工完料净场地清。 （3）大锤、榔头使用前应检查锤把是否牢靠； （4）工作过程中严禁使用脆硬材料，对工件进行剧烈冲击； （5）两人以上配合搬动时，传接时双方密切配合	谨慎作业、确保安全
69		使用大锤、榔头时，姿势不正确或锤头固定不牢			
70		拆装轴承时，使用脆硬工具冲击轴承座，铁屑或工具崩裂飞出			
71		电气焊作业时，工作面附近未做必要防护			
72	车辆修理保养检修线路	电器线路老化，电器设备短路、起火	人身伤害、财产损失	（1）作业前先断电，严格检查线路； （2）加强安全知识和操作技术培训； （3）严格按规程操作	谨慎作业、确保安全
73		操作不当造成短路、起火			
74		导线接地不良，起火花			
75	车辆维修保养高温物体液体	热车打开水箱盖检查时溅灼伤身体	人身伤害	（1）禁止热车时开启水箱盖和擦拭发动机； （2）加强对驾驶员和维修人员的教育，提高自我防护能力	谨慎作业、确保安全
76		热车放机油溅灼伤身体			
77		热车时擦拭或检查调整发动机灼伤身体			

第三章　安全操作技能

重点内容

本章重点内容：机动车辆的安全驾驶要求简要；高速公路安全驾驶技能；山区道路安全驾驶技能；桥梁、隧道安全驾驶技能；夜间安全驾驶技能；恶劣气象安全驾驶技能；复杂道路条件的安全驾驶技能等内容。

第一节　机动车辆的安全驾驶要求简要

1. 安全上车

1.1　安全确认

上车前，驾驶员观察车辆周围的情况，确认车辆周围没有行人和障碍物。

1.2　上车

左手握住门把，打开车门，左手移至车门内侧，右手握住转向盘边缘，左脚踏上脚踏板，右脚一次伸向加速踏板，侧身使臀部、腰部、上身、左脚依次进入驾驶室，自然坐下。收左脚进驾驶室放在离合器踏板左下方的同时，右手顺势移至转向盘右侧。

1.3　关闭车门

左手握住内门把，将车门关至离门框 10 厘米左右时，稍用力将车门关好并确认是否关严实，随手锁好车门。

2. 安全下车

2.1 安全确认

下车前，驾驶员应该先观察侧后情况，再缓开车门。

2.2 开门

确认安全后，用左手打开车门二分之一，再次观察车辆前后方，确认安全再缓慢打开车门。

2.3 下车

左手扶住驾驶室门窗门框，右手握住转向盘左缘，先迈出左脚踏在踏板上，身体向外、向右转体，右脚一次落到地面，右手松开转向盘，左脚随之落地。

2.4 关门

用左手先将车门关至离门框 10 厘米左右，然后用力将门关严，并锁门。

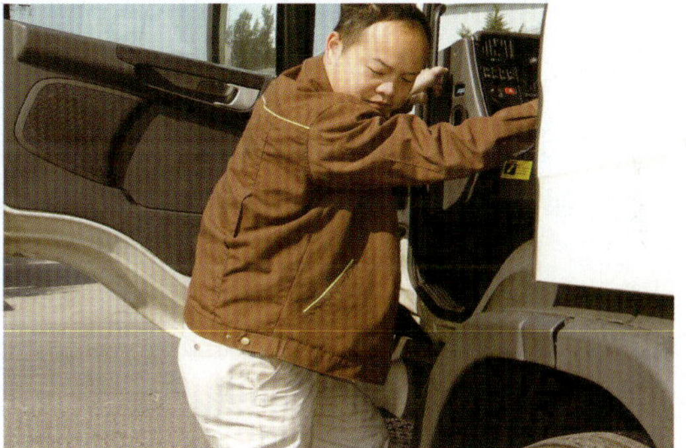

3. 驾驶姿势

3.1 调整座椅时，伸直腰，后背轻靠在靠背上；用右手握住转向盘，左手控制座椅调节手柄或按钮，前后滑动调整到膝盖微弯曲时能将离合器踏板和制动踏板轻松踩到底的位置，不宜过远或过近。

3.2 调整头枕时，要保证头枕能够支撑自己的头部。座椅和头枕位置调整不当，会增加驾驶疲劳和操作不当的危险。

3.3 调整外后视镜时，应调至地平线位于镜面上下方的中间，并使可观察到的车体占镜面纵向的四分之一，车外物体占镜面纵向的四分之三。调整内后视镜时，保持正确的驾驶姿势，面向正前方，右手握后视镜边缘调整，以整个后风窗置于镜框内为佳。

3.4　安全带的系法：把安全带慢慢拉出，不要使其拧劲，将安全带扣到能听到“咔”的一声为止。若系得不正确，一旦发生交通事故就不能充分发挥其作用。安全带的摘法：用左手拿安全带，用右手按下安全带扣将其摘下，左手慢慢将其送回。摘安全带时，不要将摘下的安全带马上撒手，以防安全带金属扣弹回，打碎玻璃或伤到人。

4. 转向盘的转动方法

两手分别握转向盘的两侧盘缘，拇指顺压在转向盘边缘上，其余四指由外向里自然握住转向盘，握法保持自然。依靠手腕、肩部、手指的力量，轻柔协调地操控转向盘，严禁双手同时离开。

4.1　向左转动转向盘的手法

4.1.1 从左手开始，右手为主用力开始转，左手为辅，向左拉动转向盘。

4.1.2 当右手转至时钟位置的 9 ~ 10 点之间，左手迅速放开并从右肘上交叉握在时钟 2 ~ 3 点位置，变辅为主继续向左拉动，同时将右手顺势反转握住时钟 3 ~ 4 点位置，左、右手循环交替推拉。

4.2　向右转动转向盘的手法

4.2.1 从右手开始，左手为主用力开始转，右手为辅，向右拉动转向盘。

4.2.3 当左手转至时钟位置的 2 ~ 3 点之间，右手迅速放开并从左肘上交叉握在时钟 9 ~ 10 点位置，变辅为主继续向右拉动，同时将左手顺势反转握住时钟 8 ~ 9 点位置，左、右手循环交替推拉。

5. 变速器操纵杆的操作

操作变速器操纵杆时，驾驶员手掌轻握球头，五指向下握向手心，自然地握住球头；以手腕和肘关节的力量为主，肩关节为辅，随着推、拉方向的变化，掌心贴球头的方向可以适当变化。

5.1　手动变速

5.1.1　起步时，挂入 1 挡，如果挂不进挡，可松抬一次离合器踏板后再试挂。

5.1.2　起步后，应迅速加速，并适时挂入 2 挡。行车中，应能够根据路况、交通情况和行车速度等，及时进行加减挡操作，选择合适的挡位。加减挡位应逐级进行，无故不得越级换挡。

5.1.3　换挡时不得低头下视，初学驾驶的学员尤其要注意。

5.1.4　倒车时，应先将车完全停稳，再挂入倒挡。

5.2　自动变速

自动变速各挡位用途及操作注意事项如下表所示。

挡位名称	使用范围	注 意 事 项
P 挡	在驻车时使用	起动发动机时，应将操纵杆放在 "P 挡 " 位置
		停放自动挡汽车时，操纵杆应在 P 挡时拔下钥匙
		起步时，踩下制动踏板，方可从 P 挡换入其他挡位
2 挡	在缓坡行驶时使用	
L 挡	在陡坡行驶使用	
R 挡	在倒车时使用	R 挡只有在停车状态且发动机转速在怠速状态时，才可以换入
N 挡	在停车、换挡时使用	
D 挡	在正常行车时	

6. 离合器踏板的操作

6.1　踩离合器踏板时，左前脚掌踏离合器踏板，脚跟部不要靠在驾驶室底板上，用左腿膝关

节和踝关节的伸屈动作踏下或放松踏板。

6.2　踏下踏板时，动作应迅速，一踏到底，使离合器分离彻底。

6.3　松抬踏板时，应掌握好半联动点，保证起步和换挡的平稳、顺利。

7. 加速踏板的操作

7.1　踩加速踏板时，驾驶员的右脚跟部靠在驾驶室地板上作为支点，脚前掌轻踏加速踏板，用踝关节的伸屈动作踏下或放松踏板。

7.2　踩踏、松抬加速踏板时，应做到“轻踏”、“缓抬”，以节约燃油，同时也可保持车辆平稳行驶。

7.3　行驶中，除非必须使用制动踏板，其他时间右脚应自然放在加速踏板上。

8. 制动踏板的操作

8.1　用右前脚掌踩踏制动踏板，脚跟部不要靠在驾驶室底板上，用膝关节和踝关节的伸屈动作踏下或放松踏板。操纵制动踏板时，踏下或抬起都不得观察踏板。

8.2　尽可能避免采取紧急制动。气压制动比液压制动反应快速、灵敏，气压制动可采取随踏随放的方法。

9. 驻车制动器操纵杆的操作

驻车制动器操纵杆分为两种形式，一种为前置式，另一种为侧置式。

（1）前置式的驻车制动器的操纵方法为：用手将杆柄向斜上方用力拉，即可制动；放松时，稍向斜上方拉，并逆时针旋转一定角度，将驻车制动器操纵杆推到底，即可解除制动。

（2）侧置式的驻车制动器的操纵方法为：四指并拢握住杆柄，向上或向后拉紧，即起制动作用；松放时，先将操纵杆稍向上或向后拉，然后用大拇指按下杆头上的按钮，再将杆向下或向前放松到底，即解除制动。

第二节 高速公路安全驾驶技能

1. 高速公路的行车特点

1.1 高速公路设施

机动车从专设的入口驶入高速公路，在入口处，驾驶员必须停车领取载有相关信息的通行卡。机动车从专设的出口驶离高速公路，在出口处，驾驶员必须根据行驶里程交纳相应的过路费。高速公路两侧设有防护栏，保证高速公路的封闭性；中间设有中央分隔带，完全分离对向行驶的车辆。高速公路同方向设有多条行车道，每隔一段距离设有服务区。

1.2 高速公路通行特点

高速公路通过限制车辆最低和最高行驶速度，提高了道路通行的安全性和通畅性，具有车速高、车道区分明确、车辆流向单一、交通流量大等特点。

2. 安全驶入高速公路

进入高速公路行驶前，驾驶员应做好充分的准备，如注意自己的身体状况，检查车辆的燃油余量、机油量和轮胎气压等；注意天气状况、道路拥堵等信息，提前规划好行车路线，必要时做好记录；检查货物捆绑加固的情况，以免由于货物捆绑不牢而发生交通事故。

2.1 收费口行驶

车辆进入高速公路的收费口时，应选择允许通行（绿灯亮）的收费口排队等候，依次排队进入收费口，并尽可能贴靠收费窗口，以方便递交通行卡或通行费。

2.2　匝道行驶

根据指路标志确定行驶方向，从匝道驶入高速公路。驶入高速公路时，不得妨碍已在高速公路内的机动车正常行驶。如果驶错方向，不可以在匝道上超车、停车、掉头、倒车。

2.3　加速车道行驶

开启左转向灯，迅速将车速提高到 60km/h 以上，注意观察在高速公路上行驶车辆的速度。禁止在加速车道上紧急制动或者临时停车。

2.4　驶入行车道

通过后视镜观察行车道内正常行驶车辆的位置、速度、密度等情况，必要时可以侧头直接观察。在不妨碍行车道车辆正常行驶的条件下，选择驶入行车道的时机。如果行车道上的车辆间距较小，应考虑本车的加速性能，不得从中间强硬插入。行车道车流量比较小时，应当尽量避免抢在正常行驶的车辆前驶入行车道。

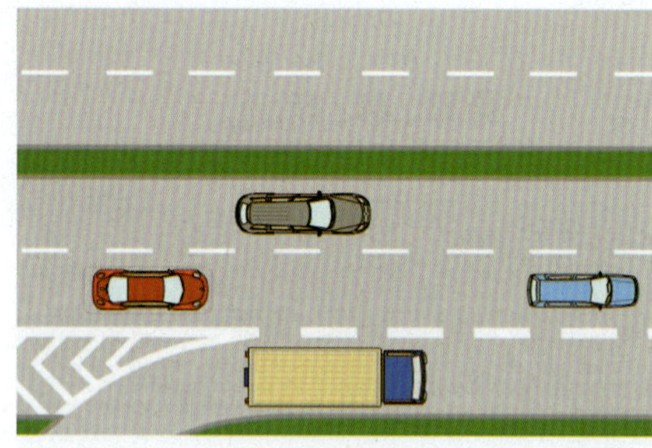

3. 行车道驾驶

3.1　对车辆行驶速度的控制

高速公路路况良好，交通环境单一，驾驶员对速度的感知力下降，很可能造成驾驶员视觉麻木，不能准确地判断自己车速，因此驾驶员一定要通过车速表确认车速，严格遵守高速公路的行驶速度规定。在高速公路上行驶的车辆最低车速不得低于 60km/h，货车的最高车速不得高于 100km/h。

3.2　严格遵守分道行驶的原则

高速公路单向行车道分为 2 车道、3 车道和 4 车道，车辆在高速公路上行驶时，必须严格遵守分道行驶、各行其道的原则，不准骑轧行车道分界线。

3.3 保持足够的安全距离

当车速为 100km/h 时，纵向距离为 100m 以上；车速在 100km/h 以下 时，安全距离可适当缩小，但最小距离不得少于 50m。车速为 100km/h 时，横向间距不得低于 1.5m；车速为 70km/h 时，横向间距不得低于 1.2m。

3.4 正确变更车道

变更车道时，要注意观察交通环境，提前开启转向灯，观察其他车辆情况，确认安全后，缓打转向盘，驶入需要变更的车道。高速公路行驶，忌频繁变更车道。借用超车道超车时，注意不要超速行驶。

3.5 紧急停车

货车在高速公路上行驶，遇到紧急情况须临时停车时，应尽量将车停在港湾式停车带。不得已而停在硬肩路上时，应在来车方向 150m 处放置危险警告标志。夜间紧急停车时，应同时开启后位灯和危险报警闪光灯。

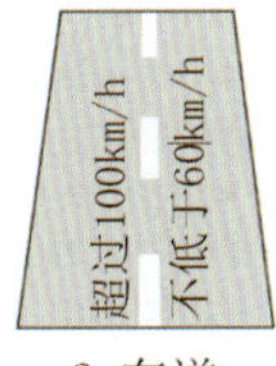

2 车道

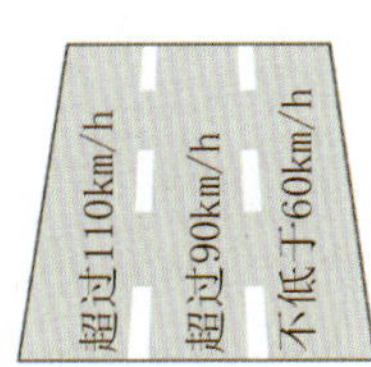

3 车道

4 车道

4. 驶离高速公路

4.1 驶离高速公路行车道

高速公路每一出口前 2km、1km、500m 处都有预告下一出口的标志，正确选择出口并尽早变更到最右侧行车道，开启右转向灯，适当减速，逐渐平顺地从行车车道驶入减速车道。驾驶员因疏忽驶过出口时，应继续向前行驶 ，寻找下一个出口，禁止倒车退回出口处。

4.2 进入减速车道、匝道的行驶

驶入减速车道后，应注意观察车速表，严禁未经减速车道减速，直接进入匝道；进入匝道之前应将车速降到限速标志规定车速以内；进入匝道后要控制好方向，禁止在匝道上超车、停车、掉头、倒车，与其他车辆保持安全距离。

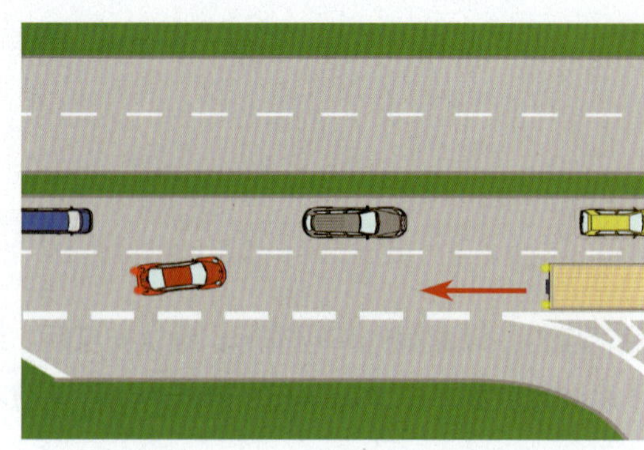

第三节 山区道路安全驾驶技能

1. 山区道路的行车特点

山区道路多依山体走势而建，路面狭窄，多坡路和弯道，有些地方坡陡弯急，险象环生，有翻车、坠崖等危险。重载车辆爬坡时艰难异常，遇下坡连续转弯时，易出现制动热衰退；驾驶视线容易受阻，跟车、超车、会车存在危险。

2. 山区道路行车前的准备

进入山区道路前，应检查车辆制动等影响安全的装置是否良好；检查轮胎的磨损情况，是否有异物，气压（包括备胎的气压）是否符合要求；检查随车工具是否齐全，并根据需要准备好食物、衣物和应急药品。

3. 山区道路安全驾驶

3.1 陡坡驾驶

3.1.1 上坡时，提前观察路况、坡道长度，及时减挡使车辆保持充足的动力；上陡坡时，应在坡底提前减挡，加速冲坡；驶近坡顶时，应注意盲区内可能出现的突发情况；爬坡时，减挡要及时、准确、迅速，避免拖挡行驶导致发动机动力不足；发动机过热造成动力不足时，应立即选择安全区域停车，打开散热器盖让发动机降温。

3.1.2 下坡时，不能连续使用行车制动，否则制动器温度升高，会导致制动效果急剧下降；

要适当控制车速，挂低速挡，充分利用发动机的制动作用减速；要与前车保持足够的安全距离；禁止关闭发动机和使用空挡滑行。下长坡制动失效时，利用紧急避险带停车。

3.2 山区弯道行驶

进入山区弯道行驶，应遵守“减速、鸣喇叭、靠右行”的规则，要特别注意“连续转弯”标志；车辆行至左转弯道时，视线以道路中心线为参照，尽可能靠右侧行驶，以增强视线范围，做到左转转大弯。车辆行至右转弯道时，视线以右侧路肩为参照，适当靠近道路中心线行驶，以增强视线范围，做到右转转小弯。

3.3 跟车、超车和会车

在山区道路跟车行驶，应与前车保持足够的安全距离；超车时应选择宽阔的平缓路段，提前开启左转向灯，鸣喇叭，提醒前车让路，确认前车让路后方可超车，否则不能强行超车；会车时，如果靠山体的一方不让行，应当提前减速并选择安全的地方避让，不得加速或紧靠道路中心会车，以防发生碰撞事故。

第四节 桥梁、隧道安全驾驶技能

1. 安全通过桥梁

1.1 窄桥驾驶

车辆通过窄桥时，应靠道路右侧行驶，提前降低车速，时速不得超过 30km/h；应注意观察路侧的交通标志，超过路侧的限制质量标志标明的重量时，应另选行驶路线绕行，防止发生桥梁坍塌；车辆驶近窄桥，与对面来车有会车可能时，应及时停车让行，避免在桥上会车；通过窄桥时，禁止超车。

1.2 立交桥驾驶

驶近立交桥时，应注意限高标志，如超过标志标明的高度，应选择其他路线绕行。应选择正确的出入口，发现路线错误时，应继续按标志和标线的引导行驶，禁止在原地掉头或倒车至出口，注意与前车保持足够的安全间距。在上坡路段遇堵车需要临时停车时，要拉紧驻车制动器，避免溜车；驶离立交桥，准备并入主干道时，应注意避免与其他正常行驶的车辆发生冲突。

2. 安全通过隧道

2.1 隧道的行车特点

较短的隧道，驾驶员可以从隧道入口观察到出口的情况。而较长的隧道或中间有弯曲路段的隧道，驾驶员无法从隧道入口观察到出口的情况。较长的隧道内通常安装有照明设施，用来改善驾驶员在隧道内的驾驶视线。

长时间在黑暗和单调的环境中行驶，驾驶员容易产生驾驶疲劳，因此，在较长的隧道内，通常会有照明灯光，甚至有模拟绿化带。

2.2 安全驶入隧道

驶入隧道前，应注意观察路侧的交通标志，严格遵守限速标志标明的车速。驶入双向行驶的隧道前，应靠右侧行驶，注意对面来车；驶入单向行驶的隧道前，应提前减速，观察对面有无来车。入口处设有信号灯的隧道，只有当绿色信号灯亮时，车辆才可以驶入；驶入隧道前，应开启近光灯。

2.3 隧道内安全行车

在隧道内行驶，应注意观察隧道内的行人或骑车人的动态，注意靠右侧行驶；注意信号灯，绿色箭头信号灯表示该车道允许车辆通行，红色叉形灯表示该车道禁止通行；与前车保持足够的安全距离，避免前车紧急制动带来的事故隐患；即使照明条件较好，也应开启近光灯；隧道内禁止超车、停车、倒车，车辆出现故障需要临时停车时，应尽可能将车辆移至专门的避险区域。

2.4　安全驶出隧道

车辆到达隧道出口时，眼睛会有由暗转明的适应过程，驾驶员应提前降低车速，握稳转向盘，避免“帘布效应”造成危险。隧道出口处可能会有强烈的横风，使车辆出现明显的方向偏移。因此，在驶出隧道前，驾驶员应降低车速，握稳转向盘。当车辆出现方向偏移时，应缓慢修正方向。

第五节　夜间安全驾驶技能

1. 夜间的行车特点

1.1　视野、视线的限制

驾驶员在行车中，80% 以上的信息来源于视觉，而夜间的能见度仅为白天的 1/8，灯光照射也仅限于一定的范围，人的视力和视野范围也受到限制。夜间行车，由于光线明暗的变化，驾驶员的眼睛会出现短暂的视觉障碍。

1.2　判断力的限制

由于光线的变化，从黑暗的区域驶入明亮的区域，或遇到对向来车的远光灯照射，驾驶员容易产生炫目，短时间内看不清周围的交通情况，影响对地形、障碍物的判断，易产生错觉，事故风险增加。

2. 夜间安全驾驶方法

2.1　控制车速，保持安全间距

夜间行车，驾驶员的视线和视野比较差，对周边交通环境的判断能力下降，尤其是受强光刺激，又转入黑暗环境驾驶时，眼睛存在一个暗适应过程。此时，安全驾驶最重要的前提是控制车速，保持安全距离。

2.2　合理使用灯光

2.2.1　正确使用近光灯

近光灯既能增强驾驶员的视线，便于更好地观察交通情况，又能及时地被其他交通参与者观察到，对保障行车安全非常重要。车辆夜间通过照明条件良好的路段，车速在 30km/h 以下时，应开启近光灯。

2.2.2 正确使用远光灯

远光灯的照射距离通常在 100 米以上，车辆夜间通过照明条件差的路段，或车速在 30km/h 以上时，应使用远光灯。夜间会车应当在距相对方向来车 150 米以外改用近光灯，在窄路、窄桥与非机动车会车时应当使用近光灯。

2.2.3 选择使用灯光

在雨、雾、沙尘暴等能见度较低的情况下使用远光灯会影响视线，此时应使用近光灯，必要时开启雾灯。通过交叉路口、铁路道口时，应将远光灯变为近光灯。通过无交通信号控制的交叉路口时，应减速行驶，并变换远、近光示意。

车辆灯光的类型和适用情况如下表所示。

车辆灯光的类型和适用情况

在黑暗条件下，不会使其他交通参与者产生炫目
夜间，在照明条件较好的街道上行车
与对面车会车，距离 150 米
跟随前车行驶，间距较小
发现近前方有行人或者自行车
在窄路、窄桥与非机动车会车时
发生故障或者发生交通事故时

3. 夜间识别和判断道路情况

3.1 通过汽车灯光判断道路情况

夜间行驶，可通过汽车灯光的变化判断前方道路情况，具体方法如下表所示：

灯光照射情况	道 路 情 况
照射由远及近	驶近转弯一侧有山体或屏障的弯道
	到达坡道的低谷
	驶入上坡道
照射由近及远	即将由弯道进入直线道
	即将由缓坡进入陡坡
	即将进入下坡道
灯光离开路面	面临急转弯或大坑
	行驶到坡顶

3.2　通过发动机声音判断道路情况

夜间行驶，可通过发动机声音的变化判断前方道路情况，具体方法如表所示。

声音变化	道 路 情 况
声音变得沉闷	行驶阻力增大，汽车正在爬缓坡或驶经松软路面
声音变得轻松	行驶阻力减小或汽车在下缓坡

第六节　恶劣气象安全驾驶技能

1. 雨天驾驶

1.1　雨天的行车特点

1.1.1　能见度降低

阴雨天气光线昏暗，能见度低，影响驾驶员对交通情况的观察；雨天行驶时，风窗玻璃和后视镜上的雨水会严重干扰驾驶员的视线和视野；暴雨或对向来车溅起的水花泼洒在前风窗玻璃上，将瞬间遮蔽驾驶员的视野。

1.1.2　轮胎对地面的附着力降低

雨天路面湿滑，轮胎与地面的附着能力降低，车辆制动距离增加。刚刚下雨时，紧急制动或急转方向，容易使车辆发生侧滑。大雨后会造成路面积水，车辆快速行驶时，轮胎不再排水，轮胎与路面间形成一层水膜，易出现“水滑”现象。

车辆出现“水滑”现象时，转向和制动能力会失效，就像人在海浪上玩滑板一样危险。在紧急制动或急转方向时，车辆容易发生侧滑或甩尾。

1.1.3 行人、骑车人的影响

在城市道路，开始下雨时，行人与骑车人因急于赶路或寻找避雨的地方，常常忽视对周边交通情况的观察。下雨过程中，行人、骑车人匆忙赶路或避雨，会忽视其他交通参与者，身上的雨具也会阻碍他们对交通情况的观察。雨后路侧出现积水，行人、骑车人为避开积水，会占用机动车道。

1.1.4 积水对行车安全的影响

在雨季，车辆经常涉水行驶，行车制动器经过与水浸泡，无疑会降低车辆的制动效能。有些地区还会有“冬雨”，造成路面结冰、车辆制动蹄片冻结，导致车辆制动距离延长、制动跑偏。

1.2 雨天安全行车方法

1.2.1 开启刮水器、灯光

在雨季，应经常检查刮水器、灯光等装置是否工作正常。雨中行车，驾驶员应及时启动刮水器，并借助近光灯改善驾驶视线；风窗玻璃内侧出现水雾时，可利用车辆的除霜功能及时清除；适时开启示廓灯和后位灯，以便其他交通参与者观察到自己；注意其他车辆的灯光、喇叭信号。遇大暴雨，应立即选择安全的地点停车，开启危险报警闪光灯，待雨变小再继续行驶。

1.2.2 控制车速

为了防止雨天行驶出现水滑现象，行驶时应注意控制车速，确保轮胎有良好的排水性能，并与其他车辆保持足够的安全间距；雨天路面湿滑，不要猛踩制动、猛打转向；遇前方行人、骑车人占用行车道时，应注意避让，禁止鸣喇叭催促，必要时停车让行；超越行人、骑车人或其他道路交通参与者时，应保持足够的安全间距。

1.2.3 谨慎驾驶

在低等级路段行驶时，应注意观察前方路基有无塌陷迹象；遇到“软基路段”指示标志时，更应谨慎驾驶。在山区道路行驶时，应注意观察前方道路情况。如果路面有滚落的山石，应考虑到前方有发生山体滑坡或泥石流的危险。

涉水行驶后，驾驶员应反复踩踏制动踏板，恢复车辆制动性能。尤其是在冰雪路面上和“冬雨”里行驶，应对车辆制动性能给予特别关注。

2. 雾天驾驶

2.1　雾天的行车特点

2.1.1　分段起雾，易引发交通事故

雾的产生与地形有一定的关系，河道、沼泽、山谷、湖边容易出现大雾。大雾还有一定的区域性，有时一个区域没有雾，但邻近的另一个区域可能会有大雾。车辆穿行在时断时续的雾中，容易因车速控制不当引发交通事故。

2.1.2　能见度降低

雾天能见度低，驾驶员视线和视野会受到限制，难以看清前方道路上的情况，且不易辨别方向。此外，驾驶室与外界存在温差，前风窗玻璃内侧常常会覆盖着水雾，影响视线，有些驾驶员边驾驶边用抹布擦拭前风窗玻璃内测的水雾，更增加了行车风险。

2.1.3　错误使用灯光

有些驾驶员不能正确使用灯光，给安全行车带来很大危险。例如，在浓雾中使用远光灯，结果光线被雾气反射，在车前形成白茫茫一片，反而影响了自己的驾驶视线；在不必使用后雾灯的情况下开启后雾灯，造成后车驾驶员眩目，增加了事故发生概率。

2.2　雾天安全行车方法

2.2.1　降低车速

雾天行驶，应密切注意其他车辆的动态，低速慢行。随着能见度的下降，车速也应下降。雾天行车，能见度与车速的关系如下表所示。

能 见 度	最 高 车 速
大于 200m 小于 500m	80km/h
大于 100m 小于 200m	60km/h
大于 50m 小于 100m	40km/h
30m 以内	20km/h 以下
10m 左右	5km/h 以下

2.2.2 正确使用灯光

雾天行车时，应开启近光灯、示廓灯、后位灯，以增强驾驶视线；应开启前雾灯，慎用后雾灯，只有在能见度低于 50 米时，才能开启后雾灯，以免影响后车驾驶员的驾驶视线；应适时鸣喇叭，以引起其他交通参与者的注意；禁止在道路中央骑压中心线行驶。

2.2.3 雾天跟车、会车、超车

（1）雾天跟车行驶时，应注意前车的动态，低速慢行，保持合适的安全距离，不要以前车的后位灯作为判断安全距离的依据。

（2）雾天会车时，应选择宽阔的路段和地点低速交会。会车时，应适当鸣喇叭提醒对面来车注意，并关闭前雾灯，以免造成对面驾驶员眩目。

（3）雾天尽量 不要超车。必须超越其他车辆时，应加倍谨慎，考虑到前车是否正在避让对面来车。超越前车时，应在确认安全后，适时鸣喇叭示意。

3. 冰雪路面驾驶

3.1 冰雪路面的行车特点

3.1.1 影响驾驶视线

冰雪天气行车，飘扬的雪花会干扰驾驶员的视线；阳光和积雪会形成强烈的反射，造成驾驶员眩目。在野外行驶时，道路两侧的暗沟常被积雪覆盖，难以判断道路边缘的情况，驾驶员只能根据道路两侧的树木、电线杆和交通标志牌等参照物确定路面的所在。

3.1.2 轮胎对路面的附着能力降低

雪中和雪后，路面常常会因低温而结冰，轮胎与路面的附着系数很低，导致制动距离延长，紧急制动、猛打转向，都很容易引发侧滑甚至侧翻。

3.1.3 行人、自行车占道

冰雪路面，人行道和自行车道容易形成积雪，而机动车道不易形成积雪，因此，行人、骑车人常常会占用机动车道通行。行人、骑车人在滑溜的路面上，很容易因失去平衡而摔倒，从而增加冰雪路面行车的风险。

3.2 冰雪路面安全行车方法

3.2.1 佩戴防护镜，改善视线

为了防止阳光和积雪造成的眩目，驾驶员最好戴上防护镜，以保持良好的视线，及时发现道路上的危险情况。

3.2.2 降低车速，保持安全距离

在冰雪路面上行车，路面光滑，地面附着系数低，驾驶员应降低车速，加大与前车的安全距离。遇前方有行人、骑车人或非机动车占道，不要鸣喇叭催促其让行，应主动减速行驶，安全通过。

3.2.3 利用发动机制动

在冰雪路面上行车，必须降低车速。遇紧急情况时，应充分利用发动机制动，禁止急打转向盘和紧急制动，避免车辆发生侧滑或转向失控。

第二部分

第七节 复杂道路条件的安全驾驶技能

1. 泥泞路驾驶

1.1 泥泞路的行车特点

泥泞路常见于雨后的低洼地区。泥泞路路面湿滑，轮胎与地面附着力小，车辆起步时容易打滑，行驶中方向不易掌握，制动时易产生侧滑。

1.2 泥泞路安全行车方法

1.2.1 在泥泞路上行驶，应选择平坦、坚硬，前方有车辙的路面。起步要平稳，忌猛踩加速踏板。起步后，应控制好车速，匀速行驶，尽量避免中途换挡和停车。如中途必须换挡，动作要迅速，不要出现因错误操作而熄火，重新起步的情况。

1.2.2 在泥泞路上转弯时，车速一定要慢，转向动作要均匀缓和，不能急打转向，否则会有侧滑的危险。在转弯时，还应尽可能避免使用紧急制动，以防出现侧滑；在泥泞路下坡时，要充分利用发动机的牵阻作用控制车速，禁止空挡滑行或使用紧急制动。

1.2.3 在行驶中发生侧滑，切忌使用制动，应立即 松抬加速踏板，降低车速，并将转向盘向车辆侧滑的方向缓缓转动，修正车辆行驶轨迹。

2. 翻浆路驾驶

2.1 翻浆路的行车特点

翻浆路无硬质路面，泥浆常会吞噬车辆轮胎，令车辆陷入泥浆，进退不得。

2.2 翻浆路安全行车方法

2.2.1 遇到距离较短且没有危险的翻浆路段，可适当考虑加速通过，但须注意底盘部分不要触及地面上的突起物。

2.2.2 通过翻浆路时，若车辆陷入泥浆，应选择倒车，退出翻浆路面。若倒车时车轮仍然打滑，不可猛踩加速踏板，反复尝试起步或倒车，以免越陷越深。正确的做法是：

（1）铲除车轮下的泥浆，露出下层坚硬的路面。

（2）去除车轮上的泥浆，增加轮胎的摩擦力。

（3）在车轮下铺洒碎石、沙子、干草树枝等杂物（可挂倒挡，在倒车瞬间迅速填入）。

（4）有前轮驱动的车辆，应接合前轮驱动，将车驶出。以上方法相互配合使用，往往会收到更好的效果。

3. 涉水驾驶

3.1 涉水驾驶的行车特点

涉水驾驶，尤其是涉深水驾驶时，驾驶员难以辨别水下的路面情况；水流的阻力和水的浮力会降低车辆的驱动力；横向水流的冲击，甚至会使车辆产生侧向滑移；水面高度高于排气管时，车辆会因排气困难而熄火，车辆电气设备易受潮发生短路；制动器经过水的浸泡，制动效能降低。

3.2 涉水驾驶的方法

3.2.1 在涉水前必须查清水深、流速和水底的路面情况，确定行车路线。如果积水较深，应当放弃涉水，改道行驶。

3.2.2 如特殊要求必须涉水时，应精密筹划行车路线。一般需要根据水流情况，沿着逆流方向与水流呈斜线行驶，借助水流的冲击力，方可保持车辆最终沿直线行驶。

3.2.3 车辆涉水时，应用低速挡平稳地驶入水中，并缓慢地前行，要保持目视前方固定的目标，按照制定的行驶路线安全前行，切不可注视水流，以免视觉上判断错误导致行驶方向的偏移。

3.2.4 涉水通过漫水桥时，要保持平稳和足够的动力，尽量不要中途换挡、停车和急转弯，“一气儿”通过涉水路段。

3.2.5 车辆涉水驾驶后，制动器与摩擦片之间的制动能力下降，驾驶员应当反复踩制动踏板进行制动，恢复制动效能。必要时在安全的地点停车，对车辆进行检视和处理，确保车辆保持良好的技术性能。

第四章　安全管理保障系统

重点内容

本章重点内容：安全信息管理；驾驶员安全管理；车辆安全管理；安全应急管理等内容。

第一节　安全信息管理

安全信息是当前安全管理的重要资源。在实际生产中，企业每天获取的安全信息量很大，这些信息都需要得到及时的处理和分析，单靠人是很难在短时间内完成这些工作的。运输企业应利用计算机建立安全信息数据库来完成对安全信息的管理。

安全信息数据库以大量安全基本信息作为主要数据基础，具有安全信息的录入、查询、修改、打印和基于安全信息的安全分析、安全预测、安全评价等功能。以安全数据为基础，选取适当的预测和评价模型，实现对企业的安全预测和安全评价。安全信息数据库的功能结构如下图所示。

安全信息数据库的功能结构

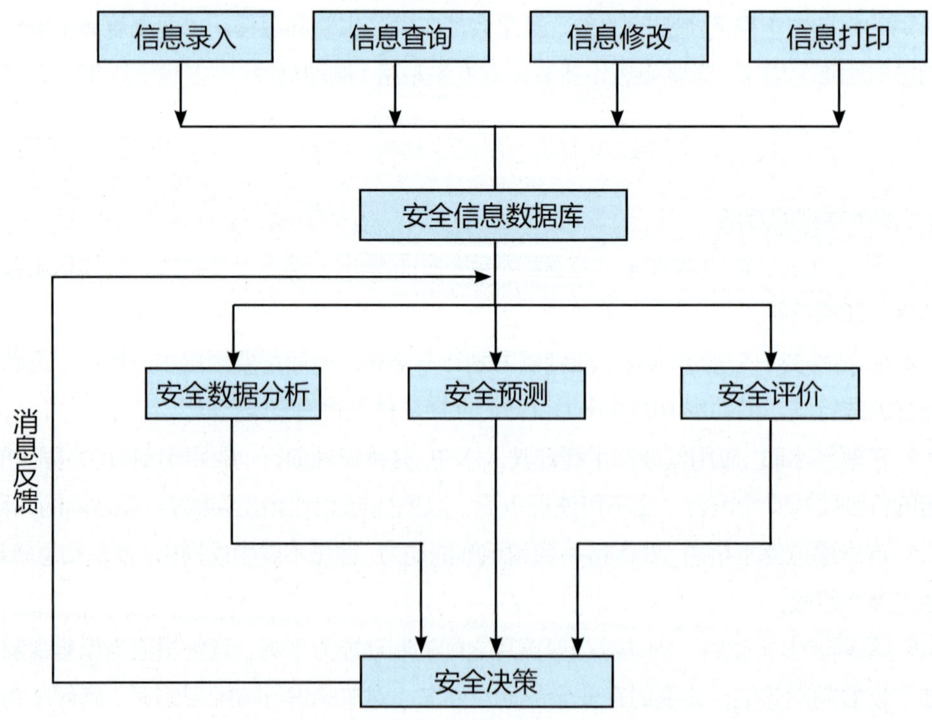

第二节 驾驶员安全管理

道路交通安全问题的关键在于人，驾驶员是交通安全的核心。在我国，机动车驾驶员违法行为是交通事故的主要原因，其中超速行驶、占道行驶、无证驾驶、酒后驾驶、疲劳驾驶等原因造成的交通死亡事故比较突出。因此，加强营运车辆驾驶员培训，提高营运车辆驾驶员素质，健全驾驶员行车安全管理制度，把好营运车辆驾驶员准入关，对道路运输行业的安全生产工作具有重大现实意义。

随着社会经济的迅速发展，驾驶员已经从一种职业向大众化转变，在驾驶员数量增长的同时驾驶员综合素质在降低。驾驶属于技术和经验并重的行为，因而驾驶员的综合素质是基于驾驶技能和行车经验，包括道路交通基础知识、道路交通安全意识、驾驶心理、公共道德等指标。也就是说，普通人在通过驾驶培训与考核后，获得的机动车驾驶证是对其基本驾驶技能和基础交通知识的认证，并不意味着该驾驶员综合素质的合格。所以，物流企业要建立健全驾驶员安全管理系统。

企业驾驶员安全管理系统包括驾驶员聘用管理、驾驶员安全等级评定、驾驶员行车安全管理和驾驶员动态管理，如下图所示。

道路运输企业驾驶员安全管理系统

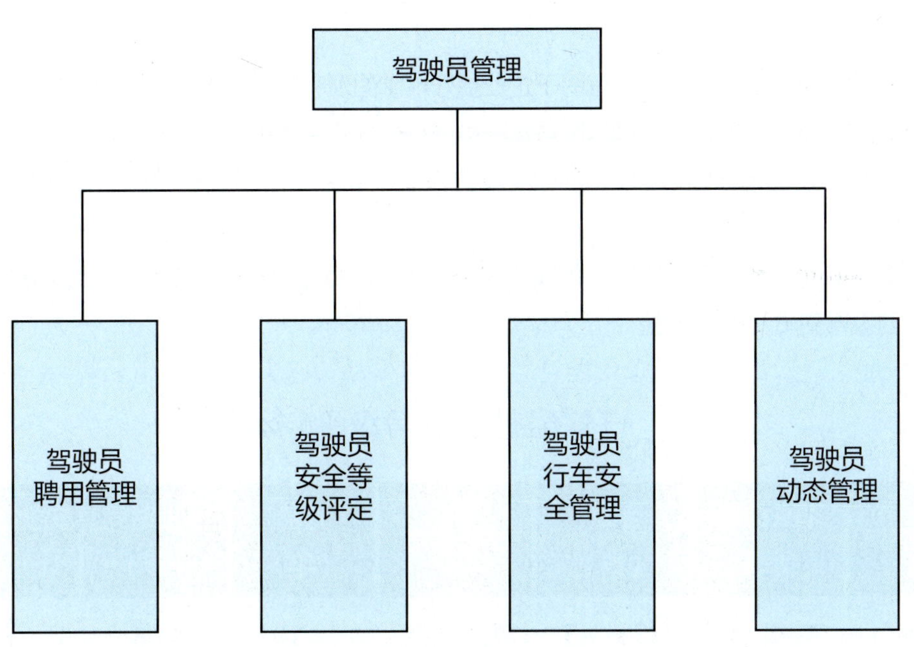

1. 驾驶员聘用管理

运输企业应制定驾驶员聘用管理制度。

负责驾驶员招聘的部门须严格审核应聘驾驶员的安全行车经历，以及驾驶证、从业资格证和危货运输押运员从业资格证书等各种证书，并对审核结果负责。

新录用的驾驶员须通过企业有关部门组织的技能考试和安全意识考核后方能录用，有条件的还可以对驾驶员进行驾驶适宜性检测。

对聘用的驾驶员，企业应与其签订劳务合同、安全生产合同，办理各类保险、福利，进行统一管理。建立一人一档、一车一档制度，并做到“证档相符、车档相符”。

具体的驾驶员招聘管理详见驾驶员管理章节中的相关内容。

对新聘用的驾驶员，在其上岗前至少应进行一周的安全教育，并针对其今后要从事的具体岗位进行岗前培训。组织驾驶员学习企业规章制度、安全操作规程、职业道德等，进一步熟悉以后所驾车辆的车况、性能，行车路线以及其他需要注意的事项。

新聘用的驾驶员上岗后，应作为实习驾驶员跟随在该线路安全行驶一年以上的驾驶员行车一个月以上，方可单独驾驶该线路的客车或货车。

驾驶员应具有良好的职业道德及基本的医疗抢救和事故逃生常识，危货运输押运员应熟悉所押运货物的特征及防范措施等。

2. 驾驶员安全等级评定

对驾驶员进行安全等级评定，有助于企业更好地掌握现有驾驶员的综合素质。

基于驾驶员安全档案信息，每年度对驾驶员进行一次安全等级评定。

安全等级评定的指标包括驾驶员的职业技能等级、年龄、文化程度、驾龄、从业时间和安全行车里程。

根据以上指标对驾驶员进行安全等级评定，可把驾驶员分为一级驾驶员、二级驾驶员、三级驾驶员和四级驾驶员。参见下表。

汽车驾驶员安全等级评定标准

安全等级	职业技能等级	年龄（岁）	文化程度	驾龄（年）	从业时间（年）	安全行车里程（万公里）
一级	高级以上	35 ~ 45	高中以上	≥ 10	≥ 8	≥ 50
二级	高级以上	30 ~ 50	初中以上	≥ 8	≥ 5	≥ 30
三级	中级以上	25 ~ 55	初中以上	≥ 5	≥ 3	≥ 10
四级	初级以上	20 ~ 60	不限	≥ 3	不限	≥ 5

3. 驾驶员行车安全管理

企业应及时掌握驾驶员违法行车情况，制定相应的评比、奖惩措施。

准确记录驾驶员安全行驶里程，制定肇事后安全公里扣除标准，并严格执行。

对驾驶员出车前进行询问、告知，防止驾驶员疲劳、酒后或带病、带不良情绪上岗。

督促驾驶员做好对车辆的日常维护和检查。

在出车前，组织管理人员应上车询问驾驶员的身体、精神状况，告知气候、路面情况以及注意事项，还可通过发短信、在路单上贴盖安全警示和问候短语等，以及给驻外点的驾驶员发手机短信等形式告知，使驾驶员感受到组织的关怀、集体的温暖，从而提高安全行车的责任感，增强安全观念。

建立企业驾驶员安全行车记录及档案管理制。驾驶员档案分为两级管理制，即安全职能管理部门和车队安全员的管理，其中安全职能管理部门为一级管理单位，行车事故的原始记录、驾驶员的监理、行政处分决定等一律交一级管理单位入档保存。

4. 驾驶员动态管理

驾驶员动态管理包括驾驶员行车过程中的管理和驾驶员聘用动态管理。

企业应借助北斗导航或 GPS 系统等先进技术，对行车中易出现的驾驶员疲劳、超速、超载等行为给予监督。

北斗导航或 GPS 系统可以实现车速实时监控，即每台车辆可设置规定的限速，车辆运行速度超过规定限速时系统迅速向监控工作站和车辆发出超速警告。

聘用的驾驶员也应该实行有进有出的管理办法，对严重违反各项法规、制度和安全操作规程，发生重大行车事故的驾驶员，经考核已经不胜任本岗位工作的应坚决予以辞退。

第三节 车辆安全管理

车辆是货物运输的载体，车辆技术状况是驾驶员行车安全的物质基础。通过对大量的交通事故分析可知，因车辆的技术状况不佳（尤其是底盘部分）导致的交通事故一般多为恶性事故，如果能保障车辆随时处于良好的技术状况，这类事故的发生是完全可以避免的。

为加强企业的车辆管理，保持营运车辆技术状况良好，促进道路交通安全形势好转，企业营运车辆的购置、使用、经营方式等各个环节，应综合考虑安全因素，对运输车辆实行择优选配、正确使用、定期检测、强制维护、视情修理、适时更新和报废的全过程综合管理。

企业的车辆安全管理系统包括车辆技术管理、车辆维护和检测、车辆更新和报废及车辆先进安全技术的应用，如下图所示。

企业车辆安全管理系统

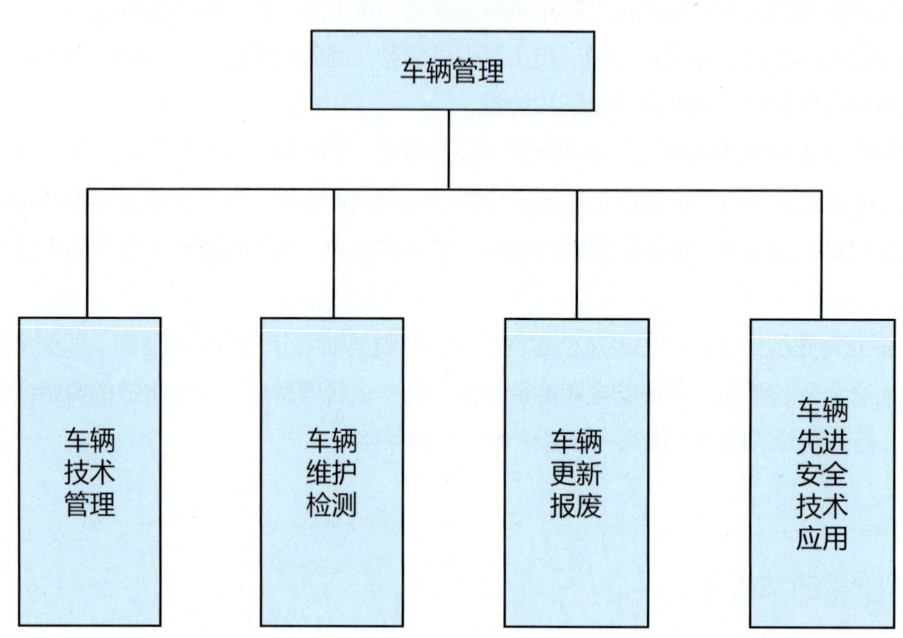

1. 车辆技术管理

具备三级以上道路运输资质的企业和二级以上道路运输资质企业的分支运输机构应成立专职的企业车辆技术管理部门，四级及以下道路运输企业应有专职的车辆技术管理人员，专门负责企业车辆技术管理工作。

企业车辆技术管理包括车辆技术管理规章制度、车辆技术档案和车辆技术状况管理三个方面。

1.1　车辆技术管理规章制度

企业车辆技术管理规章制度包括：

1.1.1 企业车辆必须符合《机动车运行安全技术条件》（GB 7258—2012）和有关汽车运输车辆技术管理规定，证照齐全，手续完备。

1.1.2 车辆技术管理应坚持预防为主和技术与经济相结合的原则，对运输车辆实行择优选配、正确使用、定期检测、强制维护、视情修理、适时更新和报废的全过程管理。

1.1.3 建立车辆“回场必检、合格放行”制度，并指定专人负责。

1.2 车辆技术档案

车辆技术档案是车辆从购置到报废全过程情况的记录。主要内容有车辆基本情况和主要性能、参加保险情况、运行使用情况、主要部件更换情况、检测和二级维护记录、事故处理记录。

1.3 车辆技术状况管理

车辆的技术状况主要有两个考核指标，车辆技术等级和车辆新度系数。车辆技术等级根据交通部行业标准《营运车辆技术等级划分和评定要求》（JT/T 198—2004）的规定，用汽车使用年限、关键项和项次合格率来衡量，将车辆分为一级车、二级车和三级车三个等级。

1.3.1 一级车。使用年限在七年以内；关键项分级的项目达到二级以上，关键项不分级的项目为合格；项次合格率大于等于 80%；在运行中无任何保留条件。

1.3.2 二级车。使用年限超过七年；关键项分级的项目达到二级 ,关键项不分级的项目为合格；项次合格率大于等于 90%；在运行中无任何保留条件。

1.3.3 三级车。凡达不到二级车技术标准的汽车均为三级车。

车辆新度系数是衡量道路运输企业车辆新旧程度的指标，其定义为：

$$\text{车辆新度系数}=\frac{\text{年末道路运输企业全部运输车辆固定资产净值}}{\text{年末道路运输企业全部运输车辆固定资产原值}}$$

对运输企业来说，采用车辆平均新度系数来衡量，计算公式为：

$$a=1-\frac{\sum(v_1t_1)}{96v_n}$$

式中：a——车辆新度系数；

v_1——单车原值；

t_1——单车实际使用月数（超过 96 的按 96 计算）；

v_n——全部营运车辆原值。

另外还可以用车辆完好率来表示车辆技术状况，其定义为：

$$\text{车辆完好率}=\frac{\text{完好车日}}{\text{总车日}}\times100\%$$

2. 车辆维护与检测

2.1 汽车预防维护制度

企业必须执行国家有关规定的车辆维护制度。车辆维护应贯彻“预防为主、强制维护”的原则，保持车容整洁、装备完好，及时发现和消除故障、隐患，增强道路运输安全保障能力。车辆维护计划的制订应符合有关主管部门的要求，维护手续齐全，记录完整，保持车辆技术状况良好。

企业应按照《汽车运输业车辆技术管理规定》的要求，对车辆实行计划预防维护制度，如下图所示。

汽车预防维护制度

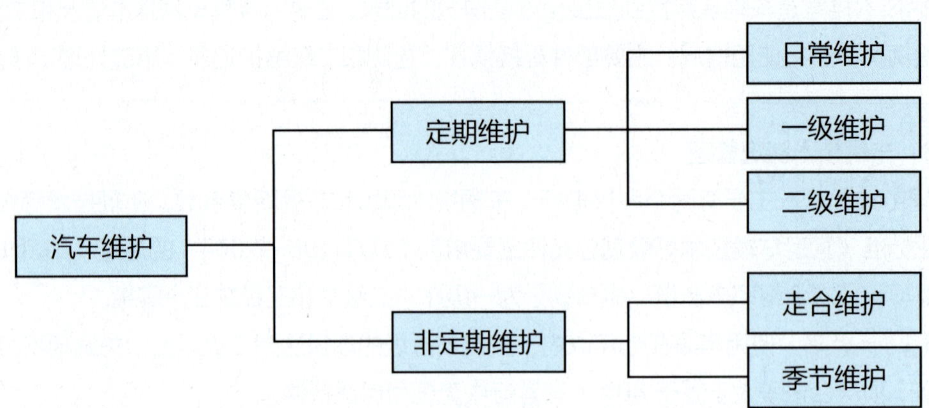

2.2　车辆进行安全例行检查

企业除了对车辆实行计划车辆维护制，还要对车辆进行安全例行检查。车辆安全例行检查内容包括：

2.2.1　所有营运车辆，每天收车后或发车前，必须到指定的车辆安全检查站进行车辆安全例行检查。

2.2.2　检查站检验员必须具备质检员资质，对每一台车辆逐项、认真进行检查。

2.2.3　对检查完好的车辆，认真做好车辆安全检查记录，开具车辆安检合格通知单。

2.2.4　对检查不合格的车辆，认真做好车辆安全检查记录，开具车辆报修单。车主持报修单到运输企业的合约维修企业进行维修。修理合格后，经车辆安全检查站核验通过后开具车辆安检合格通知单。

2.2.5　车辆无车辆安检合格通知单禁止担任运行任务。

2.2.6　每日各车辆安全检查站将上个工作日的车辆安全检查情况报企业车辆技术管理部门。

企业结合车辆年检、车辆技术等级评定，强制二级维护等，制订企业的车辆检测计划，做到所有车辆不漏检、不漏维护。

3. 车辆更新与报废

为适应道路运输市场的发展需求，增强企业竞争力，加快客、货运车辆的更新步伐，提高运输车辆的安全性和舒适性，企业根据自身发展需要应积极制订车辆更新计划。同时，也应按照国家有关法规要求，确保达到报废标准的车辆能按规定及时实施报废。

3.1　车辆的更新

即以新车或高效率、低油耗、性能先进的车辆更换在用车辆。车辆更新应以提高经济效益和社会效益为原则。更新下来的车辆，道路运输企业可根据国家有关规定进行处理。处理后的变价收入应用于车辆更新改造，不得挪作他用。

3.2 车辆的报废

企业车辆技术管理部门应定期对车辆的技术状况和使用年限进行技术鉴定和确定，对于已到国家强制报废使用年限或车型老旧、性能低劣，油耗超标、维修费用过高，继续使用不安全、不经济的车辆，经鉴定确认后提出车辆报废意见，办理车辆报废手续。凡经批准或确定报废的车辆，交通运输管理部门应及时吊销营运证。报废车辆不得转让或移作他用，严禁用报废车辆的零部件拼装车辆。

4. 车辆先进安全技术的应用

世界上许多国家的实践表明，采用技术手段和措施，能有效防范和及时发现交通事故、挽救生命、减少损失。行车记录仪和北斗或 GPS 车辆定位监控管理系统的应用，使道路运输企业对驾驶员在路上行车状况的全过程实时监控成为可能，有效地控制了驾驶员的疲劳驾驶、超速、超载等违法行为，对预防重特大道路交通事故的发生具有重大意义。

4.1 行车记录仪

行车记录仪是对车辆行驶速度、时间、里程以及有关车辆行驶的其他状态信息进行记录、存储并可通过接口实现数据输出的数字式电子记录装置。行车记录仪的主要作用有：

4.1.1 记录 360 小时内（15 天）的所有行车数据，为事故处理提供数据支持。

4.1.2 设置超速提醒，当车辆行驶速度超出约定速度后，自动发出提示音，提醒驾驶员减缓速度。

4.1.3 具有行车数据的记录功能，对驾驶员能够起到威慑作用，不会任意违规操作车辆。

4.1.4 交警可以通过 U 盘、232 串口、打印机、无线局域网等现场读取行车记录仪的数据，确认车辆是否违规操作。

4.1.5 车辆回到车队后，车队可采集车辆的行驶数据，进行数据分析，对超速、车辆使用时间、驾驶员等内容统计分析，进行有效管理。

4.2 北斗或 GPS 车辆监控管理系统

GPS 车辆监控管理系统的主要作用包括：

4.2.1 车辆位置实时监控。运行中的所有车辆能够准确地在电子地图中显示其位置。

4.2.2 车速实时监控。每台车辆可设置规定的限速，车辆运行速度超过规定限速时系统迅速向监控工作站和车辆发出超速警告。

4.2.3 信息实时发布。通过 GPS 终端显示屏，向司乘人员发出天气、路况、救援等各种通知。

4.2.4 数据查询。可查询运行速度、运行轨迹、运行里程、超速次数、电子地图等相关信息。

第四节 安全应急管理

建立企业应急管理系统，保证企业在运输事故发生时，通过应急管理系统各个组成部分的快速反应，准确地启动相应的预案，使应急资源发挥最大化功效，有效预防、降低突发事故的损失和影响程度。

1. 应急管理组织机构和职责

根据现有大部分物流企业都设有安全生产委员会和独立的安全管理部门的特点，在物流企业事故应急管理系统建设过程中没有必要成立新的组织机构，可将原有的组织机构直接纳入应急管理系统，但必须明确其应急管理职责和权利。应急管理机构的主要应急救援职责可以按如下要求进行明确。

1.1 安全生产委员会

安全生产委员会的主要应急管理职责应包括：

1.1.1 公司事故应急救援系统的建设、应急救援机制的建立和监督应急救援系统的有效运转。

1.1.2 公司应急救援工作制度的建立。

1.1.3 统一指挥和协调公司的事故应急救援工作。

1.1.4 组织公司事故应急预案的编制、演习、评估和修订。

1.1.5 公司总体预案和专项预案的应急救援指挥工作。

1.1.6 协调应急救援工作中与外部应急救援力量的联系。

1.2 安全管理部门

安全管理部门的主要应急救援职责应包括：

1.2.1 应急救援管理制度的编写制定。

1.2.2 组织事故应急预案的编制。

1.2.3 协助安全生产委员会做好事故应急救援指挥。

1.2.4 组织公司总体事故应急预案的演练，指导各部门做好事故应急预案的演习。

2. 事故应急预案

企业应急预案应明确事故应急救援机构及指挥人员，制定各类事故（包括危货运输）应急处置办法，落实应急救援车辆和其他应急救援物资的储备，以及紧急情况的及时上报。企业应定期进行应急救援行动的训练和演练。企业应急预案的主要内容包括以下几个方面：

2.1 报警、报告。

2.2 发生重大安全生产事故赶赴现场实行领导分级制，并率员完成营救、处理事件等任务。

2.3 重大安全生产事故发生后，应当按照应急预案成立事故应急救援指挥机构，负责统一指挥。

2.4 重大安全生产事故发生后，有关单位或个人应当服从应急救援指挥机构的调度，提供有关支援。

2.5 应急组织机构及职责：应急组织机构设总指挥、副总指挥、现场保护组、抢救组、维护秩序组、后勤组，并须明确各机构的职责。

3. 应急管理工作机制

企业应建立以下工作机制以确保事故应急管理体系的正常运转。

3.1 指挥机制

建立“集中领导，统一指挥”的事故应急指挥机制，在紧急情况发生时，任何单位和个人无条件服从应急指挥部的统一指挥，所有救援物资无条件服从指挥部的统一调配，以便最大限度开展事故应急救援工作。在日常工作中，要加强员工这方面意识的培训，在组织事故预案演习时，要把这方面的内容作为重点考核。

3.2 响应机制

根据事故影响的范围大小和事故后果的严重性，将事故紧急情况分级，制定相应的分级响应标准，在紧急情况发生时，做出相应的事故应急反应，启动相应的事故应急预案。

3.3 演习机制

建立事故应急演习机制，明确负责部门，按规定制订应急演习计划，并按计划开展应急演习工作。应急演习的具体形式包括桌面演习和实战模拟演习，按演习内容又可以分为单项演习、组合演习和全面演习。演习结束后，应对演习的结果进行总结和评估，对演习中暴露出的问题和不足应及时解决，必要时提请上级应急机构予以协调解决。

3.4 监督、检查和考核机制

建立事故应急工作的监督、检查和考核机制，促进事故应急管理工作的开展。

著名企业案例：突发道路运输事故应急救援处置预案

为认真做好应急救援工作，提高应急处置能力，随时应对突发事件的发生，确保道路运输生产安全，保证重要物资及时运送，并迅速、高效、有序地做好应急救援工作，最大限度地减少人员伤亡、财产损失和社会危害，促进公司可持续发展，根据《中华人民共和国突发事件应对法》和有关法律、法规，结合公司道路运输实际，特制定本应急预案。

1. 指导思想

以科学发展观为指导，牢固树立以人为本、安全发展的科学理念，紧紧围绕"安全第一、预防为主、综合治理，全员参与，持续改进"的工作方针，妥善处理道路运输安全生产环节中的事故及险情，做好道路运输安全生产工作。建立健全道路运输事故应急处置机制，一旦发生道路运输事故，要快速反应，全力抢救，妥善处理，最大限度地减少人员伤亡和财产损失，维护社会稳定。

2. 基本原则

坚持科学规划、全面防范、快速反应、统一指挥、分级负责、协同应对、措施果断、局部利益服从全局利益的原则。

3. 适用范围及工作原则

本预案适用于公司在道路运输生产过程中发生道路运输事故和道路运输事故险情，需要联合相关部门共同实施救援和处置的突发道路运输事故。

3.1　以人为本，减少损失。在处置突发道路运输事故时，坚持以人为本，把保护人民群众生命、财产安全放在首位，把事故损失降到最低限度。

3.2　预防为主，常备不懈。贯彻落实"安全第一、预防为主、综合治理，全员参与，持续改进"的工作方针，坚持事故处置与预防工作相结合，落实预防道路运输事故的各项措施，坚持科学规划、全面防范。

3.3　快速反应，处置得当。建立应对突发道路运输事故的快速反应机制，快速反应，快速得当处置。

4. 指挥组织体系

4.1　领导小组。成立公司突发道路运输事故应急救援处置领导小组，具体负责组织实施道路运输事故应急救援处置工作。按照“统一指挥、分类负责”的原则，明确职责与任务，开展道路运输事故应对工作。

领导小组组成：

组　长：×××（公司总经理）

副组长：××（运营总监，分管安全）

成　员：×××（组员）

×××（组员）

×××（组员）

领导小组下设办公室，办公室主任由××兼任，负责日常事务。办公室联系电话：××××××，传真：××××××。

4.2　工作职责。统一领导公司突发道路运输事故应急救援处置有关工作。负责制定突发道路运输事故应急救援处置预案，负责参加突发道路运输事故抢救和调查，负责评估应急救援行动及应急预案的有效性。负责上级主管部门的应急救援其他事项。

4.3　现场处置机构。道路运输事故发生后，领导小组组长或指派副组长和其他成员赶赴事故现场指导和协调进场施救。根据道路运输事故严重程度、涉及范围和应急救援行动的需要，设立现场救援指挥部。参与现场应急处置行动的相关部门和人员，在现场救援指挥部的统一指挥下，实施现场应急救援和处置行动。

4.4　应急车辆。公司指定 XX 车作为道路运输事故应急车辆。

5. 事故分级

根据道路运输事故严重程度、涉及范围等，划分为：

5.1　特别重大道路运输事故（Ⅰ级），可分为Ⅰ级甲类和Ⅰ级乙类。Ⅰ级甲类指一次事故死亡 30 人以上，或造成直接经济损失 500 万元以上的道路运输事故；Ⅰ级乙类指一次死亡 10 人以上，30 人以下，死伤 50 人以下或造成直接经济损失 100 万元以上。

5.2　重大道路运输事故(Ⅱ级)，可分为Ⅱ级甲类和Ⅱ级乙类。Ⅱ级甲类指一次死亡 5 人以上，死伤 25 人以下或造成直接经济损失 100 万元以下；Ⅱ级乙类指一次死亡 3 人以上，死伤 20 人以下或造成直接经济损失 80 万元以下。

5.3　较大道路运输事故（Ⅲ级）。指一次死亡 2 人，及死伤 10 人以下或造成直接经济损失 50 万元以下；虽未达到Ⅰ级、Ⅱ级及前述内容，但已使客车遇险，造成较大影响的各类险情。

5.4　一般道路运输事故（Ⅳ级）。指一次事故死亡 1 人及死伤 5 人以下或造成直接经济损失 20 万元以下。

并依次采用红色、橙色、黄色、蓝色来加以表示。

6. 事故报告

6.1 报告程序及要求

6.1.1 针对特别重大、重大道路运输事故（Ⅰ、Ⅱ级）。发生事故后，有关人员必须采取措施抢救伤员，并迅速向公司报告。公司在接到事故报告后 2 小时内按照事故报告的内容和要求，将所发生的事故情况报告所属地县（市、区）道路运输管理机构。

6.1.2 针对较大、一般道路运输事故（Ⅲ、Ⅳ级）。发生事故后，有关人员必须及时采取措施抢救伤员，并迅速向公司报告；公司在接到事故报告后 6 小时内按照事故报告的内容和要求，将所发生的事故情况报告属地县（市、区）道路运输管理机构。

6.2 报告内容

报告的内容包括：基本情况、简要经过、经济损失估计、原因判断、控制情况、相关情况、报告联系等。

6.2.1 基本情况。事故及险情发生的单位或车辆牌号（设施名称）、涉及人员、时间、地点及事故现场情况。

6.2.2 简要经过。事故及险情简要经过、伤亡人数、车辆毁坏情况。

6.2.3 经济损失估计。事故及险情的直接经济损失的初步估计。

6.2.4 原因判断。事故及险情发生原因的初步判断。

6.2.5 控制情况。事故及险情发生后采取的应急救援措施、处置以及事故控制情况。

6.2.6 相关情况。其他需要报告的问题，如车型、车况、核定人（吨）数、实载人（吨）数、经营线路，或货物名称等。

6.2.7 报告联系。事故报告人、报告时间及联系方式。

7. 应急预案启动条件

本公司运营车辆发生突发道路运输事故，事故符合Ⅳ级及以上时，立即上报公司领导，经公司领导确认后启动应急救援处置预案。

8. 应急响应

8.1 本公司运营车辆驾驶员、在现场工作人员应急处理方案。

8.1.1 立即停车。凡发生突发道路运输事故，都要立即停车。

8.1.2 立即抢救。首先查看事故严重程度，检查有无伤亡人员，如有受伤人员，应立即施救并拦截过往车辆，送就近医院抢救，同时应标出事故现场位置。

8.1.3 现场保护。保护现场的主要内容：肇事车的停位、伤亡人员的倒位、各种碰撞碾压的痕迹、制动拖痕、血迹及其他散落物。

8.1.4 保护方法。寻找现场周围石灰、粉笔、砖石、树枝、木杆、绳索等便利器材，采取措施，积极施救。因抢救伤员需要搬动现场物品的，应如实记录并标明位置。设置保护圈，阻止劝导无关人员和车辆进入或绕道通行。

8.1.5 及时报案。在抢救伤员、保护现场的同时，在第一时间直接或委托他人向当地公安部门、交通主管部门及保险公司报案，同时向本公司领导报告。报告内容如下：肇事地点、时间、报告人的姓名、住址及事故的死伤和损失情况。交通警察和应急救援人员到达现场后，要服从组织指挥，主动如实地反映情况，积极配合现场勘察和事故分析等工作。

8.2 指挥与协调

8.2.1 启动预案。发生道路运输事故后，应急救援领导小组经核实和确认后，将情况报告公司第一责任人并立即启动应急救援预案，研究部署应急救援处置工作。

8.2.2 赶赴现场。应急救援领导小组组长或指派其他成员，立即带领救援人员赶赴现场，参与现场指挥和救援工作。

8.2.3 通信联系。开通与现场救援指挥部、交通主管部门等的通信联系，随时掌握事故应急救援处置进展情况。

8.2.4 保障措施。根据事态发展和应急救援处置工作进展情况，进一步落实抢救人员、抢救设备、设施，确保抢救工作有效进行。

8.2.5 协调配合。政府及相关部门组成指挥部时，公司道路运输事故应急救援领导小组派出的救援人员要积极配合，相互协调，服从指挥部统一领导。

8.3 现场施救

应急救援人员到达现场，要积极协助配合，快速、果断地进行现场施救，全力控制事故态势，防止事故扩大。

9. 应急救援结束处置

9.1 救治和善后处理

及时开展对事故中伤亡人员的救治和事故善后处理工作，对紧急调集、租用的人力、物力按照规定给予补偿，及时会同保险公司开展道路运输事故理赔工作。

9.2　事故调查

公司应积极组织自查并配合政府相关部门做好事故的调查工作。事故调查按照国家有关法律、法规、规章进行调查、处理，依据有关标准对事故损失做出评估，对责任人员做出处理。对道路运输事故中暴露出来的有关问题，提出整改措施，及时消除安全隐患，修改完善预案，防止事故再次发生。

10. 应急保障体系

10.1　应急处置专业队伍建设

建立健全应急处置专业队伍。完善应急救援专业队伍的管理机制，落实应急处置专业人员，并加强对应急处置专业人员的专业技能教育培训。

10.2　建立健全应急资金保障制度

建立健全和落实应急处置专项预备金制度，将应急机制建设经费列入年度财务预算，支持应急机制建设和保障应急处置工作。按照现行事权、财权划分原则，分级负担处置突发公共事件所需的经费。充分发挥保险在经济补偿、恢复重建和社会稳定方面的作用。

10.3　加强通信信息报告

利用现代信息技术，加强对突发道路运输事故有关信息的收集、风险分析判断和持续监测。建立准确、及时、快速的突发事件监测、预测和预警工作机制。公布应急救援处置领导小组成员电话，保证准确、及时报送信息，不得瞒报、缓报和谎报。信息的发布要及时、准确、客观、全面。

应急救援处置领导小组成员联系电话：

组　长：×××，联系电话：××××××××。

副组长：×××，联系电话：××××××××。

成　员：×××，联系电话：××××××××。

×××，联系电话：××××××××。

×××，联系电话：××××××××。

11. 预案演练

突发道路运输事故应急救援处置领导小组应当定期组织应急预案演练。编制演练方案，明确演练的课题、队伍、内容、范围、组织、评估和总结等。演练要从实战角度出发，切实提高应急救援能力，深入发动和依靠职工，普及运输安全知识和技能。

12. 奖励与责任

12.1 总结评估。突发道路运输事故应急救援处置领导小组对应急行动的结果、职责履行、组织、行动、平时准备等情况进行评估，并做好有关统计、汇总工作。检查应急预案可行性及需完善、补充的项目，应急行动评估报告于应急响应行动结束后 3 日内报上级行政主管部门。

12.2 表彰奖励。对在实施道路运输事故应急救援和处置行动中反应迅速、表现突出、处置果断、决策正确的部门和个人，依据相关规定给予表彰奖励。

12.3 责任追究。因玩忽职守、贻误时机造成严重后果的，依据有关法律法规和规定，追究有关责任人的责任。

××物流集团有限公司

××年××月××日

第五章　安全监督管理体系

重点内容

本章重点内容：安全生产监督；安全绩效管理；信息化监督等内容。

第一节　安全生产监督

对于企业内部的监督，可通过三条途径完善激励相容制度：一是实施安全监督“一票否决”制；二是逐步建立和实施专职安全工程师制度；三是赋予直接利益损失者惩治违规者的权利，以激励员工监督企业安全生产的积极性。对于企业外部的监督，主要是通过加大处罚力度来实现的。

企业安全监督检查系统，包括日常的安全监督、定期或不定期的安全检查、综合安全检查和专项安全检查。

1. 日常安全监督

1.1　企业分管安全的领导、安全管理部门及其专、兼职安全员共同对企业实施日常安全监督，其中专职、兼职安全员是企业内安全生产监督的主体力量。物流企业领导和运输业务相关各部门领导有责任和义务随时对企业的生产运行进行安全监督。

1.2　安全监督人员应时刻关注企业的运行状况，注意发现安全隐患、了解核实职工发现的现场隐患、发现员工的不安全行为和安全管理中存在的问题。对于安全监督中发现的问题，安全监督人员应立即予以纠正。员工对被纠正的行为若有不服，可以有一次机会向安全管理部申诉，由安全经理裁决。安全监督人员对有疑问的地方要和一线人员认真讨论，查清问题及其原因，并研究改进措施。

1.3　对于内部安全监督发现的问题，安全监督人员应及时报告安全经理，由安全管理部整理分析存档，并录入安全信息数据库。内部监督结果应经过安全委员会讨论，提出整改措施，由安全经理监督各相关单位落实。

2. 安全生产检查

2.1　企业应坚持定期进行综合安全大检查。企业每半年对全公司各部门进行一次安全大检查，各部门每季度进行一次安全大检查，各车队每月进行一次安全大检查。

2.2　对查出的安全问题和隐患，安委会召开专题会议，落实相关责任单位和责任人进行整改。企业还应坚持定期对运输车辆进行专项安全检查。

2.3 在运输车辆的专项安全检查中，车辆专业技术人员组成专项检查组，根据专业要求，进行有针对性的安全检查。

2.4 企业安全检查的主要内容包括职工安全意识的确立情况、各项安全制度的执行情况、有关安全机构功能发挥的情况、车辆和设备实际的情况、各类事故处理的情况、安全防范措施落实的情况等。企业安全生产监督检查的内容如下图所示。

企业安全生产监督检查的内容

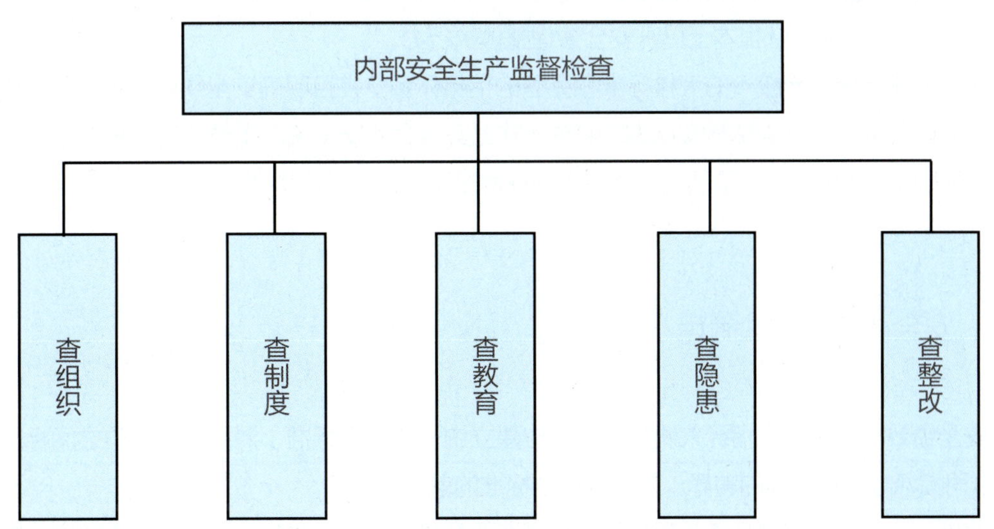

2.5 企业安全管理部门负责制订安全检查计划，明确安全检查目标，并负责组织具有丰富安全管理与一线安全工作经验的人员，在安全检查前进行学习提高，回顾以前的经验教训，熟悉本次检查的目的及流程，熟练掌握本次检查时所要采用的新技术、新工具，保证达到满意的安全检查结果。

2.6 企业安全检查人员由安全生产监管人员、企业专职安全员、企业分管安全的负责人、专业技术人员、相关的安全生产专家组成。

2.7 企业可以采用安全检查表的方式对企业进行安全生产检查。安全检查表是为检查系统安全状况而事先制定好的、用问题清单或提问的方式列出的一种检查格式表。企业安全检查表的编制，应由专业安技人员和有经验的驾驶员共同编制。

2.8 运用系统分析方法对企业、部门或设备进行分析评价，找出导致事故的不安全因素，参考各种规章制度和规范标准中的规定和要求，并针对过去多发性和严重性事故，制定出检查项目，然后分类制成各种安全检查表。每个检查表都应有改进措施、检查时间和检查人等项目，这样便于改进存在的问题和分清责任。

2.9 安全检查后，安全主管部门对安全检查结果进行评审并签字认可，评审出的不合格单位或有缺陷单位及时用安全通知书的形式反馈到生产单位，以便生产单位有的放矢地整改。

某集团安全隐患排查治理工作方案请加 QQ 群索取。

第二节　安全绩效管理

企业对安全管理体系的有效性进行审核，即通过评估安全管理体系的运行在企业的安全管理方面所取得的效果，用安全绩效来体现。安全绩效管理是通过安全方针的建立、安全目标逐层分解、制订安全绩效计划、绩效考核，并将绩效用于企业日常管理活动中，以激励员工的工作业绩持续改进并最终实现安全目标的一种管理活动。绩效考核是提升企业执行力的有效手段，是整个安全管理过程中起关键作用的环节，因为工作的好坏要靠考核去检验，绩效的高低要靠奖惩去体现。没有考核奖惩会使职工的工作积极性受到挫伤。只有搞好考核奖惩工作，才能激发职工的工作热情，挖掘职工的工作潜能，从根本上提升安全管理整体执行力。

企业应逐步建立起统一的考核标准和完善的指标体系，并且明确安全绩效考核工作的管理部门。安全管理部门负责绩效考核办法的起草，并上交给企业安全生产委员会进行审核，审核通过后在企业范围内实施。安全管理部门还负责绩效考核工作的汇总和协调。

1. 安全绩效指标的制定

安全绩效一般用安全指标来测量。企业应建立统一的安全标准，消除不同单位之间标准的差异、合同指标与考核指标的差异、扣分与加分标准的差异。

此外，企业在制定安全绩效指标时，除了选取事故数量、事故频率等基于结果的安全指标，还应充分考虑基于过程的安全绩效指标，如内部安全监督发现问题的处理率和处理效果、安全培训的效果等。这些指标虽然不是具体的不安全事件的数量，但是其完成情况可以反映道路运输企业对安全的重视情况、执行情况和对风险的控制情况。

另外，企业在制定安全绩效指标时，还应考虑到绩效考核结果对被评价对象的激励作用，即激励员工积极担负起各自的职责来提高企业安全水平。

因此，企业应根据不同级别员工的安全目标，制定不同的安全绩效指标，具体细分为企业的安全绩效、管理层的安全绩效、员工的安全绩效等。

企业安全管理体系的安全绩效指标

层级	安全绩效指标
企业	企业每月发生的不安全事件数
	不安全事件造成的财务损失是否低于上年度同期水平
	企业安全目标的完成情况
	每月的安全会议是否按照规定召开
各部门	内部安全监督发现问题的处理率和处理效果
	突发事件、例外情况的应急措施是否完善
	部门每月发生的不安全事件数
	部门安全目标的完成情况
	是否认真贯彻各级领导关于安全工作的指示
	每月的安全会议是否按照规定召开
	每月是否及时上交上个月的安全月报
	对提交的报告的员工是否及时反馈信息
车队	车队每月发生的不安全事件数
	车队安全目标的完成情况
	是否认真贯彻上级领导关于安全工作的指示
	每月的安全会议是否按照规定召开
	每月是否及时上交上个月的安全月报
个人	员工安全生产违规率
	驾驶员安全行驶里程
	个人安全目标的完成情况
	是否按照规定主动报告安全信息
	是否按照企业规定参加安全会议

2. 安全绩效考核

安全绩效的考核过程和结果应形成记录，由安全管理部门存档，并由安全经理上报企业法定代表人，考核结果应在安全生产委员会会议上进行讨论，并提出整改措施，由安全经理负责监督各单位落实。

要使考核做到客观、公正，企业还必须建立考核评价办法。

一是领导抽样监督。由领导不定期对某个考核项目进行抽样检查，发现问题对考核部门负责人按照规定进行处罚。

二是群众举报监督。凡因考核不公、造成职工意见大，出现上访、写匿名信、写举报信的，一经查实，对考核部门负责人从严从重处罚，并调离管理岗位。

安全监控管理案例：

某物流集团安全生产标准化监控与评价制度请加 QQ 群索取

第三节 信息化监督

将北斗和 GPS、GIS 等信息化手段用到物流道路运输的监控之中，可以对运输过程进行有效的安全监督和控制，从而有效地降低事故发生的概率。

北斗和 GPS 监控系统，是一种“事前监督与事后核查并举”的技术，它尽可能地做到“防患于未然”。北斗和 GPS 可以提高企业安全行车的动态管理水平，消除驾驶员违法违规行为，有效地预防道路交通事故的发生，确保行车安全。在发挥各职能部门安全监督管理作用的同时，通过配套的物流企业客户端应用软件，可对运行数据进行宏观分析，提升企业管理水平，带来经济效益。

北斗和 GPS 监控系统对行车安全和运输管理的作用主要体现在：

（1）监控车辆是否超速。

（2）监控是否疲劳驾驶。

（3）通过车内的摄像头可以不分昼夜、实时了解其是否超载（员）。

（4）通过图片分析，可粗略检测和监督驾驶员是否私自带客。

（5）通过语音对话和报警监听功能，实现监控端与被监控车辆的语音调度和信息交流。

（6）被记录在系统和车载机中的车辆行驶轨迹、状态信息，可供事后查询。

（7）对驾驶员的超速行车、疲劳驾驶、工作量、出勤率、车辆行驶里程等数据可进行宏观统计和分析，形成日报、月报和年报表等。

以上作用主要通过车辆跟踪监控、超速／停车报警、历史轨迹记录查询、紧急报警、语音报警等来实现。

（1）车辆跟踪监控。监控中心可以随时掌握车辆状态，迅速下达调度命令，还可以为车辆提供服务信息，有多种监控方式可供选择。一般监控方式，主要分为以下几种：

①多个监控窗口。监控终端可以根据需求增加或删除监控窗口。

②单目标监控。可以在一个监控窗口内对单个特定目标重点监控，可以控制其他目标不显示。

③多目标监控。可以在一个监控窗口内对多个目标同时监控。

④区域监控。可选择某个需要重点监控的区域，一般适用于用户对某个特定区域比较关心的情况下。

（2）超速／停车报警。车辆一般都有限速行驶的规定，并且运输途中不能随意停车。监控中心可以预先设定限制速度，当车辆的行驶速度超过或者小于规定的阈值时，将自动发出报警信息，以便监控中心采取措施，提醒驾驶员注意速度或者要求驾驶员汇报情况。

（3）历史轨迹纪录查询。车辆在行驶过程中的轨迹信息将被记录保存。企业可查询选定时间段内指定车辆的历史数据，是事故分析的得力助手。

（4）紧急报警。当车辆遭遇紧急情况时，只需按下报警按钮，车载终端会自动向监控中心发送报警数据，在监控终端显示出车辆位置，并声光提示。另外，在行驶过程中遇到险情或发生交通事故、车辆故障等情况下，可通过车载终端的报警按钮向监控中心求救。监控中心还可对车内情况进行监听并录音。

（5）遥控熄火。监控中心经公司授权后可随时对车辆进行实时监听和控制（遥控熄火或声光报警），锁定车辆位置，配合警方跟踪捕捉罪犯，缴回被骗、被盗、被抢的车辆。

（6）语音监听。在一些特殊情况（比如劫夺）发生后，可由车载终端主动向指定号码的固定或移动电话上拨号，使得监控中心可以监听车内情况。

（7）偏航报警。为了加强调度管理，一般要求车辆行驶固定路线或者只能在特定区域活动。在系统中为任务车辆预先设置行车路线，任务开始时，车辆行走路线及状态开始被监控及记录，如车辆未按预设行车路线行车或者驶出设定区域，系统将会自动报警，中心可以根据实际情况采取措施。

（8）车辆统一信息管理。系统能够对车辆进行集中统一的信息化管理。管理内容涵盖车辆的车牌号码、车台号码、车型、颜色、发动机号、底盘号码、用途等。系统将对车辆的所有这些信息进行采集、录入，而后向用户提供修改、删除以及查询功能。

（9）营运数据实时回传。车载单元可以与计价器接口，对车辆实时采集营运数据。营运数据包括载客起点、载客终点、载客里程、行驶路线、载客营业额、空车起点、空车终点、空车里程、载客量。营运数据可以通过无线方式传输至管理中心，管理中心存储营运数据。

为保证北斗和 GPS 监控系统的有效运行，运输企业应该制定相关的管理与维护制度。

北斗和 GPS 车辆定位监控系统带来了诸多好处，例如可以增加驾驶员的安全性，确保车辆与乘客的安全，减少空驶率；及时控制车辆进入限定区域；智能监控被偷车辆或违规车辆；遥控车门开锁；记录驾驶员违规情况；增加企业的管理信息流，减少响应时间，实现快速反应；增强社区服务，做到及时到位；降低调度中心的工作强度和压力，做到有的放矢；加强了系统管理和控制，增加经济与社会效益；改进对实际事件和情况的判断和评估能力，有利于正确决策等。

在物流活动中，应实施科技管理手段，应用车载北斗和GPS跟踪监控系统，制定管理细则，不间断跟踪管理，发现违规、违章行为及时纠正，排除安全隐患，减少事故的发生率。

第六章　安全事故管理

重点内容

本章重点内容：安全事故原因；紧急情况应急处理；伤员救助常识；事故处理与预防（事故分类、事故预防、事故发生、事故进展、事故原因、事故处理、事故结案等）；事故保险理赔等内容。

第一节　安全事故原因

物流企业的交通运输安全系统主要由人的不安全行为、车辆的不安全状态、道路因素和环境影响因素等构成，如下图所示。在这些因素耦合失效就会发生道路交通事故。

道路运输安全系统图

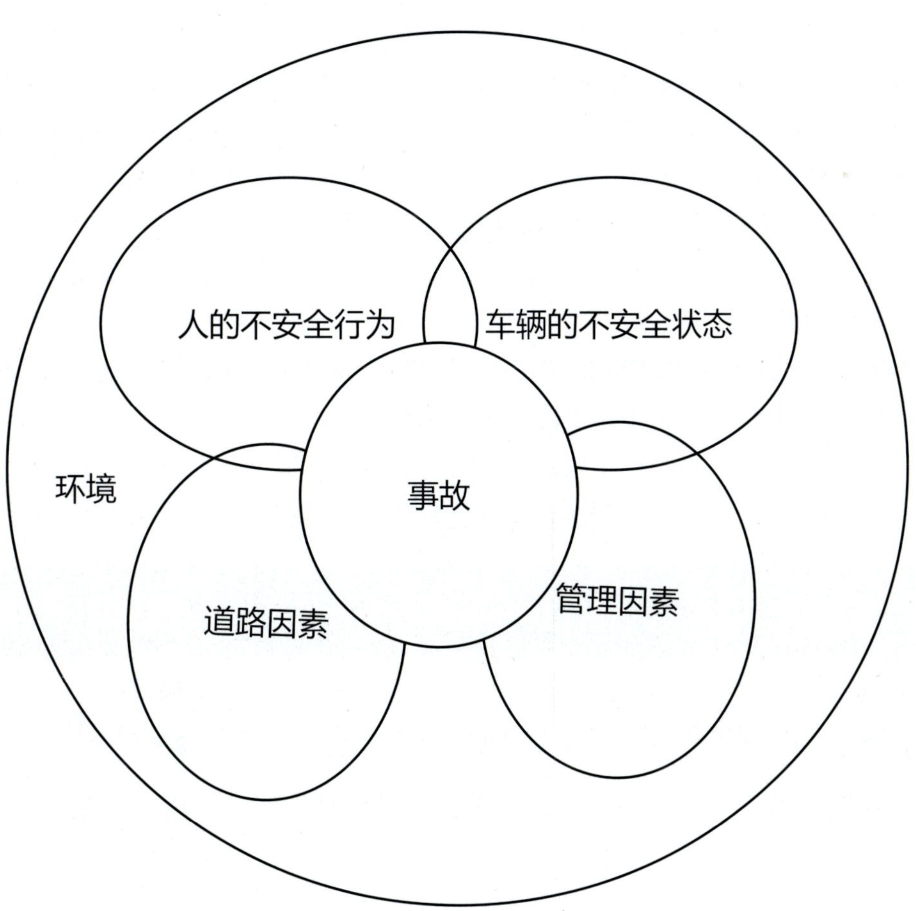

1. 驾驶员因素

在导致运输事故发生的原因中，人的不安全行为占主要的地位。从我国大量的交通事故统计可以看出，由于人为失误导致的事故占了 90% 左右，而因道路交通环境条件引起的事故占 30% 左右，因汽车技术状况诱发的事故约为 10%。人作为各种社会活动的主体，既是交通事故的受害者，同时又是交通事故的制造者，事故导致的各种人间悲剧都将降临在人的身上。由此可见，分析交通事故中驾驶员的因素，对于预防和减少交通事故具有十分重要的意义。

在道路运输活动中，驾驶员的个体差异对事故的发生有着很大的影响，不足的反应能力、事故发生高危的年龄和性别群体、低劣的素质都是导致交通事故的原因。

1.1 反应时间

驾驶员的反应时间是驾驶员在行车过程中实际感觉点和驾驶员采取躲避行动点瞬间之间所需时间，也称为驾驶员“思索距离”。它包括两个过程：一是驾驶员得到信息（情况）到判断所需要的时间（从信息要求开始至判断时间），二是制动器动作到开始生效时间。所以在险情突发时，驾驶员首先要通过大脑思维对情况在有限时间内做出正确的判断，然后再进行正确反应。当然这个过程是相当短的，有关人体工程学专家认为对于一般人，当预先接收到大脑中某一信息发生，集中注意力于这一信息时，反应时间约为 2 秒。可是，在行车过程中往往事先并不知道什么时间会发生情况，从反应时间的表现过程来看，从驾驶员发现情况，至右脚从加速到踏板，所需包括反应情况在内的反应时间大大延长，这样就会由于反应时间的延长而导致事故的发生。影响驾驶员反应的因素包括刺激物的种类、强度、背景和复杂程度等几方面。

1.2 年龄、性别

年龄和性别在交通事故中的作用主要是影响驾驶员在面对和处理复杂的交通情况和突发事件的反应时间。下表列出了驾驶员年龄与反应速度的关系。

驾驶员年龄与反应速度的关系

项目＼年龄	0 ~ 17 岁	18 ~ 29 岁	30 ~ 49 岁	50 ~ 69 岁	70 岁以上
知觉（%）	100	95	93	76	46
动作、判断（%）	72	100	100	89	69
动作与反应速度（%）	88	100	97	92	71

1.3 驾驶员的素质

一名合格的驾驶员应该具有正确的驾驶动机、足够的应变能力、丰富的安全知识和经验、良好的体力和智力状态等。驾驶员的素质低，个体户、租赁承包的在用车辆安全运行状况差是制约当前交通安全发展的主要原因。发生事故的驾驶员中，相当一部分驾驶技术不熟练，经验不足，难以适应当今的复杂交通环境；法制观念淡薄，缺少驾驶员应具备的起码的职业道德和驾驶作风；在道路的行驶过程中，为了取得尽可能高的经济效益，短期行为和冒险行为相当严重；为了赶路，经常盲目地违章超车、超速，危险会车，越线行驶，疲劳驾驶以及车辆带病行驶等，这些因素常常发展成为交通事故。此外，驾驶员的侥幸心理和省能、省时心理也是不可忽视的一个重要因素。

通过分析道路交通事故数据可知，机动车驾驶员导致事故的不安全行为主要有疲劳驾驶、超速行驶、酒后驾驶、驾驶差错、判断失误、违章超车、违章会车、违章停车等。现分析如下：

（1）疲劳驾驶。疲劳驾驶是指驾驶员在行车过程中，出现腰酸背痛、眼睛模糊、手指和身体不灵活、反应迟钝、判断不准等驾驶能力低落的现象。理论上讲，驾驶时间、睡眠、驾驶强度和速度、人体生物节律、体质、驾驶技术、驾驶环境、营养条件等都对疲劳具有直接的影响。从生理上看来，驾驶员为了处理好行车过程中的种种复杂情况，眼睛和神经一直处于持续的紧张状态，特别是在车速较高时，眼睛的负担很大，连续工作时间一长，感觉机能弱化，听觉和视觉敏锐性变低，严重时还会引起错觉。随着疲劳的延长，对复杂刺激的反应时间增加，动作准确性下降，从而引发不安全行为。疲劳驾驶的原因是多方面的，有生活上的、工作上的、社会上的等几方面。

（2）超速行驶。超速行驶中驾驶员反应能力迟钝，应急能力差。驾驶员在驾驶过程中心理活动的过程为：发现外界刺激信息→注意→分析→判断，依此来看，注意、分析、判断三者属于思维范畴，是每个驾驶员从接受外界刺激信息进行心理活动的必然程序和规律。驾驶员接收信息是为分析判断提供材料，驾驶员的动作措施则是分析判断的结果。在超速行驶过程中驾驶员注意力和判断机能降低，接收外界信息减弱，随之而来的分析、判断、动作就容易产生失误，从而导致事故的发生。

（3）酒后驾驶。酒精会刺激大脑神经系统，导致反应迟钝，甚至神志不清。饮酒后对驾驶机能的主要影响是视力降低，视野变窄、色彩感觉能力降低等。体内酒精含量低时，反应时间较饮酒前略有缩短。体内酒精含量增大时，反应时间较饮酒前有明显增大，反应差别也明显增大，其他感觉也变得迟钝。注意力减弱，判断的正确性、记忆力变差；处理信息的能力降低，动作不协调；思想麻痹，情绪不稳定；失去克制力，胆大妄为，不知危险，喜欢超速行驶、强行超车等极易诱发交通事故的不安全行为。在我国，驾驶员饮酒是造成交通事故的重要原因之一。

（4）驾驶差错。在驾驶车辆全部过程中，心理和生理活动贯穿于始终，这就要求驾驶员在行车过程中，不仅要有心理素质作保证，而且要有相当的体力来适应。驾驶员由于受到各方面（包括生理、心理和社会等方面）的影响，从而使接受有效信息的能力下降，在行车过程中或者没有感知到信息，或者感知到错误的信息，或者没有感知到所有的信息，或者过多感知信息，进而在作出判断的决策过程中，由于受认识能力、知识水平和驾驶经验不足等的影响使自己的动机与实际不相符，出现判断决策失误，引发交通事故。

（5）违章超车和会车。车辆行驶过程中，超车和会车都是常见的。每次超车和会车时与同向车辆或者对向车辆的距离都较近，同时，超车和会车存在着各自复杂的心理过程，如果不按规定超车和会车就极易产生事故；在超车或者会车时，没有看清路面和其他车辆状况或判断失误就进行动作，则很容易产生意想不到的事件，从而导致事故发生。常见的违章超车行为有：强行超车，跟随超车，长时占用超车道，超车时不合理使用制动等。常见的违章会车行为主要有：超速会车，视线不清会车时不开雾灯，会车时突然转向，夜间不合理使用灯光等。

（6）违章停车。车辆由于交通活动的需要进行停放是交通活动中的一个常见行为，但违章停车会对交通秩序造成不良影响，也会导致交通事故的发生。车辆的违章停车行为主要有以下几种：在禁止停车的地点停车；占道停车；因故障停车不合理使用警示标志等。施工路段、公共汽车站、隧道口 50 米内等路段是道路交通法律法规禁止停车的地方。这些地方由于交通环境复杂，停车容易与行人、施工人员、车辆或建筑发生碰撞等事故。车辆违章占道停车，会遮挡行车视线，使可供使用的道路变窄，道路的通行能力变小，易发生交通事故。当车辆因故障停放在道路中时，应按要求打开相关的警示灯和安放警示标志。一些驾驶员在车辆发生故障停车后，没有按照要求打开警示灯和安放警示标志，致使对向车辆和后方来车无法正确判断前方车辆状况，避让不及产生碰撞事故。

（7）不良的驾驶习惯。驾驶车辆时吸烟、驾驶车辆时接打电话、穿拖鞋驾驶车辆等不良驾驶习惯也是诱发交通事故的重要原因。驾驶员驾驶机动车辆时吸烟对安全行车影响巨大。首先，由于吸烟需要点烟、持烟、将烟与嘴对接等动作使驾驶员注意力分散；其次，吸烟形成的烟雾会影响驾驶员的视线；再次，吸烟容易导致火灾发生。驾驶机动车辆时接打电话分散了驾驶员的注意力，使驾驶员不能很好地处理交通状况，从而导致事故发生。

穿拖鞋驾驶机动车辆时，由于人的脚底会出汗，会与拖鞋产生滑移，在踩离合器、加速踏板或制动踏板时动作不到位，从而导致事故发生。

2. 道路运输车辆因素

车辆是交通活动的主体之一，不良的驾驶视野、恶劣的驾驶环境、不足的照明、不合理的车辆结构和安全装备的缺失都是造成交通事故的重要原因。车辆安全因素主要由车辆的安全技术因素和车辆安全管理因素构成。

从事物流运输的车辆应该严格遵守国家的相关法律法规的规定，从车辆的购置，检验、维护、保养、使用、报废和科技装备等各个环节严格把关，才能确定物流运输活动的正常进行。

详细的购置，检验、维护、保养、使用、报废内容请见前面相关章节。

3. 道路运输环境影响因素

物流运输过程中，社会环境不良、自然条件不佳等是事故发生的因素之一。这些因素的存在，使物流运输系统处于一个不安全的状态，当外部条件成熟时，就有可能导致运输事故的发生。

道路交通环境包括社会环境和自然环境。

3.1 社会环境

社会环境的影响会给驾驶员的心理造成较强的影响。当前交通管理的不完善、监督和控制的力度不够等因素很容易使驾驶员产生侥幸心理，忽视交通安全法规，违章行驶、野蛮驾车等现象严重。市场经济和社会转型时期使驾驶员在行车的过程中浮躁和为了经济利益不顾安全的现象特别严重。家庭生活和社会生活中的种种问题使驾驶员在行车过程中出现注意力不集中、思想涣散、情绪不稳定等情况，严重制约了驾驶员的反应能力和获取正确信息、做出正确决策的能力。

3.2 自然环境

事故基本原因中的自然环境主要是指交通活动中的地质、水文、气象等自然条件。我国幅员辽阔，不同地区的地质、水文、气象条件各有不同，呈现出区域特点，对交通安全影响较大。在北方地区，雨雪天气较多，车辆在行驶过程中要求有良好的抗滑能力和制动性能；在东南部地区主要是丘陵和山地，地质状况复杂且常年多雨，要求车辆具有良好的抗滑能力、驾驶员具有良好的山地驾驶经验；西部地区地质风貌奇特，不安全因素更多，要求驾驶员具有良好的综合应变能力等。

在气象条件中，常见的雨、雾、冰雪对交通安全的影响最大。雨天路面湿滑，摩擦力减小，汽车的附着系数减小，容易失控引起事故。同时，雨天还会在汽车的玻璃上形成水膜，使驾驶员的视线变得模糊，容易造成误判而发生事故。阴雨天连续行车，容易使驾驶员的情绪受到影响，产生烦躁、低落的情绪，加大了发生交通事故的可能性。

雾天行车时，能见度较低，驾驶只能看见近距离的区域范围，驾驶视野小，无法完全掌握前方的交通动态，容易发生事故。同时，雾还会降低驾驶员对车速和车距的判断能力，影响对物体的动与静、运动的快与慢的判断。另外，雾气还能影响驾驶员的色觉，使驾驶员对各种颜色产生错觉。此外，雾天行车时，驾驶员会产生焦虑、烦躁情绪，过早产生心理疲劳，影响安全驾驶。

雪天行车时，路面摩擦系数低，制动距离延长，汽车容易发生溜滑，特别是在紧急制动和转弯时，容易由于失控而发生事故。同时，由于雪天环境都是白茫茫的一片，长时间驾驶车辆极易产生视觉疲劳，诱发交通事故。

4. 管理因素

详细见本篇内其他章节，此处不再列出。

第二节 紧急情况应急处理

1. 行车中突发紧急情况的应对措施

行车中，各种险情大都是突然发生的，只有在瞬间做出正确判断，并采取相应的应急措施，才能阻止事故发生，减少事故损失和人员伤亡。因此，谨记紧急情况的处置原则，掌握紧急情况的处理方法，对确保特殊情况下的人身安全是非常必要的。

1.1 紧急情况的处置原则

1.1.1 保持良好心态

行车过程中，交通环境复杂多变，随时可能发生各种紧急情况。为了避免出现严重后果，把损失降到最低程度，驾驶员必须沉着冷静、从容应对，保持头脑清醒，情绪镇定，不慌不乱，这是妥善处理紧急情况的先决条件。

1.1.2 及时采取有效措施

（1）控制方向，紧急制动减轻交通事故的危害和损失，最有效的措施是控制方向、减速停车。车速较低时发生紧急情况，在条件允许的前提下，应首先考虑规避撞车，同时采取必要的减速措施。车速较高时发生紧急情况，千万不要急打转向，容易造成车辆侧滑或倾翻。

（2）避重就轻，有效化解在制动距离范围内的碰撞，事故不可避免要发生时，可以通过采取避让措施，化正面相撞为侧向剐蹭，减轻碰撞力度。必须说明的是，没有安装ABS装置的车辆，当车辆前轮抱死时，转动转向盘并不能改变车辆行进方向，所以，应先打转向，后踩制动。

1.1.3 先人后物

如果事故不可避免，驾驶员要设法降低事故损失，本着人的生命权高于一切，宁让物受损，也要保住生命的原则，优先考虑避人，而后考虑避物。避险时应向损失较轻或危害较小的一方避让，将车辆向情况简单或人员较少的一侧靠近，尽量减轻事故的损失后果。

1.2 紧急情况的应对措施

1.2.1 爆胎

轮胎发生爆裂之前，驾驶员一般很难察觉，只有在听到爆破声，随之出现偏行或危险的摇摆时才能发现。高速行驶时出现前轮爆胎，车辆会向爆胎的一侧倾斜、跑偏，驾驶员很难控制方向。高速行驶时出现后轮爆胎，车尾会摇摆不定，但是方向一般不会失控。

1.2.1.1 爆胎的原因

（1）轮胎气压过低时，高速行驶会使轮胎反复变形，轮胎温度升高，磨损加剧，容易发生爆胎的危险。

（2）轮胎气压过高时，胎体变硬，弹性变差，轮胎中间磨损加剧，在受外力冲击时，容易发生爆胎的危险。

（3）轮胎碾过路肩时，轮胎内部的帘布层可能断裂，导致轮胎的爆裂。

（4）车辆装载不均、超载，也会导致轮胎磨损严重。

12.1.2 轮胎爆裂时的应急措施

（1）车辆爆胎时，驾驶员应尽力控制好方向，缓踩制动踏板，尽可能保持车身正直向前，降低车辆的行驶速度。

（2）松抬加速踏板，避免紧急制动，必要时抢挂低速挡，利用发动机制动降低车速。在发动机制动尚未控制车速前，不要冒险使用驻车制动器，以免车辆横甩，发生更大的危险。

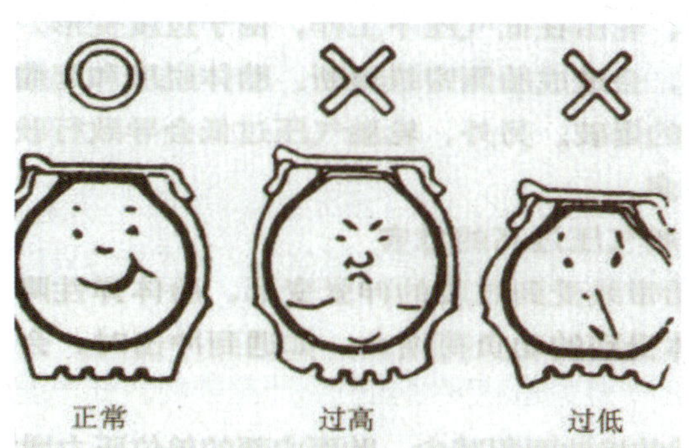

1.2.2 转向失控

转向机构直接控制着车辆的行驶方向，转向失控意味着车辆行驶的方向不受驾驶员的控制，这将会给安全行车带来严重的危害。

1.2.2.1 转向失控的原因

转向失控很大程度上是由转向系自身的机械故障引起的，包括转向传动部件松动、转向油泵密封不严等。此外，路面过于光滑并且车速过快、制动时前轮抱死等都可能导致转向失控。

1.2.2.2 转向失控的应急措施

（1）车辆突然出现转向不灵或转向困难时，应尽快减速，选择安全地点停车检查，查明原因，不可继续驾驶，以免发生危险。

（2）车辆因前轮抱死突然出现转向失控时，注意及时将危险警示信息传递出去，提醒道路上的其他车辆以及行人注意避让。

（3）应松抬制动踏板，再连续踩踏、放松制动踏板，平稳制动，尽快减速停车。高速行驶时，禁止采取紧急制动或使用驻车制动器，以免造成翻车。

（4）车辆停稳后，驾驶员应立即开启危险报警闪光灯，在车后相应位置安放故障警告标志，提醒路上的其他交通参与者注意避让。

1.2.3 制动失效

制动失效引发的事故往往非常严重，造成人员和财产的损失也比较大。

1.2.3.1 制动失效的原因

制动失效的主要原因包括涉水驾驶后出现制动衰退，下长坡频繁使用制动造成制动热衰退，制动管路出现气阻或漏油，制动液余量不足等。

1.2.3.2 制动失效的应急措施

（1）握稳转向盘，尽量避开交通复杂、人员较多的地方，抢挂低速挡，充分利用发动机制动，待车速有所降低后，再使用驻车制动器协助减速停车。使用驻车制动器时，不可一次拉紧，否则容易造成机件损坏。

（2）发生制动失效或失效后，应充分利用紧急避险停车区、坡道或天然障碍物帮助停车。

在不得已的情况下，可利用前保险杠侧面剐蹭墙体、树木等迫使车辆停住。停车后，应拉紧驻车制动器，防止溜车。

（3）抢挂低挡时，应迅速逐级或越一级减挡，避免造成变速器机件严重损坏。在车速较高时，不要使用驻车制动器，防止车辆发生侧滑。

1.2.4 侧滑

所谓侧滑，就是脱离正常行驶轨迹，侧向滑动的一种现象。车辆侧滑时，驾驶员难以控制车辆的行驶方向，很容易造成事故。

1.2.4.1 侧滑的原因

车辆在转弯时，速度过快，离心力增大，容易引起车辆发生侧滑。车辆速度超过 60km/h 时，紧急制动易导致侧滑或甩尾。在湿滑、泥泞道路上紧急制动或猛转方向，也容易引起侧滑。

1.2.4.2 侧滑的应急措施

（1）车辆因制动操作不当引起侧滑时，应立即松抬制动踏板，抢挂低挡，充分利用发动机制动减速，同时，将转向盘向侧滑的一侧转动，并及时回转转向盘，调整方向至可继续行驶。

（2）在下雨天或泥泞的道路行驶时，车辆容易发生侧滑。车辆因转向不当或剐蹭引起侧滑时，不可以紧急制动，应充分利用发动机制动减速，同时应向侧滑一侧转动转向盘，并适当修正方向。

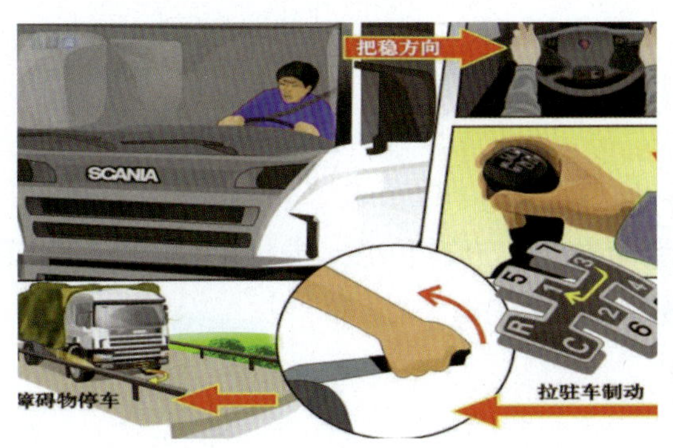

1.2.5 发动机突然熄火

发动机突然熄火，是指车辆在行驶过程中，发动机突然自动熄灭的故障现象。发动机突然熄火会造成转向沉重、制动失效，是一种非常危险的故障现象。

1.2.5.1 发动机突然熄火的原因

（1）燃油余量不足、供油不畅或电路故障等原因，都会造成发动机在行驶途中突然熄火或逐渐熄火。

（2）正常行驶中，驾驶员突然松抬加速踏板，空挡滑行，也容易造成发动机突然熄火。

1.2.5.2 发动机突然熄火的应急措施

行驶中发现发动机突然熄火，应先尝试再次起动。若起动成功，可选择安全地点停靠，检查发动机怠速运转情况，怠速平稳，可继续行驶，怠速不稳，应仔细排查。若起动没有成功，应立即打开危险报警灯，利用车辆行驶惯性，缓慢向路边停靠，排除故障后才可以上路行驶。

2. 车辆发生事故时的应急处置及消防知识

2.1 车辆碰撞的应急措施

2.1.1 碰撞的化解措施

2.1.1.1 正面碰撞的化解措施

驾驶员应紧急制动，以减小碰撞力度；迅速判断撞击的方位和角度，急打转向盘，努力将正面碰撞化解为侧面碰撞或侧面剐蹭，减小碰撞的伤害程度。

2.1.1.2 侧面碰撞的化解措施

驾驶员应紧急制动，以减小碰撞力度；迅速判断撞击的方位和角度，急打转向盘，努力将侧面碰撞化解为侧面剐蹭，减小碰撞的伤害程度。

2.1.1.3 追尾碰撞的化解措施

驾驶员应先打方向，后踩制动；有效降低车速，以减小碰撞力度；迅速判断撞击的方位和角度，急打转向盘，努力将正面碰撞化解为侧面剐蹭，减小碰撞的伤害程度。

2.1.2 碰撞时的保护措施

2.1.2.1 正面碰撞和侧面碰撞

若判断车辆碰撞方位不在驾驶员一侧或撞击力较小，驾驶员应双臂稍曲，紧握转向盘，以避免肘关节脱位；双腿向前蹬直，身体向后紧靠座椅，以形成与碰撞瞬间身体前倾相反的力，避免头部撞击风窗玻璃或胸部撞击转向盘。

2.1.2.2 碰撞力度较大时

若判断车辆撞击方位在驾驶员一侧或撞击力较大时，驾驶员应双手放弃转向盘，迅速抬起双腿，身体侧卧于侧座上，避免身体被转向盘抵压受伤。

2.1.2.3 追尾

若判断不可避免地与前车发生追尾碰撞，驾驶员应背部紧靠座椅后背，双脚勾住脚踏板，以避免脊椎和颈部受伤。

2.2 车辆倾翻的应急措施

2.2.1 稳住身体

2.2.1.1 当感觉倾翻力度不大时，双手应握稳转向盘，双脚钩住踏板，背部紧靠座椅靠背，尽力稳住身体，随车体一起倾翻。

2.2.1.2 当感觉倾翻力度较大或向深沟连续翻滚时，应迅速向座椅前下方躲缩，抓住转向柱将身体稳住，避免身体滚动受伤。

2.2.2 安全跳车

2.2.2.1 缓慢翻车时，应向翻车相反方向跳车逃生。落地前要双手抱头，蜷缩双腿，不要伸展手腿去强行阻止滚动。

2.2.2.2 当感觉要被甩出车外时，要猛蹬双腿，借助向外抛出的力量，跳车逃生，落地时也要双手抱头顺势滚动。

2.3 车辆落水的应急措施

2.3.1 车辆刚入水时

车辆刚入水时，要保持镇静，迅速辨明自己所处的位置，确定逃生的方案。汽车入水的过程中，应当选择从轴载较轻的一端逃生。迅速打开车门，当车门打不开时，应用安全锤或其他的尖物敲破车窗玻璃逃生。

2.3.2 车内进水的过程中

2.3.2.1 应注意保证自己的呼吸，始终将口鼻保持在水面之上。

2.3.2.2 在车辆没有被水填满前，可在车内找一些能飘浮的物件抓住，或者找大塑料袋套在头上，将脖子匝紧，以便塑料袋内的氧气帮助身体上浮。

2.3.2.3 车辆落水后，关闭车窗阻挡车内进水或者打急救电话寻求帮助，都是不科学的方法。

2.4 行车中发生火灾的应急措施

2.4.1 发动机舱起火

行车中，发动机舱突然冒烟或起火时，驾驶员应迅速停车熄火，切断油源、电源，让随车人员迅速下车，最后取下随车灭火器迅速离开驾驶室 ，实施灭火并拨打报警电话。

2.4.2 车厢内起火

行车中车厢内物品突然着火时，应迅速利用车内坐垫等物品覆盖火焰，控制火势，禁止立即打开车窗，以防空气进入扩大火势。在火势无法控制时，人员应立即撤离车辆。

3. 高速公路上的紧急避险

3.1 高速公路的安全设施

3.1.1 护栏

高速公路的路侧均设有护栏。护栏经过特殊设计，当车辆失控偏离车道时，护栏能够起到缓冲碰撞、保护车辆不驶出路面等作用。

3.1.2 中央隔离带

中央隔离带给相对行驶的车辆造成“隔离”，减少对向碰撞事故的发生概率。有些中央隔离带还种有植物，白天可以缓解驾驶员视觉疲劳，夜晚可以防止对向车辆灯光造成的眩目。

3.1.3 应急车道

应急车道在高速公路的最右侧，在正常情况下不允车辆行驶。当车辆发生故障无法继续行驶时，允许停靠在该车道内，但停车时必须采取其他相应的安全措施。

3.1.4 紧急停车带

紧急停车带也叫港湾式停车带。高速公路上每隔一段距离都会设置紧急停车带，供发生故障的车辆或其他原因紧急停车使用。

3.1.5 紧急避险停车区

高速公路上的紧急避险停车区用于车辆紧急避险。例如，重载货车下长坡时，驾驶员可能会连续使用行车制动减速，造成制动器热衰退。制动失效的车辆或因其他特殊原因必须紧急停车的车辆，可选择在紧急避险停车区紧急停车。

3.1.6 服务区

高速公路每隔一段距离都会设有服务区，供驾驶员休息，缓解驾驶疲劳。此外，服务区还提供添加燃油、充气补胎、小修保养等服务。

3.2 遇到障碍物时的应急处置

3.2.1 发现前方突然有人或动物横穿

高速公路是完全封闭的道路，但有时也会有人或动物闯入行车道。在高速公路上行驶，发现前方突然有人或动物横穿时，应果断采取紧急避让措施。

3.2.2 发现前方路侧有临时停车

在高速公路上行驶，发现前方路侧有临时停车时，应提前降低车速，注意观察路侧的情况。通过时，注意与停放车辆保持足够的横向安全距离。

3.2.3 发生紧急情况

发生紧急情况时，不要轻易急转方向避让，而应先采取制动减速，使车辆在碰撞前处于停止或低速行进状态，以减小碰撞损失。高速行驶时急转向，容易造成侧滑或在离心力作用下发生侧翻。

3.3 发生“水滑”时的应急处置

3.3.1 路面湿滑时

车辆快速行驶时，轮胎不再排水，轮胎与路面间会形成一层水膜，出现“水滑”现象。高速公路路面湿滑时，驾驶员应保持低速行驶。

3.3.2 车辆出现“水滑”现象时

驾驶员应握稳转向盘，逐渐降低车速。紧急制动或急转方向时，车辆容易发生侧滑或甩尾。

3.4 紧急停车

3.4.1 在高速公路发生故障必须停车检查时

因车辆故障必须停车检修时，应开启右转向灯，在紧急停车带停车；停车后，应立即开启危险报警闪光灯，在车后 150m 位置设立危险警告标志；夜间还需开启示廓灯、后位灯。

3.4.2 在高速公路上临时停车时

在高速公路上临时停车时，应选择紧急停车带安全停车。停车后，应采取相应的安全措施，驾驶员和随车人员不得滞留在车内，应迅速转移至车辆后侧护栏以外的安全地带，以防发生事故。

3.4.3 遇高速公路堵塞时

遇高速公路堵塞时，不可占用右侧应急车道行驶，应依次按顺序排队等候，排在队尾的车辆应开启危险报警闪光灯。

第三节 伤员救助常识

交通事故发生后，及时、正确地在现场开展抢救工作，可以有效降低交通事故的死亡率和致残率。发生交通事故后，驾驶员应该在积极报警、呼救、保护事故现场、维护交通秩序的前提下，周密组织抢救和转运伤员。

常用伤员的急救方法包括伤员搬运、止血、包扎、人工呼吸与心肺复苏等，救护者应根据伤员的具体伤情，采取正确的救护方法。

1. 伤员救护的基本原则

1.1 先救命，后治伤

应先抢救重伤员，尽快将处于昏迷状态的伤员送往附近医院或交由专业救护人员；然后再护理一般的伤员，对伤员进行伤口包扎、固定等处理。

1.2 科学施救，避免造成二次伤害

发生交通事故造成人员受伤后，应先根据伤员的伤情，科学实施救护。比如，尽可能移开压在伤员身上的物品，而不是拉拽伤员的肢体；正确搬运伤员，避免因搬运不当造成伤员的伤势加重或终身瘫痪。

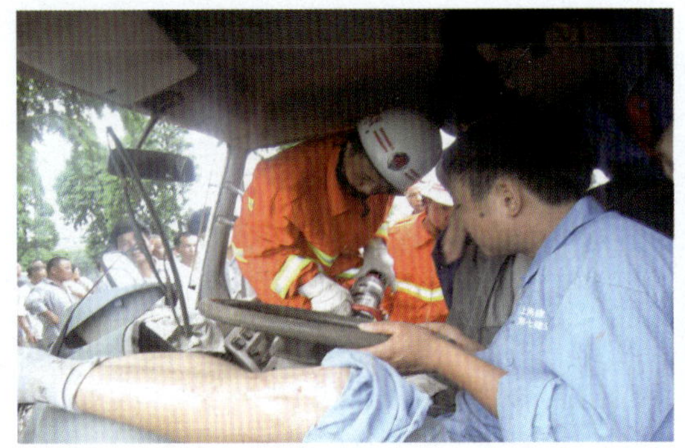

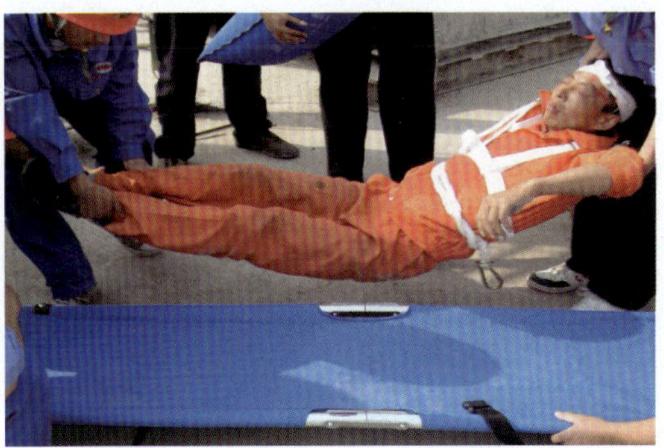

1.3 选择安全的场所实施救护

救护伤员时，应选择广场、空地等开阔区域，而不是弯道、坡道或交叉路口等危险区域；选择急救车辆容易接近的地方。在夜间，应选择有照明的地方施救。

2. 伤员止血和包扎

2.1 止血

伤员失血过多，易产生休克等症状，休克时间过长，将会出现生命危险。因此，及时采取措施帮助伤员止血，对抢救伤员非常关键。根据伤员的出血部位及情况不同，止血方法也应有所区别。

2.1.1 指压止血法

伤员头部、颈部、四肢的动脉出血时，指压止血法是一种简单有效的临时性止血方法。用手指直接压迫伤口的近心端动脉，阻断动脉血液流动，达到快速止血的目的。

2.1.2 加压包扎止血法

伤员静脉、毛细血管出血时，常采用加压包扎止血法。用消毒纱布或干净的毛巾、手绢、布块折叠成比伤口稍大的垫子盖住伤口，再用绷带或折成条状布带或三角巾紧紧包扎，达到止血的目的。

2.1.3 屈肢加垫止血法

伤员上肢或下肢小腿出血，且没有骨折、可疑骨折或关节脱位时，可采用屈肢加垫止血法止血，不可采用加压包扎止血法止血。

2.1.4 加压包扎法

腹部、胸部穿通开放性出血，尤其是腹腔脏器外露时，应让伤员平卧，双腿屈曲，用消毒的纱布、棉垫等填塞在伤口里，上面覆盖敷料，再加压包扎。此时不要将膨出的脏器还纳腹腔。

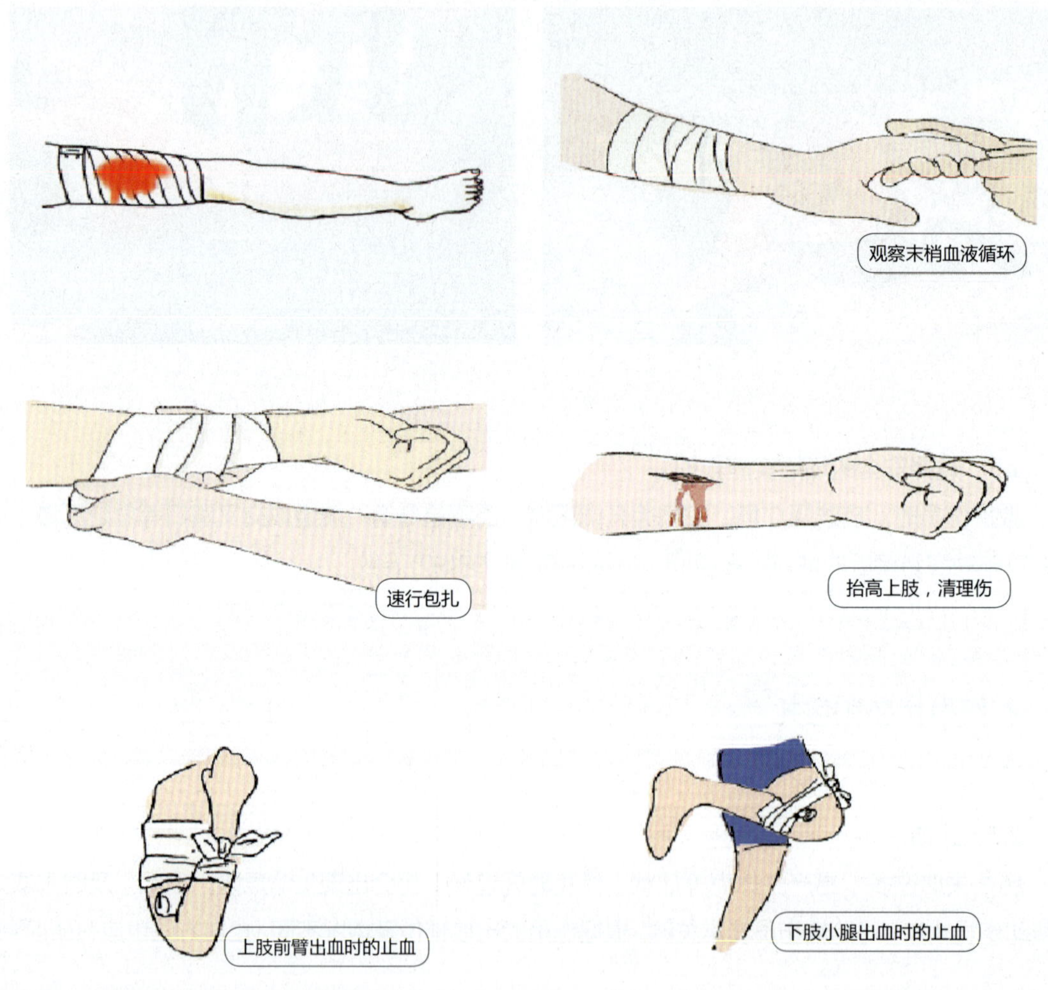

2.2 包扎

对于受伤创面小、需夹板固定的伤员，通常采用绷带包扎，以固定盖在伤口的敷料、固定骨折或挫伤，且有压迫止血的作用。对于受伤创面大、手臂需悬吊的伤员，通常采用三角巾包扎。

包扎时应注意：

（1）敷料要够大够厚，先盖后包，平整保护皮肤。

（2）乳房下、腋下、两指间、鼓隆起部分要加垫保护。

（3）包扎打结时，避免压迫伤口、眼、乳头、生殖器等部位，避免在身体背后包扎打结。

（4）包扎后要露出远心端肢体，以便观察末梢血液循环的情况。

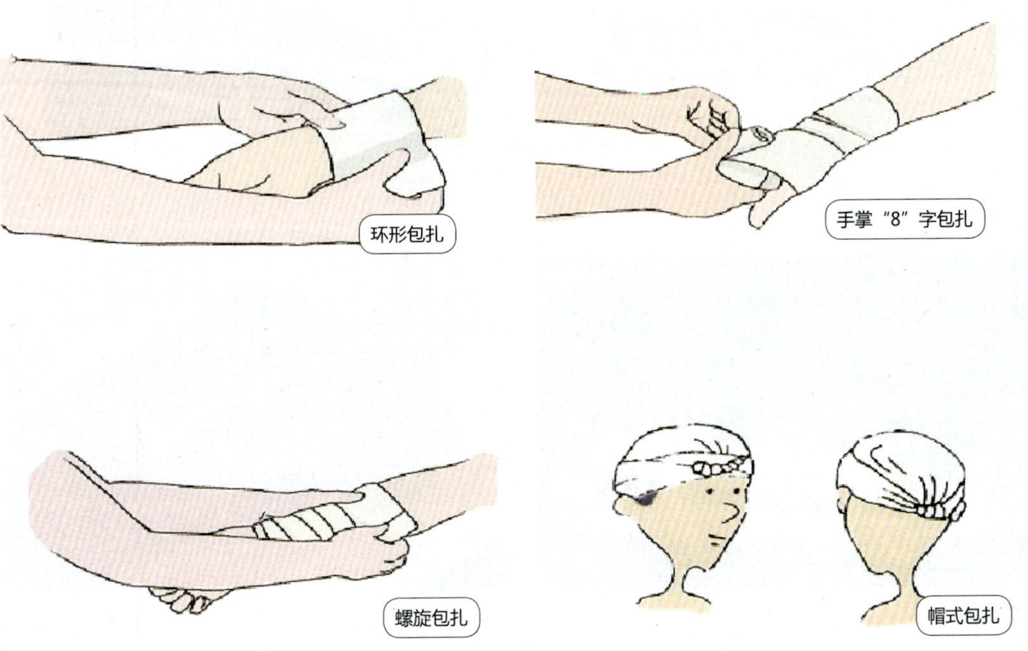

3. 伤员骨折固定

伤员发生骨折后，必须先进行必要的固定，再进行搬运，以避免二次伤害。关节损伤（扭伤、脱臼、骨折）的伤员应避免活动。伤员骨折处出血时，应先止血和消毒包扎伤口，然后再进行相应的固定。

3.1　无骨端外露骨折的伤员

用夹板或木棍、树枝等固定骨折的两端，且应超过伤口上、下关节。伤员四肢骨折且有骨外露时，不要尝试将骨折端放回原处，应继续保持外露，用敷料包扎，以免将细菌带入伤口深部引起深部感染。

3.2　上肢骨折的伤员

可用夹板或树枝固定，用两块夹板固定时，一块放于上臂内侧，另一块放于外侧，并用绷带固定。如果只有一块夹板，则夹板放于外侧，用绷带固定，并用三角巾悬吊绑缚。

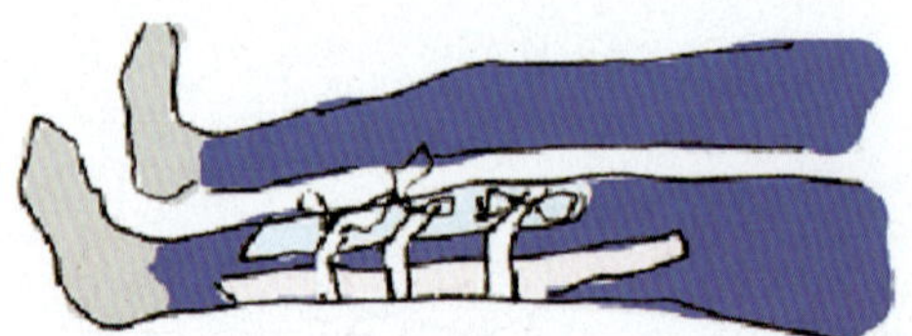

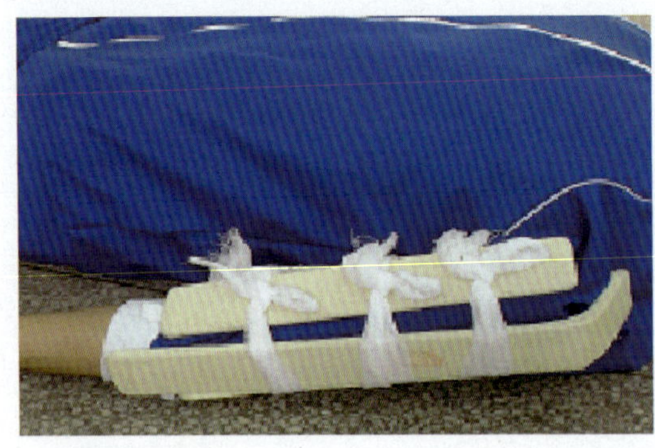

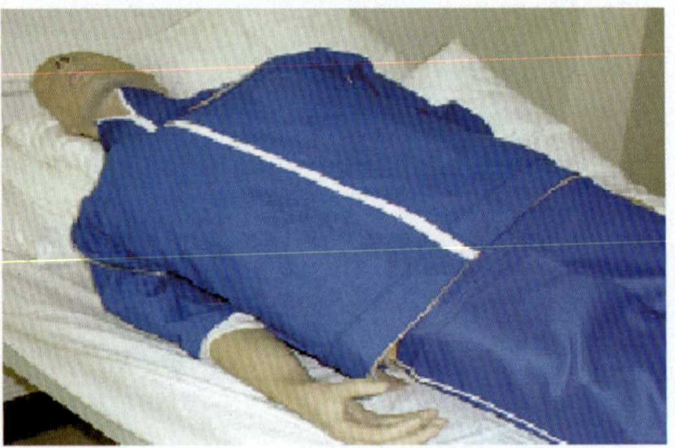

4. 伤员搬运

对于意识清醒的伤员，应询问疼痛和不适的部位，初步判断受伤部位，以正确的方法尽快将伤员搬离事故现场，实施紧急救护。搬运伤员时，应根据现场条件、伤员的伤情轻重和种类，分别采用单人搀扶、单人背运、多人搬抬和担架搬运等。救助人员应根据伤员伤情的轻重和类型，采取科学、合理的措施搬运伤员，如搀扶、多人搬运、担架搬运等，避免伤员受到二次伤害。

4.1　单人搬运伤员的方法

4.1.1　单人搀扶法。适用于搬运伤病较轻、不能独立行走的伤员。如头部外伤、上肢骨折、胸部骨折、头昏等的伤员。扶持伤员时，救护者站在伤员一侧，将其手臂放在自己肩、颈部，一手拉病人手腕，另一手扶住病人腰部行走。

4.1.2 单人抱持法。适用于不能行走的伤员。如较重的头、胸、腹及下肢伤或昏迷的病员。抱持伤员时，救护者位于伤员一侧，一手托住伤员的双腿，另一只手紧抱伤员的腰部或肩部，神志清醒的伤员可用手钩住救护者的颈部。

4.1.3 背运伤员法。不适于胸、腹受伤的伤员。背运伤员时，救护者蹲在伤员前面，与伤员呈同一方向，微弯背部，将病人背起。如伤员卧于地上、不能站立，则救护者卧于伤员一侧，一手紧握伤员肩部，另一手抱起伤员的腿用力翻身，使其附于自己背上，慢慢站起来。

4.1.4 单人水平拖移法。用于不便于直接搀扶、抱持和背运的伤员救护，不论伤员神志清醒与否均可使用。水平拖移伤员时，救援者站在伤员背后，两手从其腋下伸到其胸前，先将伤员的双手交叉，再用自己的双手握紧伤员的双手，并将自己的下颌放在其头顶上，使伤员的背部紧靠在自己的胸前，慢慢向后退着走。

4.2 多人搬运伤员的方法

4.2.1 多人平抬搬运法。主要针对怀疑有颈椎损伤和脊柱损伤的伤员。搬运伤员时，一人抱住伤员的双肩和头部，一人托住伤员的腰、臀部，第三人托住伤员的双下肢，水平齐步走。疑有颈椎损伤的伤员，搬运时应有一人专门托住伤员的头颈。

4.2.2 担架搬运法。是现场救援最常用的方法，适用于路程长、病情重的伤员。担架的种类很多，有帆布、绳索、被服等软质担架和硬质担架。搬运时由 3 ~ 4 人将伤员抱上担架，并使其头向外，以便于后面抬的人观察其病情变化。

5. 心肺复苏与人工呼吸

5.1 判断意识

5.1.1 轻推呼喊。将伤员放置于平卧位，救助人员在伤员的一侧，轻推呼喊伤员，如伤员无任何反应，即可判断其意识丧失。注意不要猛烈摇晃伤员，尤其是对脑外伤、脑出血或脊柱损伤的伤员，用力摇晃可能带来严重后果。

5.1.2 人工呼吸。用两个手指抬起伤员下颏，同时用另一只手将伤员的前额下按，使下颏与耳垂线垂直于地面，保持呼吸道的开放畅通，清理呼吸道和口中的异物。贴近伤员 5 秒，通过听、看、感觉来判断伤员有无呼吸。若无呼吸，应立即进行口对口人工呼吸。

5.1.3 判断呼吸的方法是：一听，有无呼吸声；二看，有无胸廓起伏；三感觉，有无气流吹拂救助人员的脸颊。

5.2 胸外心脏按压

5.2.1 判断。触摸伤员颈动脉，如果没有搏动，说明心脏停搏、循环停止，应立即进行胸外心脏按压。

5.2.2 胸外心脏按压的具体方法：

（1）救助人员用单手掌根紧贴伤员胸前中线与双乳头连线交叉处，另一手掌根重叠覆盖于第一只手背之上，手指并拢，手掌翘起，仅以单手掌根接触伤员胸壁。

（2）双肘伸直，以髋关节作为支点，躯干作为力臂，双上肢作为活塞，利用上半身的体重和肩、背及上肢肌肉的力量垂直向下按压，使伤员胸骨下陷 4 ~ 5 厘米。下压后手臂放松，但手掌不离开胸部，使伤员胸壁充分恢复原状，按压时间与放松时间相同，然后再次下压，如此反复进行，按压速率为每分钟 80 ~ 100 次。

（3）检查有无呼吸，每次按压 15 次后，加做 2 次口对口吹气作为 1 遍操作，连续做 4 遍或进行 3 分钟后，重新检查呼吸和循环。

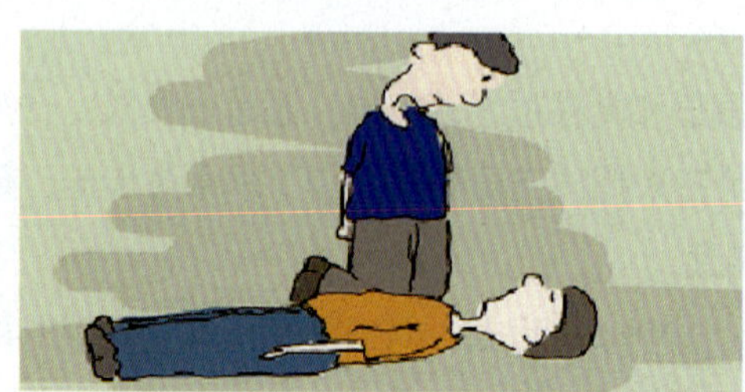

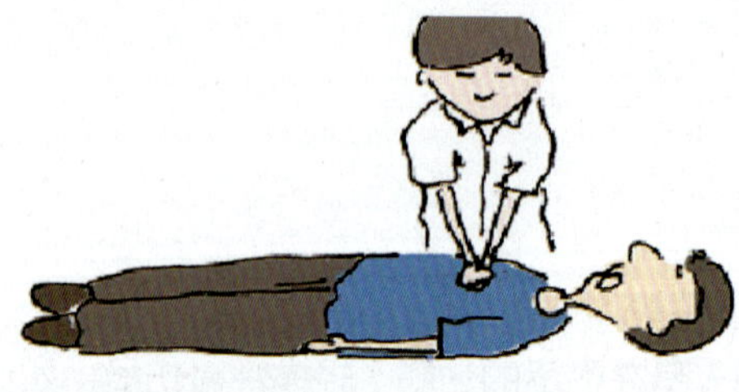

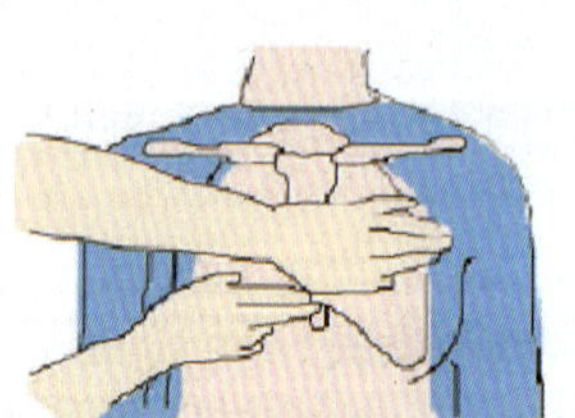

5.3　人工呼吸

救助人员位于伤员的头旁，一手捏紧伤员鼻子，防止空气从鼻孔泄漏，同时用口对着伤员的口吹气。口对口用力吹气 2 次，每次 2 秒左右，同时观察胸部起伏情况：如果吹气后胸部起伏，说明气道通畅；如果无胸部起伏，说明气道没有开放，需要重新清理口腔异物。

在伤员气道通畅的情况下，救助人员对伤员进行吹气，在伤员胸壁扩张后，即停止吹气，让伤员胸壁自行回缩，呼出空气，如此有规律、正确地反复，每分钟 16 ~ 20 次。

第四节 事故处理与预防

1. 事故的分类与等级划分

公安部门将交通交通事故类别按事故形态分为侧面相撞、正面相撞、尾随相撞、对向刮擦、同向刮擦、撞固定物、翻车、碾压、坠车、失火和其他 11 种。

按事故原因分为机动车、机动车驾驶员、非机动车驾驶员、行人与乘车人、道路和其他 6 大类。

《道路交通事故处理办法》将道路交通事故按事故严重程度分为特大事故、重大事故、一般事故和轻微事故 4 类。

特大事故：1 次造成 3 人以上死亡或重伤 11 人以上或者死亡 1 人，同时重伤 8 人以上或者死亡 2 人，同时重伤 5 人以上或者财产损失 6 万元以上的事故。

重大事故：1 次造成 1 ~ 2 人死亡或重伤 3 人以上 10 人以下或财产损失 3 万元以上 6 万元以下的事故。

一般事故：1 次造成重伤 1 ~ 2 人或轻伤 3 人以上或财产损失不足 3 万元的事故。

轻微事故：1 次造成轻伤 1 ~ 2 人，或财产损失机动车不足 1000 元，非机动车不足 200 元的事故。

2. 事故预防

事故预防是指通过对人、机、环、管的控制实现事前防范。

2.1 事故预防与处理程序

2.2 事故预防与处理要求

（1）发生事故，应成立事故调查组，进行事故调查和原因分析。

（2）发生交通事故后，车辆单位应按照“道路交通事故分析表”（附件 1）分析查找事故原因，并进行调查与处理。

（3）车辆单位发生的所有事故，包括险肇事件、典型问题，都应按“四不放过”的原则进行处理，即原因没有查清不放过、责任人员未处理不放过、整改措施未落实不放过、有关人员未受到教育不放过。

（4）对事故责任单位、事故直接责任者按照考核与奖惩规定进行处罚。触犯刑律的，移交司法机关依法追究刑事责任。

（5）事故单位应当认真吸取事故教训，制定、落实防范和整改措施。

（6）车辆单位应定期组织开展交通事故反思活动，认真吸取经验教训，制定并落实交通安全防范措施。

（7）事故预防与处理的落实情况，应接受工会和职工监督。

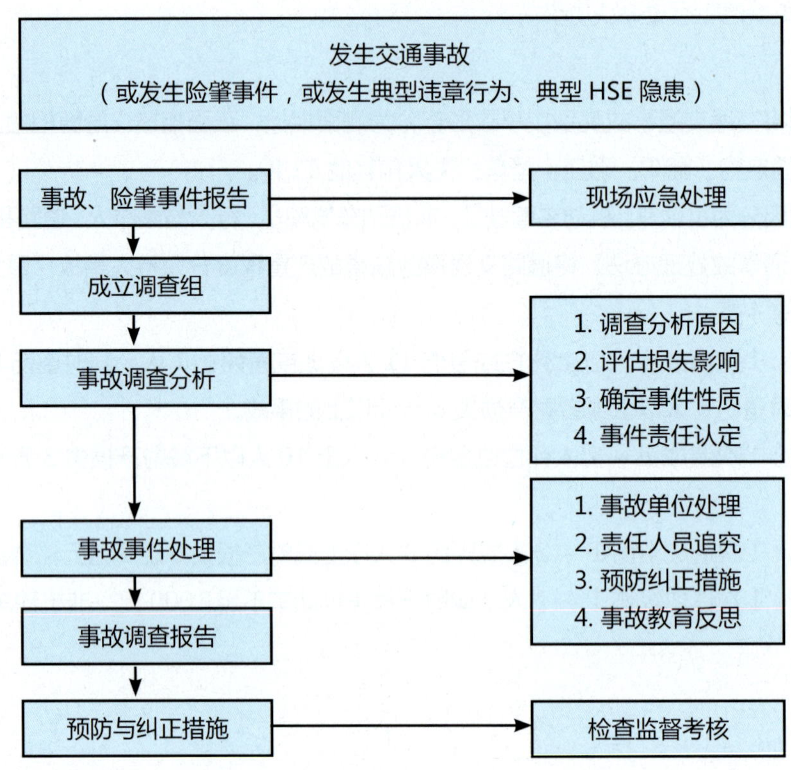

3. 事故发生

3.1　事故发生后，事故当事人或发现人应立即向单位领导和主管部门报告（火灾事故应先报火警），保护好现场。

单位负责人接到报告后，应立即赶赴事故现场，启动相应应急预案，组织事故现场救援。迅速抢救受伤或中毒人员，并采取防止事故扩大的措施。

3.2　主管部门接到报告后，应根据事故性质，立即将事故发生的时间、地点、经过、后果、原因初步分析、已采取的措施等以事故快报形式报告安全环保监察处和事故归口主管部门。

需要上报集团公司和地方政府的，由油田事故归口主管部门在接到报告后 1 小时内进行上报。

3.3　为防止发生次生灾害，除生产工艺需做紧急调整及水、电、风、汽等公用工程需做紧急恢复外，其他事故现场应封闭，并设警戒线。

任何单位和个人不得以任何借口瞒报、虚报、漏报和迟报事故。

交通事故现场是判断事故发生过程的依据，对事故的原因、责任认定和处理十分重要。

驾驶员有责任和义务掌握发生交通事故时应采取的措施，一旦发生交通事故时，要迅速采取正确的措施以挽救受伤者的生命，并且给予必要的救助。

4. 事故调查与处理

发生事故后，事故单位应积极配合地方人民政府事故调查组的调查。由企业内事故调查组，进行事故调查和原因分析。

4.1 轻微事故由单位调查处理，一般在在 7 天内完成事故调查报告书。管理部门存档并报总公司主管部门备案。

4.2 一般事故由主管部门调查处理，一般在 7 天内完成事故调查报告书，轻伤事故和财产损失等事故由本单位管理部门存档并报主管部门备案；重伤事故由主管部门存档并按规定上报。

4.3 较大以上事故由主管部门牵头组织事故调查组调查处理，在 15 日内完成并形成正式事故调查处理报告，经安全管理委员会批准后上报。

事故调查组有权向事故单位、有关部门及有关人员了解事故的有关情况，索取有关资料，任何单位与个人不得阻挠和拒绝。

4.4 所有事故应在 30 日内处理结案，事故主管部门应建立事故档案。

5. 事故原因分析

造成交通事故的原因各种各样，具体分析时可分为直接原因和间接原因，亦可分为人为、车辆、道路运行环境等因素。

5.1 直接原因分析

人是事故分析的主要对象，是造成事故的主要责任者和次要责任者。人对交通事故形成的影响主要表现在以下几个方面：

5.1.1 自身的生理、心理状况不符合交通安全的要求。

5.1.2 自身违章行走、违章操作、违章装载、违章行驶，酿成事故。

5.1.3 对他人的交通动态及道路变化、气候变化、车况变化观察疏忽或措施不当等引起交通事故的发生。

人为责任事故的发生，多因为驾驶员思想麻痹、违章驾驶、操作失误所造成。不同性别、年龄和体质的驾驶员，其生理、心理、感知、分析、判断和反应均不可能完全相同。

资料统计表明，在属于人为责任事故中，因驾驶员造成的直接责任事故约占 70%，其余是由于行人、非机动车驾驶者违反《中华人民共和国道路交通安全法》、《中华人民共和国道路交通安全法实施条例》和其他道路交通管理法规、规章所造成的。

5.2 间接原因分析

间接原因主要是车的因素、道路运行环境的因素。

5.2.1 车的因素。事故起因通常是由于制动失灵、机件失灵、车辆超限装载等。车辆维护保养保修制度不完善、带病行驶等也是重要因素。

5.2.2 道路运行环境的因素。道路的等级质量、线形标准，以及气候条件、混合交通、信号标志等对交通安全有重要的影响。

5.2.3 现场管理的因素。现场管理指挥协调作业、车辆移动等因素。

由于交通隐患、交通违章、违法行为等典型问题容易导致交通事故的发生，因此交通事故原因分析，包括交通隐患、交通违章、违法行为等典型问题分析和处理是预防并杜绝事故发生的基础工作。

6. 交通事故责任认定

交通事故责任，是公安机关依法对交通事故当事人因交通事故而产生的法律关系的确认。交通事故责任分为全部责任、主要责任、同等责任和次要责任。

交通事故的责任认定，就交通事故处理过程而言，处于承上启下的中心环节；就当事人而言，是确认其因交通事故而产生的权利义务的重要依据。

一方当事人违反交通安全法的行为造成交通事故的，应负全部责任，其他方不负交通事故责任。双方当事人均有违反交通安全法的行为，双方当事人的违法行为共同造成交通事故的，违法行为在交通事故中的作用大的一方应负主要责任，另一方负次要责任；违法行为在交通事故中作用基本相同的，两方负同等责任。三方以上当事人违反交通安全法的行为共同造成交通事故的，根据各自的违法行为在交通事故中的作用大小划分责任，认定各自的交通事故责任。机动车发生交通事故，当事人有违反交通安全法的行为，但与交通事故无因果关系的，不负交通事故责任。

发生道路交通事故后，当事人一方有条件报案而未报案或者未及时报案，使交通事故责任无法认定的，应当负全部责任。发生道路交通事故后，当事人逃逸或者故意破坏、伪造现场、毁坏证据，使交通事故责任无法认定的，应当负全部责任。

附件 1：道路交通事故分析表

<table>
<tr><td>事故名称</td><td colspan="2"></td><td colspan="2">事故名称</td><td></td></tr>
<tr><td>事故时间</td><td colspan="2"></td><td colspan="2">事故时间</td><td></td></tr>
<tr><td>事故地点</td><td colspan="2"></td><td colspan="2">事故地点</td><td></td></tr>
<tr><td>肇事驾驶员</td><td colspan="2"></td><td colspan="2">肇事驾驶员</td><td></td></tr>
<tr><td colspan="6">事故经过：</td></tr>
<tr><td colspan="6">事故原因分析</td></tr>
<tr><td>因素</td><td>分　析　项　目</td><td>是</td><td>否</td><td colspan="2">详　细　说　明</td></tr>
<tr><td rowspan="14">驾驶员</td><td>驾驶员是否持有与所驾车型相符的驾驶证和内部车辆准驾证？</td><td></td><td></td><td colspan="2"></td></tr>
<tr><td>驾驶员出车是否经过调派或批准？</td><td></td><td></td><td colspan="2"></td></tr>
<tr><td>发生事故时驾驶员驾驶车辆是否在执行任务？</td><td></td><td></td><td colspan="2"></td></tr>
<tr><td>驾驶员是否熟悉所驾车辆的性能？</td><td></td><td></td><td colspan="2"></td></tr>
<tr><td>驾驶员是否按时参加例会学习，并经岗位危害评估？</td><td></td><td></td><td colspan="2">地点和时间？评估结果？</td></tr>
<tr><td>驾驶员是否有违章行为？</td><td></td><td></td><td colspan="2">当时情况下是否超速等</td></tr>
<tr><td>驾驶员是否患病或服用药物？</td><td></td><td></td><td colspan="2">考虑疲劳、健康的影响</td></tr>
<tr><td>当月驾驶员岗位危害评估（动态分析）情况，是否采取措施？</td><td></td><td></td><td colspan="2">当月为 A 类？B 类？C 类？</td></tr>
<tr><td>驾驶员是否因饮酒或其他原因削弱驾驶能力？</td><td></td><td></td><td colspan="2">考虑精神压力、饮酒的影响</td></tr>
<tr><td>驾驶员和乘员是否正确系了安全带？</td><td></td><td></td><td colspan="2"></td></tr>
<tr><td>驾驶员是否正确配备和穿戴了劳动防护用品？</td><td></td><td></td><td colspan="2"></td></tr>
<tr><td>驾驶过程中是否使用了手机等任何通信设备？</td><td></td><td></td><td colspan="2"></td></tr>
<tr><td>驾驶员是否提前完成了事故发生前的行车任务？</td><td></td><td></td><td colspan="2"></td></tr>
</table>

续上表

事故原因分析					
因素	分析项目		是	否	详细说明
车辆	车辆是否与所执行的任务相适应？				
	车辆灯光、转向、制动、行驶系统安全技术状况是否完好？				维护保养记录和车辆评估卡
	车辆装载是否在行车证核定的定员和载重以内？				
	人员、货物装载是否符合要求？				
	车辆是否安装有任何驾驶记录装置？				获取并检查
	车辆当时状态	停车？			事故当时车辆在干什么？
		靠右行驶？			
		转弯？			
		超车？			
		会车？			
		其他？			
道路	车辆是否在指定的路线上行驶？				
	出车前是否对道路和任务进行风险评估？				道路危害因素评估卡、特殊任务因素评估卡
	事故当时的天气情况是晴朗、阴天还是恶劣天气？				特殊任务因素评估卡
第三方	事故是否涉及第三方？				细节
	第三方驾驶员或车辆是否遵守或符合交通法律法规要求？				
	是否有其他人能够说明事故的情况				包括交警、其他目击者
事故分析结论					
事故的直接原因：					
事故的间接原因：					

附件 2：交通事故报告

报告人： 填报时间： 年 月 日

<table>
<tr><td>区部名称</td><td></td><td>分部
（中转场）</td><td></td><td>肇事时间</td><td></td></tr>
<tr><td>肇事地点</td><td></td><td>事故车牌号</td><td></td><td>驾驶员</td><td></td></tr>
<tr><td rowspan="2">事故损失</td><td>人员伤亡</td><td>死亡：</td><td>重伤：</td><td colspan="2">轻伤：</td></tr>
<tr><td>经济损失</td><td>我方：</td><td colspan="3">对方：</td></tr>
<tr><td>垫付费用</td><td>公司：</td><td>对方：</td><td>合计：</td><td colspan="2"></td></tr>
<tr><td colspan="6">事 故 经 过</td></tr>
<tr><td colspan="6">填报事故发生地天气、路况、事故各方行车方向、速度、碰撞部位等</td></tr>
<tr><td colspan="6">目 前 状 态</td></tr>
<tr><td colspan="6">填报参与处理人员、初步采取措施和事故处理情况</td></tr>
</table>

填报说明：

1. 发生涉及人员伤亡、财产损失 1 000 元以上的交通事故，填报交通事故报告，24 小时内报地区车管，48 小时内报经营本部、总部车管部门。

2. 人员、财产损失情况不明时，填报预估情况。

附件 3：进展报告

报告人：　　　　　　　　　　　　　　　　　　　　填报时间：　　年　　月　　日

事故处理现况	人员伤亡：（人员年龄、受伤部位等详细伤情；治疗情况、治疗或垫付费用、伤残鉴定等）
	财产损失：（事故各方车辆型号、品牌、受损部位、损失程度；其他受损财物；定损金额等）
	对方情况：（对方车辆、单位、保险、驾驶员等信息）
	责任情况：（可能或确定的责任、事故各方存在的违章情况）
已采取措施和下步计划	（事故处理、调解协商、诉讼、保险等）
相关支持需求	（法务、保险或其他支持事项）
备　注	

填报说明：

1. 涉及人员伤亡、财产损失较大预计达 3 万元以上事故，须及时了解事故详情，事故发生新情况、新进展，及时填报进展报告。

2. 事故发生新进展情况，须插入新的进展报告，并按顺序编号。

3. 事故未发生明显进展，须在下月上报安全报表时一并上报事故进展报告，说明事故情况。

附件 4：原因分析报告

报告人：　　　　　　　　　　　　　　　　　　　填报时间：　　年　　月　　日

<table>
<tr><td rowspan="4">原因分析</td><td>事故原因</td></tr>
<tr><td>事故发生的天气、路况、驾驶行为等直接原因</td></tr>
<tr><td>管理原因</td></tr>
<tr><td>驾驶员管理、教育、车辆使用等管理等方面存在的不足</td></tr>
<tr><td>事故现场图</td><td>可以附件形式上报事故现场图、现场照片</td></tr>
<tr><td>整改、防范措施</td><td>针对事故直接原因、管理原因存在的问题，制定或采取的整改、防范措施</td></tr>
</table>

填报说明：

发生重大交通事故，责任地区须对事故原因进行详细调查，分析事故原因，制定或采取防范措施。

附件 5：责任人处理报告

报告人：　　　　　　　　　　　　　　　　　　　　　填报时间：　　年　　月　　日

<table>
<tr><td colspan="2">责任人姓名</td><td></td><td>工号</td><td></td><td>岗位</td><td></td></tr>
<tr><td rowspan="3">事故处理现况</td><td>处罚原因</td><td colspan="5"></td></tr>
<tr><td>处罚结果</td><td colspan="5"></td></tr>
<tr><td>处罚依据</td><td colspan="5"></td></tr>
<tr><td colspan="2">责任人姓名</td><td></td><td>工号</td><td></td><td>岗位</td><td></td></tr>
<tr><td rowspan="3">其他相关责任人责任</td><td>处罚原因</td><td colspan="5"></td></tr>
<tr><td>处罚结果</td><td colspan="5"></td></tr>
<tr><td>处罚依据</td><td colspan="5"></td></tr>
</table>

填报说明：

发生交通事故，事故责任、经济损失明确后，须按照《车辆奖惩制度》、《车辆安全管理制度》和其他相关制度要求，对肇事驾驶员以及不认真落实或违反安全管理制度、规程影响行车安全或导致事故发生的相关责任人进行处罚并填报。

附件 6：交通事故结案报告

报告人：　　　　　　　　　　　　　　　　　　　　　　填报时间：　　年　　月　　日

<table>
<tr><td>区部名称</td><td></td><td>分部
（中转场）</td><td></td><td>事故车牌号</td><td colspan="2"></td></tr>
<tr><td>肇事时间</td><td></td><td>结案时间</td><td></td><td>报告时间</td><td colspan="2"></td></tr>
<tr><td>驾驶员</td><td></td><td>事故责任</td><td></td><td>报告人</td><td colspan="2"></td></tr>
<tr><td rowspan="2">事故损失</td><td>人员伤亡</td><td>死亡：</td><td>重伤：</td><td colspan="3">轻伤：</td></tr>
<tr><td>财产损失</td><td>我方：</td><td colspan="2">对方：</td><td colspan="2">合计：</td></tr>
<tr><td colspan="7">事故处理结果</td></tr>
<tr><td colspan="7">事故经济损失构成（包括事故各方的损失金额）、责任分摊比例（我方承担金额、对方承担金额）</td></tr>
<tr><td colspan="7">保险赔偿及事故损失明细</td></tr>
<tr><td colspan="7">包括：保险公司最终赔付金额、我方损失金额（我方实际支付事故赔偿——保险公司最终赔偿金额）</td></tr>
<tr><td colspan="7">责任人处理结果</td></tr>
<tr><td colspan="2">责任人</td><td colspan="5">处　理　结　果</td></tr>
<tr><td colspan="2"></td><td colspan="5"></td></tr>
</table>

填报说明：

1. 按照交通事故结案报告的要求，事故结案并提交通过结案审批流程后，需后续填报事故结案报告。

2. 发生责任行车事故，按照车辆相关制度要求，对肇事驾驶员及相关责任人员进行处理。

第五节 事故保险理赔

1. 出险后应急措施

1.1 立即停车并按规定拉紧手制动，关闭发动机开启故障双闪灯。在公路上还需在车后设置危险警告标志。

1.2 及时报案，视事故形态，当事人拨打 122（110）、120(人伤)、 119(火灾)电话。

1.3 保护现场，包括车辆、人员等遗落物痕迹。严禁随意挪动位置，如需抢救伤者的，应等候 120 或拦截其他车辆运送伤者，尽量不要动用事故车辆，情况紧急确需动用事故车辆时应在其原始位置做好标志。

1.4 抢救伤者及财物。

1.5 向保险公司报案；如有疑问请与服务小组联系。

1.6 涉水行驶时请留意路面积水，当路面积水深度超过发动机进气管时请勿行使，因发动机进水导致熄火请勿启动车辆。

2. 事故处理流程

由于事故的类型较多，本文只列出这一种事故的处理流程，其他的不再列出详细流程，各公司据自己实际情况安排，参考案例请加 QQ 群索取。

定义：单方事故是指由于单方面行为造成我方或第三者财产损失的事故，第三者包括停放的车辆、物体、路政设施、建筑物等（不含人伤）。

2.1 单方事故只造成我方车辆损失处理流程：

2.1.1 报保险公司，提供出险车辆车号及商业险保单号。

2.1.2 由车管人员对事故现场拍照取证。

2.1.3 到修理厂估损，拍下具体受损零部件，定好项目。

2.1.4 将现场照片、受损零部件照片、修理工单发邮件至保险公司。

2.1.5 由保险公司根据上述资料定损，将定损单回传，修理厂动工修理。

2.1.6 收集索赔资料，将资料寄往公司。

2.2 现场拍照具体要求：

2.2.1 拍摄事故地点：地址，门牌或建筑物等显著标识。

2.2.2 45 度拍摄车牌。

2.2.3 拍摄损坏部位、拍摄车架号码。

2.2.4 复原碰撞时的现场拍摄。

3. 玻璃单独破碎案件处理流程

定义：玻璃单独破碎是指车辆在停放或行驶过程中车辆前（后）风窗玻璃受损。

详细内容太多，此处不再具体列出。

4. 双多方事故处理流程

定义：双方事故是指由于双方共同的行为造成我方和第三者财产（人身）损害的事故。

详细内容太多，此处不再具体列出。

5. 办理车辆事故预付款申请流程

5.1 医疗预付定义：在交通事故中，造成受害人需要抢救的，保险人在接到公安机关交通管理部门的书面通知和医疗机构出具的抢救费用清单后，按照国务院卫生主管部门组织制定的交通事故人员创伤临床诊疗指南和国家基本医疗保险标准进行核实。对于符合规定的，保险公司在交强险医疗费用赔偿限额内垫付。对于超过交强险赔偿限额的，交警责任明确的，保险公司在商业险第三者商业责任险限额内垫付。

5.2 流程不详细列出。

6. 保险责任理赔范围

6.1 车辆损失。

6.2 施救费。

6.3 对停留在交警扣车场中所产生的费用，只承担停车费、交警部门认可的物价部门定损费及事故现场清理费的赔偿。

6.4 伤人案件的抢救费、医疗费（这两项按社保标准）、误工费、护理费、伙食费、交通费、伤残赔偿金、死亡赔偿金、丧葬费、被抚养人生活费、精神损失赔偿费（需要法院调解或判决，限额 2 万元）。

6.5　以上费用按责任划分比例承担，护理费和误工费要求提供当事人出事前三个月工资收入证明（盖财务公章），超过 2 000 元 / 月需提供个人完税证明，无收入证明的按当地最低生活标准计算。

7. 各类事故所需的索赔资料单证（由于项目较多，只列出死亡一种的资料要求）

7.1　单方事故只造成我方财产损失的事故索赔资料（请加 QQ 群索取）

7.2　单方事故造成三者财产损失的事故索赔资料（请加 QQ 群索取）

7.3　玻璃单独破碎索赔资料（请加 QQ 群索取）

7.4　双方事故（含人伤）索赔资料（请加 QQ 群索取）

7.5　车辆保险（死亡）索赔资料

7.5.1　机动车辆保险索赔申请书：对于造成投保方和三者人身、财产同时受损的事故需提供两份机动车辆保险索赔申请书，一份用于商业险索赔，一份用于交强险索赔。

7.5.2　用于商业险索赔的索赔申请书上被保险人处盖投保方公章，用于交强险索赔的索赔申请书上被保险人处盖被保险人公章。收款人提供被保险人或修理厂的银行账号、开户银行、收款人名称（收款人是修理厂的还需加盖修理厂公章）。

7.5.3　机动车辆保险责任赔偿理算清单：清单上需注明被保险人、车牌、填报人、出险日期、事故责任，并填上三者或标的车的赔偿项目和金额。

7.5.4　保单正本复印件（商业险、交强险保单复印件和三者车的交强险保单复印件）。

7.5.5　行驶证正副证复印件（注意：行驶证不能过期，过期将会导致无法索赔，所谓“过期”是指车辆出险的时间应在车辆年检章的有效期内）。

7.5.6　驾驶证正副证复印件（出险时谁驾车就提供谁的驾驶证，驾驶证不能过期，驾驶证是否过期主要看正证上的有效期是否失效）。

7.5.7　交警查勘现场的提供交警事故认定书，保险公司或公估公司查勘现场的提供保险公司或公估公司查勘报告。

7.5.8 交警调解书或法院判决书、调解书。

7.5.9 死者户籍证明（户口本复印件或户口所在地派出所的户口性质证明）。

7.5.10 死者户口注销证明。

7.5.11 死亡证明（法医验尸报告）。

7.5.12 火化证明（死者丧葬费无需发票）。

7.5.13 农村户口在城市居住一年以上，要求按城镇户口赔偿的，需提供缴纳社保、个人完税、银行等证明。有连续一年以上固定收入，并且有当地派出所出具的住满一年以上的暂住证明。

7.5.14 死者家属关于此次事故授权死者亲戚一人全权处理此次事故的授权委托书，并要求公证。

结婚证、户口本、身份证（死者、死者家属、被抚养人年满 18 岁的）。

7.5.15 亲属关系证明，户口所在地派出所开具。

7.5.16 被抚养人户口所在地派出所出具的抚养人关系证明，必要时可以要求公证；被抚养人为在校学生，提供所在学校证明；被抚养人属于无劳动能力的，女 55 周岁，男 60 周岁，因身体残疾或丧失劳力的，需凭县级以上医院证明且注明无劳动能力。

7.5.17 死者及其家属单位工资证明，事故前三个月工资表复印件加盖财务章，过 2 000 元的部分提供个人完税证明。

7.5.18 如果是交警调解，需开《道路交通事故经济赔偿证明》或协议书、收据形式加盖交通事故处理章或法院章的各类补偿收据。

7.5.19 交通费、住宿费的正规票据。

7.6 车辆保险（盗抢）索赔资料（请加 QQ 群索取）

8. 交通事故索赔途径

8.1 双方协商处理。

协商是指交通事故当事人就事故处理自行商议的方式。未造成人员伤亡，损失小，事故当事人对事故事实和成因无争议的，可以选择这种方式。

8.2 交警调解。

8.3 向保险公司申请律师调解。

8.4 诉讼（保险公司可提供诉讼服务）。

9. 道路交通事故赔偿项目

9.1 财产损失赔偿项目

交通事故造成的财产损失，包括车辆维修费、路政设施赔偿费和其他物损赔偿费用。

9.2 人身损害和精神损害赔偿项目

9.2.1 造成伤害（未达到残疾）的赔偿项目：门诊治疗的通常包括医疗费、误工费（有医嘱）、交通费；住院治疗的包括医疗费、误工费、护理费、住院伙食补助费、交通费，营养费（有医嘱），后续治疗费（如果需要的话）。

9.2.2 造成残疾的赔偿项目：医疗费、误工费、护理费、住院伙食补助费、交通费，营养费（有医嘱）、伤残鉴定费、残疾赔偿金、残疾辅助器具费（如果需要的话）、后续治疗费（如果需要的话）、被抚养人生活费、精神损害抚慰金；抢救费、丧葬费、被抚养人生活费、死亡赔偿金，精神损害抚慰金，处理丧葬事宜亲属误工费、交通费、住宿费。

9.3 赔偿项目定义

车辆维修费：是指由事故（碰撞、倾覆、火灾、爆炸及外界物体倒塌、空中物体坠落等意外事故，以及雷电、暴风雨、洪水、海啸等自然灾害）造成的保险公司赔偿范围内的车辆直接损失。

物损：车辆事故造成的只涉及有形物体的直接财产损失，由物价部门评估，并经保险公司审核后的财产损失金额（包括路政设施损失）。

医疗费：通常包括挂号费、检查费、化验费、手术费、诊治费、住院费、药费等治疗人身伤害的费用，既可以是住院医疗费也可以是门诊医疗费。治疗与事故损伤无关的伤病的医疗费不予赔偿。

相关单、证：如病历、诊断证明、出入院证明、医疗发票等。

误工费：是指受害人因为受伤不能正常工作而导致的收入减少。有固定收入的，按照本人因误工减少的收入计算，误工费 = 工资水平 × 误工天数；没有固定收入的，根据其户口性质，所属行业按照同行业平均工资计算。

护理费：是指受害人住院期间需要护理的，向对其进行护理的人员支持的费用。护理人员有收入的，按照其误工费计算；护理人员无固定收入的，其护理按照住院所在地同等级别护工的报酬标准计算。护理费一般只赔偿受害人住院期间的护理费。

交通费：是指受害人及其必要陪护人员因就医或者转院治疗实际发生的费用。交通费还包括死者家属参加事故处理、办理丧葬事宜等活动实际必需的车船费。

住宿费：伤者到外地就医，因客观原因没能住院，如等待医院床位，伤者及护理人员的住宿费；死者家属参加丧葬事宜处理期间产生的住宿费。

住院伙食补助费：是指受害人因交通事故受伤而住院治疗期间的伙食补助。赔偿标准可以参照交通事故发生地国家机关一般工作人员的出差伙食补助标准计算。住院伙食补助只有住院者本人给予赔偿，护理人员没有住院伙食补助。

营养费：是指受害人因交通事故受伤而确需补充营养食品，由治疗机构或者鉴定机构根据受害人伤情提出意见，作为辅助治疗手段支出的费用。营养费赔偿按一定标准，酌情赔偿。

鉴定费：是指在交通事故中受伤的当事人在需要进行伤残评定时，到专业鉴定机构进行伤残评定所支出的费用。

残疾赔偿金：残疾赔偿金根据受害人丧失劳动能力程度或者伤残等级，按照受诉法院所在地上一年度城镇居民人均可支配收入或者农村居民人均纯收入标准，自定残之日起按 20 年计算。但 60 周岁以上的，年龄每增加一岁减少一年；75 周岁以上的，按 5 年计算；受害人因伤致残但实际收入没有减少，或者伤残等级较轻但造成职业妨害严重影响其劳动就业的，可以对残疾赔偿金作相应调整。

残疾辅助器具费：是指当事人因交通事故造成残疾，需要配置含更换补偿功能器具所需的费用。赔偿标准，根据伤残程度，凭县（市、市辖区）级以上医院证明，配置国产普及型假肢、三轮椅、轮椅、拐杖、盲杖等器具，以补偿丧失的功能。残疾辅助器具需采用国产普通型，不能用进口豪华型。辅助器具的更换周期和赔偿期限参照器具配置机构的意见确定。

被抚养人生活费：是指伤亡人员伤亡前对依法承担抚养义务的人的抚养费用。赔偿标准。根据抚养人丧失劳动能力的程度，按照受诉法院所在地上一年度城镇居民人均消费性支出和农村居民人均年生活消费支出标准计算。

丧葬费：是指交通事故致人死亡的，死者的法定继承人或者承担丧葬义务的人为办理丧葬事宜支出的费用。丧葬费按照受诉法院上年度职工月平均工资 6 个月总额计算。

死亡赔偿金：赔偿标准按照受诉法院所在地上一年度城镇居民人均可支配收入或者农村人均纯收入标准，按照 20 年计算。但 60 周岁以上的，年龄每增加一岁减少一年，75 周岁以上的，按照 5 年计算。

精神损害抚慰金：是指财产损害以外的其他一切形态的损害，对自然人来说是指生理、心理上的无形损害，通常是肉体痛苦、精神痛苦。

10. 商业险的赔偿责任和标准

10.1　商业险的投保险种

一般公司的商业险为基本险，具体险种包括车辆损失险、车上人员（驾驶员和乘客）责任险、第三者责任险、全车盗抢险、玻璃单独破碎险、车损不计免赔、车责不计免赔、三责不计免赔、盗抢不计免赔。

10.2　商业险的赔偿责任范围

碰撞、倾覆、火灾、爆炸、自燃、外界物体倒塌、空中物体坠落、保险机动车行驶中平行坠落、受保险机动车所载货物、车上人员意外撞击、雷击、暴风、暴雨、洪水、龙卷风、雹灾、台风、海啸、热带风暴、地陷、崖崩、滑坡、泥石流、雪崩、冰陷、雪灾、冰凌、沙尘暴。

10.3　商业险免除责任赔偿范围

交通肇事后逃逸或故意破坏、伪造现场、毁灭证据；被保险人或其允许的驾驶人的故意行为、犯罪行为；饮酒、醉酒后驾驶，服用国家管制的精神药品或者麻醉药品；无驾驶证，驾驶证失效或者被依法扣留、暂扣、吊销期间；驾驶与驾驶证载明的准驾车型不相符合的机动车；法律法规规定的其他属于无有效驾驶资格的情况。

11. 交强险的赔偿责任和标准

11.1 交强险的定义

交强险的全称是机动车交通事故责任强制保险，它是国家规定的机动车的所有人、管理人必须投保的法定险种，与商业险自由投保不同的是，交强险强调的是强制性、法定性。

11.2 交强险的赔偿范围

因被保险机动车发生交通事故造成的第三者的人身伤亡和财产损失。被保险机动车的损失和车上人员的人身伤亡、车上财产损失不属于交强险的赔偿范围。

11.3 交强险与商业险的赔偿顺序

因被保险机动车发生交通事故造成第三者人身伤害或财产损失的，应先由交强险赔偿，第三者人身伤害或财产损失超过交强险赔偿限额的，超出部分由商业险中的三者责任险赔偿（即先交强险后商业险）。

11.4 交强险赔偿的范围和种类

11.4.1 商业险的赔偿分为有责赔偿和无责赔偿：有责赔偿是指被保险人对交通事故的发生承担一定的责任（包括全责、主责、同责、次责）时交强险所应赔偿的范围；无责赔偿是指被保险人对交通事故的发生不承担责任时交强险所应赔偿的范围。

11.4.2 有责赔偿的限额：死亡伤残赔偿限额为 110 000 元（包括误工费和护理费）；医疗费用赔偿限额为 10 000 元（包括医药费和伙食补助费）；财产损失赔偿限额为 2 000 元，超出以上赔偿限额的部分由商业险承担。

11.4.3 无责赔偿的限额：死亡伤残赔偿限额为 11 000 元；医疗费用赔偿限额为 1 000 元；财产损失赔偿限额为 100 元，商业险无须承担。

11.4.4 交强险死亡伤残赔偿项目：死亡伤残赔偿限额（含有责赔偿和无责赔偿）项下负责赔偿丧葬费、死亡补偿费、受害人亲属办理丧葬事宜支出的交通费、残疾赔偿金、残疾辅助器具费、护理费、康复费、交通费、被抚养人的生活费、住宿费、误工费、被保险人依照法院判决或者调解承担的精神损害抚慰金。

11.4.5 交强险医疗费用赔偿项目：医疗费用赔偿限额（含有责赔偿和无责赔偿）项下负责赔偿医药费、诊疗费、住院费、住院伙食补助费、必要的、合理的后续治疗费、整容费、营养费。

11.4.6 交强险免除责任赔偿范围：因受害人故意造成的交通事故的损失；被保险人所有的

财产及被保险机动车上的财产所受的损失；因交通事故产生的仲裁或者诉讼费用以及其他相关费用；被保险机动车发生交通事故，致使受害人停业、停驶、停电、停水、停气、停产、通信或者网络、数据丢失、电压变化等造成的损失及受害人财产因市场价格变动造成的贬值、修理后因价值降低造成的损失等其他各种间接损失。

11.4.7 发生交强险赔付对交强险保费的影响：车辆在同一个保险责任期发生 2 次或 2 次以交强险赔付的，下年度交强险保费上浮 10%，车辆在一个保险责任期发生有责死亡事故的，下年度交强险保费上浮 30%；车辆在一个保险责任期内无交强险赔付的，下年度交强险保费下浮 10%；连续两个保险责任期内无交强险赔付的，下年度交强险保费下浮 20%；连续三个保险责任期内无交强险赔付的，下年度交强险保费下浮 30%，最高不超过 30%。

第七章　安全管理测评与改善

重点内容

本章重点内容：安全生产风险达标考评标准；测评改善措施和计划等内容。

第一节　安全生产风险达标考评标准

1. 风险评价

风险评价是一个不间断的过程，是建立和实施安全管理体系的核心。车队应经常开展全员岗位危害识别活动，对危害、影响和隐患进行分析和评价，采取有效或适当的控制、防范措施，把风险降到最低程度。各级领导应直接负责并制定风险评价的管理程序，对事故隐患要做到心中有数，亲自组织隐患治理工作。

2. 交通危害识别与风险评估

影响交通安全的危害因素主要有人、车辆、运行环境等几个方面，在交通活动的全过程中，要求参与交通活动的每一方，应从自我现状出发，通过个人评价（驾驶员岗位）、设备技术状况评价、交通环境状况评价，正确评价现实交通运行安全隐患的复杂程度，进而采取包括自我约束、休息、调整、礼让、控制安全车速极限、安全车距等有效措施，使得运行安全隐患得以减弱、降低、最终消除。

3. 驾驶员岗位风险评估

驾驶员岗位风险评估是对驾驶员安全素质、安全状态进行定期的定量分析、评估，提出风险控制措施，从而实现对驾驶员岗位动态监控的一种管理手段。驾驶员岗位风险评估有利于全面掌握驾驶员个人信息状况，是车队安全生产组织和合理调派的依据。

详细参见附件 1“驾驶员岗位风险评估表”中的内容进行，每月一次。根据定量评估结果和驾驶员分类（20 以上为 A 类、13 ~ 19 分为 B 类、12 以下为 C 类）情况，制定相应的监控管理措施，明确责任人，并跟踪落实。车辆单位应建立岗位风险评估台账，评估结果应及时公布，向全体驾驶员公示，提醒驾驶员自我约束并互相监督。当月的监控结果应在次月进行评估，提出是否解除监控或改变措施。

4. 车辆风险评估

车辆风险评估是按照《机动车运行安全技术条件》（GB 7258—2012）规定要求，对机动车辆的制动、转向、传动、行驶、电器等系统安全技术状况及其使用性能进行定期定量定性分析和评估的过程。

车辆单位应按照《车辆风险评估表》（附件 2）中的内容对所有车辆进行风险评估，由车辆单位负责人组织，安全主管领导、技术员等人员参加，每月进行一次，根据评估结果制定分别相应的风险削减措施。驾驶员依据所驾车辆的风险评估结果落实相应的风险控制措施。

5. 道路风险评估

道路风险评估是对日常运行道路的基本状况进行风险评估的过程，道路是交通运行活动的基本条件，道路状况是否符合交通安全的要求，将直接影响交通活动的安全和谐运行。道路风险因素包括弯道、坡道状况，道路视距、路面质量以及平坦程度等。

道路风险评估由车辆单位负责人组织，安全主管领导、调度员、班组长参加，按照道路风险评估表（附件 3）中的内容进行，每半年进行一次，并对道路变化情况及时进行更新。调度员在调派车辆时应按照不同地理位置的道路危害因素对驾驶员进行安全提示。驾驶员应在主要危险点段提前采取防范控制措施，确保行车安全。

6. 特殊任务风险评估

恶劣天气行驶、崎岖山路行驶、长途运输、大宗拉运、省外施工、境外驾驶等按照车辆特殊任务管理。特殊任务运行风险较大，进行有效的过程控制是交通安全管理的关键。

在执行特殊任务前应对特殊任务的驾驶员、乘员、车辆、道路及行驶距离、天气、驾驶时间及时段、任务类型等状况进行风险评估，特殊任务风险评估由车辆单位负责人在每次执行特殊任务前组织进行，根据评估结果制定并落实相应的措施。特殊任务风险评估表如附件 4 所示。

评估结果和控制措施由调度员书面告知执行特殊任务的驾驶员，驾驶员要进行签字确认。

7. 外租车风险评估（简要）

7.1　租用车辆必须符合法规要求，其技术状况必须达到国家安全技术标准，证件齐全有效。

7.2 租用企外车辆必须投保交通强制保险、座位险和不低于10万元保险额的第三者责任险。

7.3 与出租方签订安全协议，将租用车辆纳入使用单位进行日常安全管理。

安全协议合同内容省略。

8. 承包商风险评估

要求企业从承包商和供应商的资格预审、选择及开工前准备、作业过程监督、承包商和供应商的表现评价和业绩考核等方面加强管理A。

具体内容省略。

9. 安全综合管理风险评估体系

《道路普通货物运输企业安全生产标准化达标考评标准参考标准》请加QQ群索取。

附件 1：驾驶员岗位风险评估表

编号：

<table>
<tr><td colspan="11">个人信息</td></tr>
<tr><td>姓名</td><td colspan="2">年龄</td><td colspan="2">政治面貌</td><td colspan="2">驾驶车辆类型</td><td colspan="2">业余爱好</td><td colspan="2">性格特点</td></tr>
<tr><td></td><td colspan="2"></td><td colspan="2"></td><td colspan="2"></td><td colspan="2"></td><td colspan="2"></td></tr>
<tr><td colspan="11">岗位风险评估</td></tr>
</table>

A岗位资质	风险值	D防御驾驶技能	风险值	G个人嗜好	风险值
按规定要求证件齐全	0	技能考试85分以上	2	情绪稳定，乐观向上	0
按规定要求证件不全	禁止	技能考试60至85分	5	休息无规律	10
		技能考试60分以下	20	有喝酒习惯	16
B驾龄	**风险值**	**E 履职状况**	**风险值**	**H 家庭状况**	**风险值**
5年及以上	1	遵章守法1年及以上	1	家庭和睦	0
3年至5年	5	1年内有违章行为	5	家庭有困难	5
1年至3年	12	当月有违章行为	14	家庭有吵嘴等小矛盾	10
跟车实习期内及1年以下	25	当月有2次及以上违章行为、1年内发生责任交通事故	25	家庭有较大矛盾	15
C安全行车里程	**风险值**	**F身体状况**	**风险值**	**I其他**	**风险值**
15万公里以上	1	身体良好	1	正常	0
10万至15万公里	2	有轻微疾病	10	调整车型	7
5万至10万公里	4	有影响驾驶行为的伤病	禁止	复工3个月以下	10
5万公里以下	10			其他因素	2～25

评估项	A	B	C	D	E	F	G	H	I	总计
自评估										
车队评估										

续上表

<table>
<tr><td colspan="3">风险评估结果</td></tr>
<tr><td>低风险（C类）□
12分以下</td><td>中风险（B类）□
13～19分</td><td>高风险（A类）□
20分以上</td></tr>
<tr><td colspan="3">风险控制措施描述：</td></tr>
</table>

附件 2：车辆风险评估表

编号：

车牌号			驾驶员签名		
车辆类型			评估组长签名		
评估日期			参加评估人员		
风险评估					
A制动系统	风险值	C传动系统	风险值	E电器系统	风险值
确认完好	0	确认完好	0	确认完好	0
制动踏板行程大	2	传动轴十字节松旷	5	刮水器损坏	5
制动分泵漏油（气）	5	传动轴螺栓松动	20	喇叭损坏	10
助力器漏油	5	传动轴螺栓缺失	25	仪表工作不正常	10
制动总泵漏油（气）	5	其他	2～20	线路老化	15
制动跑偏	15			灯光不全	20
制动距离过大	15			其他	2～20
制动失效	25				
其他	2～20				
B转向系统	风险值	D行驶系统	风险值	F其他部件	风险值
确认完好	0	确认完好	0	确认完好	0
转向盘自由行程大	2	钢板中心螺栓松动	5	倒车镜损坏	5
方向机漏油	3	轮胎气压不符合标准	10	灭火器失效或缺失	5
转向摇臂松旷	5	车辆钢板弹簧断片	10	无故障警示牌	5
横拉杆及球头销松旷	25	半轴螺栓松动	15	车厢与大梁连接螺栓松动	15
直拉杆及球头销松旷	25	轮胎磨损严重或有硬伤	15	车架变形	15
助力泵损坏	25	轮胎螺栓松动	20	前后桥变形	15
其他	2～20	轮胎螺栓缺失	25	安全带失去作用或缺失	15
		钢板U形螺栓松旷	25	其他	2～20
		其他	2～20		

续上表

<table>
<tr><td>评估项</td><td>A</td><td>B</td><td>C</td><td>D</td><td>E</td><td>F</td><td>总计</td></tr>
<tr><td>估分</td><td></td><td></td><td></td><td></td><td></td><td></td><td></td></tr>
<tr><td colspan="8">风险评估结果</td></tr>
<tr><td colspan="3">低风险□
12分以下</td><td colspan="2">中风险□
13～19分</td><td colspan="3">高风险□
20分以上</td></tr>
<tr><td colspan="8">风险削减措施描述：</td></tr>
<tr><td colspan="8">隐患整改情况：</td></tr>
</table>

附件3：道路风险评估表

编号：

基本信息			
序　号		评估日期	
起　点		终　点	
建议最高车速			

评估道路、气候基本情况	
道路总体情况：	气候情况：

道路方向和应急电话	
道路方向	
应急电话	

危害因素				
序号	地理位置（公里）	危害因素	风险等级	细节描述及控制削减措施

风险控制原则：

低风险：驾驶员本人可以控制的风险。

中风险：出车前调度员安全提示，行车中驾驶员做到超前预防、谨慎驾驶。

高风险：通过车队采取措施控制

风险控制措施：

备注（变更情况）：

附件 4：特殊任务风险评估表

编号：

车队名称	车队长		任务名称	任务是否必要？		
				是□ 否□		
出发			到达			
地点	日期	时间	地点	距离	日期	时间

驾驶员姓名	出车前安全驾驶培训？	培训人签字	义务安全员签字
	是□ 否□		
车辆类型		乘员人数	

风险评估

A车辆安全状况	风险值	D行驶距离	风险值	G驾驶时段	风险值
经检验确认完好	0	≤300km	2	6:00～19:00	0
未经检验或存在隐患	禁止	≥300km	5	19:00～6:00	25
		≥500km	8		
B乘员人数	**风险值**	**E道路状况**	**风险值**	**H驾驶员**	**风险值**
小型车有带车人	1	高速公路	1	本单位驾驶员	1
小型车无带车人	2	国道省道	2	外聘驾驶员	10
面包车有带车人	3	混合路面	3		
面包车无带车人	4	山路	10		
大货车或大客车有带车人	5				
大货车或大客车无带车人	10				
超员超载	禁止				

续上表

风险评估

C行车天气		风险值	F驾驶时间		风险值	I计划车速	风险值
晴天		1	出车前24h内休息>8h	计划行车<12h	1	控制在规定范围内	0
雨天		2					
雾天	能见度≤200m	10		计划行车<14h	3	超速行驶（按计划行车时间与里程计算）	25
	能见度≤100m	15		计划行车<16h	5	J任务类型	风险值
	能见度≤50m	25	出车前24h内休息<8h	计划行车<12h	2	货运	1
冰雪天配备防滑链		12		计划行车<14h	5	客运	2
冰雪天未配防滑链		25		计划行车<16h	8	紧急任务	8
				计划行车>16h	25	危险品运输	10

A	B	C	D	E	F	G	H	I	J	总计

风险评估结果

低风险□ 12分以下	中风险□ 13～19分	高风险□ 20分以上

风险削减措施描述：

第二节 测评改善措施和计划

当安全标准化系统测评完后，对于发现的问题应持续改进，并制定实施计划措施表，参见下表。

安全标准化系统持续改进实施计划表

<table>
<tr><td>实施日期</td><td></td><td>实施人员</td><td></td></tr>
<tr><td>实施部门</td><td></td><td>主要负责人</td><td></td></tr>
<tr><td colspan="4">安全标准化评定结果：</td></tr>
<tr><td colspan="4">安全系统运行情况：</td></tr>
<tr><td colspan="4">系统修订、完善情况：</td></tr>
<tr><td colspan="4">持续改进的效果：</td></tr>
<tr><td colspan="4">审批意见：
审批人：　　　日期：</td></tr>
<tr><td colspan="4">备注：</td></tr>
</table>

案例：某集团安全标准化自评整改完善计划、措施、完成情况

序号	自评发现	整改完善措施计划		实际完成情况	备注
		具体措施	完成时间		
1	从业人员对安全文化无意识	各部门通过班前、班后会组织教育	×年×月×日	已完成	
2	从业人员不清楚安全承诺	各部门通过班前、班后会组织教育	×年×月×日	已完成	
3	从业人员不了解安全生产方针与目标	各部门通过班前、班后会组织教育	×年×月×日	已完成	
4	有关人员不了解本部门安全职责	各部门通过班前、班后会组织教育	×年×月×日	已完成	
5	从业人员不了解风险评价制度内容	各部门通过班前、班后会组织教育	×年×月×日	已完成	
6	危险、有害因素识别有遗漏	补充识别	×年×月×日	已完成	
7	从业人员不了解本岗位风险及其控制措施	各部门通过安全生产例会组织教育	×年×月×日	已完成	
8	从业人员对应急救援预案不清楚	各部门通过安全生产例会组织教育	×年×月×日	已完成	
9	法律法规未定期更新	安全部学习制度规定，明确落实责任人员	×年×月×日	已完成	
10	从业人员对安全生产法律法规的了解情况不够	通过板报宣传安全生产主要法律法规	×年×月×日	已完成	
11	工作岗位无有效的规章制度	将规章制度发到相关岗位	×年×月×日	已完成	

续上表

序号	自评发现	整改完善措施计划		实际完成情况	备注
		具体措施	完成时间		
12	未持上岗证上岗	无证者停工教育、培训，考核合格发证	×年×月×日	已完成	
13	承包商无入厂证	制作入厂证，登记发证	×年×月×日	已完成	
14	特种设备上无检验合格标志	将检验合格标志贴在设备醒目位置或操作室内	×年×月×日	已完成	
15	操作人员对岗位操作安全信息掌握程度不足	通过班前、班后会组织安全操作规程教育	×年×月×日	已完成	
16	操作人员不清楚运营作业流程异常处理方法	通过班前、班后会组织安全操作规程教育	×年×月×日	已完成	
17	有毒有害等危险场所的醒目位置设置的安全标志不符合《安全标志及其使用导则》（GB 2894—2008）规定的要求	补充标志	×年×月×日	已完成	
18	未对承包商进行规范管理	建立承包方档案，与现有承包方签订安全环保协议书	×年×月×日	已完成	
19	未对供应商进行规范管理	建立供应商档案，与现有供应商签订安全环保协议书	×年×月×日	已完成	
20	采购的危险化学品无“一书一签”	严格执行规定，实施规范采购，坚决落实“一书一签”	×年×月×日	已完成	

续上表

序号	自评发现	整改完善措施计划		实际完成情况	备注
		具体措施	完成时间		
21	从业人员及相关方对接触的危险化学品的有关特性及要求不清楚	将规定发至各有关岗位	×年×月×日	已完成	
22	从业人员在生产现场佩戴、使用个人防护用品不符合规定要求	落实班前检查、班中巡查，班后考核记录	×年×月×日	已完成	
23	无协作单位收到应急救援预案的回执	与当地安监、消防、医疗卫生联系，获取回执	×年×月×日	已完成	

案例：某物流集团营运车辆安全管理制度

1. 制度概况

1.1 目的：贯彻“安全第一、预防为主”的方针，严格车辆安全生产法律、法规和车辆安全管理制度的落实，增强事故防范能力，最大限度遏制交通事故发生，保障全网络道路运输生产安全。

1.2 适用范围：全集团营运车辆管理。

2. 制度正文

2.1 车辆安全管理内容

2.1.1 全面贯彻国家安全生产方针、政策和安全生产法律、法规。

2.1.2 建立健全各级车辆安全管理机构，制定、完善并推动车辆安全管理规章制度落实。

2.1.3 组织开展车辆安全生产宣传、教育、培训、安全生产检查和竞赛。

2.1.4 驾驶员（专业技能）招、培、管、评。

2.1.5 车辆安全技术检查，规范车辆使用管理。

2.1.6 车辆证照管理、审验及车辆保险管理。

2.1.7 车辆事故应急处置，车辆事故调查、处理、统计、分析和上报。

2.2 车辆安全生产管理组织机构

实行总部、经营本部、地区车辆安全生产管理工作模式，明确各级车辆安全生产管理机构的职能，合理配置车辆安全管理人员，保障车辆安全管理工作的有效开展。

2.2.1 总部负责全网络车辆安全生产的监控和指导。

2.2.2 大区根据总部管理方针，指导和推动所辖区域车辆安全管理工作。

2.2.3 地区根据总部、大区的要求，推动地区车辆安全管理工作。

2.3 车辆安全生产管理职能

2.3.1 集团总部车辆安全管理职能

2.3.1.1 宣传、贯彻国家安全生产法律、法规。

2.3.1.2 建立健全车辆安全生产规章制度，推动全网络贯彻落实。

2.3.1.3 指导全网络车辆安全管理工作的开展，完善全网络安全防控体系。

2.3.1.4 制定车辆安全管理工作目标，监控各大区车辆安全生产完成情况。

2.3.1.5 完善车辆交通事故应急处理预案、健全车辆交通事故应急处理的流程。

2.3.1.6 指导地区车辆交通事故的处理，收集统计全网络安全数据，分析网络内事故发生的主要规律，制定防范方向。

2.3.1.7 组织全集团车辆管理经验的总结交流和车辆管理人员的培训；指导地区安全培训工作的开展。

2.3.1.8 车辆安全管理的新技术、设备的评价、推广。

2.3.1.9 车辆保险事务的办理、协调。

2.3.2 大区车辆安全管理职能

2.3.2.1 按照总部车辆安全管理工作要求，推动本区域车辆安全管理工作的开展。

2.3.2.2 根据所辖区域管理的实际情况和规章制度要求，建立车辆安全管理细则，并推动落实。

2.3.2.3 按照总部车辆安全管理工作目标，量化、分解到各地区，并监控所辖地区完成情况。

2.3.2.4 协助、指导地区车辆交通事故的处理，掌握本区域车辆安全生产情况，分析所辖区域车辆交通事故发生的主要规律，制定主控方向。

2.3.2.5 调查、分析所辖区域车辆交通事故发生的原因，总结汲取事故教训、制定有效防范措施，推动地区实施。

2.3.2.6 负责全国安全活动在本区域的组织实施；适时开展安全检查、竞赛活动；组织地区车辆管理人员的培训。支持、监控地区安全培训工作的开展。

2.3.2.7 指导和支持本区域车辆安全应急救援、处置工作的开展。

2.3.2.8 本区域车辆保险事务的协调处理。

2.3.2.9 本区域车辆安全管理其他工作事务。

2.3.3 地区车辆安全管理职能

2.3.3.1 按照总部和大区车辆安全管理要求，开展本地区车辆安全管理工作。

2.3.3.2 负责本地区驾驶员管理、车辆管理工作，做好安全防范管控工作。

2.3.3.3 指导、监控分公司车辆安全生产工作的开展。

2.3.3.4 总结本地区车辆安全生产形势，分析事故发生规律，查找车辆安全管理的薄弱环节，制定整改措施，完善安全防控体系。

2.3.3.5 建立完善本地区车辆安全生产应急预案，组织本地区车辆安全应急救援、处置工作的开展。

2.3.3.6 处理车辆安全事故，调查和分析事故原因，总结汲取事故教训，落实防范措施。

2.3.3.7 按照总部、经营本部的部署，结合本地区实际，适时开展安全竞赛活动，总结学习车辆安全生产先进经验，促进本地区车辆安全管理工作的有效开展。

2.3.3.8 负责车辆安全生产数据的统计、分析和上报工作。

2.3.3.9 车辆安全管理其他工作。

2.3.4 分公司车辆安全管理职能

2.3.4.1 按照地区车辆安全管理要求，开展驾驶员、车辆安全管理工作。

2.3.4.2 组织驾驶员安全培训和安全例会的开展。

2.3.4.3 负责驾驶员调配和日常监控管理，规范驾驶员操作行为。

2.3.4.4 负责车辆安全技术检查，保持车辆良好安全性能。

2.3.4.5 加强车辆场站安全管理工作，规范车辆停放，做好车辆防火、防盗隐患的排查工作。

2.3.4.6 负责车辆安全事故、车辆故障等事项的应急处置和救援行动的实施。

2.3.4.7 负责车辆安全数据的采集和上报。

2.3.4.8 车辆安全管理其他工作。

2.3.5 中转场跨区域车辆安全管理职能

2.3.5.1 中转场车辆管理人员须对在本单位参加中转的其他地区车辆和驾驶员进行监控管理。

2.3.5.2 中转场车辆管理人员须及时纠正在本单位参加中转的其他地区（分公司）驾驶员违规行为，并将违规情况向责任地区、分公司车辆管理人员进行通报。

2.3.5.3 地区车辆管理部门在接获其他地区车辆管理人员对本地区驾驶员违规情况反馈后，须进行核实，按章处理，并将处理结果通报反馈单位。

2.4 车辆安全生产会议

2.4.1 安全管理会议

2.4.1.1 经营本部每半年组织召开一次车辆安全管理工作会议，总结分析车辆安全生产形势，对下一步工作提出指导性的意见和工作目标。

2.4.1.2 地区每月组织召开一次车辆安全管理工作会议，对本地区车辆管理工作进行总结、分析和交流，协调解决车辆安全管理存在的问题，促进车辆安全管理工作的深入开展。

2.4.2 驾驶员安全例会。

分公司根据车辆实际运行安排，组织召开驾驶员安全例会，每月不少于两次。

2.4.3 车辆安全生产会议须建立完整的会议纪要和签到记录，并妥善保管。

2.5 安全宣传、教育和培训

2.5.1 安全宣传、教育和培训旨在增强道路运输生产从业人员安全意识，提高从业人员的操作技能和整体素质，实现安全生产目的。

2.5.2 总部、经营本部应根据事故发生原因、规律和安全防控需要，制作培训资料支持地区安全教育、培训。

2.5.3 各地区应根据当地的交通环境、道路状况、气候特点、车辆运行线路、车辆类型和运作特性等具体情况，有效开展安全教育、培训。

2.5.4 安全教育、培训主要方式：

2.5.4.1 地区车辆管理部门每月须组织开展一次驾驶员安全培训，根据本地区实际情况、管理需要，开展驾驶员集中培训或重点管理单位、重点管理驾驶员的安全教育培训，增强驾驶员安全教育效果。

2.5.4.2 分公司(中转场)须结合驾驶员安全例会，每月组织开展不低于两次驾驶员培训教育，传达公司车辆安全管理规定，贯彻本部门行车安全要求，组织驾驶员分析、讨论事故发生原因和事故防范措施。

2.5.4.3 车辆管理部门对存在违规行为的驾驶员或重点管理驾驶员进行批评教育，规范驾驶员驾驶行为。

2.5.4.4 利用板报、标语、图展、多媒体教育等方式丰富和促进宣传教育效果。

2.5.5 新入职驾驶员正式上岗前，必须进行三级安全教育和相应的技能培训：

2.5.5.1 地区安全教育：由人事、车管部门对新员工宣讲公司有关安全制度，介绍企业的生产性质、特点等。

2.5.5.2 部门安全教育：由部门负责人或车辆管理人员向新员工讲解本部门的生产性质、特点、安全技术操作规程和岗位责任及应遵守的注意事项等。

2.5.5.3 岗位安全教育：新入职驾驶员必须进行规定时间段的跟车实习过程，对车辆性能、操作要领、道路状况充分掌握以后，方可正式独立上岗。

2.5.6 安全宣传、培训和教育需注重教育效果，做好组织实施和工作开展记录。

2.6 安全监督检查、竞赛

2.6.1 各级车辆管理部门须对车辆安全管理工作的开展情况和实际运作状况进行安全监督检查，范围包含：

2.6.1.1 车辆安全生产管理规定、安全操作规程、岗位责任制的建立、完善。

2.6.1.2 运输生产及管理过程的原始工作记录。

2.6.1.3 车辆安全管理制度的执行情况。

2.6.1.4 车辆安全技术性能、驾驶员遵守交通法规和安全管理规章制度情况。

2.6.1.5 车辆、场站防火、防盗设施的配备，防范管理措施的落实。

2.6.1.6 车辆安全管理其他专项工作的开展情况。

2.6.2 安全监督检查的执行方式：

2.6.2.1 总部每年组织一次全网络车辆安全生产检查。

2.6.2.2 经营本部每季度组织一次所辖区域车辆安全生产检查。

2.6.2.3 地区检查：每年不少于四次对本地区车辆安全管理工作开展和车辆技术性能进行检查。

2.6.2.4 分公司自查：每月不少于两次对所属车辆技术性能进行检查。

2.6.2.5 日常监督检查：

2.6.2.5.1 分公司车辆管理人员在生产场（站）、道路开展场检路查，对驾驶员驾驶行为、车辆性能进行监督检查。

2.6.2.5.2 地区或分公司利用车载 GPS 监控车辆行驶速度、行驶轨迹。

2.6.2.6 事故原因调查、专项检查。

2.6.2.6.1 发生车辆安全事故，地区车辆管理部门须认真调查事故发生经过，查找事故发生原因，增强管理薄弱环节，防范类似问题及事故的发生。

2.6.2.6.2 发生涉及人员伤亡的重大责任交通事故、车辆盗抢、自燃事故的地区须对事故原因进行彻底排查，制定、落实并上报整改防范措施。

2.6.2.6.3 安全生产形势严峻或月度内连续发生两起及以上涉及人员伤亡重大责任事故的地区，总部或经营本部须对责任地区车辆安全管理工作开展情况进行检查，促进事故隐患排查和整改措施的落实。

2.6.3 安全监督检查应建立详细检查记录：记录检查时间、地点、项目、检查人、存在问题等，被检查部门负责人、车辆驾驶员须签名确认。

2.6.4 检查暴露的问题，要督促责任部门和人员及时整改，整改责任部门须建立整改记录。忽视整改或整改不力导致事故发生的，要严肃追究相关责任人责任。

2.6.5 被检查单位、人员须认真接受、配合检查，拒绝检查或弄虚作假的相关责任人，将给予严肃处理。

2.6.6 车辆安全生产竞赛：

2.6.6.1 安全竞赛以“推动安全管理制度落实、促进车辆安全管理工作深入开展、提升事故防范能力、预防和减少事故发生”为目的。

2.6.6.2 各级车辆管理机构须根据车辆安全管理需要，开展全网、经营本部、地区不同活动范围的安全生产竞赛。

2.6.6.3 为有效鼓励先进，对安全竞赛中表现优秀的单位和个人，应给予通报表扬和奖励；对安全管理存在薄弱环节、安全意识不强的单位和个人给予通报批评和处罚。

2.7 安全评估与安全预防

2.7.1 车辆安全生产，必须坚持“安全第一、预防为主”的方针。

2.7.2 在涉及车辆运行、停放的经营场地选址、车辆运营线路规划、运行时间安排，驾驶员、车辆调配等方面，必须符合相关安全生产法律法规及车辆安全运行要求。车辆管理部门须从保障车辆安全生产的角度提供专业意见。

2.7.2.1　分公司、点部选址，应考虑车辆安全停放、进出场地的行驶安全、消防通道及消防设施配备、场地内部通道及作业区域规划等符合车辆安全使用要求。

2.7.2.2　车辆运营线路及运行时间规划，需注重道路路况、车辆行驶速度、车型及装载情况对行车安全的影响。

2.7.2.3　驾驶员调配排班，必须符合“驾驶员准驾资质、驾驶员连续驾驶 4 小时需休息 20 分钟以上”等法规规定，保证驾驶员充足的休息时间和不同车型、路况的驾驶经验等车辆安全管理要求。

2.7.2.4　车辆调配使用，须考虑车辆装载能力、技术性能等因素，严禁车辆带故障行驶。

2.8　车辆安全生产责任

2.8.1 公司全体驾驶员、车辆管理人员及其他相关工作人员必须严格按照国家安全生产法律、法规和公司安全管理制度的要求，认真履行本岗位安全生产及管理职责，规范开展车辆安全生产工作，预防车辆安全事故的发生。

2.8.2　违反车辆安全管理制度、操作规程要求的驾驶员和责任人员，按照公司奖惩制度相关规定进行处罚。

2.8.3　发生车辆安全生产事故，按照公司奖惩制度相关规定对责任驾驶员及负有管理责任的管理人员进行处罚。

3. 解释

本规定由集团车管部负责解释。

4. 引用

此项无内容

第六单元　调度配送管理体系

教学目标

通过对本单元的学习，使车管人员对从事职业物流车管工作的车辆调度配送管理体系有一个认识和了解，对比调度管理体系中的各项要求，分析自身的优点和不足，不断予以完善，从而提高自身的车管工作技能，提升在物流行业的职业竞争力。

教学内容

本单元主要内容：车辆资源管理；调度作业管理；签收作业管理；收退作业管理；核单作业管理；名企调度管理案例。

第一章　车辆资源管理

重点内容

本章重点内容：车辆购置；车辆租赁；车辆转让；车辆调拨；车辆报废更新。

1. 车辆购置

为了适应业务发展需要进行车辆购置。

1.1　车型的选择：根据公司公务用车或生产用车的使用需求确定车型。

1.2　车辆制造厂的选择：根据车型需求，进行前期市场调研，对同类车型的制造商进行初步评价。评价指标包括：产品性能参数、价格、市场占有率、投诉率、售后服务体系、企业经济实力、社会信誉、企业发展前景等因素，并填写“分供方评价记录”及“合格供方一览表”（请加 QQ 群索取）。

1.3　车辆供应商的选择：由相关部门组成采购小组，在前期初选的符合规定的汽车代理商或厂家中，选择多家资信、信誉、服务俱佳，且符合财务管理要求的代理商或厂商，作为车辆供应商的候选商，参与由采购小组统一安排的采购招标。确定采购供应商后，和车辆供应商洽谈相关条款，拟定“车辆购置合同”，并填写“合同审核登记表”（请加 QQ 群索取）。

1.4　车辆的验收：由接车人员按照车辆验收、交接流程进行验收，并填写“汽车验车单”或“叉车验车单”（请加 QQ 群索取）。

1.5　车辆上牌：新车验收后，即进行上牌，然后纳入正常使用管理。将新购车辆纳入车辆管理系统和“车辆台账”（请加 QQ 群索取）。相关资料存入车辆档案。

2. 车辆租赁

根据业务需要，可以进行车辆租赁。车辆租赁一般分为临时租赁和固定租赁。

2.1　车辆租赁审批

申请单位因业务急需必须租赁车辆时需经相应的部门进行审批。对于不同业务情况，一般会定出不同审批流程和权限。

2.2　租赁分析

如需要租车，则要做出详细的申请报告，充分阐明现有资源使用状况，租赁车辆的必要性和可行性分析，说明拟租车型、租期、价格、数量，并同时提交租赁商资质材料、租赁合同文本，报送相关部门审核并签署意见。

2.3　租赁资质

一般租赁要求是租赁商必须是在工商局正式注册、具有合法租赁资格的专业汽车租赁企业，能出具合法有效的营业执照和租赁行业许可证，能够开具出租行业正式发票。

2.4　租赁车辆和价格

所租车辆外观完好、性能可靠，租赁价格不得高于当地市场价格。

2.5　租赁车辆保险

所租车辆的保险要据业务需要而确定，一般应包括如下险种，且在满足必投“交强险”的前提下须足额投保：车辆损失险、第三者责任险、车上人员责任险、盗抢险、自燃损失险、玻璃单独破碎险、无过失责任险、不计免赔特约险，其中第三者责任险的保险金额不得低于 50 万元，大型货车不少于 100 万。并且其中的车辆损失险、第三者责任险、车上人员责任险、盗抢险、自燃损失险这五项是必备项目缺一不可。

长期重要的业务租赁商必须拥有与所租车辆车型相同、性能完好的备用车，且备用车保险与合同车辆相同。

2.6　临时单批次或多次租车

所租车辆对于规模要求可以降低，但是必须具备车辆行驶证、营运证、车辆登记证且各种证件、手续齐全、合法、有效，并且要符合保险要求（车辆损失险、第三者责任险、车上人员责任险、盗抢险、自燃损失险）。

3. 车辆转让

由于业务发展，不再需要的车辆，可以进行转让。

申请单位如实填写“车辆转让申请表”（请加 QQ 群索取）并详述转让理由，相关负责人审核确认，报告中应准确提供以下内容：拟转让车辆的购置年限、已运行公里数、现状、转让原因、价格、接收单位或个人。

转让后，应办理车辆过户手续，按双方约定收款，车辆档案注销。

4. 车辆调拨

同一个集团内的车辆，由于不同的地方业务发展、需求有变化，可以将多余车辆调整到需要车辆的地方。

由申请调出单位填写“调拨申请单”（请加 QQ 群索取），由相关部门审批后进行调拨。

调拨过程中也需要进行车辆的交接和验收。

5. 车辆报废更新

5.1 原则

应遵循车辆使用的安全性、可靠性及经济性原则，同时结合国家的相关法律、法规，在保证车辆具备良好的技术状况下，合理更新处置车辆，既保障车辆营运的可靠性，又提高车辆使用的经济性。

5.2 车辆更新处置计划

要对车辆更新处置做好计划，内容包括：车牌号、车辆购置日期、预计更新时间等，根据车辆整体更新规划进行统筹调整。

5.3 车辆更新处置实施

当车辆确定需要更新处置后，需联系 3 家以上二手车交易公司（或专业评估单位）对车辆现值进行评估（相关部门人员共同参与），提交评估单（或估价单）。

根据实际情况以竞标形式初步选定购买人，确认后评审人员签名留档。

5.4 车辆更新处置跟进

及时跟进合同约定的相关收款、车辆交接、车辆过户等事宜。车辆未经过户，严禁交付给购买方。车辆办理过户后随即处理车辆保险事宜，商业险退保，交强险作过户处理。然后做好相关资料的保存，妥善保存相关凭证。

5.5 注意事项

车辆更新处置须遵循责任清晰、变卖过程透明、评审记录完整的原则，严禁出现违规行为。

第二章　调度作业管理

重点内容

本章重点内容：调度作业概述；调度作业流程　；调度作业管理技能。

1. 调度作业概述

调度作业主要内容是通过合理调度车辆与人员，合理安排车辆积载和配送线路来提高车辆利用率，降低配送成本，满足客户服务需求。

2. 调度作业流程

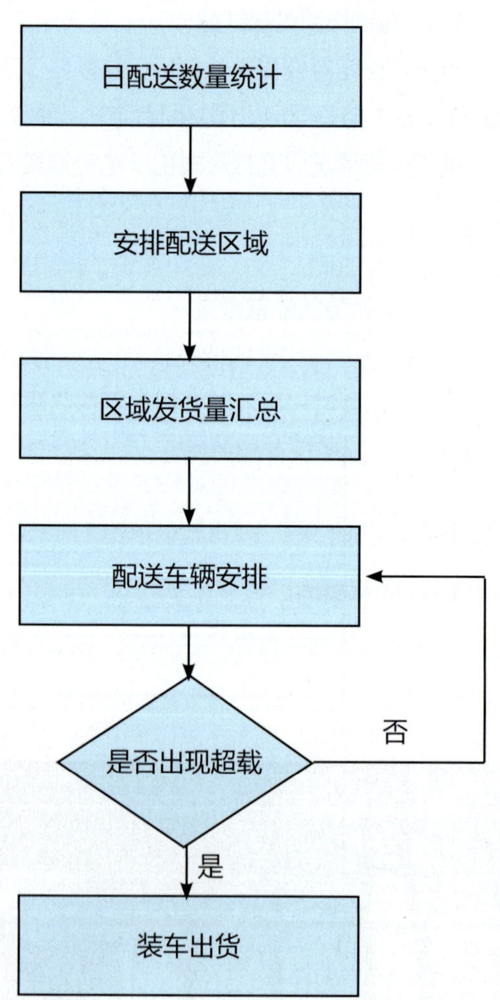

2.1　日配送数量统计

调度员统计当天要货客户的名称与数量，并根据发货单信息统计每个客户所需配送的货品数量。

2.2　安排配送区域

按照业务量或行政区原则划分配送区域。

2.3　区域发货量汇总

按照确定的配送区域汇总各个配送区域货品的总量。

2.4　配送车辆安排

根据各区域的货品总量安排配送车辆。装车时调度员需检查车辆计划装载量是否超出车辆的额定载重及体积。如果出现超载时，需调整装载计划以满足发货需要。

2.5 装车出货

配送员在货品装车后依照指定配送线路实施配送作业。

3. 调度作业管理技能

3.1 配送车辆调度原则

3.1.1 合适原则

（1）合适的车型：配送调度人员根据货品的规格计算出各个配送区域的货品重量与体积，再考虑路线因素，以及货品的性质和包装等确定车型和车辆数量。

（2）合适的车辆来源：调度人员确定车型及车辆数量后，即可开始确定车辆来源。如果有车源供应商即可直接安排好装车时间、地点等；如果没有固定的车源供应商，需立即寻找车源以满足配送需要。

3.1.2 邻近区域调度原则

如图所示，如当日 A2 区货品配送量超载，需要调整，则安排 A1 或 A3 区域送货车辆协助装运，或者 B2 区域送货车辆顺路协助配送。

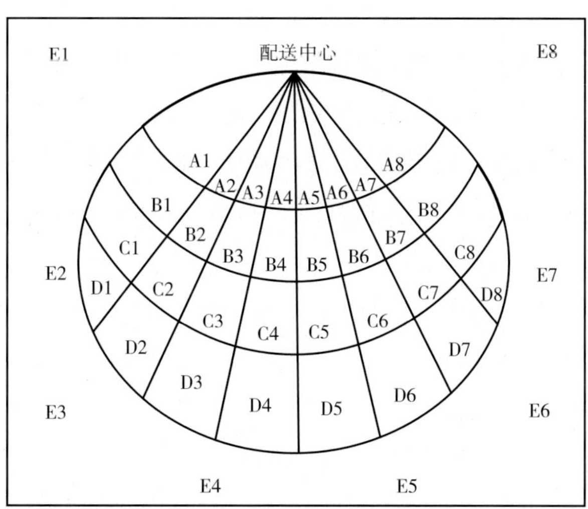

3.1.3 最小成本原则

假设配送成本的大小顺序是由较远区域配送车辆代送成本小于由侧面区域车辆代送成本，而由侧面区域配送车辆代送成本又小于安排车辆专送成本，如果上图中 A2 区域货品过少，可以由 A3 区域和 B2 区域配送车辆代送。则：最小成本的调度方法是选择 B2 区域配送车辆代送；其次是选择 A3 区域配送车辆代送；成本最高的调度方式是安排一辆货车单独运送 A2 区域货品。

3.1.4 车辆最大容积率原则

调整后的配送货品体积、质量不得超过配送车辆可承载的最大容积、质量。

3.2 配送车辆模式选择

划分了配送区域并统计了各个区域配送的货品总量以后，需根据客户的具体位置、沿途的交通状况等选择配送距离短、时间消耗少、成本支出低的线路。

3.2.1 直送式配送

直送式配送是指由一个供应点对一个客户的专门送货。其基本条件是客户需求量接近或大于可用车辆额定装载质量或装载体积，或根据货物的性质、形状需要专门派车一次或多次配送。因此，在直送情况下，货品配送路线优化就是选择最短的配送线路，以节约时间、降低成本和提高效率等，可以归为最短路径问题。

3.2.2 分送式配送

分送式配送是由一个供应点对多个客户共同送货。其基本条件是同一线路上所有客户需求量之和不大于一辆车的额定装载质量和装载体积，且所有客户的货品性质、形状等均不需要单独派车配送。实施配送时，一辆车装载所有客户的货品，沿着规划好的线路依次将货品送达客户。对于分送式配送，可以采用节约里程法确定最佳配送路线。节约里程法的要点是根据配送中心车辆运输能力、配送中心与客户之间的距离及各客户之间的相对距离来制定以选取配送车辆总的周转量最小为目标的配送方案。

3.3 配送规划方法

3.3.1 配送规划目标

（1）效益最高；

（2）成本最低；

（3）路程最短；

（4）吨公里最低；

（5）准时性最高；

（6）运力利用最合理；

（7）劳动消耗最低。

3.3.2 配送规划的限制条件

（1）在交通管制允许通行的时间中进行配送的限制；

（2）各配送路线的货物量不得超过车辆容积及载质量的限制；

（3）配送中心现有运力资源的限制。

3.3.3 配送规划方案的评选

（1）拟订配送路线方案并提出车辆配送路线及车型等具体参数；

（2）对各方案的数据进行计算，如配送距离、配送成本、配送行车时间等；

（3）确定评价方案。

3.4 车辆配装方法

将不同顾客、不同容积和质量的货物进行合理组配装载，使所装货品尽可能达到货车的载质量和装满货车的有效容积，提高运输效率。

3.5 车辆调度注意事项

3.5.1 应考虑车辆的维护保养需求。

3.5.2 应考虑线路总行驶里程，防止驾驶员过度疲劳。

3.5.3 对配送有特殊需求的客户，规划线路时优先考虑。

3.6 评价指标

调度的好坏直接体现在配送的成本上。除了对车辆的评价外，也可以用配送成本费用的相关指标来进行衡量，常用的有每吨千米配送成本、平均每车次配送成本、每千米配送成本等。具体如下：

$$平均每车次配送吨公里数 = 配送总距离 \times 配送总质量 \div 配送总车次$$

$$空车率 = 空车行驶距离 \div 配送总距离 \times 100\%$$

$$每吨千米配送成本 = 配送总成本 \div 配送总质量 \div 配送总距离$$

$$平均每车次配送成本 = 配送总成本 \div 配送总车次$$

$$每千米配送成本 = 配送总成本 \div 配送总距离$$

第三章　签收作业管理

重点内容

本章重点内容：签收作业概述；签收作业流程；签收作业管理技能。

1. 签收作业概述

配送车辆将货品送达客户后，客户相关人员根据订单核对货品、清点数量、检查包装和质量，经检查核对无误，在送货单上签名确认，若发现差异，须进行差异处理，这个过程被称为签收作业。

2. 签收作业流程

签收作业可分为门店卸货作业和门店清点作业两个流程。

2.1　门店卸货作业流程

门店卸货作业流程如下图所示。

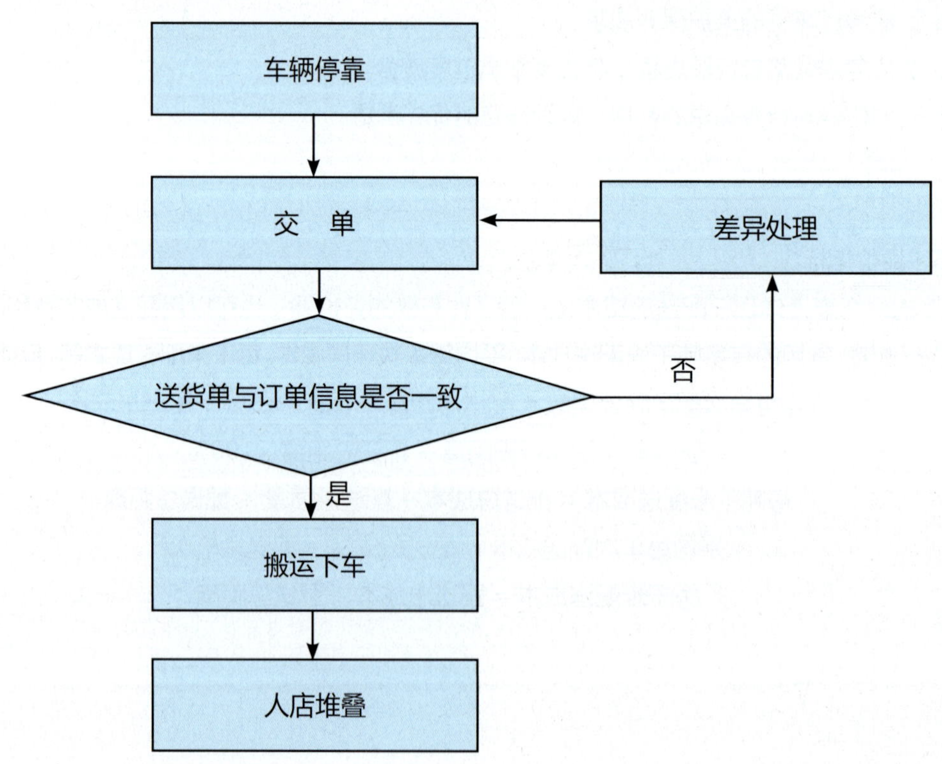

门店卸货主要步骤说明如下：

（1）车辆停靠。配运车辆到达客户场地后，在客户工作人员指挥下将车辆停靠到位。

（2）交单。配送员下车后，首先将送货单交给客户收货人员，客户人员核对送货单信息与订单信息是否一致。若发现货品名称、数量、规格、价格等不一致，和配送员做差异处理，打印差异单。

（3）搬运下车。配送员从配运车上找到该客户货品并将其搬运下车。

（4）人店堆叠。配送员与客户工作人员合作，将客户货品搬运到客户指定收货位置并按规定堆叠。

2.2　门店清点作业流程

门店清点作业流程如下图所示：

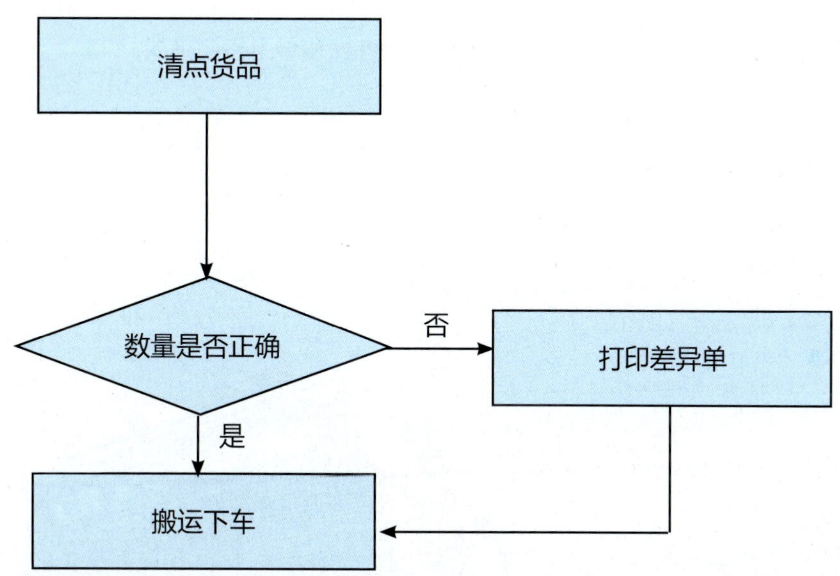

门店清点作业主要步骤说明如下：

（1）清点货品。配送员协助客户收货人员检查货品品种、规格、数量是否正确。若发现货品数量与单据信息不一致，配送员与门店收货员进行差异处理，打印或填写差异单。

（2）货品签收。确认货品无误后，配送员请客户收货人员在出车单上签名确认。

3. 签收作业管理技能

3.1　下货堆叠

3.1.1　整箱与零散货品要分开堆放。

3.1.2 下货堆叠要注意货品包装的承载质量，做到“重不压轻”、“大不压小”。

3.1.3 堆叠时需要考虑货品名的性质，特殊货品如冷冻货品等需要单独堆放而且尽量减少货品非低温环境放置时间。

3.2 交货对点

3.2.1 客户和收货人员应先对贵重货品进行对点交接以降低风险，然后再对其他普通货品进行清点。

3.2.2 开箱核对订单明细，包括货品名称、数量等，并检查货品质量。

3.3 注意事项

3.3.1 货品的安全性。

3.3.2 交接的单据是否完整。

3.3.3 经双方确认无误后，配送员和门店收货员在送货单上签名确认。

第四章　收退作业管理

重点内容

本章重点内容：收退作业概述；收退作业流程；收退管理技能。

1. 收退作业概述

收退作业是指经过一系列清点、核对、检查等程序，配送员将客户退货货品和相关单据带回配送中心的过程。

2. 收退作业流程

收退作业包括在店验收和入库交接两个子过程。其作业流程分别如下：

2.1 在店验收

在店验收作业流程如图所示。

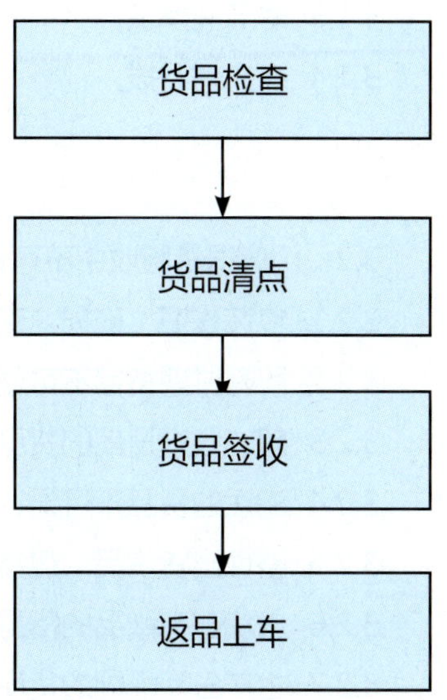

在店验收作业主要步骤如下：

（1）货品检查。配送员检查客户退回的货品是否符合物流中心退货规定如保质期、外包装等。

（2）货品清点。配送员对符合物流中心退货要求的货品依照退货单，检查货品名称、数量、规格是否与退货单信息一致。若不一致，拒绝接受退货。

（3）货品签收。经双方确认货品无误后，配送员在退货单上签名确认。

（4）返品上车。配送员将所收退回货品进行简单包装，并分别在退回货品上做简单标示，搬运上车，以方便识别不同客户退回的货品。

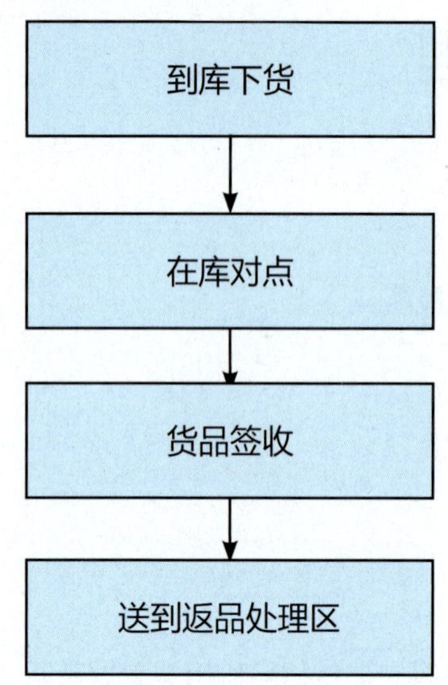

2.2 入库交接

入库交接作业流程如图所示：

入库交接作业主要步骤如下：

（1）到库下货。配送车辆返回配送中心后，配送员按不同客户逐次将退回的货品和回收的物流箱搬运下车。

（2）在库对点。退货收货员根据退货单信息检查货品和物流箱数量与规格是否正确。

（3）货品签收。确认货品无误后，退货收货员在退货单上签名并按规定保留相应单据存根。

（4）送到返品处理区。将退回的货品送到返品处理区。

3. 收退管理技能

门店退货是退货的主要组成部分，门店退货的原因很多，但并不是所有的货物都可退。退货过程中发生异常是在所难免的事情，以下对这些问题进行具体分析。

3.1 门店销售退货原因分析

3.1.1 临近保质期。

3.1.2 货品滞销。

3.1.3 季节性换货。

3.1.4 客户间调拨。

3.2 门店退货验收中不可退货的标准

3.2.1 包装残旧、破损、变形等情况不可退。

3.2.2 所有过期货品不可退。

3.2.3 超过收退日期的货品不可退。

3.2.4 淘汰的货品不可退。

3.2.5 整件出货货品，退货时必须为整件且包装完好可退，否则不可退。

3.2.6 出货配有赠品的货品，退货时必须配有赠品，否则不可退。

3.2.7 生产日期模糊的货品不可退。

3.2.8 整件出货货品，同一箱内有生产日期不一致货品或多种货品混装的情况不可退。

3.2.9 非本公司配送的货品不可退。

3.2.10 所有具有质量问题的货品不可退。

3.3 注意事项

3.3.1 退货收货员所接收退货与单据不一致时，应在退货单上注明。

3.3.2 退货单据应保持清洁、完整。

3.3.3 退货交接后须双方签字确认。

3.3.4 收退的货品与未配送的货品要分开放置。

3.4 退货封箱注意事项

3.4.1 退货封箱前需将退货单放在退货门店对应的物流箱里。

3.4.2 把退货货品按照供应商、日期、货品状态分类整理装箱。

3.4.3 在包装箱上注明供应商名称、货品条码、生产日期、数量。

第五章　核单作业管理

重点内容

本章重点内容：核单作业概述；核单作业流程；核单作业管理技能。

1. 核单作业概述

核单作业是指装车出货后，由于种种原因，客户并不一定能如数收到发出的货物，这就需要对出车回单进行处理，将客户实际收货信息输入系统，也是汇总配送差异情况的过程。

2. 核单作业流程

核单作业流程如图所示：

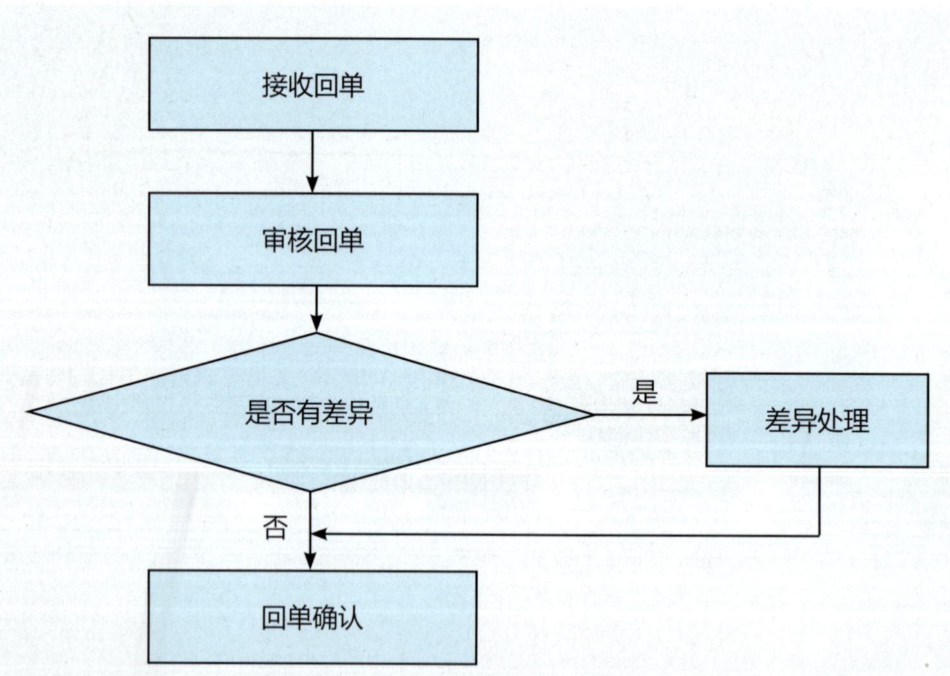

2.1　接收回单。配送结束后，配送员将客户回单交信息中心，由信息员接收回单。

2.2　审核回单。信息员核对系统记录及出车回单中的客户收货数据是否存在差异，若有差异，进行差异处理。

2.3 差异处理。信息员结合相关部门（配送、运输）寻找差异原因，录入差异信息。

2.4 回单确认。信息员在信息系统内进行回单确认。

3. 核单作业管理技能

3.1 核单作业的要点

3.1.1 审核回单是否正确，是否为客户确认的有效回单，如查看客户是否有收货签章，同时要查看回单是否完整、齐全。

3.1.2 审核回单发现存在差异时找配送员进行差异处理，追究相关责任。

3.1.3 回单审核完毕必须及时在系统中作相应处理。

3.2 评价指标

对于核单的评价，可以用核单时间来进行考核。核单时间就是从信息员接收回单开始，到信息员在信息系统内进行回单确认为止的时间。

案例：某集团派送流程

有车营业站货物派送流程：

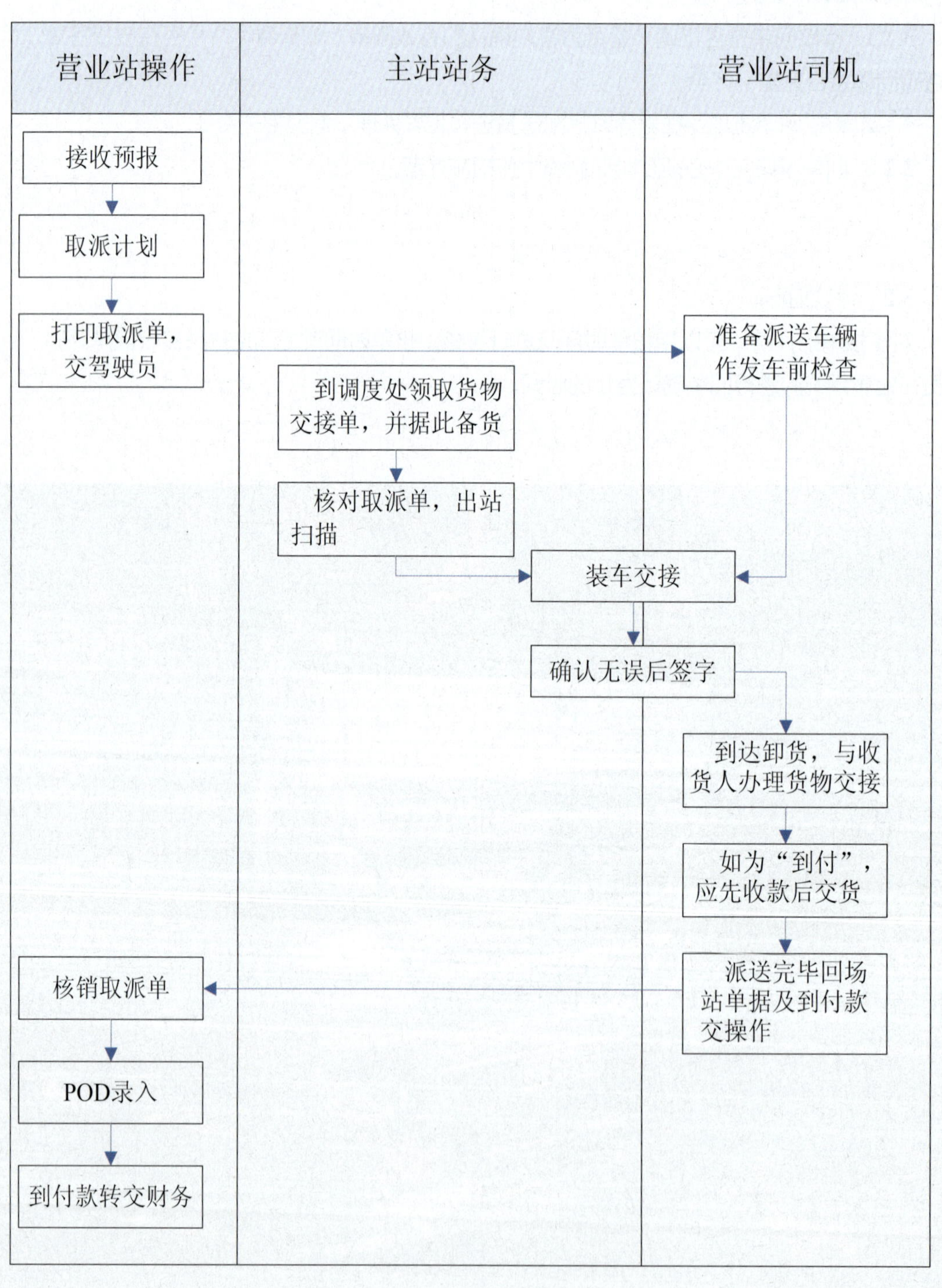

第七单元　专用车管理简要

教学目标

通过对本单元的学习，使车管人员对专业物流车辆运输管理有一个简单的认识和了解，对比专业物流车辆运输管理中的各项要求，分析自身的优点和不足，进行完善，从而提高自身的车管工作技能，提升在物流行业的职业竞争力。

教学内容

本单元主要内容：集装箱运输；冷链物流运输；罐式容器车辆运输；鲜活易腐产品运输；贵重物品运输；限运、禁运和凭证件产品运输；大件物品运输；危险品运输。

说明：对于车辆管理的一些重大原则、方式和方法，基本上是相同的，本书前面各章节中也作了详细说明。本单元只是简要列出各个专业物流中偏重于车辆运输管理应用方面的重点知识，不再列出管理方面的基本内容。

第一章　集装箱运输

重点内容

本章重点内容：集装箱运输特点；集装箱运输操作。

1. 集装箱运输特点

集装箱货物运输，是指采用汽车承运装货集装箱或空箱。集装箱货物运输是一种先进的现代化运输方式。

1.1　集装箱是一种能反复使用，具有标准化规格，能直接中转换装，有便于机械化装卸的特点，能节约物流中的劳动力消耗，实现快速、低耗、高效率及高效益地完成运输生产，将货物送达目的地交付给收货人。

1.2　采用集装箱运输时，各个运输环节和各种运输工具之间配合密切，衔接紧凑，货物所到之处中转迅速及时，大大减少了货物的在途停留时间，从根本上保证了货物安全、迅速、准确、及时地运抵目的地。

1.3　以集装箱为运输单元进行直达运输，尽管运货途中需经多次转换，但由于使用专业机械装卸，且不涉及箱内货物，因而货损货差事故大为减少，在很大程度上提高了货物的运输质量。

1.4　集装箱的规格是标准统一的，可以在道路、铁路、航空运输通用，便于组织联合运输，同时减少了联运的中间环节。

2. 集装箱运输操作

2.1　集装箱的目测检查

2.1.1　外部检查。集装箱外表有无损伤、变形、破口。

2.1.2　内部检查。集装箱内侧六面是否有漏水、漏光、水迹、油迹、残留物、锈蚀。

2.1.3　箱门检查。箱门、搭扣件、密封条、有无变形、缺损，箱门能否开启 180°。

2.2　集装箱货物的装卸

2.2.1　集装箱吊装时，应听从指挥，注意安全；吊装完毕后，用转锁装置将集装箱锁牢；卸货时，承运车辆驾驶员凭箱口的铅封交付，不点件计收。场站作业人员应配备集装箱专用装卸机械和装拆箱作业机械，装卸机械应有集装箱专用吊具，装卸机械的额定起重量要满足集装箱总质量的要求。

装拆箱作业机械要能适应进箱作业。

2.2.2 装拆箱作业人在装箱前，应按规定认真检查箱体，发现集装箱不适合装运货物时，应拒绝装箱，并立即通知集装箱所有人或承运人。装拆箱作业人员应根据货物的性质，严格按箱体容积和集装箱承载的要求装载货物，禁止超载，装箱后采用合适的方法对箱内货物进行固定、捆绑、衬垫，防止货物在箱内移动或翻倾。

2.2.3 装箱过程中，发现货物包装破损，装拆箱作业人员应做好记录，并及时通知有关方后，再决定是否装箱。

2.2.4 货物装箱后，装拆箱作业人员应编制货物装箱单，按有关规定施加封志，并按要求在箱体外贴上运输的有关标志。

2.3 集装箱货物的交接

2.3.1 集装箱整箱货物交接时，交接双方应当检查箱号、箱体和封志，重箱凭封志和箱体状况交接；空箱凭箱体状况交接。交接后，交接双方应做记录并签字确认。

2.3.2 集装箱拼箱货物在承运前，承运人要认真核对货物品名、数量是否与运单相符；运达后，经场站作业人、收货人查验签收。

2.3.3 在集装箱货物交接过程中发现货损货差或箱体损坏等情况，交接双方要编制集装箱货运事故记录，并签字确认。

2.3.4 交接责任的划分。交接前由交方承担，交接后由接方承担，但如果在交接后180天内，接方能提出证据证明交接后的集装箱和集装箱货物的灭失、损坏是由交方原因造成的，交方应按有关规定负赔偿责任。

第二章　冷链物流运输

重点内容

本章重点内容：冷链物流运输特点；冷链运输的对象；冷链运输的要求；冷链运输温度；冷藏车辆形式的选择；冷藏车辆大小的选择；冷藏车辆制冷能力的选择；冷藏车辆制冷形式的选择。

1. 冷链物流运输特点

冷链运输，是指在运输全过程中，无论是装卸搬运、变更运输方式、更换包装设备等环节，都使所运输货物始终保持一定温度的运输。冷链运输方式可以是公路运输、水路运输、铁路运输、航空运输，也可以是多种运输方式组成的综合运输方式。

冷链运输是冷链物流的一个重要环节，冷链运输成本高，而且包含了较复杂的移动制冷技术和保温箱制造技术，冷链运输管理包含更多的风险和不确定性。我们这里主要谈的是公路冷链运输，也是冷链运输的主要组成部分。

2. 冷链运输的对象

冷链运输的对象主要分为三大类：

（1）鲜活品：蔬菜、水果；肉、禽、蛋；水产品、花卉产品。

（2）加工食品：速冻食品、禽、肉、水产等包装熟食、冰淇淋和奶制品、快餐原料。

（3）医药产品：各类需要冷藏的药品、医疗器械等。

3. 冷链运输的要求

3.1　冷链运输过程必须依靠冷冻或冷藏等专用车辆进行，冷冻或冷藏专用车辆除了需要有与一般货车相同的车体与机械之外，必须额外在车上设置冷冻或冷藏与保温设备。在运输过程中要特别注意必须是连续的冷藏，因为微生物活动和呼吸作用都随着温度的升高而加强，如果运输中各环节不能保证连续冷藏的条件，那么货物就有可能在这个环节中腐烂变质。

在运输时，应该根据货物的种类、运送季节、运送距离和运送地方确定运输方法。在运输过程中，尽量组织“门到门”的直达运输，提高运输速度，温度要符合规定。

为保持冷冻货物的冷藏温度，可紧密堆码，水果、蔬菜等需要通风散热的货物，必须在货件之间保留一定的空隙，以确保货物的完好。

3.2　冷链运输要求在中、长途运输及短途配送等运输环节，车厢内处于低温状态。它主要涉及铁路冷藏车、冷藏汽车、冷藏船、冷藏集装箱等低温运输工具。在冷藏运输过程中，温度波动是引起货物品质下降的主要原因之一，所以运输工具应具有良好性能，在保持规定低温的同时，更要保持稳定的温度，远途运输尤其重要。

4. 冷链运输温度

冷冻运输（–22 ~ –18℃）：提供符合标准的冷冻运输车辆运送，例如：速冻食品、肉类、冰淇淋等货物。

冷藏运输（0 ~ 7℃）：提供符合标准的冷藏运输车辆运送，例如：水果、蔬菜、饮料、鲜奶制品、花草苗木、熟食制品、各类糕点、各种食品原料等货物。

恒温运输（18 ~ 22℃）：提供符合标准的保温、温控运输车辆运送，例如巧克力、糖果、药品、化工产品等货物。

5. 冷藏车辆类型的选择

冷藏车辆的选择是冷链运输首先遇到的问题。市场上冷藏车辆种类繁多，选择什么类型的车辆最适合本企业的运作模式，是购置车辆首先应该考虑的问题。公路冷藏运输车辆按类型可分为冷藏集装箱形，冷藏箱式车，冷藏连杆箱式车等。按制冷机的安装及类型可分为单机制冷式，双温控箱式等。

我国目前公路车辆开始标准化，非标准车辆将受到限制，所以运营单位选择车辆的范围首先要考虑交通运输部批准的冷藏车辆系列。像国外冷藏连杆箱式车还没有被允许在中国的道路上行驶。选择车辆的类型要根据行业特点，产品特性等因素综合考虑。比如服务于海关的运输企业选择拖挂式冷藏集装箱车，运输单一温度的长途车辆选择冷藏箱式车，而服务于超市多温度产品的运输企业可以考虑双温控箱式车等。

6. 冷藏车辆大小的选择

冷藏车辆吨位大小会影响到运营成本并限制车辆的使用安排。车辆的运营成本由车辆折旧，燃油费、修理费、人工费、路桥费、保险和养路费等费用组成。在国外，驾驶员的成本占了车辆运营费用的 1/3，是非常大的一块。

目前，我国人工成本相对较低，但此种现象不会长期延续下去。车辆的费用很大一部分和车辆的行驶距离直接相关，所以加大单位距离的运载量是多数情况下优先考虑的因素。

一般来讲，车厢体积越大单位货物的运输成本越低。这也是为什么国外道路上跑的很多是大吨位的车辆，而国内受多方面条件的限制，选择车辆考虑的因素要多一些。选择车辆大小，应考虑以下三方面因素。

6.1　运输业务模式

是批量长途运输还是小批量配送。长途运输应尽量选择大吨位的车辆。

6.2　运输道路限制

一般市内配送受车辆限行的影响，在一定的期间内大吨位车辆不许进城，所以城市配送要考虑此因素。

6.3　订单批量

订单的小批量是目前运输企业特别是配送企业面临的主要问题。单位时间内一辆车能送几单货将制约车辆的装载能力。

7. 冷藏车辆制冷能力的选择

冷藏车辆的功能主要是保持货品的温度，而不是降低货品的温度。车辆配备的制冷机的功率大小取决于冷藏箱尺寸，货品温度要求，箱体保温材料及环境温度等。

一般而言，在特定的区域内冷藏车辆的制冷机有标准配置。我们选择车厢的大小，对应相应温度有与其相匹配的制冷机。但在货品质量及对冷链控制要求较高的情况下，可以选择高一级的制冷机配置。

8. 冷藏车辆制冷方式的选择

目前冷藏车辆的制冷方式主要分为独立车载发动机制冷，冷板制冷，外接电源制冷，和压缩气体制冷等方式。外接电源制冷主要用于船运制冷集装箱，压缩气体制冷方式在日本部分冷藏车辆上使用。

在中国公路冷藏车辆中主要是独立车载发动机制冷和冷板制冷两种方式。独立车载发动机制冷方式应用的较普遍，它的优点在于不受时间和运输距离的限制，可调节不同温度范围。冷板制冷的优点在于车厢内温度较稳定，可多次卸货并且没有途中发动机损坏的风险，但缺点是温度范围较窄，需制冷等待时间和不能接力运输等。

第三章　罐式容器车辆运输

重点内容

本章重点内容：罐式容器车辆运输特点；罐式车辆运输操作。

1. 罐式容器车辆运输特点

罐式容器专用运输是指使用与被运送货物相适应的容器的专用运输车辆，运送无包装的液体货物或颗粒状、粉末状固定货物，如运输水、散装水泥等。

罐式车辆包括一体式罐体车、拖挂式罐体车、罐式集装箱车（简称槽罐车）。

一体式罐体车是指罐体永久性固定在车辆底盘上，与车辆不可分离的罐体运输车。

拖挂式罐体车是指罐体永久性固定在挂车底盘上，与挂车不可分离，牵引车与挂车可分离的罐体运输车。

罐式集装箱车是指由罐体与箱体框架两部分组成的集装箱运输车，其罐式集装箱与车辆可分离。

2. 罐式车辆运输操作

2.1　罐式车辆的装卸要求

2.1.1　罐式容器专用车辆装载前，应检查有关设备是否齐全，运行正常。

2.1.2　灌装时必须留有足够的膨胀余量，以便能经受在正常运输条件下产生的内部压力。

2.1.3　装载完毕后，应及时关好闸门。

2.2　罐式车辆的运输要求

2.2.1　驾驶罐式车辆需要具有预见性，避免颠簸。因此，控制车速，平缓制动，缓慢通过弯道都是必要的。

2.2.2 车上装载的货物种类不同时需要驾驶员格外注意，尤其是运载液体及散装货物时，要求采用稳定、平顺的驾驶方式。

2.2.3 在行驶途中，罐内的液体会前后晃动，尤其是当罐体中只有部分空间装载了液体时。这种现象尤为明显地体现在制动及转弯行驶时。紧急制动时液体会向前涌动，后轴承重减轻，后轮可能会因此锁死，存在较高的打滑危险。高速驶过弯道时，液体会向弯道外侧涌动，造成重心偏移，存在较高的翻车危险。

2.2.4 在运载散装物料及粉末状货物时，驾驶员的行为应符合运载液体货物时的相关要求。

第四章　鲜活易腐产品运输

重点内容

本章重点内容：鲜活易腐产品运输特点；鲜活、易腐货物的装卸操作要求；鲜活、易腐货物的运输要求。

1. 鲜活易腐产品运输特点

鲜活易腐货物运输是指在运输过程中需要使用专门的运输工具，或采用特殊措施，以便保持一定温度、湿度或供应一定的饲料、上水、换水，以防止运输的货物死亡和腐烂变质。

1.1　季节性强、运量变化大

例如：水果蔬菜大量上市的季节、沿海渔场的汛期等，运量会随着季节的变化而变化。

1.2　运送时间上要求紧

大部分鲜活易腐货物，极易变质，要求以最短的时间、最快的速度及时运到。

1.3　运输途中需要特殊照料的一些货物

例如：牲畜、家禽、蜜蜂、花木秧苗等的运输，须配备专用车辆和设备，沿途专门地照料。

2. 鲜活、易腐货物的装卸操作要求

2.1　鲜活、易腐货物原则上采用专车专运，禁止与其他货物混装。

2.2　装载水果、蔬菜、鲜活动物时，各货件之间应留有一定的间隙，使空气能在货件之间充分流动；货件与车辆底板、车壁间应留有适当的间隙，以便从车壁和底板传入车厢内的热量，由流动的空气带走，而不致直接影响货物。

2.3　装载牛、马等活口动物时，应用绳索将其拴牢在高栏板内；家禽和其他小动物则用集装笼或专用工具固定在车厢内，保持平稳、妥当。

2.4　装载易腐货物时，冷冻货物应采取紧密堆码而不留空隙，以减少货物与外界的热量传递，保持冷冻效果，但某些易碎的冷冻货物（如鱼、虾），应防止过分紧压，损伤货物，影响质量。

3. 鲜活、易腐货物的运输要求

3.1　承运鲜活、易腐货物应及时，尽可能压缩运输时间，保障货物的品质；行车中尽量避免紧急制动，配合押运人员定时停车检查货物供氧、保温等情况。

3.2　装运活动物必须选用家畜车、家禽车、活鱼车以及清扫干净、未受毒害品污染的棚、敞车，但不得使用无车窗的棚车。装运牛、马、骡、驴等大牲畜，不得使用铁底货车。装车单位对调配的车辆应认真检查，发货人认为不适合装运时，要给予调换。

3.3　装运动物时，发货人必须派熟悉动物特性的押运人随车押运，负责做好动物的饲养、饮水、换水、洒水、看护和安全等工作。发货人要求增派押运人时，须经承运人批准，押运人必须持有承运人填发的身份证明，并应遵守相关规定。

第五章　贵重物品运输

重点内容

本章重点内容：贵重物品特点；贵重货物的装卸要求；贵重货物的运输要求。

1. 贵重物品特点

贵重货物是指在运输过程中需要承担较大经济责任的货物。贵重货物的本身价值昂贵，主要包括：黄金、白金、铑、钯等稀贵金属及其制品，各类宝石、玉器、钻石、珍珠及其制品，贵重文物及其制品，现钞、有价证券、旅行支票、股票等。

2. 贵重货物的装卸要求

贵重货物装卸时，必须轻搬、轻放，大不压小、重不压轻、标志朝外、箭头向上 。

货物之间的积载稳妥，不留空隙，质量分布均衡。

油布捆扎牢固，谨防潮湿。

严禁超高、超载。

3. 贵重货物的运输要求

3.1　运送贵重货物时，尽可能实行快运，超长距离运输应配备两名驾驶员；途中应尽量保持平稳、避免紧急制动，定时停车检查车厢和油布的捆扎情况。

3.2　为确保贵重货物运输安全，托运人应对物品属性、运输、装卸、保管注意事项以及运抵时间等提出要求，以利承运人重视。

3.3　整批量的贵重货物，原则上受理后实行整车运输，使用适宜货物载运的、性能良好的货车或专用车辆直达运输；小批量零星贵重货物拼装零担运输的，应在运单上盖有“贵重货物”戳记，便于承运前、到达后的车站稳妥装卸和保管。

第六章　限运、禁运和凭证件产品运输

重点内容

本章重点内容：限运禁运产品运输；限运、凭证运输的货物；禁运货物。

1. 限运禁运产品运输

禁运货物是指国家和省明确规定禁止运输的货物。

限运货物是指国家和省规定限制数量运输或限制区域运输的货物。

凭证货物是指须经省级人民政府或授权的行政管理部门批准并出具准运证明方可运输的货物。

承运限运、凭证运输的货物，经营者应当随车携带省人民政府或有关行政管理部门核准运输的证明手续。

2. 限运、凭证运输的货物

2.1　限运、凭证运输的货物是指根据国家有关法律法规的规定，必须向有关部门办理准运手续后方可运输的货物，如枪支、烟草、麻醉药品、剧毒化学品、木材、野生动植物、致病微生物、血液制品、核材料、食盐等。

2.2　在受理法律法规规定限运、凭证运输的货物时，应当查验有关运输手续是否齐全、有效，如品名、数量是否一致，是否在有效期内，是否有指定线路等。

3. 禁运货物

禁止运输的货物一般是非法生产的违禁物品，如毒品、伪劣药品以及伪造、变造、非法印刷的人民币。货运经营者不得运输法律、行政法规禁止运输的货物。法律、行政法规规定必须办理有关手续后方可运输的货物，货运经营者应当查验有关手续。

第七章　大件物品运输

重点内容

本章重点内容：大型物件的特点；大型物件的装卸要求；大型物件的运输要求。

1. 大型物件的特点

大型物件是指长度在 14m 以上或宽度在 3.5m 以上或高度在 3m 以上的货物，以及质量在 20t 以上的单体货物或不可解体的成组（捆）货物。

大型物件的级别，按其长、宽、高及重量四个条件中级别最高的确定。大型物件按其外形尺寸和重量（含包装和支承架）分级，如下表所示。

级　别	按长度计	按宽度计	按高度计	按质量计
一级	≥ 14m 且 <20m	≥ 3.5m 且 <4.5m	≥ 3m 且 <3.8m	≥ 20t 且 <100t
二级	≥ 20m 且 <30m	≥ 4.5m 且 <5.5m	≥ 3.8m 且 <4.4m	≥ 100t 且 <200t
三级	≥ 30m 且 <40m	≥ 5.5m 且 <6m	≥ 4.4m 且 <5m	≥ 200t 且 <300t
四级	40m 以上	6m 以上	5m 以上	300t 以上

2. 大型物件的装卸要求

2.1　承运人与托运人的装载责任

承运人应根据托运人的要求、大型物件的特点和装卸操作规程，按约定的时间将车辆开到装卸地点进行装卸作业；托运人应进行现场监装、监卸。

2.2　装载前的要求

承运人应预先了解货物的尺寸、质量、形状及货物的重心位置，了解装运中有何特殊要求，如是否可以卧倒装运等；提前察看装卸场地附近是否有电缆、水管、煤气管道、沟坑及其他地下建筑物，判断是否适合机械装卸，确定车辆能否进入装卸场地。

2.3　装载后的加固要求

货物装车后，必须用垫木、铁丝或钢丝缆绳等固定牢固，以防货物滑动；圆柱形等易滚动的货物，必须使用座架或凹木加固。

3. 大型物件的运输要求

3.1　承运人与托运人的运输责任

3.1.1　承运人应根据大型物件的外形尺寸和车货重量，在起运前会同托运人勘察作业现场和行驶路线，了解沿途道路线形和桥涵通过能力，并制定运输组织方案。涉及到其他部门的，应事先向有关部门申报并征得同意，方可起运。

3.1.2　大型物件运输装卸作业由承运人负责的，应根据托运人的要求、货物的特点和装卸操作规程进行作业；由托运人负责的，承运人应按约定的时间将车开到装卸地点，并监装、监卸。

3.2　大型物件运输过程中应采取的安全措施

3.2.1　运输大型物件，应按有关部门核定的路线行车。大型物体运输标志要悬挂在货物超限的末端，白天行车时，悬挂标志旗；夜间行车和停车休息时开启标志灯。

3.2.2　运输大型物件，应按有关部门核定的路线行驶；运输货物之前，应对承运路线的道路和桥梁的宽度、弯道半径、承载能力以及其他车辆的流通情况，进行充分的调查研究，并请公路及有关部门人员在现场进行指导 。必要时还要对桥梁进行加固，以确保行车安全。

第八章　危险品运输

重点内容

本章重点内容：危险品运输简介；从事道路危险货物运输经营应具备条件；专用车辆、设备管理；道路危险货物运输。

1. 危险品运输简介

本文所称危险货物，是指具有爆炸、易燃、毒害、感染、腐蚀等危险特性，在生产、经营、运输、储存、使用和处置中，容易造成人身伤亡、财产损毁或者环境污染而需要特别防护的物质和物品。危险货物以列入国家标准《危险货物品名表》（GB 12268）的为准，未列入《危险货物品名表》的，以有关法律、行政法规的规定或者国务院有关部门公布的结果为准。

本文中所称道路危险货物运输，是指使用载货汽车通过道路运输危险货物的作业全过程。

本文所称道路危险货物运输车辆，是指满足特定技术条件和要求，从事道路危险货物运输的载货汽车（以下简称专用车辆）。

2. 从事道路危险货物运输经营应具备条件

2.1　有符合下列要求的专用车辆及设备：

（1）自有专用车辆（挂车除外）5 辆以上；运输剧毒化学品、爆炸品的，自有专用车辆（挂车除外）10 辆以上。

（2）专用车辆技术性能符合国家标准《营运车辆综合性能要求和检验方法》（GB 18565）的要求；技术等级达到行业标准《营运车辆技术等级划分和评定要求》（JT/T 198）规定的一级技术等级。

（3）专用车辆外廓尺寸、轴荷和质量符合国家标准《道路车辆外廓尺寸、轴荷及质量限值》（GB 1589）的要求。

（4）专用车辆燃料消耗量符合行业标准《营运货车燃料消耗量限值及测量方法》（JT 719）的要求。

（5）配备有效的通信工具。

（6）专用车辆应当安装具有行驶记录功能的卫星定位装置。

（7）运输剧毒化学品、爆炸品、易制爆危险化学品的，应当配备罐式、厢式专用车辆或者压力容器等专用容器。

（8）罐式专用车辆的罐体应当经质量检验部门检验合格，且罐体载货后总质量与专用车辆核定载质量相匹配。运输爆炸品、强腐蚀性危险货物的罐式专用车辆的罐体容积不得超过 20 立方米，运输剧毒化学品的罐式专用车辆的罐体容积不得超过 10 立方米，但符合国家有关标准的罐式集装箱除外。

（9）运输剧毒化学品、爆炸品、强腐蚀性危险货物的非罐式专用车辆，核定载质量不得超过 10 吨，但符合国家有关标准的集装箱运输专用车辆除外。

（10）配备与运输的危险货物性质相适应的安全防护、环境保护和消防设施设备。

2.2　有符合下列要求的停车场地：

（1）自有或者租借期限为 3 年以上，且与经营范围、规模相适应的停车场地，停车场地应当位于企业注册地市级行政区域内。

（2）运输剧毒化学品、爆炸品专用车辆以及罐式专用车辆，数量为 20 辆（含）以下的，停车场地面积不低于车辆正投影面积的 1.5 倍，数量为 20 辆以上的，超过部分，每辆车的停车场地面积不低于车辆正投影面积；运输其他危险货物的，专用车辆数量为 10 辆（含）以下的，停车场地面积不低于车辆正投影面积的 1.5 倍；数量为 10 辆以上的，超过部分，每辆车的停车场地面积不低于车辆正投影面积。

（3）停车场地应当封闭并设立明显标志，不得妨碍居民生活和威胁公共安全。

2.3　有符合下列要求的从业人员和安全管理人员：

（1）专用车辆的驾驶人员取得相应机动车驾驶证，年龄不超过 60 周岁。

（2）从事道路危险货物运输的驾驶人员、装卸管理人员、押运人员应当经所在地设区的市级人民政府交通运输主管部门考试合格，并取得相应的从业资格证；从事剧毒化学品、爆炸品道路运输的驾驶人员、装卸管理人员、押运人员，应当经考试合格，取得注明为“剧毒化学品运输”或者“爆炸品运输”类别的从业资格证。

（3）企业应当配备专职安全管理人员。

2.4　有健全的安全生产管理制度：

（1）企业主要负责人、安全管理部门负责人、专职安全管理人员安全生产责任制度。

（2）从业人员安全生产责任制度。

（3）安全生产监督检查制度。

（4）安全生产教育培训制度。

（5）从业人员、专用车辆、设备及停车场地安全管理制度。

（6）应急救援预案制度。

（7）安全生产作业规程。

（8）安全生产考核与奖惩制度。

（9）安全事故报告、统计与处理制度。

2.5　符合下列条件的企事业单位，可以使用自备专用车辆从事为本单位服务的非经营性道路危险货物运输：

（1）省级以上安全生产监督管理部门批准设立的生产、使用、储存危险化学品的企业。

（2）有特殊需求的科研、军工等企事业单位。

3. 专用车辆、设备管理

3.1　道路危险货物运输企业或者单位应当按照《道路货物运输及站场管理规定》中有关车辆管理的规定，维护、检测、使用和管理专用车辆，确保专用车辆技术状况良好。

3.2　设区的市级道路运输管理机构应当定期对专用车辆进行审验，每年审验一次。审验按照《道路货物运输及站场管理规定》进行，并增加以下审验项目：

3.2.1　专用车辆投保危险货物承运人责任险情况。

3.2.2　必需的应急处理器材、安全防护设施设备和专用车辆标志的配备情况。

3.2.3　具有行驶记录功能的卫星定位装置的配备情况。

3.3　禁止使用报废的、擅自改装的、检测不合格的、车辆技术等级达不到一级的和其他不符合国家规定的车辆从事道路危险货物运输。

除铰接列车、具有特殊装置的大型物件运输专用车辆外，严禁使用货车列车从事危险货物运输；倾卸式车辆只能运输散装硫黄、萘饼、粗苯、煤焦沥青等危险货物。

禁止使用移动罐体（罐式集装箱除外）从事危险货物运输。

3.4　运输剧毒化学品、爆炸品专用车辆及罐式专用车辆（含罐式挂车）应当到具备道路危险货物运输车辆维修资质的企业进行维修。

牵引车以及其他专用车辆由企业自行消除危险货物的危害后，可到具备一般车辆维修资质的企业进行维修。

3.5　用于装卸危险货物的机械及工具的技术状况应当符合行业标准《汽车运输危险货物规则》（JT 617）规定的技术要求。

3.6　罐式专用车辆的常压罐体应当符合国家标准《道路运输液体危险货物罐式车辆　第1部分：金属常压罐体技术要求》（GB 18564.1）、《道路运输液体危险货物罐式车辆　第2部分：非金属常压罐体技术要求》（GB 18564.2）等有关技术要求。

使用压力容器运输危险货物的，应当符合国家特种设备安全监督管理部门制订并公布的《移动式压力容器安全技术监察规程》（TSG R0005）等有关技术要求。

压力容器和罐式专用车辆应当在质量检验部门出具的压力容器或者罐体检验合格的有效期内承运危险货物。

3.7　道路危险货物运输企业或者单位对重复使用的危险货物包装物、容器，在重复使用前应当进行检查；发现存在安全隐患的，应当维修或者更换。

道路危险货物运输企业或者单位应当对检查情况做出记录，记录的保存期限不得少于2年。

3.8　道路危险货物运输企业或者单位应当到具有污染物处理能力的机构对常压罐体进行清洗（置换）作业，将废气、污水等污染物集中收集，消除污染，不得随意排放，污染环境。

4. 道路危险货物运输

4.1　道路危险货物运输企业或者单位应当严格按照道路运输管理机构决定的许可事项从事道路危险货物运输活动，不得转让、出租道路危险货物运输许可证件。

严禁非经营性道路危险货物运输单位从事道路危险货物运输经营活动。

4.2　危险货物托运人应当委托具有道路危险货物运输资质的企业承运。

危险货物托运人应当对托运的危险货物种类、数量和承运人等相关信息予以记录，记录的保存期限不得少于 1 年。

4.3　危险货物托运人应当严格按照国家有关规定妥善包装并在外包装设置标志，并向承运人说明危险货物的品名、数量、危害、应急处理措施等情况。需要添加抑制剂或者稳定剂的，托运人应当按照规定添加，并告知承运人相关注意事项。

危险货物托运人托运危险化学品的，还应当提交与托运的危险化学品完全一致的安全技术说明书和安全标签。

4.4　不得使用罐式专用车辆或者运输有毒、感染性、腐蚀性危险货物的专用车辆运输普通货物。

其他专用车辆可以从事食品、生活用品、药品、医疗器具以外的普通货物运输，但应当由运输企业对专用车辆进行消除危害处理，确保不对普通货物造成污染、损害。

不得将危险货物与普通货物混装运输。

4.5　专用车辆应当按照国家标准《道路运输危险货物车辆标志》（GB 13392）的要求悬挂标志。

4.6　运输剧毒化学品、爆炸品的企业或者单位，应当配备专用停车区域，并设立明显的警示标牌。

4.7　专用车辆应当配备符合有关国家标准以及与所载运的危险货物相适应的应急处理器材和安全防护设备。

4.8　道路危险货物运输企业或者单位不得运输法律、行政法规禁止运输的货物。

法律、行政法规规定的限运、凭证运输货物，道路危险货物运输企业或者单位应当按照有关规定办理相关运输手续。

法律、行政法规规定托运人必须办理有关手续后方可运输的危险货物，道路危险货物运输企业应当查验有关手续齐全有效后方可承运。

4.9 道路危险货物运输企业或者单位应当采取必要措施，防止危险货物脱落、扬散、丢失以及燃烧、爆炸、泄漏等。

4.10 驾驶人员应当随车携带道路运输证。驾驶人员或者押运人员应当按照《汽车运输危险货物规则》（JT 617）的要求，随车携带道路运输危险货物安全卡。

4.11 在道路危险货物运输过程中，除驾驶人员外，还应当在专用车辆上配备押运人员，确保危险货物处于押运人员监管之下。

4.12 道路危险货物运输途中，驾驶人员不得随意停车。

因住宿或者发生影响正常运输的情况需要较长时间停车的，驾驶人员、押运人员应当设置警戒带，并采取相应的安全防范措施。

运输剧毒化学品或者易制爆危险化学品需要较长时间停车的，驾驶人员或者押运人员应当向当地公安机关报告。

4.13 危险货物的装卸作业应当遵守安全作业标准、规程和制度，并在装卸管理人员的现场指挥或者监控下进行。

危险货物运输托运人和承运人应当按照合同约定指派装卸管理人员；若合同未予约定，则由负责装卸作业的一方指派装卸管理人员。

4.14 驾驶人员、装卸管理人员和押运人员上岗时应当随身携带从业资格证。

4.15 严禁专用车辆违反国家有关规定超载、超限运输。

道路危险货物运输企业或者单位使用罐式专用车辆运输货物时，罐体载货后的总质量应当和专用车辆核定载质量相匹配；使用牵引车运输货物时，挂车载货后的总质量应当与牵引车的准牵引总质量相匹配。

4.16 道路危险货物运输企业或者单位应当要求驾驶人员和押运人员在运输危险货物时，严格遵守有关部门关于危险货物运输线路、时间、速度方面的有关规定，并遵守有关部门关于剧毒、爆炸危险品道路运输车辆在重大节假日通行高速公路的相关规定。

4.17 道路危险货物运输企业或者单位应当通过卫星定位监控平台或者监控终端及时纠正和处理超速行驶、疲劳驾驶、不按规定线路行驶等违法违规驾驶行为。

监控数据应当至少保存 3 个月，违法驾驶信息及处理情况应当至少保存 3 年。

4.18 道路危险货物运输从业人员必须熟悉有关安全生产的法规、技术标准和安全生产规章制度、安全操作规程，了解所装运危险货物的性质、危害特性、包装物或者容器的使用要求和发生意外事故时的处置措施，并严格执行《汽车运输危险货物规则》（JT 617）、《汽车运输、装卸危险货物作业规程》（JT 618）等标准，不得违章作业。

4.19 道路危险货物运输企业或者单位应当通过岗前培训、例会、定期学习等方式，对从业人员进行经常性安全生产、职业道德、业务知识和操作规程的教育培训。

4.20 道路危险货物运输企业或者单位应当加强安全生产管理，制定突发事件应急预案，配备应急救援人员和必要的应急救援器材、设备，并定期组织应急救援演练，严格落实各项安全制度。

4.21 道路危险货物运输企业或者单位应当委托具备资质条件的机构，对本企业或单位的安全管理情况每 3 年至少进行一次安全评估，出具安全评估报告。

4.22　在危险货物运输过程中发生燃烧、爆炸、污染、中毒或者被盗、丢失、流散、泄漏等事故，驾驶人员、押运人员应当立即根据应急预案和《道路运输危险货物安全卡》的要求采取应急处置措施，并向事故发生地公安部门、交通运输主管部门和本运输企业或者单位报告。运输企业或者单位接到事故报告后，应当按照本单位危险货物应急预案组织救援，并向事故发生地安全生产监督管理部门和环境保护、卫生主管部门报告。

道路危险货物运输管理机构应当公布事故报告电话。

4.23　在危险货物装卸过程中，应当根据危险货物的性质，轻装轻卸，堆码整齐，防止混杂、撒漏、破损，不得与普通货物混合堆放。

4.24　道路危险货物运输企业或者单位应当为其承运的危险货物投保承运人责任险。

4.25　道路危险货物运输企业异地经营（运输线路起讫点均不在企业注册地市区域内）累计3个月以上的，应当向经营地设区的市级道路运输管理机构备案并接受其监管。

第三部分　提升篇

第八单元　信息化管理体系

教学目标

通过对本单元的学习，了解车辆信息化管理体系等内容。物流车辆管理人员熟练掌握这些知识，才可能科学合理地利用信息系统进行车辆管理，从而提高安全性，降低运输成本，延长汽车的使用寿命。

同时对比车辆信息化管理系统的各项技能要求，分析自身的优点和不足，进行完善，从而提高自身的车辆管理工作技能，提升在物流行业的职业竞争力。

教学内容

本单元主要内容：常规车辆管理系统简介；GPS/GIS 简介；北斗导航系统简介；行车记录仪简介；常用车队管理系统简介；车联网简介。

第一章　常规车辆管理系统简介

重点内容

本章主要内容：常规车辆管理系统功能综合简介。

现在市面上有各种各样品牌的车辆管理软件，这里对他们进行一个简单的介绍。

常规车辆管理软件主要功能有：车辆档案、维修与保养管理、事故与违章管理、年检管理、保险管理、出车管理、油耗管理、费用支出与收入管理、驾驶员管理与投诉管理。软件有到期年检提醒、保险到期提醒等智能预警功能。

一般的车管软件都是内容全面，分类科学。在操作上，它集输入、维护、查询、筛选、统计和各种处理为一体，信息导入导出方便共享，灵活、专业的报表设计，形象、增强的数据处理，完美的信息图形分析，提供功能强大的报表查询和美观大方的报表打印功能。

为车辆管理单位提供数字化的整体解决管理方案，将原始的人工管理方法转换为电脑管理，极大地降低了管理人员的工作量，能使您及时了解车辆的各种信息，掌握车辆的日常运营状况，有效解决因手工资料建立不完善，查找困难，资源浪费，办公效率低下等问题。

1. 适用范围

适用于公交公司、运输企业、出租公司、物流公司、车队、托运配送、货代、车辆运输等行政、企事业单位。

2. 适用人员

车辆管理、调度人员，公司领导、管理层干部。

3. 版本种类

一般都有单机版和网络版。

单机版适合一个人的管理模式，网络版适合多人网络管理模式，不限客户端数量。

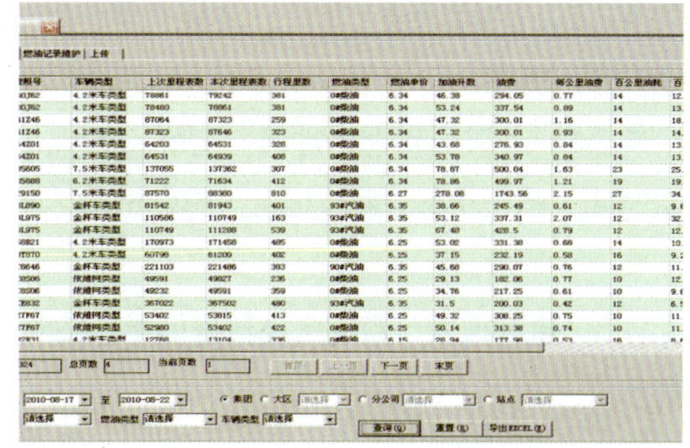

4. 软件功能

一般的车辆管理软件都包括：车辆管理、运营管理、驾驶员管理、查询报表、系统维护、参数设置六大模块。

4.1　车辆管理模块

车辆登记：车牌、品牌、型号、车辆类型、发动机、底盘、颜色、载重、座位、生产时间、购买时间、购买金额、驾驶员、归属单位、备注。

4.2　运营管理

4.2.1 维修记录：车牌、维修类型、维修时间、维修天数、维修记录、维修厂、维修金额、驾驶员、备注。

4.2.2 投保记录：车牌、保险类型、保险公司、保单号、投保时间、投保金额、备注。

4.2.3 年审记录：车牌、年审等级、年审时间、年审金额、备注。

4.2.4 事故记录：车牌事故类型、撞车驾驶员、事故时间、发生地址、确认者、对方车牌、车辆类型 、对方驾驶员、对方单位、对方电话 、对方手机、公司承担金额、个人承担金额、对方承担金额、保险赔偿金额、事故概要、我方损坏程度、对方损坏程度、和解内容、备注。

4.2.5 违章记录：车牌、违章类型、违章地址、违章驾驶员、违章时间、罚款金额、备注。

4.2.6 投诉记录：车牌、投诉类型、投诉人、被投诉人、投诉事由、投诉时间、备注）。

4.2.7 出车记录：（车牌、出车类型、驾驶员、用车部门、用车人、事由、出车时间、返回时间、公里数、支出金额、备注。

4.2.8 费用支出：车牌、支出类型、支出时间、支出金额、备注。

4.2.9 收入记录：车牌、收入类型、收入时间、收入金额、备注。

4.2.10 油耗记录：车牌、油耗类型、加油时间、里程、油量、购买金额、百公里油耗、每公里金额、备注。

4.2.11 驾驶员管理：姓名、工号、性别、身份证、学历、生日、籍贯、电话、手机、部门、入职时间、员工状态、联系地址、驾驶证号、领证时间、准驾车型、驾龄、备注。

4.3 查询报表：查询各类数据信息，按照 EXCEL 方式显示，可支持 EXCEL 的导出，提供图例显示。

（1）维修报表。
（2）投保报表。
（3）年审报表。
（4）事故报表。
（5）违章报表。
（6）投诉报表。
（7）出车报表。
（8）支出报表。
（9）收入报表。
（10）油耗报表。
（11）驾驶员报表。
（12）维修保修公司报表 。
（13）车辆运营综合查询。
（14）投保到期提醒表。
（15）年审到期提醒表。

5. 参数设置

（1）品牌信息。
（2）车辆类型。
（3）颜色信息。
（4）归属单位。
（5）维修类型。
（6）保险项目。
（7）年审等级。
（8）事故类型。
（9）违章类型。
（10）投诉类型。
（11）用车类型。
（12）支出类型。
（13）收入类型。
（14）油耗类型。
（15）维修厂信息。
（16）保险公司信息。
（17）部门信息。

6. 系统维护

（1）修改密码。
（2）用户权限。
（3）数据备份。
（4）公司注册。
（5）数据初始化。
（6）计算器。
（7）图片扫描功能。
（8） 金额转换。
（9）电话区号和邮政编码。

第二章　GPS/GIS 简介

重点内容

本章主要内容：GPS/GIS 综合简介；GPS/GIS 主要功能。

1. GPS/GIS 综合简介

GPS 是英文 Global Positioning System（全球定位系统）的简称。GPS 起始于 1958 年美国军方的一个项目，1964 年投入使用。20 世纪 70 年代，美国陆海空三军联合研制了新一代卫星定位系统 GPS 。主要目的是为陆海空三大领域提供实时、全天候和全球性的导航服务，并用于情报搜集、核爆监测和应急通信等一些军事目的，经过 20 余年的研究实验，耗资 300 亿美元，到 1994 年，全球覆盖率高达 98% 的 24 颗 GPS 卫星星座已布设完成。

车用导航系统将全球卫星定位技术，应用于汽车定位导航，根据汽车现在位置和运动轨迹等信息，通过车载终端，完成无线电自动导航。

车用导航系统具有全天候、全球性精确测定汽车的三维位置(经度 、纬度 和高度)能力。另外，其隐蔽性强，在测量定位时，只接收卫星信号而不发射任何信号。

GPS 可以提供车辆定位、防盗、反劫、行驶路线监控及呼叫指挥等功能。要实现以上所有功能必须具备 GPS 终端、传输网络和监控平台三个要素。

物流行业用的 GPS 系统是在现有的 GSM/GPRS 网络的基础上，实现既满足物流车辆监控定位的需要，又满足调度管理需要，以建设一个满足物流车辆监控、调度管理，提高物流车辆运营效益，降低物流成本等需求的现代化的物流车辆监控、调度系统。

2. GPS/GIS 主要功能

跟踪定位：监控中心可以随时跟踪车辆当前所处的位置、移动速度、移动方向等情况，对车辆进行定位时可按定位、定时、定距、定速、定线路、定范围、定地点等多种方式监控，具有单点定位、始终监控、重点追踪监控等功能。并在系统界面上显示车辆的监控状态。

车辆调度：可以通过车辆和监控中心的文字信息交流和语音交流实现各种车辆的调度。

劫警：当车辆受到非法劫持或发生事故时，可以由用户主动向监控中心报警。

里程统计：实时计算出车辆每次行驶的精准里程，作为各项管理的基础数据。

最优路线：对从公司到客户目的地的最合理运输路线进行筛选，确定最优路径，如超出最优路线则报警，便于进行运输成本控制。

油量检测：能准确计算出油耗行驶的公里数。同时记录出油箱的油量变化，在油量超出正常的消耗范围出现突减（如偷油）、突增（如加油）时向客户端监控平台报警。油耗变化可以通过客户端后台的油表进行统计，并以油表百分比增减的方式来反映与车辆速度变化的相关情况。（需加设备）。

超速报警：当车速超过限制速度时自动报警，限制速度值可根据客户的不同要求及车辆类型而进行设定。

疲劳报警：当车辆连续行驶 4 个小时以上，系统会自动报警，以达到防止驾驶员疲劳驾驶造成交通事故。

直观显示：监控中心直观显示车辆在电子地图上的位置和行驶轨迹。

历史行驶记录：监控中心可以记录和查看车辆行驶路线的历史记录，实现历史轨迹重放。

实时跟踪：车辆报警后，可以不受地理和地域的限制被自动实时跟踪（位置、方向、速度等）。

协同追踪：当车辆处于报警状态时，监控中心可以向有关部门报警，通报车辆位置信息，协助追踪。

救助功能：监控中心可以向车辆提供道路指引、故障帮助等功能。

地理信息查询功能：

（1）属性查询：根据输入的要查找的地名进行匹配查找。能查询各类重要的地理信息。

（2）对象查询：点击地图上某一目标，查询目标的具体信息。

（3）车辆状态查询：点击地图上某一车辆的轨迹点，查询该轨迹点车辆的各类状态、时间、速度、方向、经纬度等。

2.1 监控功能

GIS 工作站的主要功能是实时显示被监控的移动目标的位置及轨迹、地理信息查询、地图的更新。具体细分为：

（1）监控车辆及车辆状态显示。

（2）从通讯中心接收 GPS 定位信息后，在电子地图上显示移动目标轨迹，在导航窗口状态中显示移动目标的编号、速度、定位信息、方向、GPS 时间等信息。在地图上标记移动目标轨迹的时候可根据随 GPS 定位信息一起传回中心的车辆状态标识不同的颜色。

2.2 查询及轨迹回放

2.2.1 移动目标位置查询：输入移动目标的编号后可在地图上居中显示移动目标的历史位置，也可通过发送“单次点名”指令获取车辆的当前位置。

2.2.2 移动目标信息查询：输入移动目标的编号后可从数据库中调出其信息，包括移动目标的编码、所属单位、用户姓名、车辆型号、车辆主要特征等。

2.2.3 移动目标环境信息查询：输入移动目标编号并设置了距离参数之后可以查出距该移动目标最近的另一目标的位置或在指定区间内的所有目标的位置。

可对车辆进行轨迹回放，掌握车辆历史运行过的轨迹。

2.3 报警功能

可以处理终端上传的各类报警，包括超范围、超速等报警，可以对报警目标进行锁定跟踪，遥控反控。

2.4 对车载终端进行设置

可以通过下发指令对车载终端的各类参数进行无线设置，方便更改或者查询各类参数，控制车辆的运行。

2.5 定位信息数据库——历史行程跟踪

在监控的同时可以将 GPS 定位数据存储于数据库中并用监控的时间段作为索引，需要时可回放轨迹，可人工删除索引数据这时相应删除在该时段内的 GPS 定位数据。可以通过下发指令对车载终端的各类参数进行无线设置，方便更改或者查询各类参数，控制车辆的运行。

地图显示功能：

（1）标注显示：可以设置地物的标注以何种方式显示。

（2）颜色显示：可以修改某种属性的不同颜色显示。

（3）符号显示：对不同的对象可以选择不同的符号来显示。

（4）放大：放大功能实现对地图的版面的放大，以方便用户的查看需要。

（5）缩小：缩小功能实现对地图的版面的缩小，以方便用户的查看需要。

（6）刷新地图：对当前的地图版面进行重新刷新。

（7）地物查询：查询地图上某点或某个范围内的地理目标信息，包括目标位置、名称和其他属性信息。

（8）漫游：当地图的大小超出浏览区域时，用漫游功能来移动（漫游）图形，以便看到地图的其他部分。

（9）鹰眼：即在工作站显示屏上除了显示监控区域以外，另外再开启一个显示窗口用以显示全图并醒目标记出当前监控区域在全图上的位置，鹰眼功能可帮助用户快速移动地图。

（10）测距：测距功能用来测量地图上点与点之间的距离。

（11）面积量算：在地图上通过鼠标绘制一块区域，完毕后对话框显示该区域的周长和面积，本系统可提供矩形、圆形和多边形的查询方式。

（12）图层控制：随着图形缩放比例的不同，显示不同详细程度的地图内容，避免屏幕显示过密不利观察，使屏幕承载度趋于合理；并对各图层的表现形式、显隐性进行控制。

（13）打印地图：打印当前窗口显示的地图区域范围。

第三章　北斗导航系统简介

重点内容

本章主要内容：北斗卫星导航系统综合简介；北斗卫星导航系统主要功能及应用。

1. 北斗卫星导航系统综合简介

北斗卫星导航系统是中国自行研制的全球卫星定位与通信系统（BDS），是继美全球定位系统（GPS）和俄 GLONASS 之后第三个成熟的卫星导航系统。系统由空间端、地面端和用户端组成，可在全球范围内全天候、全天时为各类用户提供高精度、高可靠定位、导航、授时服务，并具短报文通信能力，已经初步具备区域导航、定位和授时能力，定位精度优于 20m，授时精度优于 100ns。2012 年 12 月 27 日，北斗系统空间信号接口控制文件正式版正式公布，北斗导航业务正式对亚太地区提供无源定位、导航、授时服务。

2. 北斗卫星导航系统主要功能

四大功能：

（1）短报文通信：北斗系统用户终端具有双向报文通信功能，用户可以一次传送 40 ~ 60 个汉字的短报文信息。

可以达到一次传送达 120 个汉字的信息。在远洋航行中有重要的应用价值。

（2）精密授时：北斗系统具有精密授时功能，可向用户提供 20 ~ 100ns 时间同步精度。

（3）定位精度：水平精度 100 米（1σ），设立标校站之后为 20 米（类似差分状态）。

（4）工作频率：2491.75MHz。

系统容纳的最大用户数：540000 户 / 小时。

3. 北斗卫星导航系统的应用

3.1　车辆定位

2013 年 1 月 14 日，交通运输部有消息传出，2013 年 3 月底前，江苏、安徽、河北、陕西、山东、湖南、宁夏、贵州、天津 9 个示范省市区 80% 以上的大客车、旅游包车和危险品运输车辆，都要安装北斗导航系统的车载终端。这是我国北斗卫星导航系统专项启动后首个民用示范工程。该项目作为全国北斗应用的“试验田”，计划用 2 年时间，在 9 个示范省市区建设 7 个应用系统和一套支撑平台，安装 8 万台北斗终端。

3.2 地质灾害监测

2013 年北斗导航将对北京全市范围内的 1141 个地质灾害点 ,完成地质灾害监测预警全覆盖。北斗导航技术的地质灾害监测预警已在密云设立了 32 个监测点，作为北京市完成“全覆盖”前的示范工程。随着预警系统的建成和完善 ,北斗导航将能实现对 5 毫米以上地面变动的监测和预警，让有关部门和市民提前做好防灾准备。

3.3 实际应用军用功能

“北斗”卫星导航定位系统的军事功能与 GPS 类似，如：飞机、导弹、水面舰艇和潜艇的定位导航；弹道导弹机动发射车、自行火炮与多管火箭发射车等武器载具发射位置的快速定位，以缩短反应时间；人员搜救、水上排雷定位等。

这项功能用在军事上，意味着可主动进行各级部队的定位，也就是说大陆各级部队一旦配备“北斗”卫星导航定位系统，除了可供自身定位导航外，高层指挥部也可随时通过“北斗”系统掌握部队位置，并传递相关命令，对任务的执行有相当大的助益。换言之，大陆可利用“北斗”卫星导航定位系统执行部队指挥与管制及战场管理。

3.4 民用功能

3.4.1 个人位置服务

当你进入不熟悉的地方时，你可以使用装有北斗卫星导航接收芯片的手机或车载卫星导航装置找到你要走的路线。

3.4.2 气象应用

北斗导航卫星气象应用的开展，可以促进我国天气分析和数值天气预报、气候变化监测和预测，也可以提高空间天气预警业务水平，提升我国气象防灾减灾的能力。

除此之外，北斗导航卫星系统的气象应用对推动北斗导航卫星创新应用和产业拓展也具有重要的影响。

3.4.3 道路交通管理

卫星导航将有利于减缓交通阻塞，提升道路交通管理水平。通过在车辆上安装卫星导航接收机和数据发射机，车辆的位置信息就能在几秒钟内自动转发到中心站。这些位置信息可用于道路交通管理。

3.4.4 铁路智能交通

卫星导航将促进传统运输方式实现升级与转型。例如，在铁路运输领域，通过安装卫星导航终端设备，可极大缩短列车行驶间隔时间，降低运输成本，有效提高运输效率。未来，北斗卫星导航系统将提供高可靠、高精度的定位、测速、授时服务，促进铁路交通的现代化，实现传统调度向智能交通管理的转型。

3.4.5 海运和水运

海运和水运是全世界最广泛的运输方式之一，也是卫星导航最早应用的领域之一。目前在世界各大洋和江河湖泊行驶的各类船舶大多都安装了卫星导航终端设备，使海上和水路运输更为高效和安全。北斗卫星导航系统将在任何天气条件下，为水上航行船舶提供导航定位和安全保障。同时，北斗卫星导航系统特有的短报文通信功能将支持各种新型服务的开发。

3.4.6 航空运输

当飞机在机场跑道着陆时，最基本的要求是确保飞机相互间的安全距离。利用卫星导航精确定位与测速的优势，可实时确定飞机的瞬时位置，有效减小飞机之间的安全距离，甚至在大雾天气情况下，可以实现自动盲降，极大提高飞行安全和机场运营效率。通过将北斗卫星导航系统与其他系统的有效结合，将为航空运输提供更多的安全保障。

3.4.7 应急救援

卫星导航已广泛用于沙漠、山区、海洋等人烟稀少地区的搜索救援。在发生地震、洪灾等重大灾害时，救援成功的关键在于及时了解灾情并迅速到达救援地点。北斗卫星导航系统除导航定位外，还具备短报文通信功能，通过卫星导航终端设备可及时报告所处位置和受灾情况，有效缩短救援搜寻时间，提高抢险救灾时效，大大减少人民生命财产损失。

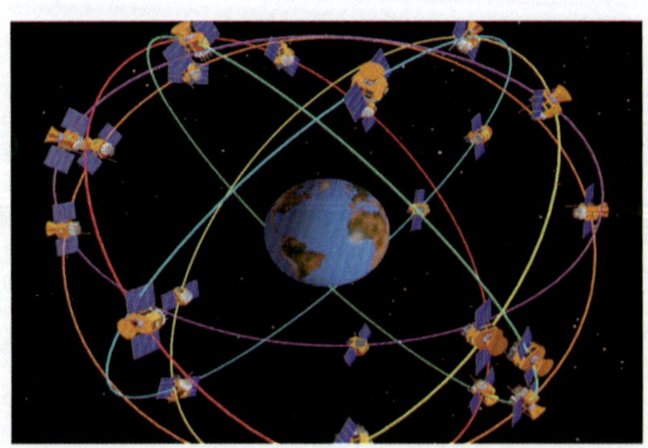

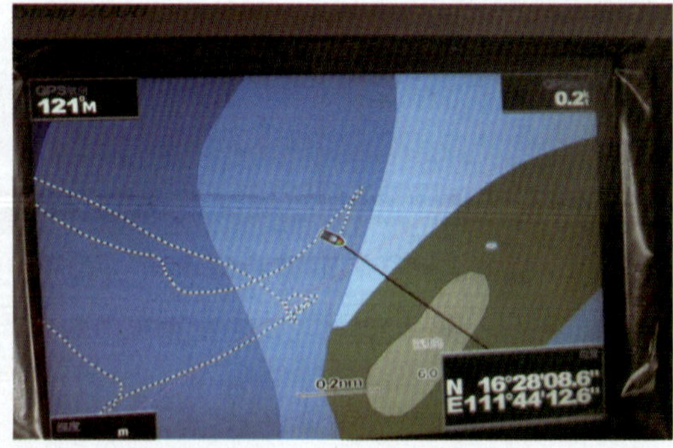

第四章　行车记录仪简介

重点内容

本章主要内容：行车记录仪综合简介；行车记录仪主要功能。

1. 汽车行驶记录仪综合简介

汽车行驶记录仪，俗称汽车黑匣子，是对车辆行驶速度、时间、里程以及有关车辆行驶的其他状态信息进行记录、存储并可通过接口实现数据输出的数字式电子记录装置。

欧盟、日本等国家早在 70 年代就开始以立法的形式在部分客运车辆及货车上强制安装使用记录仪，已经基本安装完毕。

2004 年 5 月 1 日起施行的《道路交通安全法》其“实施条例”第 14 条规定：用于公路营运的载客汽车、重型载货汽车、半挂牵引车应当安装、使用符合国家标准的汽车行驶记录仪。

全国各地客运公司、物流公司、旅游公司及危险品运输公司、公交集团及企事业单位都在紧张有序地安装汽车行驶记录仪。

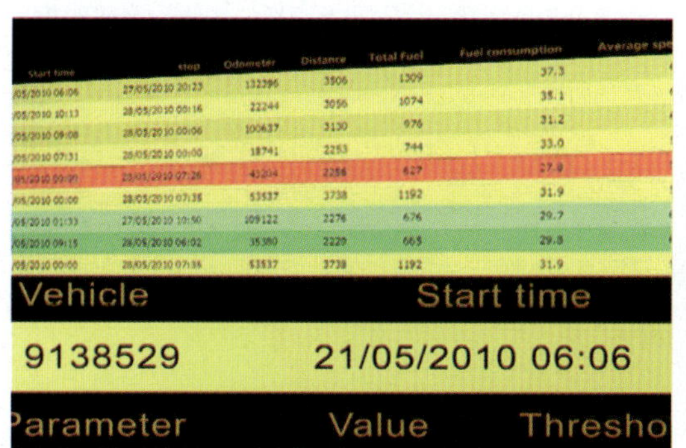

2. 行车记录仪主要功能

2.1　自检功能

记录仪通电后会对系统各部件及接口进行检测，自检通过后“嘀”的一声响提示用户记录仪开始正常工作。

2.2　具有身份识别功能

驾驶员每次开车时利用 U 盘验证身份，记录仪分类保存每个驾驶员的行驶数据。

2.3　车辆行驶时间、速度、里程的记录及存储功能

详实记录存储车辆行驶的时间、速度及里程。

2.4　超速报警及记录功能

当汽车超过预先设置的超速值时，会第一时间报警提醒，并记录下来。

2.5　超时驾驶（疲劳驾驶）报警及记录功能

驾驶员连续驾驶接近 4 小时，记录仪会声音提示，超过 4 小时就开始记录。

2.6　具有事故疑点记录分析功能

记录仪会以 0.2 秒间隔记录事故发生前 20 秒车辆行驶速度、制动等信息。

2.7　显示打印功能

可通过液晶 LED 显示和即时打印最近 15min 内每分钟的平均车速记录、超时驾驶(疲劳驾驶)记录、超速记录及车辆相关信息。

2.8　数据通信功能

可通过标准 USB 或串口采集记录仪数据、设置记录仪参数，车辆信息、驾驶员档案的管理功能。

2.9　管理软件提供良好的人机界面，实现车辆信息、驾驶员档案录入、修改、查询统计及报表打印功能。

增加经济效益，科学合理地进行员工调度，车辆保养。

2.10　存储视频图像（选配摄像头、SD 卡）

2.10.1 记录仪具有记录驾驶员身份的功能

2.10.2 在每次驾车前，由驾驶员插 IC 身份卡确认自己的代码

2.10.3 断电保护

2.10.4 数据通信功能

2.10.5 定位跟踪

2.10.6 实时定位监控

2.10.7 限速报警

2.10.8 偏航报警（电子围栏）

2.10.9 轨迹回放

2.10.10 劫持报警

2.10.11 远程数据提取

2.10.12 远程断油断电

2.10.13 信息调度

2.10.14 拍照功能

3. 执行标准

汽车行驶记录仪应满足《汽车行驶记录仪》（GB/T 19056—2012）和交通运输部《道路运输车辆卫星定位系统 车载终端技术要求》（JT/T 794—2011）、《道路运输车辆卫星系统终端通讯协议及数据格式》（JT/T 808—2011）。

4. 使用方法

使用行驶记录仪记录数据时，只需将仪器安装在车上并固定好，接上汽车电池就可以进行记录，断电后停止记录。

第五章　常用车队管理系统简介

重点内容

本章主要内容：常用车队管理系统综合简介；奔驰、沃尔沃、斯堪尼亚、雷诺、MAN车队管理系统的主要功能。

1. 常用车队管理系统综合简介

现在市面上有各种各样品牌的车队管理系统，有前期装在主机上的，也有后期安装的，这里对他们进行一个简单的介绍。

本文中只列出常用的进口车中的奔驰、沃尔沃、斯堪尼亚、雷诺、MAN 等品牌。

2. 奔驰 FleetBoard

功能有车辆管理、物流管理、时间管理等方面的服务。

除了提供 GPS 导航等功能外，FleetBoard 还可以提供数据服务，就是通过计算驾驶员急加速、紧急制动的次数，或是否有长时间怠速等情况，对驾驶员的驾驶习惯进行打分。

3. 沃尔沃 DynaFleet

沃尔沃的 DynaFleet 信息系统由两部分组成，车辆管理系统和运输管理系统。车辆管理系统主要针对沃尔沃车型，而运输管理系统则可以和运输公司的其他计算机整合在一起。

从发动机电子控制单元 (ECU) 直接下载到电脑上并保存到数据库中。这些信息是产生各种报告的基础数据。用户可以根据自己的需要通过不同的方式浏览这些数据，例如：趋势报告、行程报告、总报告和维修报告。用来监测和管理车队的运营效率，通过对车辆性能定期更新、管理燃油效率等数据实现燃油节省。对燃油消耗、取件小时数、行驶里程、运行小时数、怠速时间以及巡航控制使用等数据的分析。

4. 斯堪尼亚“黑匣子”

斯堪尼亚黑匣子将 GPS 定位、车载记录与通信设备 (FM3316)、通信服务订阅与网页式办公室界面结合在一起。斯堪尼亚车队管理系统通过安装在车上的终端，可以执行驾驶员表现管理、定位及追踪、车辆管理、数据通信、燃油管理、许可证调度、维修保养调度、事故分析（以秒为单位间隔的数据）等操作。

黑匣子的主要作用就是帮助中国的物流和运输企业通过获取和分析与车辆及驾驶员相关的绩效数据，随时掌握车辆的性能与业务进度，有效实施驾驶员管理、车辆管理和运输管理，实现并提升物流运输的运营经济性。除了出色的硬件产品外，在软件服务上也不断完善，提供了包括黑匣子、金融服务、驾驶员培训、完备的售后服务等全方位服务，通过提供一整套的运输和盈利方案，实现双赢。通过软件的支持，帮助驾驶员提高，同时提高运营管理者的工作效率。

5. 雷诺 InfoMax

和其他车队管理系统类似，雷诺的 InfoMax 车队管理系统也是一套基于双向传输数据的系统。

车辆的油耗，平均速度，载货情况等信息都会通过系统，传输给车队运营者。

当驾驶员超时驾驶时，系统会发出警示，让超时驾驶员停车休息，而当驾驶员工时未满时，系统也会合理调度。如果油耗超标，系统也会发出信号和修正措施，让驾驶员及时调整。系统还可以根据车辆的保养情况调度车辆。

6. MAN TeleMatics

MAN 的车队管理系统是与德国电信联合开发的，已有超过 1000 家运输企业和超过 7500

辆 MAN 货车使用该系统。

这个系统由 T-mobile 提供通信模块，方便驾驶员与车队联系。车队运营商通过网络可以对车队车辆进行管理，对车辆进行调度并获取物流信息等增值业务。此系统可减少车辆的空驶率和闲置率。但是此系统目前仅供欧洲市场使用。

第六章　车联网简介

重点内容

本章主要内容：车联网综合简介；常用车联网产品主要功能简介。

一、车联网综合简介

1. 车联网简介

车联网是以车内网、车际网和车载移动互联网为基础，按照约定的通信协议和数据交互标准，在车 -X（X：车、路、行人及互联网等）之间，进行无线通信和信息交换的大系统网络，是能够实现智能化交通管理、智能动态信息服务和车辆智能化控制的一体化网络，是物联网技术在交通系统领域的典型应用。

2. 车联网系统简介

车联网系统是指通过在车辆仪表台安装车载终端设备，实现对车辆所有工作情况和静、动态信息的采集、存储并发送。

系统分为三大部：车载终端、云计算处理平台、数据分析平台，根据不同行业对车辆的不同的功能需求实现对车辆有效监控管理。车辆的运行往往涉及多项开关量、传感器模拟量、CAN 信号数据等，驾驶员在操作车辆运行过程中，产生的车辆数据不断回发到后台数据库，形成海量数据，由云计算平台实现对海量数据的“过滤清洗”，数据分析平台对数据进行报表式处理，供管理人员查看。

从网络上看，车联网系统是一个“端管云”三层体系。

第一层（端系统）：端系统是汽车的智能传感器，负责采集与获取车辆的智能信息，感知行车状态与环境；是具有车内通信、车间通信、车网通信的泛在通信终端；同时还是让汽车具备车联网寻址和网络可信标识等能力的设备。

第二层（管系统）：解决车与车（V2V）、车与路（V2R）、车与网（V2I）、车与人（V2H）等的互联互通，实现车辆自组网及多种异构网络之间的通信与漫游，在功能和性能上保障实时性、可服务性与网络泛在性，同时它是公网与专网的统一体。

第三层（云系统）：车联网是一个云架构的车辆运行信息平台，它的生态链包含了 ITS、物流、客货运、危特车辆、汽修汽配、汽车租赁、企事业车辆管理、汽车制造商、4S 店、车管、保险、紧急救援、移动互联网等，是多源海量信息的汇聚，因此需要虚拟化、安全认证、实时交互、海量存储等云计算功能，其应用系统也是围绕车辆的数据汇聚、计算、调度、监控、管理与应用的复合体系。

值得注意的是，截至 2013 年，GPS+GPRS 并不是真正意义上的车联网，也不是物联网，只是一种技术的组合应用，目前国内大多数 ITS 试验和车联网 V 概念都是基于这种技术实现的。

二、常用车联网产品主要功能简介

1. 中交兴路车联网平台解决方案简介

中交兴路车联网服务体系包括在线地图服务、动态交通信息、信息增值服务、呼叫中心地图系统、系统集成（用户网站、手机终端）、应用车载视频监控、油量检测、驾驶行为分析等一系列服务内容，核心功能在国内处于领先地位。中交兴路车联网服务高度产品化，在市场上已经得到广泛应用。

产品系列解决方案及服务：

- 客车公共服务平台及服务
- 中交兴路运营平台
- 旅游客运智能运输管理系统
- 车厂管理系统及车联网服务
- 精准油耗分析和动态管理
- 基于运营数据的车辆及零部件性能分析
- 基于车辆状况及驾驶行为评级方案
- 基于海量数据的多维度驾驶行为综合评估体系
- 面向企业车辆全寿命周期 (LCC) 管理方案
- 基于智能车载终端的车辆智能诊断及数据应用系统
- 商用车 PAYD/UBI 方案
- 移动 APP

中交兴路运营平台中主要车辆管理功能：

为用车单位的用车成本、用车效率、行车安全、绩效考核等管理需求提供整体解决方案，是在传统 GPS 监控的基础上，成功应用车载视频监控、油量检测、CAN 数据采集（含新能源车辆）等先进技术，结合先进的数据分析模型和丰富的运输业务过程管理经验，实现对车辆的综合管理，核心功能在国内处于领先地位。

主要有七项功能：车辆监控，安全管理，能耗管理，机务管理，查询统计，运营管理，系统管理。

2. 汇通天下的 G7 功能简介

G7 运输管理平台不同于市场上数量众多的简单管理车辆轨迹的 GPS 定位，也不同于传统的 TMS。是一个基于 GPS 的互联网信息服务平台。

功能有：（1）位置服务，基于地图上每一秒的最新物联数据，而不是死的表格。（2）移动互联，基于驾驶员的智能手机，体现运输配送的实时场景，无须事后补录。（3）社交网络，多方合作关系，资源共享，业务协作，非内部孤岛。（4）个性化管车，专注一个问题而做到精致，便于接口支持，不是一个大而全的功能体系。

核心部分是车辆的 CAN 总线取数，重点在于油耗、里程、制动等车辆运行数据。并落实到具体的驾驶员，便于绩效考核。体现出经济性、安全性、时效性。

组成模块：物流地图，油耗管理，驾驶行为管理，车辆事件监控，驾驶员评分，车辆共享。费用取了油耗、胎损、维修、出勤率。安全取了行车安全（速度、门、轮胎）和驾驶安全两点（速度、疲劳、工作时间、行为）。

3. 天行健

天行健车联网服务系统是陕重汽为重卡用户全新打造的基于车联网技术的一种全新的智能服务系统，完全有别于传统的售后服务。该系统以为用户创造最大价值为目标，为用户提供全生命周期的重载移动服务综合解决方案。

系统依靠 GPS 卫星定位、GPRS 数字移动通信、GIS 地理信息、互联网、采控网关、云计算等技术，采集车辆发动机 ECU、车身中央控制器 CAN 总线等信息，通过车载智能终端、管理平台及呼叫中心帮助用户实现对车辆的远程监控、检测、定位和管理。

天行健车联网服务系统具体功能有：GPS 定位管理、超速报警、疲劳驾驶报警、碰撞自动报警、维修保养报警、车队管理、24 小时服务、油料被盗报警、驾驶室未锁报警、翻斗未回位报警、故障报警提示、远程故障诊断、紧急救助、驾驶员身份识别、图片抓拍、语音报读短信、行车记录仪、启动检测、收音机、可视化倒车、专用导航、车辆医生、油耗秘书、车友互联、天气预报、影音娱乐。

案例：某知名物流集团
关于车辆管理软件系统使用管理的规定

1. 目的

为了全面规范公司的车辆管理，集团开发出车辆管理软件系统，车辆管理软件系统对于车辆的管理功能专业、全面、系统。

为了实现集团车辆管理软件系统的功能，能够得到切实有效的使用，产生真正的价值，集团运营管理中心制定本规定。

车辆管理软件系统下文中简称“车管系统”。

2. 适用范围

某集团全国的所有分公司、站点。

某集团全国的所有生产用车、公务用车、叉车。

3. 规定内容

3.1 车管系统的使用权限

车管部实行总部、大区、分公司（站点）三级管理系统，各级管理者都根据工作需要设定一定的管理和使用权限，具体见车管系统中详细的权限列表。

3.2 车管系统的使用人员

车管系统以全公司车管人员使用为主，同时各级公司的车管上级管理者也必须要了解车管系统。

3.3 车管系统数据录入

3.3.1 各分公司、站点由各分公司运营经理（主管）负责安排指定人员执行录入。

3.3.2 各分公司车管部要负责指导各独立城市营业站负责人（兼职车管）录入相关数据。

3.3.3 车管系统中关于车辆的各项具体使用项目中，关于日常发生的车辆日检项目、车辆每日发生的油料费、路桥停车费等项目必须于次日的 12：00 前录入到系统中去，节假日顺延。

3.3.4 车管系统中其他项目则需要在事件发生后的次日下午 17：30 前录入。

3.3.5 车管系统中所有的需要扫描上传的资料必须按规定上传。

3.3.6 所有录入的数据和事项必须及时、真实、准确、有效。

3.3.7 分公司运营负责人在指定录入人员录入数据和事项之前，必须进行初步的审核，大区和总部车管部将设专人对数据和录入事项进行审核并进行统计分析。

3.3.8 所有的事项和费用录入必须是与该车一一对应，特别是在费用录入时，必须与每台车辆单车产生的费用相对应，只能录入本车产生的真实费用，坚决不允许有虚假的费用录入，否则，一经查出，必将严肃处理。

3.3.9 具体录入项目和时效管理见本章附件一。

3.4 录入检查

所有的数据录入后，大区车管负责人和集团车管相关负责人必须于次日 12：00 前进行检查和抽查，并将相关结果形成文字，报给车管部负责人，同时抄送给与检查结果有关的车管人员。

3.5 奖罚规定

3.5.1 对于油费、修理费、路桥停车费、日检、交通和违章事故这几项关键项目进行及时录入。

3.5.2 如没有及时地录入，则发现一次，对直接责任人罚款 XX 元 / 次。

3.5.3 如没有准确地录入，则发现一次，对直接责任人罚款 XX 元 / 错误点。

3.5.4 如录入有意弄虚作假，则发现一次，对直接责任人罚款 XX 元 / 次。

3.5.5 录入后大区和总部的相关责任人没有按规定及时检查，则发现一个错误点对直接责任人罚款 XX 元 / 错误点。

3.5.6 对于月录入率达到 100% 以上的，对直接责任人给予 XX 元 / 月的奖励。

3.5.7 对于准确地录入，没有发现一次错误的，对直接责任人奖励 XX 元 / 月。

4. 例外

此规定，是在上一次规定的基础上进行了修改，此项规定中的项目，从 8 月 1 号车管系统升级后执行，正式的处罚从 XX 月 1 号录入的数据开始。

5. 解释

5.1 本规定中的奖金由总部负责支出和发放，处罚金由分公司负责收取再转上交给总部。

5.2 本规定由总部运营管理中心负责解释，文件发放后，各分公司、站点组安排专人进行学习，自 XX 年 XX 月 1 日起生效。

6. 引用

此项无内容。

7. 附件

附件 “某集团车管系统录入项目和时效管理表”请加 QQ 群索取。

第九单元　综合管理体系

教学目标

通过对本单元的学习，使车管人员对从事职业物流车管工作的综合管理体系有一个认识和了解，对比综合管理体系中的各项要求，分析自身的优点和不足，进行完善，从而提高自身的车管工作技能，提升在物流行业的职业竞争力。

教学内容

本单元重点内容：全面绩效管理概要；数据管理概要；档案管理概要；人才管理概要；财务管理概要；制度管理概要；名企综合管理案例。

第一章　全面绩效管理概要

重点内容

本章重点内容：全面绩效管理背景；车辆全面绩效管理概念；建立全面绩效管理体系；常规绩效考评方式。

1. 全面绩效管理背景

世界著名管理大师德鲁克（Peter Drucker）教授认为，并不是有了工作就有了目标，而是有了目标才能确定每个人的工作。“目标管理到部门，绩效管理到个人，过程控制保结果”，这句话清晰地勾勒出了企业目标落实到工作岗位的过程。目标管理体系是企业最根本的管理体系，绩效管理体系包含在目标管理体系之中，目标管理最终通过绩效管理落实到岗位。

通过对企业中高层管理者的目标管理能力和绩效管理能力的培养，加强中高层管理者对企业战略目标的执行力，最终建立起基于目标管理的绩效管理体系。为达成企业目标，我们必须掌握目标管理与绩效管理的原则、方法和技巧，使员工的个人目标和企业的经营目标完美地统一起来，从而激发员工最大的工作潜能，形成企业与员工共同发展的双赢格局。

2. 车辆全面绩效管理概念

车辆全面绩效管理是指公司整体的车辆管理目标与指标、部门车辆管理目标与指标、车管岗位目标与指标的设定、分解、执行的全过程管理。车辆目标管理到部门，绩效管理到个人，过程控制保证结果，是这一过程的根本逻辑。既要考察因循“岗位—部门—组织”的绩效垂直路径，也要兼顾流程绩效的水平路径。

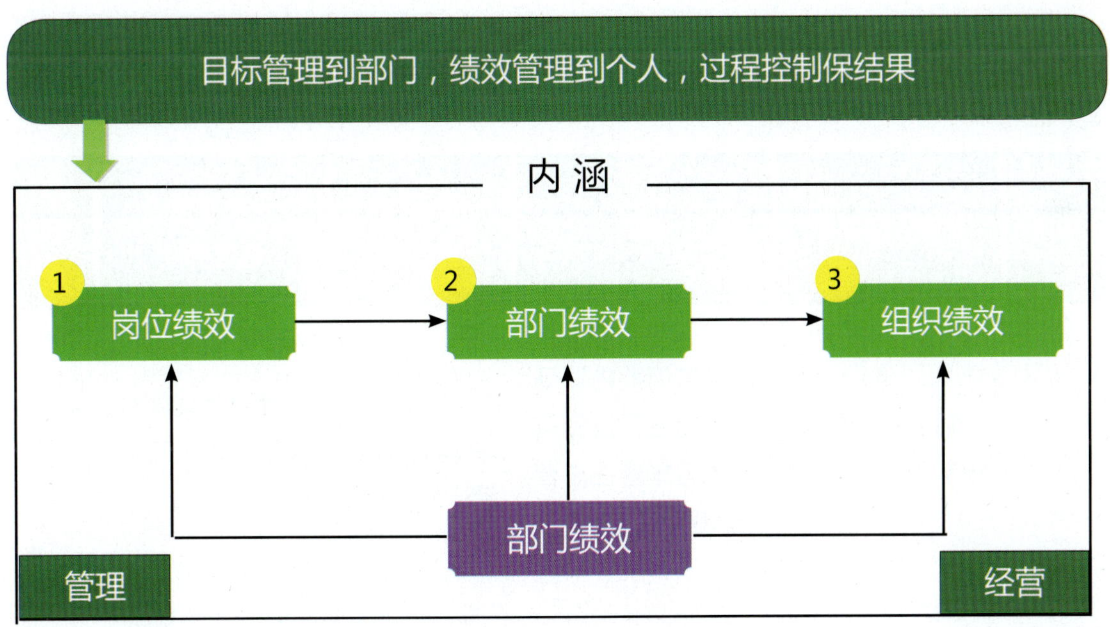

在目标执行的过程中，也存在影响目标实现的个人障碍和组织障碍，为此，车辆全面绩效管理必须注重过程控制环节。我们期望通过对 PDCA（车辆管理的工作任务、车辆管理的工作目标、车辆管理的工作计划、车辆管理的工作标准、车辆管理的工作安排、车辆管理的工作检查、车辆

管理的工作改善、车辆管理的工作总结）管理循环的详细解读和对绩效辅导、绩效面谈及绩效改进等三种管理手段的生动诠释，为广大中高层管理者提供能够有效指导实践的过程控制框架。为了保证目标执行效果，在关注组织绩效、部门（团队）绩效和岗位绩效的同时，我们引入流程绩效（流程增值性和流程效率）的概念，以跨部门协作为达成目标的过程保障。

3. 建立车辆全面绩效管理体系

车辆全面绩效管理体系有四个组成部分，分别是车辆目标管理、车辆绩效管理、车辆过程管理和过程保障（跨部门协作），具体内容如下。

3.1 车辆目标管理

根据公司战略规划，确定年度车辆管理目标，之后将目标分解到目标领域（安全、成本、效率等），通过组织架构将目标从目标领域分解到各部门，各部门将确定后的目标分解到岗位。

特别需要强调的是，企业必须要把目标和指标区别开来，同时，也要区分什么是关键绩效指标（KPI）以及什么是非关键绩效指标。关键绩效指标的数量不可过多，岗位层面 2 ~ 3 个为宜，部门层面 5 ~ 6 个为宜，公司层面 10 ~ 15 个为宜。关键绩效指标是目标实现过程中的关键控制点，分为四类：数量性 KPI，质量性 KPI，成本性 KPI，时间性 KPI。如案例所示。

某知名物流集团车管部关键考核指标

模块	关键业绩指标	定义	评估标准/计算公式	评估单位/数据提供	指标类
消耗	百公里油耗达标率	考核周期内达到设定的油耗目标值的营运车辆占总营运车辆数的比例	达标营运车辆数/总营运车辆数	运力管理处车管组/地区营运部	考核
	百公里维修费	车辆每百公里的维修情况	维修费/行驶里程 ×100（分车型轴距）	运力管理处车管组/地区营运部	考核

续上表

模块	关键业绩指标	定义	评估标准/计算公式	评估单位/数据提供	指标类
安全	百万车公里责任事故率	车辆百万公里责任事故情况	责任事故次数/百万公里	运力管理处车管组/地区营运部	考核
	百万车公里责任死亡率	车辆百万公里责任事故人员死亡情况	责任事故死亡人数/百万公里	运力管理处车管组/地区营运部	考核
安全	百万车公里责任伤人率	车辆百万公里责任事故伤人情况	责任事故伤人数/百万公里	运力管理处车管组/地区营运部	考核
	百万车公里责任损失率	车辆百万公里责任事故损失情况	责任事故损失金额/百万公里	运力管理处车管组/地区营运部	考核
	收派员自带机动车万车死亡率（自带机动车包括汽车和摩托车）	平均每一万台收派员自带机动车车辆事故造成死亡人数	收派员自带机动车交通事故造成的死亡人数÷月均收派员自带机动车数(万台)	运力管理处车管组/综合本部	考核
	收派员自带机动车万车重大事故率（自带机动车包括汽车和摩托车）	平均每一万台收派员自带机动车车辆重大交通事故数	收派员自带机动车重大交通事故次数÷月均收派员自带机动车数（万台）	运力管理处车管组/综合本部	考核

3.2 车辆绩效管理

目标管理体系是企业最根本的管理体系，绩效管理体系包含在目标管理体系之中，目标管理最终通过绩效管理落实到岗位，PDCA 是绩效管理发挥作用的根本逻辑。

绩效管理包含六个环节：

3.2.1 绩效计划：目标、指标、绩效标准、绩效协议。

3.2.2 持续沟通：进一步清晰标准；持续跟踪以发现问题；关注成长。

3.2.3 数据记录：为将来的考核提供依据，但经常被忽略。

3.2.4 绩效回顾：也称为中期面谈，及时发现差距，修正错误，提供支持。

3.2.5 绩效考核：培训评估者，回顾绩效标准，做出客观评价，结果运用。

3.2.6 绩效改进：通过面谈，找出绩效差距，设定改进计划，设置里程碑。

绩效管理的关键是要有效分解部门目标，设定岗位目标及 KPI。岗位 KPI 的来源有三个：（1）部门工作要点；（2）岗位职责；（3）工作流程。

作为管理者，要按照以下内容检视绩效管理流程：

你有清晰的绩效目标和绩效指标吗？

绩效考核标准有文字描述吗？

你是否和下属签订了绩效协议？

你注意到要和下属保持沟通吗？

你在考核中期和下属进行绩效回顾吗？

在评分时，你是否有一好百好的倾向？

在评分时，你是否有平均主义倾向？

在评分时，你能否看到下属的进步？

在评分时，你是否做了不适当的比较呢？

在评分时，你是否从整个考核周期评估下属表现？

在评分时，你是否根据自己的好恶来评价下属的表现？

你是否为你的下属指出不足并督促其改进呢？

作为管理者，不但要考察关键绩效指标，还要对员工进行全面考核，包含三个部分：行为、任务和 KPI。

3.3 过程管理

在实现目标的过程中，必须关注 PDCA 的全面展开：工作任务、工作目标、工作计划、工作标准、工作安排、工作检查、工作改善、工作总结。

同时，做好绩效辅导、绩效面谈和绩效改进工作。

3.4 过程保障

车辆管理的目标管理、绩效管理和过程管理，关注的是垂直绩效路径。在实现目标的过程还有水平绩效路径，那就是流程绩效的概念。流程绩效主要从两个方面考察：流程的增值性和流程效率。跨部门协作就是为了保障流程绩效的实现以及企业整体目标的达成。

首先，要建立起内外部客户的概念，以“客户”的要求定义本部门的工作产出。

其次，克服跨部门协作的四大障碍。

建立沟通协调机制，从信息交流、情感交流、思想交流三个依次深入的层面关注部门之间的沟通。

第三，梳理工作流程，流程舒畅才能高效合作。

总之，车辆全面绩效管理是实现目标的全过程管理。只有公司、管理者和员工全部参与到这一互动过程中来，最终才能实现公司的整体车辆管理的目标。

4. 常规绩效考评方式

4.1 按考评时间分类

可分为日常考评与定期考评。

4.1.1 日常考评。指对被考评者的出勤情况、产量和质量实绩、平时的工作行为所做的经常性考评。

4.1.2 定期考评。指按照一定的固定周期所进行的考评，如年度考评、季度考评等。

4.2 按考评主体分类

可分为主管考评、自我考评、同事考评和下属考评。即“360 度考评方法”。

4.2.1 主管考评。指上级主管对下属员工的考评。这种由上而下的考评，由于考评的主体是主管领导，所以能较准确地反映被考评者的实际状况，也能消除被考评者心理上不必要的压力。但有时也会受主管领导的疏忽、偏见、感情等主观因素的影响而产生考评偏差。

4.2.2 自我考评。指被考评者本人对自己的工作实绩和行为表现所做的评价。这种方式透明度较高，有利于被考评者在平时自觉地按考评标准约束自己。但最大的问题是有“倾高”现象存在。

4.2.3 同事考评。指同事间互相考评。这种方式体现了考评的民主性、但考评结果往往受被考评者的人际关系的影响。

4.2.4 下属考评。指下属员工对他们的直接主管领导的考评。一般选择一些有代表性的员工，用比较直接的方法，如直接打分法等进行考评，考评结果可以公开或不公开。

4.2.5 顾客考评。许多企业把顾客也纳入员工绩效考评体系中。在一定情况下，顾客常常是唯一能够在工作现场观察员工绩效的人，此时，他们就成了最好的绩效信息来源。

4.3 按考评结果的表现形式分类

可分为定性考评与定量考评。

4.3.1 定性考评的结果表现为对某人工作评价的文字描述，或对员工之间评价高低的相对次序以优、良、中及差等形式表示。

4.3.2 定量考评的结果则以分值或系数等数量形式表示。

第二章　数据管理概要

重点内容

本章重点内容：数据管理简介；数据管理操作。

1. 数据管理简介

数据管理是利用计算机硬件和软件技术对数据进行有效的收集、存储、处理和应用的过程。其目的在于充分有效地发挥数据的作用。实现数据有效管理的关键是数据组织。随着计算机技术的发展，数据管理经历了人工管理、文件系统、数据库系统三个发展阶段。

在数据库系统中所建立的数据结构，更充分地描述了数据间的内在联系，便于数据修改、更新与扩充，同时保证了数据的独立性、可靠性、安全性与完整性，减少了数据冗余，故提高了数据共享程度及数据管理效率。

在车辆管理的数据中，重点是各项成本费用、安全率、各项生产效率等。只有对各数据进行有效的分析管理，才能更好地做好车辆管理工作。

2. 数据管理操作

在车辆管理的数据管理中，最重要的几项一般会在管理报表中体现出来，各个公司由于业务不同，所列的重点项各不相同，并且报表的模板也各不相同，下表中列出某知名的物流集团的报表，供参考。

由于内容很多，本文只列出部分计划，具体详细全面的案例请加 QQ 群索取内容。

某知名物流集团报表

月份	总车辆数	总行驶里程（公里）	油料消耗（升）	总油料费用（元）	总维修费（元）	总大修费（元）	总审验费（元）	总轮胎费（元）
一月	5 527	26 654 222	3 838 033	26 627 363	2 229 777	499 497	303 746	1 020 178
二月	5 576	23 393 281	3 317 037	23 144 798	1 734 023	416 488	250 979	550 649
三月	5 645	28 805 330	4 039 106	28 630 854	2 135 031	598 172	370 439	936 491
一季度	5 583	78 852 833	11 194 176	78 403 015	6 098 831	1 514 157	925 164	2 507 318
四月	5 783	32 152 473	4 444 981	32 365 650	2 247 133	591 182	327 601	1 001 091
五月	5 925	32 434 648	4 472 096	33 084 279	2 733 969	553 012	383 939	1 352 482
六月	6 122	34 085 360	4 739 743	35 062 822	2 746 560	657 693	405 839	1 478 653
二季度	5 943	98 672 481	13 656 820	100 512 751	7 727 662	1 801 887	1 117 379	3 832 227
上半年	5 763	177 525 314	24 850 996	178 915 766	13 826 492	3 316 044	2 042 543	6 339 545
七月	0	0	0	0	0	0	0	0
八月	0	0	0	0	0	0	0	0
九月	0	0	0	0	0	0	0	0
三季度	0	0	0	0	0	0	0	0

续上表

月份	总车辆数	总行驶里程（公里）	油料消耗（升）	总油料费用（元）	总维修费（元）	总大修费（元）	总审验费（元）	总轮胎费（元）
十月	0	0	0	0	0	0	0	0
十一月	0	0	0	0	0	0	0	0
十二月	0	0	0	0	0	0	0	0
四季度	0	0	0	0	0	0	0	0
下半年	0	0	0	0	0	0	0	0
全年	5 763	177 525 314	24 850 996	178 915 766	13 826 493	3 316 044	2 042 543	6 339 545

第三章　档案管理概要

重点内容

本章重点内容：车辆档案的意义；车辆档案的分类；车辆基本档案；车辆技术档案；车辆安全档案；车辆保险档案；驾驶员档案。

1. 车辆档案的意义

建立和健全车辆档案是进行车辆管理的重要手段。车辆从购置到报废整个运行过程中，它是记录车辆基本情况、主要性能、运行使用、检测、维护、修理、主要部件更换、交通事故情况等内容的原始资料。它的作用是掌握车辆技术动态和使用、维修规律，为制定相关车辆技术管理制度提供科学依据；同时又在预防事故、制定预防措施等方面起着重要的作用。因此，建立和健全车辆档案是一项极其重要的基础管理工作。

2. 车辆档案的分类

车辆档案按实现的功能可分为五大模块：车辆基本档案、车辆技术档案、车辆安全档案、车辆保险档案、驾驶员档案。

车辆档案按存储的介质可分为两类：纸质档案、电子档案。

3. 车辆基本档案

3.1　车辆基本档案的组成部分

机动车行驶证复印件

机动车注册登记证书复印件

车辆购置税完税证明复印件

道路运输证复印件

机动车销售统一发票复印件

机动车注册登记技术参数表复印件

机动车辆保险单复印件

车辆照片

车架号、发动机号拓印件

车辆建制表（附件 1）

3.2　车辆基本档案的建档要求

3.2.1　除车辆建制表为电子档案外，其他均为纸质档案。

3.2.2　车辆基本档案用文件夹存放，一车一档，文件夹中缝应注明车号、“车辆档案”等字样。

3.2.3　车辆年审或续保后，及时更新机动车行驶证和机动车辆保险单的复印件，以保证其有效性。

3.2.4　分公司必须建立规范、完整的车辆基本档案，并做到：统一存放、统一管理、及时更新。分部则视其实际情况建立，作为分公司车辆基本档案的补充和完善。

3.2.5　分公司新购车辆时，及时将新车的车辆基本档案寄到总部车辆管理处。

3.2.6　车辆建制表如有更新时，及时报送总部和车辆管理处。

4. 车辆技术档案

4.1　车辆技术档案的组成部分包括：车辆技术月度报表、车辆维修档案和车辆轮胎档案。

4.2　车辆技术月度报表见车辆技术月度统计表（附件 2）和车辆报废、转出统计表（附件 3）。

4.3　车辆维修档案见车辆维修档案（附件 4）。

4.4　车辆轮胎档案见车辆轮胎使用记录表（附件 5）。

4.5　以上车辆技术档案均以月报形式报送经营本部综合部和车辆管理处。

5. 车辆安全档案

5.1　车辆安全档案的组成部分包括：车辆事故档案、车辆事故报表和机械事故档案。

5.2　车辆事故档案

5.2.1　车辆事故档案的组成部分：

交通事故报告（附件 6）

交通事故结案报告（附件 7）

事故经过（驾驶员撰写）

机动车驾驶证复印件

机动车行驶证复印件

机动车辆保险单复印件

事故照片

交通事故责任认定书或交通事故快速处理决定书复印件

交通事故调解书或交通事故协议书复印件

法院判决书或法院调解书复印件

车辆定损单复印件

人员伤亡医药费明细复印件

索赔计算书复印件

5.2.2 车辆事故档案的建档要求：

车辆事故档案均用纸质档案建立，其中交通事故报告和交通事故结案报告需建立电子档案。

事故总损失超过 1 000 元（含）的“一般”级别以上事故必须建立车辆事故档案。档案袋封面应注明：事故名称、事故编号。

发生“一般”以上级别事故时，应及时将交通事故报告报总部；事故结案后，及时将交通事故结案报告报送总部。

各公司必须建立规范、完整的车辆事故档案，并做到：统一存放、统一管理、及时更新。

5.3 车辆事故报表

车辆事故报表包括交通事故统计报表（附件 8）和交通事故统计台账（附件 9），并以月报形式报总部。

5.4 机械事故档案

机械事故档案包括车辆机械事故处理表（附件 10）和当事人撰写的事情经过。发生机械事故时，及时建立机械事故档案，并将车辆机械事故处理表报总部。

6. 车辆保险档案

车辆保险档案见车辆投保明细表（附件 11）。如车辆保险发生新购、续保、批改时，及时更新车辆投保明细表，并报总部。

7. 驾驶员档案

7.1 驾驶员档案的组成部分

驾驶员档案表（附件 12）

机动车驾驶证复印件

从业资格证复印件

身份证复印件

考核、录用原始证明材料复印件

7.2 驾驶员档案的建档要求

7.2.1 驾驶员档案表要求以电子文档的形式建立，同时打印成纸质文本，同其他复印件一并归档，用档案袋或文件夹予以保存。

7.2.2 公司必须建立规范、完整的驾驶员档案，并做到：统一存放、统一管理、及时更新。

附件

附件 1：车辆建制表

附件 2：车辆技术月度统计表

附件 3：车辆报废、转出统计表

附件 4：车辆维修档案

附件 5：车辆轮胎使用记录表

附件 6：交通事故报告

附件 7：交通事故结案报告

附件 8：交通事故统计报表

附件 9：交通事故统计台账

附件 10：车辆机械事故处理表

附件 11：车辆投保明细表

附件 12：驾驶员档案表

由于此部分全是 EXCEL 表格，内容较多，具体内容请加Q Q群索取。

第四章　人才管理概要

重点内容

本章重点内容：人才管理简介；人才招聘；测评与评估；绩效管理；学习和开发；继任与保留。

1. 人才管理简介

人才管理是指对影响人才发挥作用的内在因素和外在因素进行计划、组织、协调和控制的一系列活动。

人才管理这一概念是出现于 90 年代，许多企业用来招募、发展和保留人才，通过人才来驱动公司的业绩。21 世纪对人才管理有不同的定义：Morton（2006）描述了人才管理活动的八个类别：招聘、保留、发展、领导力开发、绩效管理、雇员反馈 / 测量、人才规划与文化。Fitz-enz (2005) 认为人才管理囊括了六个人力资源服务：聘用与安置、领导力发展、继任、绩效管理、培训和教育以及保留。 Farley (2005) 提出，人才管理是发挥员工价值的一套流程，人才管理的定义的核心议题就变成了“吸引、聘任、培养和保留人才”。

人才管理：如果我们把这个概念延伸到具体的应用，其中“招聘、开发、安置和保留顶尖雇员，还有劳动关系的维护和纠纷的处理”就成为人才管理的总体定义。人才管理也就包涵了吸引与招聘、测评与评估、绩效管理、学习和开发、继任与保留等诸多方面。

人才管理所关注的核心是“人才”，其更加底层的技术是“人才的定义”，更具体一点“适合于特定文化的、特定岗位的人才模型”。这其中涉及到素质模型、领导力模型、人才测评、评价中心、360 评估、雇员调查等多项技术。

在我国车辆管理从业人群日渐庞大，专职和兼职的车管人员近 100 万人，他们普遍实践经验丰富，但综合素质和整体的管理能力不足，而物流行业专业性强，对于车管经理人的要求很高，需要具备多项专业的管理能力才能胜任，因此急需提高车管人员的管理能力。

驾驶员素质普遍偏低，收入也低，工作环境差，长年在外，职业病高发，诚信机制缺乏，驾驶意识和行为不规范，安全事故多，对社会造成不利影响。

部分大型物流企业中车辆管理体系已初步形成，但由于发展不均衡，众多中小型物流公司车辆管理工作还处于相当薄弱阶段，急需提升！

基于上述原因，培养和建立一批与时俱进、适合现代物流业发展需要的高素质职业“车管经理人”，和职业驾驶员队伍，成为行业的当务之急！

在车辆管理部门中的人才管理，我们主要是从人才招聘、测评与评估、绩效管理、学习和开发、继任与保留等这几方面进行简要的分析。

2. 人才招聘

2.1　招聘形式

2.1.1 招聘形式分两种，内部招聘和外部招聘。

2.1.2 内部招聘一般是指在现有的管理人员内选拔职业道德和工作技能相对较好的管理人员去负责更重要的管理工作。

2.1.3 内部招聘的优点：

（1）相当于内部的激励措施，给管理人员一个机会，有利于调动积极性，有利于增强忠诚度。

（2）对内部车管人员的能力、性格及过去的成绩等较了解，有利于找到合适的管理人员。

（3）内部的管理人员更了解公司的企业文化，运营模式，能更有效的执行好工作。

（4）可以节省招聘培训等方面的成本。

2.1.4 内部招聘的缺点：

对于没有应聘选上的管理人员有可能会影响到其工作的信心，这点需要做好相应的应对策略，提前避免。

2.1.5 外部招聘是组织从外部招聘所需要的管理人员，补充岗位需求。

2.1.6 外部招聘的优点：

（1）给公司带来新的思想和方法，可以学习和借鉴到外面好的管理方法。

（2）可以形成良性的内外部竞争。

（3）外部人员来源广、选择的余地大。

2.1.7 外部招聘的缺点：

（1）筛选难度大，费时费力成本高。

（2）外部管理人员进入工作角色慢，要花时间进行培训。

（3）简单的几次面试，不能全面地了解到外部招来的管理人员的职业道德，在工作开展中有可能构成一定的隐患。

2.2　管理人员招聘方法

2.2.1 人才市场招聘法

到专业的适合管理人员求职的地方招聘。

2.2.2 网络招聘法

在常用的招聘网站上公布招聘需求信息，进行招聘。

2.2.3 外包法

将人才招聘包给专业的中介机构或者是人力资源外包公司，由其进行招聘和初步的培训。

2.2.4 内部员工推荐法

在公司内部公布职位需求信息，由内部的各类员工，包括现有的管理人员推荐。

2.2.5 外部自荐法

当公司需要管理人员时，可以将信息告诉相关的组织或熟人，由其推荐。

2.2.6 职位公告法

将职位需求在公司的海报或者是网站、内部刊物上刊登。

2.3 招聘流程

车管人员招聘是一个科学严谨的过程，而不能随随便便的决定，必须经过严格的招聘流程，各个环节严格把关，才能保证招聘的质量，具体流程省略。

2.4 招聘资质、条件重点说明

各个公司据自己的业务类型，可以设定一个资质要求。

（1）要列出工作岗位说明书，对所招聘的职位要求有一个清楚的描述。

（2）一般要求是年龄在 25 ～ 50 岁之间，条件优异者可适当放宽年龄限制。

（3）持有合法、有效的 B 类（含）以上机动车驾驶证和从业资格证；如果是挂车或者是危险品等特种运输的，还需要具备相应的驾驶资质和从业资格证。

（4）一般要求是一定年限的职业工作时间，此点视不同的职位而定。

（5）性格成熟、稳重，没有影响车辆管理的生理和心理方面的疾病与缺陷。

（6）具有娴熟的驾驶技术，同时掌握汽车专业的基本常识。

（7）对于实际管理经验、文化水平、电脑水平和实际业务操作技能均需要考虑。

（8）更重要的一点是要有职业道德。

3. 测评与评估

3.1 定义

人才测评的定义是“通过一系列科学的手段和方法对人的基本素质及其绩效进行测量和评定

的活动”，并将其应用在组织发展与人才管理等企业管理领域。人才测评的具体对象不是抽象的人，而是作为个体存在的人其内在素质及其表现出的绩效。

3.2 为什么要进行人才测评

心理学家奥里·欧文斯先生认为大多数人录用的是他们喜欢的人，而不是最能干的人，大多数决策者在面试的最初 5 分钟内就做出了录用与否的决定，并把面试的其余时间用来使他们的选择自圆其说。因此，专业的面试官在面试时会注意调整以下几方面的心理因素：

3.2.1 归因效应：面试官认为自己是全能的“上帝”，永远正确，居高临下的态度对待候选人，过分相信自己的直觉。

3.2.2 异性效应：面试官受异性吸引，尤其对外表气质佳、言谈举止得体的异性容易产生好感。

3.2.3 首因效应（初始效应）：面试官对候选人的第一印象作用很大，在面试开始 3 分钟内，85% 的面试官已做出决定。

3.2.4 晕轮效应（联想效应）：面试官容易被候选人的亮点所吸引，忽视观察其他方面，往往会忽略候选人的全部特点。

3.2.5 对比效应：面试官在连续面试多名候选人时，做出的面试评估会受面试的前一个候选人的影响，并会有无意识地对前后候选人进行比较的心理趋向。

3.2.6 序位效应：面试官在连续面试多名候选人时，会对最初和最后面试的候选人印象特别深刻。

3.2.7 中央趋热效应：面试官对连续面试的多名候选人评分时，当对候选人的评估感觉没有把握时，打的分数往往集中在中间段。

3.2.8 惺惺相惜效应：面试官倾向于认同自己的“同类”（例如同爱好、同气质、同校、同宗教、同族等），而更适合招聘职位的“异已“被拒之门外。

3.3 作用

人才测评是通过综合利用心理学、管理学和人才学等多方面的学科知识，对人的能力、个人特点和行为进行系统、客观的测量和评估的科学手段；是为招聘、选拔、配置和评价人才提供科学依据，为提高个体和企业的效率、效益而出现的一种服务。它在人力资源管理和开发中具有重要作用，主要体现在以下五个方面：

3.3.1 有助于人才选拔和使用

3.3.2 有助于人力资源的全面普查

3.3.3 有助于为团队建设提供依据

3.3.4 有助于自我认识和发展

3.3.5 有助于管理者的工作开展

3.4 五大功能

3.4.1 鉴定功能
3.4.2 预测功能
3.4.3 诊断功能
3.4.4 导向功能
3.4.5 激励功能

3.5 考查方面

3.5.1 职业道德
3.5.2 综合素质
3.5.3 心理素质
3.5.4 情绪稳定性
3.5.5 各方面的能力
3.5.6 过去成长的业绩

3.6 程序

3.6.1 进行工作分析
3.6.2 选择
3.6.3 分析
3.6.4 进行独立的评估
3.6.5 确定
3.6.6 测评管理
3.6.7 使用标准
3.6.8 决策
3.6.9 投资回报评估

3.7 方法

3.7.1 履历分析
3.7.2 笔试
3.7.3 心理测验
3.7.4 笔迹分析法
3.7.5 迷宫游戏法
3.7.6 面试
3.7.7 情景模拟
（1）文件筐作业；（2）无领导小组讨论；（3）管理游戏；（4）角色扮演。
3.7.8 评价中心技术
上述各种方法，在车辆管理方面的人员或者是驾驶员招聘方面，均可以考虑使用。

4. 绩效管理

此处不重点列出，在第二单元第八章专门讨论。

5. 学习和开发

学习和开发是指将人的智慧、知识、才干作为一种资源加以发掘、培养，以便促进人才本身素质的提高和更加合理的使用。

车管人才开发包括：挖掘车管人才、培养车管人才，即从现有车管人才资源中发现有能力的人，进行培养、训练，提高他们的业务技术和经营水平。

人才开发主要包括以下活动：

5.1 人才的选拔，即识别、发现和挑选人才。“治国之道，唯在用人”，企业也是如此，用人是领导者的基本职责。再好的决策和计划，如无一批德才兼备、精明强干的人去执行和实施，也是无法实现的。所以，能否最大限度地挖掘和利用人才，是衡量领导水平高低的一条重要标志。

5.2 人才的培养，对潜人才和现有人才进行教育和培训，提高他们的水平，也是对人才进行教育、培训的过程。被选拔的人才一般都需经过培养、训练，才能成为各种职业和岗位要求的专门人才。培养人才的形式有多种，除了在各级各类学校中进行系统教育的进修外，还可采取业余教育，脱产或不脱产的培训班、研讨班等形式，充分利用成人教育、业余教育、电化教育等条件，提倡并鼓励自学成才。人才培养的具体要求，各行各业都有所不同，但总的目标是达到德、智、体全面发展。对于企业来说，人才培养是多层次的，包括高级经营人才的培养、职能管理人才的培养和基层管理人才的培养等。

5.3 人才的使用，把发现和培育的人才安排到适当的工作岗位上，让他们充分发挥作用。

5.4 人才的调剂，即把各种人才从不适合的工作岗位调动到更加适合的工作岗位，使人尽其才。

5.5 人才的管理，这是人才开发的必要条件，要建立健全各种规章制度、管理档案等，保证人才开发的需要。

5.6 人才测评，这是了解一个人的性格以及能力的前提，通过一系列科学的手段和方法对人的基本素质及其绩效进行测量和评定的活动。人才测评的具体对象不是抽象的人，而是作为个体存在的人其内在素质及其表现出的绩效。人才测评的方法包含在概念自身中，即人才测量和人才评价。人才测评的主要工作是通过各种方法对被测试者加以了解，从而为企业组织的人力资源管理决策提供参考和依据。

6. 继任与保留

继任管理是用来识别和培养组织内部的高潜人才，以填补关键领导岗位或专业岗位的一系列业务流程。

继任管理关注于提升，而不是替代。目标是要在企业内各层级建立板凳深度制度，以便不管什么时候出现空缺，内部都会有合格的候选人。

第五章　财务管理概要

重点内容

本章重点内容：道路运输企业费用类别；费用审核；费用报销。

1. 道路运输企业费用类别

运输企业的费用项目较多，主要见下述几个方面。

本文所讲财务管理，是指在车辆运输运营费用方面的管理，即下面的第二点，重点是费用的报销方面的管理。

1.1　经营管理费用

1.1.1　场地费。场地费包括两项：一是场地的租赁费；二是房屋的维修费。

1.1.2　员工工资与福利。员工工资与福利是公司的一项很大的开支。它包括管理人员、驾驶员、维修人员以及其他岗位人员的基本工资、效益工资和各种福利待遇。

1.1.3　固定资产购置费。主要是指车辆购置费、维修以及其他固定设备（比如电脑）的购置费。

1.1.4　管理经费。管理经费包含的项目较多较杂，主要包括办公费、水费、电费、煤气费、差旅费、招待费、通信费等项目。

1.2　车辆营运费用

1.2.1　燃油费。燃油费是指汽油费和柴油费。燃油费是公司的一项很大的费用。一般来说，公司营运任务多，燃油费就高，车辆技术状况差，节约措施不到位，油费也会上升。车队在管理油费的时候，要注意区别每辆车的油耗量，而不要只计算一个总量。

1.2.2　过路费。过路费（包括过桥费、轮渡费）也是与公司经营状况有关。长途运输多，此项费用就高。

1.2.3　维修及材料。车辆如果委托修理厂外修，维修费主要是维修的工时费和管理费；如果是自己内部修理，则无工时费。维修时使用的材料是主要部分，主要包括各种配件、轮胎、润滑油、齿轮油、各种车用液、修理辅助材料等。这里需要注意的一个细节是，如果车辆外修，公司不提供配件材料，则修理费发票上的金额包含了工时费和材料费，公司在记账和核算时要注意区别。

1.2.4　养路费。养路费其实是一项比较固定的费用，公司每月或者每季度，每年向交通路政机构缴纳养路费。

1.2.5　各种罚款。罚款主要是指车辆在运行过程中，因违反相关规定被国家有关机关处罚的金额。其中以交通罚款为主。交通罚款有两类：一类是驾驶员自身违反交通法规被处罚的，这类罚款很多公司都规定不给报销，由驾驶员自身负担。另一类是由于公司自身的原因，比如车辆违法改装、超载等，这类罚款公司应该给予报销。

1.2.6 停车费。停车费也是一笔不小的开支，目前，各个城市都有货运停车场，一般都要收费。

1.2.7 保险费。保险费有三类：第一类是与车辆有关的保险费（车损险、第三者责任险以及附加险）；第二类是人员意外伤害险，比如随车人员的保险等；第三类是货物保险费。

1.2.8 车辆检测费。主要是指国家规定的营运车辆的综合性能检测费。

1.2.9 车辆折旧。车辆折旧并不是以现金的形式发生的，因此它主要是在公司进行相关核算时用到。一般来说，营运性货车的折旧按行驶里程进行。

1.2.10 税金。这主要是针对营运性车队来说的，这与车队性质、收入情况、地区有关。

1.2.11 其他杂费。比如洗车费、牌照费、劳保用品费等公司临时性的费用支出。

1.2.12 事故费。指的是发生交通事故后所带来的损失费用。需要注意的是，发生事故后保险公司赔付的部分应该不计入事故费用，只用作安全管理方面的一个参考数据。

2. 费用审核

运输公司费用的审核是财务管理工作的核心。在以上所列出的各种费用中，有一些费用的审核比较简单，并不需要花太多的时间和精力。比如养路费、保险费、折旧费、事故费、车辆检测费等，这些费用都是由国家行政机关收取，而且都是由车队管理人员办理，相对来说作假的可能性较小。但如果是由驾驶员发生的一些费用，作假的可能大些。比如过路费、修理费等。

费用审核的目的有两个：一是审核费用是否是在公司报销的范围之内；二是看该项费用的票据是否正确，即有无作假现象。下面就以对过路费、维修费的审核为例进行讲述。

2.1 过路费的审核

经验表明，驾驶员在过路费上弄虚作假的可能比较大，尤其是长途车驾驶员，因此，公司应该加大对过路费的审核力度。

审核过路费注意事项：

（1）该次的过路费总额是否超标？公司费用审核人员应该事先有一个过路费用表，列出了各种车型在每条线路上的过路费总额。在审核的时候，首先核对一下是否超标，如果总额不对（多或少），则应该进一步审核。

（2）是否按预先规定的线路行驶。不同的行驶路线，过路费是不相同的。有的公司会规定驾驶员的行驶路线，比如南京到上海，从哪个入口上沪宁高速，从什么出口下，然后走哪条国道。这样一来，过路费就可以确定下来。如果驾驶员实际行驶路线不符合原定路线，必然会反映在过路费上。费用审核人员应该根据公司规定进行处理，不能报销的就不报销。

（3）过路票上的收费站名称是否正确。有的驾驶员可能会绕道行驶，然后用假的或者其他收费站票据充数，总额虽然正确，但仍然是一种弄虚作假的行为。审核人员应该核对每一个收费站的名称是否正确。

（4）过路票上的时间是否正确。目前的收费站，都会在过路票上打印时间，有的甚至精确到了每分每秒。审核人员应该把时间的审核作为识别真假的有效方法。如果收费站名称对，时间不对（比如日期），则可能会有“猫腻”，应该搞清楚后再进行报销。

2.2　维修费的审核

维修费有两部分：一部分是在公司或定点修理厂发生的维修费；另一部分是在行车途中由于突然故障产生的费用。前一部分的审核主要由维修主管进行把关，财务人员只是根据维修合同，看是否按合同计算。后一部分的审核，主要是看所发生的票据是否有效。目前，大部分的路边维修店都不开正式发票，最多开一张收据。因此，财务人员要注意处理。比如，补胎的价格一般都不会超过 50 元，如果超过了，则要进行调查。

3. 费用报销

费用报销应按制度进行，按照既定的流程办理。一般来说，费用报销的流程为：

3.1　经办人申请

费用经办人整理票据，按照公司报销规范填写报销申请（封面）。票据的粘贴要符合要求。

3.2　费用初审

经办人员填写好报销单以后，要到相关部门或相关负责人处进行初审。比如，维修费用的报销要到维修主管处，过路费的报销要到调度或车队长处，事故费用的报销要到安全主管处。费用初审好了以后，需要审核人员签字。

3.3　费用终审

费用初审后需要到车队总监或高级经理（各公司车队的最高负责人）处进行费用终审。最高负责人主要浏览一下费用报销的大致情况，并签字确认。当然，有的公司可能不需要这一步，或者初审与终审一并进行。

3.4　财务审核登记

费用终审好了以后，到财务人员处进行审核登记。财务人员的审核重点在于报销单据是否符合财务管理规定，总计、合计是否准确等。如果一切正常就可以进行登记。如果有问题，则要重新进行。

3.5　费用报销

经过初审、终审、登记的票据就可以正式报销了，或发放现金，或抵消借款。

第六章　制度管理概要

重点内容

本章重点内容：制度管理简介；制度的分类；制度的特点；制度的写法；规章制度的写法。

1. 制度管理简介

制度，也称规章制度，是国家机关、社会团体、企事业单位，为了维护正常的工作、劳动、学习、生活的秩序，保证国家各项政策的顺利执行和各项工作的正常开展，依照法律、法令、政策而制订的具有法规性或指导性与约束力的应用文，是各种行政法规、章程、制度、公约的总称。

2. 制度的分类

制度可分为岗位性制度和法规性制度两种类型。岗位性制度适用于某一岗位上的长期性工作，所以有时也叫“岗位责任制”。如“车管办公室人员考勤制度”、“调度值班制度”。法规性制度是对某方面工作制定的带有法令性质的规定，如“车队休假制度”、“车管部差旅费报销制度”。

制度一经制定颁布，就对某一岗位上的人员或从事某一项工作的人员有约束作用，是他们行动的准则和依据。

制度的发布方式比较多样，除作为文件存在之外，还可以张贴和悬挂在某一岗位和某项工作的现场，以便随时提醒人们遵守，同时便于大家互相监督。

对于车辆管理方面的制度种类多，如驾驶员的招聘管理制度、安全管理制度、绩效考核制度、费用报销制度等，一个公司在车辆管理方面的制度有可能多达数十种，所以，对于制度本身的制定、颁发、修改及废止等都需要进行规范的管理。

3. 制度的特点

3.1　指导性和约束性

车辆管理制度的制定，要求对相关人员做些什么工作、如何开展工作都有一定的提示和指导，同时也明确相关人员不得做些什么，以及违背了会受到什么样的惩罚。

3.2 鞭策性和激励性

制度有时就张贴或悬挂在工作现场，随时鞭策和激励着人员遵守纪律、努力学习、勤奋工作。

3.3 规范性和程序性

制度对实现工作程序的规范化，岗位责任的法规化，管理方法的科学化，起着重大作用。制度的制定必须以有关政策、法律、法令为依据。制度本身要有程序性，为人们的工作活动提供可供遵循的依据。

4. 制度的写法

4.1 标题

制度的标题主要有两种构成形式：一种是以适用对象和文种构成，如“驾驶员绩效考核制度”、“车辆档案管理制度”；另一种是以单位名称、适用对象、文种构成，如“某物流集团车辆管理制度”。

4.2 正文

正文有多种写法，主要可以概括为三种情况：引言、条文、结语式。条文式可分为通篇条文式和多层条文式。

4.2.1 引言、条文、结语式

先写一段引言，主要用来阐述制定制度的根据、目的、意义、适用范围等，然后将有关规定一一分条列出，最后再写一段结语，强调执行中的注意事项。

4.2.2 通篇条文式

将全部内容都列入条文，包括开头部分的根据、目的、意义，主体部分的种种规定，结尾部分的执行要求等，逐条表达，形式整齐。

4.2.3 多层条文式

这种写法适用于内容复杂、篇幅较长的制度，特点是将全文分为多层序码，篇下分项、项下分条、条下分款。如某省制定的“档案管理制度”，用“一、二、三……”来表示大项，用“（一）、（二）、（三）……”来表示大项下的条，用“1、2、3……”来表示条下的款。

4.3　制发单位和日期

如有必要，可在标题下方正中加括号注明制发单位名称和日期，其位置也可以在正文之下，相当于公文落款的地方。

5. 规章制度的写法

规章制度一般由标题、正文、落款三部分构成。

5.1　标题

规章制度的标题一般由单位名称、内容、文种组成。如《某物流集团车管部驾驶员奖励细则》等。单位名称，或是规章制度适用的单位或范围，或是制订、颁发单位名称。

5.2　正文

规章制度的正文结构一般有两种形式，分章列条式和条款式。

5.2.1　分章列条式（章条式）。即将规章制度的内容分成若干章，每章又分成若干条。

第一章是总则，中间各章叫分则，最后一章叫附则。

总则一般写原则性、普遍性、共同性的内容。包括的主要内容有：制定依据、制定目的（宗旨）和任务、适用范围、有关定义、主管部门（该项有时也可视具体情况置于分则或附则中）。

分则指接在总则之后的具体内容。通常按事物间的逻辑顺序，或按各部分内容的联系，或按工作活动程序以及惯例分条列项，集中编排。表述奖惩办法的条文也可单独构成罚则或奖罚则，作为分则的最后条文。

附则包括的主要内容有：施行程序与方式，有关说明（该文书与其他文书之间的关系，规定附件的效用，数量以及不同文字文本的效用等），施行日期。

5.2.2　条款式。这种规章制度只分条目不分章节，适用于内容比较简单的规章制度。一般开头说明缘由、目的、要求等，主体部分分条列出规章制度的具体内容。其第 1 条相当于分章列条式写法的总则，最后一条相当于附则的写法。

5.3　规章制度的写作要求

5.3.1　体式的规范性。规章制度在一定范围内具有法定效力，因此在体式上较其他事务性文书，更具有规范性。规章制度，用语简洁、通俗、严谨，在格式上，不论是章条式，还是条款式，本质上都是采用逐章逐条的写法，条款层次由大到小依次可分为七级：编、章、节、条、款、目、项。一般以章、条、款三层组成最为常见。

5.3.2　内容的严谨性。规章制度需要人们遵守其特定范围内的事项，因此其内容必须有预见性、科学性，就整体而言，必须通盘考虑，使内容具有严谨性，否则无法遵守或执行。

名企综合管理案例：某集团车辆管理制度

文件编号	(2009)-DTWCG-0001	文件页数	共 268 页
文件版本	DTWCG 3.0	颁布日期	2009 年 7 月 18 日
类　　型			
□岗位职责	□操作规程	■管理规定	□其他
分发范围			
■职能部门	■操作部门	■营业部门	□其他
■总监级以上员工	■经理级员工	■主管级员工	□基层员工

编制	XXX	审核	XXX	复核	XXX	批准	XXX

注：此案例内容较多，详情请加QQ群索取。

附录：推荐性车管师职业资格标准建议书

目　录

1. 适用范围

本标准规定了中国物流行业车管师的从业资质条件。

本标准适用于各普通物流企业、快递物流企业、专业物流企业；生产企业和商贸公司的车管部门可参照使用。

2. 规范性引用文件

下列文件中的条款通过本标准的引用而成为本标准的条款，凡是注明日期的引用文件，其随后的所有修改单（不包括勘误的内容）或修订版本均不适合本标准，然而，鼓励根据本标准达成协议的各方研究是否可以使用这些文件的最新版本。凡是不注明日期的引用文件，其最新版本适用于本文件。

《物流术语》（GB/T 18354）。

3. 术语和定义

GB/T 18354 确定的以及下列术语定义适用于本标准。

车管师：

在货运企业从事与车辆运输管理方面相关的管理工作，主要范围包括：基础管理、驾驶员管理、车务管理、机务管理、安全管理、调度配送管理、专用车管理、信息化管理、综合管理等与车辆运输相关的综合性管理工作的管理人员统称“车辆运输管理人员”，简称“车管”，经过“车管师”从业资质的行业标准化的培训和考核认证后的车管，简称“车管师”。经过不同级别的考核认证的，对应不同级别的“车管师”。

4. 车管师从业资质内容

4.1 等级的定义

4.1.1 车管员级

4.1.1.1 基本理解所在公司和部门制度，基本掌握车管的基本知识和技能；了解物流基础知识和行业相关法律、法规知识。

4.1.1.2 了解所在公司营运部门和车管部门的主要业务流程。

4.1.1.3 能够在车管部门内独立开展一些简单、程序性工作。

4.1.1.4 能够参与、协助一些较复杂的车管工作。

4.1.2 助理车管师级

4.1.2.1 正确理解所在公司和部门制度，正确掌握车管的基本知识和技能；熟悉国家关于物流行业相关法律、法规知识。

4.1.2.2 熟悉所在公司营运部门和车管部门的核心业务流程。

4.1.2.3 熟练掌握车管的基本知识和技能，能够在车管部门内准确执行相关程序与工作方法，独立有效地开展工作。

4.1.2.4 能在所在公司相关政策、制度、方案的指导下，参与车管部门的制度、流程及方案的建立和细化。

4.1.2.5 能够参与和协助上级部门在车管部门工作的实施。

4.1.2.6 能够解决车管部门专业领域的常见问题。

4.1.2.7 有效指导车管部门基层职员开展工作。

4.1.2.8 基本掌握车管部门以外的其他一个（仓储、配送等）以上相关模块的基本知识和技能。

4.1.3 车管师级

4.1.3.1 正确理解所在公司的营运制度和营运政策，熟悉国家行业相关法律、法规知识。

4.1.3.2 熟悉所在公司营运部门和车管部门的核心业务流程。

4.1.3.3 熟练掌握车管基本知识和技能，能够优化运作程序和工作方法。

4.1.3.4 在公司相关政策、制度、方案的指导下，主导掌握车管的制度、流程及方案的建立和细化。

4.1.3.5 能够推动公司车管部门的管理体系的贯彻和实施。

4.1.3.6 能够为公司车管部门的管理和决策提供专业意见和咨询，能够结合公司实际情况，为公司方案的制定、实施和决策提供建设性建议。

4.1.3.7 能够主导或协助公司在车管部门的相关工作项目的实施。

4.1.3.8 能够有效指导车管部门的助理、车管员开展工作。

4.1.3.9 能够有效解决车管部门的常见问题。

4.1.3.10 掌握车管部门以外的其他两个（仓储、配送等）以上相关模块的基本知识和技能。

4.1.4 高级车管师

4.1.4.1 深刻理解所在公司的营运制度和营运政策，熟悉国家行业相关法律、法规知识。

4.1.4.2 精通所在公司营运部门和车管部门的核心业务流程。

4.1.4.3 精通车管综合管理的基本知识和技能，能够优化本模块运作程序和工作方法。

4.1.4.4 在公司相关政策、制度、方案的指导下，主导掌握车管综合的制度、流程及方案的建立和细化。

4.1.4.5 能够推动公司车管综合管理体系的贯彻和实施。

4.1.4.6 能够为公司车管综合的管理和决策提供专业意见和咨询，能够结合公司实际情况，为公司方案的制定、实施和决策提供建设性建议。

4.1.4.7 能够主导或协助公司在车管综合的相关工作项目的实施。

4.1.4.8 能够有效指导车管综合的车管员、助理车管师、车管师开展工作。

4.1.4.9 能够有效解决车管综合的常见问题。

4.1.4.10 熟练掌握车管综合以外的其他两个（仓储、配送等）以上相关模块的基本知识和技能。

4.1.5 车管专家

4.1.5.1 精通所在公司的营运制度和营运政策，熟悉国家行业相关法律、法规知识。

4.1.5.2 精通所在公司营运部门和车管部门的核心业务流程。

4.1.5.3 精通车管综合的基本知识和技能，能够优化本模块运作程序和工作方法。

4.1.5.4 在公司相关政策、制度、方案的指导下，主导掌握车管综合的制度、流程及方案的建立和细化。

4.1.5.5 能够推动公司车管综合的管理体系的贯彻和实施。

4.1.5.6 能够为公司车管综合的管理和决策提供专业意见和咨询，能够结合公司实际情况，为公司方案的制定、实施和决策提供建设性建议。

4.1.5.7 能够主导或协助公司在车管综合的相关工作项目的实施。

4.1.5.8 能够有效指导车管综合的车管员、助理车管师、车管师和高级车管师开展工作。

4.1.5.9 能够有效解决车管综合的常见问题。

4.1.5.10 精通车管综合以外的其他两个（仓储、配送等）以上相关模块的基本知识和技能。

4.1.5.11 在行业内具有广泛的影响力，能够指导行业的发展，在相关权威机构组织的有影响力的大型论坛进行不少于 5 次的专题演讲，不少于 5 次的专业文章的发表。参与过行业全国性相关专业的标准、制度、教材、培训资料等的制定或修订的。

各专业等级人员主要工作分配可参照下图：

类别	车管专家	高级车管师	车管师	助理级车管师	车管员
专业研究	55%	35%	15%		
方案规划	25%	35%	30%	10%	
指导监管	20%	30%	35%	15%	
推广改进			20%	40%	35%
实施执行				35%	65%

4.2 经验与资历标准的说明

对于知识和技能的掌握程度，用以下动词加以区分：

类别	用词	释义
专业知识	了解	对知识能够说出、背诵、辨认、列举、复述等
	理解	比“了解”进一步，对知识能够在了解的基础上解释、说明、归纳
	熟悉	比“理解”进一步，对知识学习得很熟练或了解得很深刻，并能够运用其分析、解决问题
专业知识	深刻理解	比“熟悉”进一步，对知识理解得非常深入，可运用该知识创造性地解决较有难度的问题。深入系统地掌握该专业的理论知识和方法，并拥有丰富的实际操作经验，能够带领团队、指导和支持他人运用这些知识和方法解决重大（困难）的业务问题
	精通	认识的最高层次，透彻理解并能熟练掌握，可运用知识做出较准确的理性判断和逻辑推断
专业技能	基本掌握	能够使用或运用某项工具、方法或手段，能够解决一些简单的、程序性的问题
	掌握	能够熟练地运用某项技能和技术，并能解决和分析专业问题
	熟练掌握	通过反复练习而形成的、能够迅速而精确地运用某项技能的能力，并能运用它分析和解决较困难的问题
	精通	对专业技能有深入、透彻的理解，能全面、熟练地运用该项技能和技术，同时能够指导和辅助他人从事此方面工作

4.3 职业资格标准

4.3.1 车管师从业资质——基本条件

任职标准 专业等级	经验与资历标准	专业知识		专业技能
		基础知识	专业知识	
车管员	专科毕业，从事车管工作满 2 年； 本科或本科以上毕业，从事车管工作满 1 年； 不论学历，从事车管工作满 3 年	见物流基础知识标准表	见各专业知识标准表	见各专业技能标准表
助理车管师	专科毕业，从事车管工作满 3 年； 本科毕业，从事车管工作满 2 年； 研究生毕业或获得硕士学位，从事车管工作满 1 年； 研究生毕业或获得博士学位，从事车管工作满 1 年； 取得“车管员”从业资质满 2 年，从事车管工作满 3 年以上； 不论学历，从事车管工作满 5 年			
车管师	专科毕业，从事车管工作满 6 年； 本科毕业，从事车管工作满 5 年； 研究生毕业或获得硕士学位，从事车管工作满 4 年； 研究生毕业或获得博士学位，从事车管工作满 3 年； 取得“助理车管师”从业资质满 3 年，从事车管工作满 5 年以上； 不论学历，从事车管工作满 8 年			
高级车管师	专科毕业，从事车管工作满 10 年；且任车管部门负责人 5 年以上； 本科毕业，从事车管工作满 8 年；且任车管部门负责人 4 年以上； 研究生毕业或获得硕士学位，从事车管工作满 6 年；且任车管部门负责人 3 年以上； 研究生毕业或获得博士学位，从事车管工作满 5 年；且任车管部门负责人 3 年以上； 取得“车管师”从业资质满 3 年，从事车管工作满 6 年；且任车管部门负责人 3 年以上； 不论学历，从事车管工作满 12 年；且任车管部门负责人 6 年以上； 具有上述各条件之一的同时，必须有在 100 强或 4A 级 6 年，50 强或 5A 级 4 年以上的交通运输或物流企业车管部门负责人工作经验（必备条件）			

续上表

<table>
<tr><th rowspan="2">任职标准
专业等级</th><th rowspan="2">经验与资历标准</th><th colspan="2">专业知识</th><th rowspan="2">专业技能</th></tr>
<tr><th>基础知识</th><th>专业知识</th></tr>
<tr><td rowspan="2">车管专家</td><td>专科毕业，从事车管工作满 15 年；且任车管部门负责人 6 年以上；
本科毕业，从事车管工作满 12 年；且任车管部门负责人 5 年以上；
研究生毕业或获得硕士学位，从事车管工作满 10 年；且任车管部门负责人 4 年以上；
研究生毕业或获得博士学位，从事车管工作满 8 年；且任车管部门负责人 4 年以上；
取得“高级车管师”从业资质满 3 年，从事车管工作满 8 年；且任车管部门负责人 4 年以上；
不论学历，从事车管工作满 20 年；且任车管部门负责人 8 年以上</td><td rowspan="3">见基础知识标准表</td><td rowspan="3">见各专业知识标准表</td><td rowspan="3">见各专业技能标准表</td></tr>
<tr><td>具有上述各条件之一的同时，必须有在 100 强或 4A 级 6 年，50 强或 5A 级 4 年以上的交通运输或物流企业车管部门负责人工作经验（必备条件）；
必须在行业的权威杂志、刊物有过不少于 5 篇的专业文章发表。或相关权威机构组织的有影响力的大型论坛进行不少于 5 次的专题演讲（必备条件）；
必须参与行业全国性相关专业的标准、制度、教材、培训资料等的制定或修订的（必备条件）</td></tr>
<tr><td>备注</td><td>以上所定工作经验限本科（含）以下人员；全日制硕士（含）以上相关专业人员的工作年限涵盖实际就读年限；
以上条件为评定各专业等级的必要条件，须同时具备方可申报</td></tr>
</table>

4.3.2 车管师从业资质——物流基础知识

车管师从业资质物流基础知识标准见下表。

序号	专业等级 / 基础知识		车管员	助理车管师	车管师	高级车管师	专家
1	物流基础知识	物流基本活动（运输/仓储配送/装卸搬运/流通加工/包装/物流信息）概念	了解	理解	熟悉	深刻理解	精通
		运输基础知识（五种基本运输方式/专业运输模式）	了解	理解	熟悉	深刻理解	精通
		物流成本管理及控制基础知识	了解	理解	熟悉	深刻理解	精通
		运作流程管理知识	理解	熟悉	深刻理解	深刻理解	精通
		岗位操作知识	理解	熟悉	深刻理解	深刻理解	精通
		客户知识	了解	理解	熟悉	深刻理解	精通
		质量管理基础理论知识	了解	理解	深刻理解	深刻理解	精通
		物流信息系统基础知识	了解	理解	熟悉	深刻理解	精通
2	法律基础知识	中华人民共和国公司法	了解	理解	熟悉	深刻理解	精通
		中华人民共和国劳动法	了解	理解	熟悉	深刻理解	精通
		中华人民共和国合同法	了解	理解	熟悉	深刻理解	精通

4.3.3 车管师从业资质——专业知识

车管师从业资质专业知识标准见下表。

序号	专业知识＼专业等级		车管员	助理车管师	车管师	高级车管师	专家
1	基础管理体系	物流用车类型	了解	理解	熟悉	深刻理解	深刻理解
		机动车基础知识	了解	理解	熟悉	深刻理解	深刻理解
		车辆驾驶知识	了解	理解	熟悉	深刻理解	深刻理解
		职业道德知识	了解	理解	熟悉	深刻理解	深刻理解
		组织管理	了解	理解	熟悉	深刻理解	深刻理解
		胜任力和培训体系	了解	理解	熟悉	深刻理解	深刻理解
2	车务管理体系	交通法律法规知识	了解	理解	深刻理解	深刻理解	精通
		车辆证照管理	了解	理解	熟悉	深刻理解	精通
		驾驶员证照管理	了解	理解	熟悉	深刻理解	精通
		道路运输资质管理	了解	理解	熟悉	深刻理解	精通
		海关监管证照管理	了解	理解	熟悉	深刻理解	精通
		行政许可证照管理	理解	熟悉	深刻理解	精通	精通
		车辆各险种知识	理解	熟悉	深刻理解	精通	精通
		车辆保险及理赔管理	理解	熟悉	深刻理解	精通	精通

续上表

序号	专业知识＼专业等级		车管员	助理车管师	车管师	高级车管师	专家
3	驾驶员管理体系	驾驶员胜任力模型	理解	熟悉	深刻理解	精通	精通
		驾驶员资质证照管理	理解	熟悉	深刻理解	精通	精通
		驾驶员职业道德	理解	熟悉	深刻理解	精通	精通
		驾驶员培训管理	理解	熟悉	深刻理解	精通	精通
		驾驶员职业健康	理解	熟悉	深刻理解	精通	精通
		驾驶员诚信考核管理办法	理解	熟悉	熟悉	精通	精通
		驾驶员运营操作知识	理解	熟悉	熟悉	精通	精通
		驾驶员职责、招聘培训和离职管理	理解	熟悉	熟悉	精通	精通
		驾驶员薪酬和福利	理解	熟悉	深刻理解	精通	精通
4	机务管理体系	车辆采购配置管理	了解	理解	熟悉	深刻理解	深刻理解
		车辆使用管理	了解	理解	熟悉	深刻理解	深刻理解
		车辆维护和检测管理	了解	理解	熟悉	熟悉	熟悉
		物资配件供应管理	了解	理解	熟悉	熟悉	熟悉
		车辆常见故障识别	了解	理解	熟悉	精通	精通
5	安全管理体系	安全管理基础	理解	熟悉	熟悉	深刻理解	深刻理解
		安全风险识别、防范与治理	理解	熟悉	熟悉	深刻理解	深刻理解
		安全操作技能	理解	熟悉	熟悉	深刻理解	深刻理解
		安全管理保障系统	理解	熟悉	熟悉	深刻理解	深刻理解
		安全监督管理体系	理解	熟悉	熟悉	深刻理解	深刻理解
		安全事故管理	理解	熟悉	熟悉	深刻理解	深刻理解
		安全管理测评与改善	理解	熟悉	熟悉	深刻理解	深刻理解

续上表

序号	专业知识＼专业等级		车管员	助理车管师	车管师	高级车管师	专家
6	车辆调度管理	车辆资源管理	理解	熟悉	深刻理解	精通	精通
		调度作业管理	理解	熟悉	深刻理解	精通	精通
		签收作业管理	理解	熟悉	深刻理解	精通	精通
		收退作业管理	理解	熟悉	深刻理解	精通	精通
		核单作业管理	理解	熟悉	深刻理解	精通	精通
7	专用车辆管理简要	集装箱运输	本职工作从事的行业要求理解；没从事的要求了解	本职工作从事的行业要求熟悉；没从事的要求了解	本职工作从事的行业要求深刻理解；没从事的要求了解	本职工作从事的行业要求深刻理解；没从事的要求了解	本职工作从事的行业要求深刻理解；没从事的要求了解
		冷藏保鲜运输					
		罐式容器运输					
		鲜活易腐产品运输					
		贵重物品运输					
		限运、禁运产品运输					
		大件物品运输					
		危险品运输					
8	信息化管理体系	常规车辆管理软件简介	理解	熟悉	深刻理解	精通	精通
		GPS/GIS 简介	理解	熟悉	深刻理解	精通	精通
		北斗导航系统简介	理解	熟悉	深刻理解	精通	精通
		常用车队管理系统简介	理解	熟悉	深刻理解	精通	精通
		行车记录仪简介	理解	熟悉	深刻理解	精通	精通
		车联网简介	理解	熟悉	深刻理解	精通	精通

续上表

序号	专业等级 专业知识		车管员	助理车管师	车管师	高级车管师	专家
9	综合管理	全面绩效管理概要	理解	熟悉	深刻理解	精通	精通
		数据管理概要	理解	熟悉	深刻理解	精通	精通
		档案管理概要	理解	熟悉	深刻理解	精通	精通
		人才管理概要	理解	熟悉	深刻理解	精通	精通
		财务管理概要	理解	熟悉	深刻理解	精通	精通
		财务管理概要	理解	熟悉	深刻理解	精通	精通

4.3.4 车管师从业资质——专业技能标准

车管师从业资质专业技能标准见下表。

专业等级	技能标准	测评标准	认证方法
车管员	• 能协助进行车务管理、机务管理、安全管理、车辆营运和调度管理、外租车管理、驾驶员管理等综合的日常管理工作； • 能参与进行综合的车管部门的制度的制定、修订和完善； • 能参与进行综合的车管部门的制度的推广实施	• 协助或者是成功独立进行过车辆证照办理、交通事故处理、驾驶员招聘和外租车管理工作； • 协助或者是成功独立进行过综合的车管部门的管理工作； • 协助处理过 3 次或以上综合的车管部门的制度的制定、修订和完善； • 协助或独立完成 3 次或以上综合的车管部门的制度的推广实施	• 参加基础笔试考试合格； • 列举并提交车辆证照办理、交通事故处理、驾驶员招聘和外租车管理工作； • 列举并提交过往 1 年中进行过综合的车管部门的管理工作的资料； • 列举并提交过往 1 年中协助或参考的车管制度的制定、修订、完善和推广的资料
助理车管师	• 能对基层车管人员的管理工作进行指导； • 能指导基层车管人员落实车辆管理制度； • 熟悉车管全方面的工作，独立高效地完成工作任务，并能形成自己的经验积累； • 能独立实施车管部门管理工作的规划，并提供有效的数据分析和建议； • 深刻理解车管部门的各种成本、费用、效率、安全、质量等数据及指标的作用、内涵和外延，能够独立完成数据的基础分析并给出有价值的报告，同时能够对数据进行进一步的挖掘，找到非正常的原因或者不容易识别的规律； • 能有效推动车管制度与流程的有效实施	• 每年独立和间接有效组织过 4 次以上基层车管人员的专业技能提升教育培训工作； • 所管理范围内，连续三个季度车辆各种成本、费用、效率、质量控制在公司的要求范围内； • 成功确保年度内未出现 2 起以上重大的交通事故； • 成功确保年度内未出现 2 起以上重大的职业道德事故； • 成功确保年度内未出现 2 起以上重大的驾驶员不稳定事故； • 每年有效组织过 4 次以上对各层车管人员的工作效果的评估工作	• 参加基础笔试考试合格； • 举证过往 1 年中车辆相关数据分析报告，并重点展示其中通过数据挖掘找到的非正常的原因或规律及价值点； • 举证参与综合制度的制定并提交成功运营的结果说明； • 列举并提交过往 1 年中主导改善的综合车管制度的流程及管理办法，并提交成功运营的结果说明； • 列举并提交过往工作过程中进行基层管理人员进行培训指导的相关方案和结果说明

续上表

专业等级	技能标准	测评标准	认证方法
车管师	• 能全面指导下级综合车管部门的管理工作； • 能主导公司车管部门的管理工作的规划； • 能建立公司车管部门的管理工作的体系； • 能够建立并优化车管部门所有的流程，规范车管部工作的开展； • 能全面评估下级在车管部管理工作的质量； • 对于车管部门的管理有较深厚的经验积累，能在自己的综合管理角度上极大的促进管理质量的提升，并能输出自己的经验技巧供他人分享； • 熟练掌握车管部门全方面的数据统计及分析方法，并按需进行管理使用； • 熟练掌握车辆运输管理方面的相关信息系统，并能据实际业务需求与 IT 部门共同进行完善	• 每年独立和间接有效组织过 6 次以上基层车管人员的专业技能提升教育培训的工作； • 所管理范围内，连续三个季度车辆各种成本、费用、效率、质量控制在公司的要求范围内； • 成功确保年度内未出现 4 起以上重大的交通事故； • 成功确保年度内未出现 2 起以上重大的职业道德事故； • 成功确保年度内未出现 4 起以上重大的驾驶员不稳定事故； • 每年有效组织过 8 次以上对各层车管人员的工作效果的评估工作	• 参加基础笔试考试合格； • 举证过往 2 年中车辆各种数据分析报告，并重点展示其中通过数据挖掘找到的非正常的原因或规律及价值点； • 列举并提交过往 2 年中主导改善的车管部门管理的流程及管理办法，并提交成功运营的结果说明； • 列举并提交过往 2 年中重大事故和职业道德及驾驶员管理的数据； • 列举并提交过往 2 年中进行的对各级管理人员进行培训指导和评估的相关方案和结果说明。 • 提交自己撰写的管理专业领域的培训课件或者经验分享材料； • 举证过往 2 年中独立主导完成的管理工作的规划和成果报告
高级车管师	• 能据本企业的实际需要建立适合于本企业的综合车管体系； 能推动建立的适合于本企业的车管体系的实施； • 能全面指导下级车管部门的管理工作； • 能够据企业的需要成体系的培养所需的各类车管人才	• 每年按需进行本企业的制度企修订和完善； • 每年按需组织车管人员进行专业技能提升教育培训工作； • 所管理范围内，连续三个季度车辆各种成本、费用、效率、质量控制在公司的要求范围内	• 参加基础笔试考试合格； • 举证过往 3 年中所主导的车管体系开发、推动实施及管理成果； • 举证过往 5 年中所主导开发的车辆信息管理系统软件成果

续上表

专业等级	技能标准	测评标准	认证方法
高级车管师	• 能全面评估下级车管人员管理工作的质量； • 能够建立和指导相关部门开发适合本企业的车辆信息化系统； • 对于车管部门的管理有较深厚的经验积累，能在自己的综合管理角度上极大的促进管理质量的提升，并能输出自己的经验技巧供他人分享； • 精通车管部门全方位的数据统计及分析方法，并按需进行管理使用； • 精通于车管部部门的全方位管理	• 确保年度内未出现 4 起重大的交通事故； • 确保年度内未出现 4 起重大的职业道德事故； • 确保年度内未出现 4 起重大的驾驶员不稳定事故； • 每年按需对各层车管人员的工作效果进行评估工作； • 每年在行业权威杂志等媒体有文章发表，或在行业大型论坛上有专题演讲	• 举证过往 3 年中车辆各种数据分析报告，并重点展示其中通过数据挖掘找到的非正常的原因或规律及价值点； • 列举并提交过往 3 年中重大事故和职业道德及驾驶员管理事故的数据； • 列举并提交过往 3 年中对各级管理人员进行培训指导和评估的相关方案和结果说明； • 提交自己撰写的管理专业领域的文章或论坛发言的材料
车管专家	• 能据本企业的实际需要建立适合于本企业的综合车管体系； 能推动建立的适合于本企业的综合车管体系的实施； • 能全面指导下级在综合车管部门的管理工作； • 能够据企业的需要成体系的培养所需的各类车管人才； • 能全面评估下级车管人员管理工作的质量； • 能够建立和指导相关部门开发适合于本企业的车辆信息化管理系统； • 对于车管部门的管理有较深厚的经验积累，能在自己的综合管理角度上极大的促进管理质量的提升，并能输出自己的经验技巧供他人分享	• 每年按需进行本企业的制度修订和完善； • 每年按需组织车管人员进行专业技能提升教育培训工作； • 所管理范围内，连续三个季度车辆各种成本、费用、效率、质量控制在公司的要求范围内； • 确保年度内未出现 4 起以上重大的交通事故； • 确保年度内未出现 4 起以上重大的职业道德事故； • 确保年度内未出现 4 起以上重大的驾驶员不稳定事故； • 每年按需对各层车管人员的工作效果进行评估	• 参加基础笔试考试合格； • 举证过往 3 年中所主导的车管体系开发、推动实施及管理成果； • 举证过往 5 年中所主导开发的车辆信息管理系统软件成果； • 举证过往 3 年中车辆各种数据分析报告，并重点展示其中通过数据挖掘找到的非正常的原因或规律及价值点； • 列举并提交过往 3 年中重大事故和职业道德及驾驶员管理事故的数据

续上表

专业等级	技能标准	测评标准	认证方法
车管专家	• 精通综合车管部门全方位的数据统计及分析方法，并按需进行管理使用； • 精通车管部门的全方位管理； • 精通物流行业的不同业务类型的车管部门的管理	• 每年在行业权威杂志等媒体有文章发表，或在行业大型论坛上有专题演讲； • 有参与起草、制订、修订面向全行业的各类标准、体系、教程等行业性事务	• 列举并提交过往 3 年中进行的对各级管理人员的培训指导和评估的相关方案和结果说明； • 提交自己撰写的管理专业领域的文章或论坛发言的材料； • 列举并提交过往工作中参与行业相关工作事务的资料

说明：此方案是初步方案，现发布于此，广泛征求行业意见和建议，最后将形成正式的标准。同时也欢迎其他行业或企业参考此标准开展工作，共同推动行业发展。

意见和建议反馈方式：

联系人：陈俊龙

邮　箱：wilson5050@sina.com

微信：

参考文献

[1]《中华人民共和国道路交通安全法》.
[2] 于汶艳. 物流设施与设备. 北京：清华大学出版社，2013.
[3] 沈斐敏. 物流安全. 北京：机械工业出版社，2011.
[4] 叶健恒. 冷链物流管理. 北京：北京师范大学出版社，2011.
[5] 温卫娟. 行业物流管理. 北京：清华大学出版社，2013.
[6] 毕道金，等. 车辆驾驶员 HSE 培训教材. 北京：中国石化出版社，2009.
[7] 庞智远. 汽车运输企业机务管理. 重庆：重庆大学出版社，2008.
[8] 邓汝春. 运输管理实战手册. 广州：广东经济出版社，2007.